美润心灵 艺伴成长

——以美育促进学校内涵发展的思考与实践

周 育◎著

吉林大学出版社

·长春·

图书在版编目（CIP）数据

美润心灵　艺伴成长：以美育促进学校内涵发展的思考与实践/周育著. -- 长春：吉林大学出版社，2023.10
　　ISBN 978-7-5768-2399-8

Ⅰ.①美… Ⅱ.①周… Ⅲ.①小学教育－教育研究 Ⅳ.①G622.0

中国国家版本馆CIP数据核字(2023)第213511号

书　　名：美润心灵　艺伴成长：以美育促进学校内涵发展的思考与实践

MEIRUN XINLING YIBAN CHENGZHANG——YI MEIYU CUJIN XUEXIAO NEIHAN FAZHAN DE SIKAO YU SHIJIAN

作　　者：周　育
策划编辑：杨占星
责任编辑：滕　岩
责任校对：杨　平
装帧设计：梁雪芹
出版发行：吉林大学出版社
社　　址：长春市人民大街4059号
邮政编码：130021
发行电话：0431-89580028/29/21
网　　址：http://www.jlup.com.cn
电子邮箱：jldxcbs@sina.com
印　　刷：廊坊市瀚源印刷有限公司
开　　本：787mm×1092mm　　1/16
印　　张：25.25
字　　数：540千字
版　　次：2023年10月　第1版
印　　次：2023年10月　第1次
书　　号：ISBN 978-7-5768-2399-8
定　　价：88.00元

编 委 会

主　编：周　育
编　委：姚　辉　陈雅洁　石增红
　　　　沈秋立　王长江

作者简介

　　来自北京市东城区史家教育集团革新里小学的周育同志，20多年的教师生涯，在领导鼓励、同伴支持、自己的不懈努力下，2011年至今，连续12年被评为北京市音乐学科骨干教师。自融入史家教育集团以来，她主动"借力使力，借力发力"，引入集团优质教育资源，促进学校高品质多领域发展，为办老百姓身边满意的学校努力做出自己的贡献。

　　作为一名党员教师，她党性觉悟高，具有高度的事业心和责任感，以德修身自持自律、垂德垂范，先后被评为东城区教育系统先锋党员榜样、先进教育工作者。工作中的她一直恪守着这样的信条——真诚、正直、务实，不仅在校内积极进行课程改革、艺术教育改革，还积极带动区域及外省市友好区、友好校的教师共同提升，多次被聘为东城区骨干评审、高级教师职评组成员、课程资源评审专家、北京市艺术节优秀辅导教师等称号，被兄弟区县教委聘为专业艺术指导、主题活动导演等，从思想、业务上发挥着共产党员的示范、担当作用。

　　落红不是无情物，化作春泥更护花。打造灵动的教师队伍，培养充满灵性的孩子，构建生动有意义的课程，是她工作的追求与梦想。在双减落地、新课标颁布的背景之下，作为北京市音乐学科骨干教师，她在发展自身的同时，始终秉承"抓基础、办特色、扬个性"的思路，以课题为引领，积极带动团队不断深入研究美育育人的价值。作为课题副组长参与国家级课题、市级课题、区级课题的研究，在美育养习惯、润品格、提素养等方面做着扎实的研究和梳理，课题曾多次获得国家级、市级一等奖。正是一个个科研课题的引领，极大地激发了教师专业成长的主动性和内驱力，激活了教师团队发展的内驱力与梦想，促进教师专业的发展。她先后担任多区县近十位青年老师的师傅，指导她们在国家级、市区级各项教学展示、公开课、研究课中精彩亮相，荣获佳绩。多次为各省市、各高校校长、教师高研班做现场讲座与指导，并为北京市一体化建设地区、对口支援地区送去代表北京市最先进教学理念和教学方法的音乐示范课，得到参与领导和老师的肯定与好评，充分发挥了骨干教师的引领示范作用。

自加入集团以来，她聚焦、强化革新里小学育人品牌优势，以"全面升级艺术教育""全面完善健康教育""全面推进全学科阅读"为切入点，五育融合，促进学生成长。

融入集团后，她不断探索学校原有办学特色与课程建设，从育人体系到课程体系，均在现有基础上升格架构，阳光漫教育、五彩蔓课程都将不断引领革新里小学向上发展，成为集团、区域的优质学校。

作为艺术教师，她以金帆话剧团为龙头的艺术教育已经成为市级范围内较有影响力的品牌。多年来，学校建立了丰富的艺术教育课程体系，形成了多元社团发展模式。融入集团后，她将艺术教育从"金字塔式"专业精英教育思路向"1+N"普及、多元教育思路转变。打通课内课外的教育边界，从戏剧、舞蹈、民打、西打、非遗项目到艺术创作等课程，让每一个孩子都真实经历艺术课堂的体验与艺术舞台的展示，促进学生艺术素养、艺术能力、艺术精神的提升。

不仅如此，她建设、完善学校健康课程，将心理、生理、社会适应度融入健康教育中，打造大健康教育课程群。以"六爱"：爱牙、爱眼、爱做饭、爱锻炼、爱交流、爱安全等主题，并依据学生年龄段特点，创设了富于教育性、儿童性的体育文化，完善丰富体育项目，让健康课程成为立德树人的重要载体及外化形式。

在"全学科阅读"中，她努力争取了图书馆"六个一阅读推广"实践基地的机会，围绕"微课讲起来""书评写起来""好书读起来"，引领教师、学生、家长全员深入地投入到阅读实践中，营造"人人有书读，班班有书声，生生有书评，师生伴成长，亲子共分享"的阅读氛围，孩子们以阅读打卡、采蜜集、阅读书签、故事绘画等形式进行阅读、记录，在讲、演、画、唱、赛的形式中进行展示，以阅读手杖、剧本创编、阅读题卡、思维导图的形式把自己阅读的感受、体会记录并分享，对学生润品性、养习惯、促表达、提能力产生了积极的作用。

近二十年的教育生涯，她以"为学校发展、为学生成长"为己任，用实际行动在讲坛上不断耕耘，带领团队不断奋进，带动学校擦亮品牌。未来相信她也会一如既往、脚踏实地，为老百姓提供满意的优质教育、为东城区打造精品特色教育继续努力！

内容概述

在这个"减负增质"、倡导素质教育的时代，如何让"双减"真正落地？如何在减负的同时赋能学生成长？史家教育集团革新里小学音乐教师周育用金帆戏剧发展十年来的思考与实践与您分享。学校在金帆引领下，从育人小切口到特色育人载体，从课内提质到课后普惠相融通，从育美之行到美育之道，探索出了素质教育的新途径。

在《美润心灵 艺伴成长》一书中，翔实地记述十年来以周育为代表的美育课程的改革推进；教师队伍的进步成长；学生的发展历程。每一章节都是全体师生鲜活的实践经验，以行动研究报告的形式记录着过往的点滴。

本书的第一章中汇聚了多年来关于美育科研、课题、论文案例等系列成果，在一篇篇文章中感受教育的智慧，在字里行间中见证金帆引领下教师研究力、科研力等专业能力的提升；第二章从课程研发的角度进一步了解学校如何从育人小切口到以特色育人为载体，让戏剧等特色课程助推美育教育发展，让美育落地生根；第三章中重点与大家分享在周育引领、策划下，学校美育发展规划及相关方案，在社团、课后服务开展与建设的实践案例中感悟美育教育的力量；第四章中呈现了多年来美育教育硕果，学生的成长感悟，大家共同目睹、见证周育老师及学校这十年来的发展历程及绽放时刻。

在革小实践的十年，是汗水播洒的十年，三尺讲台孜孜不倦……

在革小探索的十年，是改革创新的十年，阳光教育漫蔓求索……

在革小实践的十年，是化茧成蝶的十年，厚积薄发绽放异彩……

在革小发展的十年，是逐梦未来的十年，金帆载誉尚美筑梦……

请您翻阅此书，慢慢品读，跟随周育一同细数这十年的蜕变与成长！

目　　录

第一章　金帆引领　专业提升

第一节　课题研究

开发儿童音乐剧促学生综合艺术素养的提升

本课题为2011年北京东城区教育科学规划办公室教育科研课题

周　育

一、核心概念的界定

音乐剧（英语：musical theater，简称musicals），又称为歌舞剧，是音乐、歌曲、舞蹈和对白结合的一种戏剧表演。剧中的幽默、讽刺、感伤、爱情、愤怒与剧情本身通过演员的语言，音乐和动作以及固定的演绎传达给观众。音乐剧融戏剧、音乐、歌舞等于一炉，富于幽默情趣和喜剧色彩。它的音乐通俗易懂，因此很受大众的欢迎。

儿童音乐剧是根据适合儿童听赏的音乐（歌曲）而进行改编的，融舞蹈、演唱、表演、道具制作于一体的音乐剧模式，是一种儿童化的音乐情景剧。

综合艺术素养：艺术素养是指艺术的欣赏能力和表现能力的水平。综合艺术素养在本课题中主要以音乐素养（对音乐的欣赏能力、感知能力、表现能力）为主，同时包含美术、舞蹈、表演等方面的素养。

二、国内外研究现状评述

传统的音乐教育过于偏重于音乐艺术使命，追求"成品"的灌输，致使教师看不到学生在音乐活动中潜在的创造能力。结果是学生不主动，教师也感到音乐活动难以开展，甚至出现一部分学生是"老演员"，一部分学生是"老观众"的尴尬局面，因而无法使音乐素质教育与每个学生相适应，更遑论通过音乐教育促进学生全面发展。

现在社会上面对儿童、小学生的各类艺术比赛数不胜数，这些比赛对学生艺术修养的培养和锻炼是很有必要的，同时对孩子心智的培养也很有帮助，不仅能锻炼他们的自我表现力，也能有效地树立了自信心。

苏联教育学家苏霍姆林斯基曾经说过："在人的内心有一种根深蒂固的需求——总想感到自己是发现者、研究者、探索者。而在儿童的精神世界中，这种需求特别强烈。"[①]早在二十世纪二十年代，我国现代儿童歌舞剧作家黎锦晖先生就创作了十三部儿童歌舞剧。其中《麻雀与小孩》《葡萄仙子》《小小画家》《月明之夜》以及歌舞表演曲《可怜的秋香》比较著名，剧目语言生动、明快，词曲通俗易懂、采用民歌音调，深受少年儿童喜欢，多少年来影响、教育了几代人。这一综合艺术形式至今仍有其"人文精神"的现实教育意义，值得继承和发展。

时至今日，要促进儿童音乐剧与音乐课堂有机结合。儿童音乐剧的编创与学生的生活、学习、情感密不可分，并且在排练、演出中可以发展并锻炼学生健全人格、高尚情操、开拓创新、合作精神，使教学寓教于乐，学生知情达理，同时使小学音乐课堂的传统教学模式得以改变，这样的课堂学生更喜欢了，老师上得也更起劲了，每一次演出都是师生共同体验、发现、创造、表现和享受的过程。

三、选题的目的、意义及研究价值

以学校的特色项目校园剧为落脚点，找到适合音乐学科和校园剧的结合点——儿童音乐剧，这既符合《音乐课程标准》中的教学理念：以审美为核心、以兴趣爱好为动力；面向全体学生、关注个性发展；提倡学科综合、又鼓励音乐创造；既弘扬民族文化、又理解音乐多元性；既重视音乐实践、又要完善评价机制，是创新小学音乐课堂教学的有效途径和方法之一，也使学生学习兴趣大增，更让音乐课堂充满生机。

音乐剧课堂教学使学生的听觉、视觉、动觉（形体）语言通过小组式、开放式、探究式学习得到充分发挥，为学生有效学习、教师能力充分施展提供了一个前所未有的广阔天地。儿童音乐剧综合艺术实践活动有效地与学生情感、社会、生活、科学、自然、文化相关联。通过教学实践活动，加强学生的探索性、实践性、反思性、创造性、自主性的学习能力，有效地体现了教师主导、学生主体的作用；有效地体现对学生文化素养开拓创新精神和合作精神的培养，使教学寓教于乐，学生知情达理。在有效提高学生对音乐的学习兴趣、了解音乐剧知识、挖掘潜力展示自我、增强团队意识等方面有成效。

---

① 苏霍姆林斯基:《给教师的建议》,长江文艺出版社,2017年,第73页。

四、研究目标及内容

（一）研究目标：本课题旨在利用学校现有的基础和优势，开发儿童音乐剧，促进学生综合艺术素养的提升。

（二）研究内容：根据音乐学科年段目标及内容框架，研究、开发出适合学生年龄特点的儿童音乐剧剧本，并撰写校园剧与音乐学科整合的教案，同时教师在研究过程中也要撰写论文。

1.研究切入点：本课题探讨如何开发儿童音乐剧，促进学生综合艺术素养提升的实践模式，并将校园剧与音乐学科的日常教学相整合。切入点为以下两点：（1）以儿童音乐剧的形式呈现，并推广音乐剧的文化活动，使儿童音乐剧教学成为学校日常教学的一部分。（2）为了使校园剧与学科教学紧密结合，成为教师们的一种常用教学模式，校园剧与学科教学整合的过程必须适应学科教学内容的结构、特点与学生的发展水平，其规模和要求要根据教学需要而做出调整。

2.研究创新点：通过课题的研究与实施，引导学生主动体验，在体验中发现美、认识美、创造美；同时充分发挥学生的想象力和创造力，为学生提供主动学习、积极参与的氛围，让学生能够充分展现才华，获得成功的体验；同时改变传统、单一的教学模式，由孤立的学科、封闭的系统转向艺术学科的融合和沟通，最终有效地解决"学生喜欢音乐，但不喜欢上音乐课"这一普遍存在的现象。

五、研究思路及方法

（一）研究思路

本课题采用资料研究法、行动研究法、个案分析法。根据不同年级学生的年龄特点、理解能力，设计出相应的教学方法、策略以及课案等，在各年级开展对儿童音乐剧的研究。设计实验课程，在实验过程中，根据效果反馈，不断修改与完善实验方案与后续计划，开发出符合学生需求和音乐教育需求的儿童音乐剧剧本以及校园剧与学科整合的校本课程教案，最终建立起具有本校特色的儿童音乐剧教育模式。

（二）研究手段

本课题将通过观察、访谈等方式对儿童音乐剧对学生综合艺术素养提升的过程进行不断的监控和调整，对学生和教师在教育实验过程中的行为、情感和反思进行分析，通过共同讨论、评课、撰写教案、相互听课、写教学随笔等研究方式，开发儿童音乐剧的校本课程，并进行校园剧与音乐学科的整合。同时，本课题通过标准化的测量手段对儿童音乐剧对学生综合艺术素养提升的成果进行测查，测查内容分两类，一类为对特定于学习内容的知识测查，包括歌曲演唱、音乐知识等。另一类是对一般性的跨越具体学习内容的发展进行测查，包括音乐想象力、表现力和创造力。

（三）研究方法

资料研究法：通过广泛吸收和借鉴相关研究的成功做法和先进经验，为课题研究寻求一些理论支持。

行动研究法：结合学科特点、教师自身情况及学生年龄特点，设计出相应的教学方法及策略，边学习、边实践、边研究，不断创新。

个案分析法：对研究对象进行个案追踪调查，做好相关的成长记录，并开展定期的分析，及时引导。

六、实施步骤

（一）动员启动阶段（2010年10月—2010年11月）

1. 在启动阶段，课题组全体教师共同学习国内外关于校园剧的相关资料，了解先进经验。结合新课程，明确基本要求，使每位教师均具备较高的理论水平，明确操作程序和内容。落实人员分工，坚持"走出去，请进来"的方法，举办专家讲座，学习交流，提高实验教师的整体科研能力。

2. 成立子课题研究小组，以子课题为单位，组织实验教师学习课程改革实验项目任务书，了解相关理论基础、国内外的研究情况以及研究的主要内容。

3. 子课题负责人制订研究方案。

（二）项目实施阶段（2010年11月—2012年12月）

1. 儿童音乐剧的开发与实施：制订课程框架、开发音乐剧教材。

2. 校园剧与音乐学科整合：确定学科与校园剧的整合点，设计并实施学科整合方案。

（三）项目总结阶段（2013年1月—2013年9月）

1. 邀请专家对项目进行进一步指导。

2. 在专家指导基础上，对项目加以完善和发展，针对存在问题，重新调整研究方案。通过各种形式的研讨，交流体会，最终形成具有教师专业发展、学生学有所长的具有学科特色的音乐剧课程。

3. 召开学生、教师、家长代表进行座谈，完善校本课程，校内进行推广。

七、完成课题的条件和保障

本课题负责人及主要成员作为课题的主要参与者分别参加过国家级课题《小学生

学业成就评价发展的研究》、省部级课题《小学生创造力的培养》以及教育部规划课题《发展性课堂教学手段的研究》等多个课题项目的研究，并有多篇论文获得北京市优秀论文一、二等奖，参编的多部教材、教案被教育部教材中心采用。课题组有多名教学一线的区级骨干教师参加，教学实践经验丰富，能够保证教育教学干预研究的顺利进行。课题组还以本课题组为核心，聘请北京师范大学心理学院教授、博士生以及北京市教科院、北京联合大学的高校教师一起开展合作研究，他们理论功底扎实，能够在课题实施、操作等方面给予多方面、多层面、从理论到实践的智力支持和理论指导，从而形成优势互补的研究队伍以便更好地开展本课题的研究工作。

学校非常重视此项课题的研究工作，成立了以科研部主任为组长，学科教学骨干参与的科研领导小组，制定了严格的科研工作制度。另外学校还成立了以教科研主任为领导，以学校教研组为基础，以教学班为实施单位，建立上下一体、内外结合、协作攻关的研究组织；选定课题研究协调人，代表总课题组对课题研究活动进行策划和直接管理；设立课题研究指导小组，加强对课题研究过程的监测和指导，保证本课题研究的顺利开展。参加本课题的成员大多是我校教育教学骨干教师，他们均能熟练地运用现代信息技术手段，教师的教学理念先进，大部分教师都参加过课题研究工作，有较强的科研意识和能力，加上学校领导非常重视本研究，因此能够保证课题组成员有充足的时间从事研究工作。

在前期的研究工作中，课题组已经积累了较为丰富的有关小学教育教学和学习心理以及教学理论等方面的文献，同时学校有全天开放的图书室和可借鉴的经验材料供老师查阅。为了方便参加课题的教师更好地查阅文献，更好地推进本研究工作的顺利开展，学校还为部分课题组骨干成员购买了中国期刊网的上网充值卡，为部分课题组骨干教师免费办理了国家图书馆的借阅证。另外，我们课题组聘请的北京师范大学、北京联合大学等高校的教师能够及时为我们提供需要的文献，课题组还可以通过网络、国内外会议等及时获得研究所需要的资料，这有助于教师把握本领域研究的最新动向。

学校有良好的开展本研究的条件，例如学校拥有先进的信息技术网络电化教室，标准化实验室以及固定的教研活动教室等，有利于课题组进行教学实验以及组织教学行动研究等。同时本课题组经过多年的项目研究，添置了一些研究设备，如数字摄像机、数字录音笔、数字照相机、光盘刻录机、扫描仪等，完全可以满足本课题在教学录像、录音访谈等方面的研究需要。

为了保证本课题的顺利进行，学校不仅制定了科研奖励政策，而且还可以从学校办公经费中支出部分经费用于承担研究过程中所需的购买相关设备与资料、人员培训、交通、通讯、复印等费用，使课题的实施在资金上得到可靠的保证。

主题意义引领下的小学英语教育戏剧资源开发研究

（本课题为2022年北京市教育学会"十四五"教育科研课题）

李　彬

一、研究背景

（一）选题缘由

党的二十大报告提出，要培养德智体美劳全面发展的社会主义建设者和接班人，促进人的全面发展。教育戏剧是一种非常重要的培养学生全面素质和能力的教学方法以及教学手段。中国的教育戏剧处于起步阶段，越来越多的教育工作者认识到教育戏剧的作用以及对孩子全面素质培养的重要性。

随着《义务教育英语课程标准》（2022年版）的颁发与落实，英语课程的总目标也得到了进一步的完善。《义务教育英语课程标准》（2022年版）（以下简称《义教课标（2022）》），指出英语学科的总目标为发展语言能力、培育文化意识、提升思维品质以及提高学习能力。教育戏剧融入课堂可以帮助学生保持学习英语的兴趣，激发学生主动参与语言实践活动；引导学生在学习中注意倾听、乐于交流、大胆尝试并学会自主探究。在课程资源开发与利用方面，《义教课标（2022）》明确提出要突破教材的制约，合理开发教材以外的素材性资源。如与教材单元主题情景相匹配的英语绘本、短剧、时文等学习材料。

目前北京版小学英语教材中的语篇以对话为主，复习课以及课后故事中有少量的故事，但缺少情境的创设以及矛盾冲突点，教师很难依据语篇进行戏剧活动的设计。根据前期调查，教师在进行学科实践活动设计时缺少素材。

针对以上问题，本文将基于《义教课标（2022）》中的主题，结合小学生的年龄特点和英语学科教学本身的特点，进行小学英语教育戏剧资源的开发与研究。尝试为小学英语教学中发展语言能力、培育文化意识、提升思维品质以及提高学习能力拓宽渠道，积累经验。

（二）研究目的及意义

通过本课题的研究，力图以主题语境为突破口，开发出一套主题意义引领下的小学英语教育戏剧教学资源，为广大一线教师在英语教育戏剧实践的过程中减少一些负担，排除一些阻碍，从而让学生真正受益。

二、文献综述

（一）与主题相关的研究

为了解国内的教育戏剧研究现状，笔者以中国知网（CNKI）总库为检索来源，以"主题"为检索词，不限时间进行检索，截至到2022年4月10日，共收集"主题"相关文献数据1004篇。图1为与"主题"相关的文献发布年度情况。

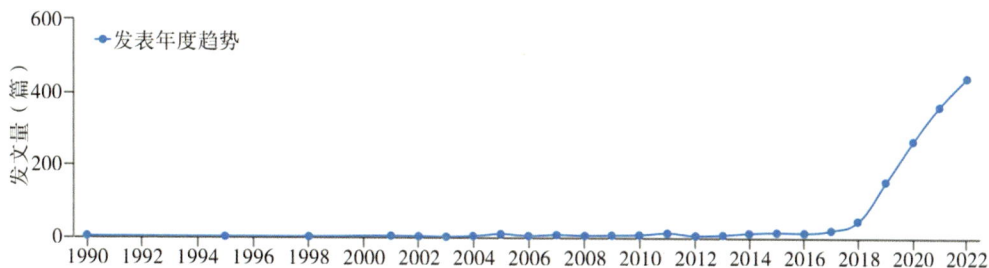

图1 与"主题"相关的文献发布年度发文量（篇）

从图1的数据可以看出，随着《义教课标（2022）》的颁布，近五年内与"主题"相关的研究层出不穷。在新课标颁布之前，国内学者多用"题材"作为"主题"的同义词使用。从图2近五年与"主题"相关关键词分布情况中可以看出，新课标颁布后，许多学者基于"主题"对单元主题意义、阅读，词汇教学、教材编写以及英语学科核心素养的探究相对较多。

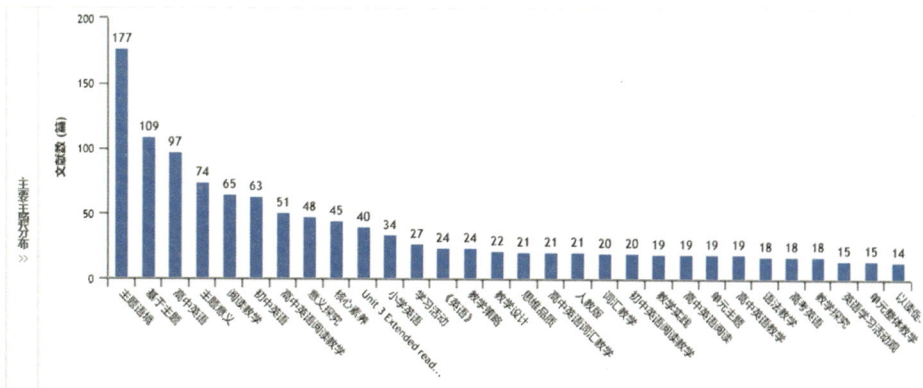

图2 与"主题"相关关键词分布情况

由此可以看出国内对于"主题"的研究虽然时间不长，但从深度以及广度来看都已经比较成熟，"主题"对英语学习具有很强的指导价值以及指导意义。以上理论与实践研究将作为本课题研究的重要依据。

（二）与教育戏剧相关的研究

国外研究学者对于教育戏剧的理论研究与实践研究较为全面且深入，已经形成了比较成熟的教育戏剧体系。最早在18世纪，法国著名启蒙思想家卢梭就提出了"在实践中学"（learning by doing）和"戏剧实践中学习"（learning by dramatic doing）的理念。1896年，杜威于芝加哥大学创办了"芝加哥大学实验学校"，这所学校创造性地将"教育"与"戏剧"进行有效结合，它先进的办学理念以及教学方法对美国甚至全世界都产生了很大的影响。随后，英国的小学教师Harriet把教学活动课程主题戏剧化。她在1912年出版了《教学中的戏剧方法》（The Dramatic Method of Teaching），该书被教育戏剧理论界认为是第一本介绍在学校教育中应用戏剧方法来开展教学工作的著作。很多国外的学者认为教育戏剧对于中小学学生的认知发展以及社会性发展有很强的价值功能。彼得·怀特（Peter Wright）所做的一项调查显示经历过教育戏剧方式学习的学生，其扮演能力、词汇量和自我认知均有显著提升。玛丽·麦克纳顿（Marie McNaughton）认为教育戏剧有助于增进和加深人们对于经历或情境的理解。理查德·考特尼（Richard Courtney）强调教育戏剧可以培养孩子理解他人，以及从他人角度观察事物的能力。马利和达夫（Maley and Duff）认为戏剧教学在课堂中的使用，能够提高参与者在语言学习过程中的听、说、读、写能力。

为了解国内的教育戏剧研究现状，笔者以中国知网（CNKI）总库为检索来源，以"教育戏剧"为主题检索词，不限时间进行检索，截至到2022年4月10日，共收集"教育戏剧"相关文献数据353条。图3为关于"教育戏剧"的文献发布年度情况。

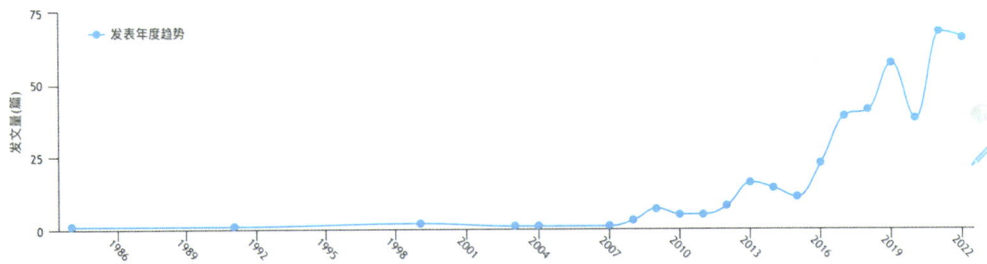

图3　"教育戏剧"相关研究年度发文量（篇）

从图3可以看出我国的教育戏剧研究起步比较晚，2012年以后才呈现大体逐步上升趋势，且直到2015年以后才获得蓬勃发展，成为研究的新热点。

教育戏剧相关研究的关键词主要主题分布见图4。

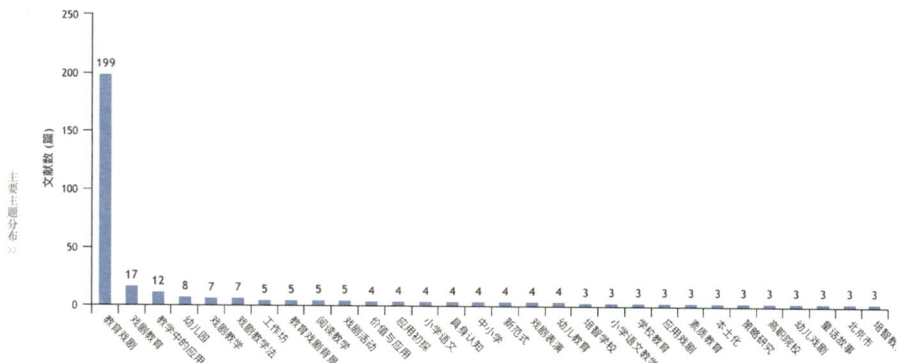

图4 关键词主要主题分布

从图4可以看出，教育戏剧相关研究的关键词主要分布在"教育戏剧""戏剧教育""教学中的应用"，关于"中小学"只有4篇，这说明当前的教育戏剧研究虽有发展，但是关于教育戏剧在小学英语教学中的应用研究还是比较欠缺的。

（三）与英语教育戏剧教学资源开发的相关研究

教育戏剧在国内的研究时间并不长，成果也并不多，其中以教育戏剧在英语教学中的应用研究、教育戏剧课程的开发以及戏剧教学法等研究为主。本课题将要探究的是与英语教育戏剧相关的教学资源的开发，这一研究在国内确实有较大缺口，因此本课题有较大的研究意义与价值。

综合以上国内外研究现状可以看出，无论是一线教师还是专家学者，普遍都认为教育戏剧从理论上讲能够提高学生的语言能力，激发学生兴趣，塑造学生品格，释放学生天性，让学生在做中学，在戏剧表演中学，从而发展形成完整的人格。但是落实到具体的实践上，受不同地域的思想观念、学校条件和办学理念、教师专业素养等各方面的影响，要把教育戏剧落实到具体的教学中并设计开发出相关教学资源还有很长的路要走。这也就是本课题研究的目标所在，希望以主题语境为突破口，开发出一套基于主题语境的小学英语教育戏剧教学资源，为广大一线教师在英语教育戏剧实践的过程中减少一些负担、排除一些阻碍，从而让学生真正受益。

三、核心概念界定

（一）主题

《义教课标（2022）》中指出，"主题"为英语课程内容的六要素之首，且具有联结和统领其他内容要素的作用。从图5英语课程主题内容要求（一、二级）可以看出，主题涵盖人与自我、人与社会和人与自然，涉及人文社会科学和自然科学领域等内容，为学科育人提供话题和语境。所有的语言学习活动都应该在一定的主题下进行，语言离不开语篇，语篇离不开内容，内容离不开主题和语境。本课题将依据《义教课标（2022）》中对英语课程主题的内容要求，分学段开发小学英语戏剧教育资源。

表5　主题内容要求（一级）

范畴	主题群	子主题内容
人与自我	生活与学习 做人与做事	1.身边的事物与环境； 2.时间管理； 3.生活自理与卫生习惯； 4.个人喜好与情感表达； 5.家庭与家庭生活； 6.学校、课程，学校生活与个人感受； 7.饮食与健康。
人与社会	社会服务与人际沟通 文学、艺术与体育 历史、社会与文化	1.班级与学校规则，规则意识； 2.团队活动与集体生活，参与意识与集体精神； 3.校园、社区环境与设施，爱护公共设施； 4.同伴交往，相互尊重，友好互助； 5.尊长爱幼，懂得感恩； 6.常见的体育运动项目，运动与健康； 7.交通法规，安全意识； 8.常见职业与人们的生活； 9.常见节假日，文化体验。
人与自然	自然生态 环境保护	1.天与日常生活； 2.季节的特征与变化，季节与生活； 3.身边的自然现象与生态环境； 4.常见的动物，动物的特征与生活环境。

表6　主题内容要求（二级）

范畴	主题群	子主题内容
人与自我	生活与学习 做人与做事	1.学习与生活的自我管理； 2.乐学善学，勤于反思，学会学习； 3.健康、文明的行为习惯与生活方式； 4.运动与游戏，安全与防护； 5.自信乐观，悦纳自我，有同理心； 6.情绪与情感，情绪与行为的调节与管理； 7.生活与学习中的困难、问题和解决方式； 8.零用钱的使用，合理消费，节约意识； 9.劳动的意义，热爱劳动。
人与社会	社会服务与人际沟通 文学、艺术与体育 历史、社会与文化 科学与技术	1.校园与社区环境保护，公益劳动与公共服务； 2.自尊自信，文明礼貌，诚实守信，孝亲敬长； 3.个人感受与见解，倾听、体谅他人，包容与宽容； 4.运动、文艺等社团活动，潜能发掘； 5.对社会有突出贡献的人物及其事迹； 6.中外名胜古迹的相关知识和游览体验； 7.世界主要国家的传统节日，文化体验； 8.科学技术改变生活。
人与自然	自然生态 环境保护 灾害防范 宇宙探索	1.中国主要城市及家乡的地理位置与自然环境； 2.世界主要国家的名称、地理位置与自然景观； 3.人与自然相互依存，绿色生活的理念和行为； 4.种植与养殖，热爱珍惜生命； 5.自然灾害与人身安全，灾害防范基本常识； 6.地球与宇宙探索。

图5　英语课程主题内容要求（一、二级）

（二）教育戏剧

"戏剧"一词源于古希腊语，意为动作、表演。戏剧教学，也译为教育戏剧，来源于英文drama in education，是将戏剧运用于教学中，通过戏剧的形式学习其他学科知识，也就是在教育中融合戏剧元素，用戏剧的方式或有剧场性质的活动来进行的教育模式，重点在"教育"，而非"戏剧"。本课题所说的教育戏剧在小学英语中的体现就是戏剧教学。戏剧教学是以戏剧的教学方式激发学生学习语言的动机和参与语言实践活动的积极性，通过创设学习语言的情境，设计语言实践方式，提升语言学习的效果，同时把学生的认知发展、情感参与、自信心的建立、对艺术的感觉以及对他人和社会的认识都整合到语言学习的过程中，达到促进全人发展的目的。

（三）教学资源

教学资源，从狭义上来讲，就是指为教学的有效开展提供的素材等各种可被利用的条件，通常包括教材、案例、影视、图片、课件等，也包括教师资源、教具、基础设施等。从广义上来讲，教学资源就是一切可以为教学过程服务的人、物、事等。本课题研究将以狭义的教学资源定义为依据，进行英语戏剧教育教学资源的开发。

通过对以上三个核心概念的界定，本课题将依据《义教课标（2022）》中对英语课程主题的内容要求，在主题引领下进行分学段的小学英语戏剧教育资源的开发研究。

四、研究目标与内容

（一）研究目标

本课题的总体目标是充分发挥我校教师现有的英语教育戏剧经验并以各集团校各具特色的戏剧教育课程为依托，设计并开发出一套主题意义引领下的小学英语教育戏剧教学资源，从而为广大一线教师提供借鉴与参考。具体研究目标如下。

1. 分析小学英语教育戏剧的应用现状以及在教学实践层面出现的问题，提出建构教育戏剧资源的路径与方案。

2. 开发主题意义引领下的小学英语教育戏剧资源。例如，剧本、音视频资源、课件、教具以及使用说明等，最终形成一个小学英语分学段的教育戏剧资源包。

3. 建构出主题引领下，各学段选用教育戏剧资源的标准，为一线小学英语教师选择适合本学段学生的教育戏剧资源提供标准与参考。

（二）研究内容

本课题将以研究目标为导向，以《义教课标（2022）》为依据，在主题引领下开发小学英语教育戏剧资源，具体研究内容如下。

1. 明确主题范围：参照《义教课标（2022）》英语课程三大主题以及各主题下的主题群，按照一、二级子主题内容明确各年级主题范围。

2. 划分各学段分级目标：将小学一至六年级分成低、中、高三个学段，根据《义教课标（2022）》中的分级目标，将三个学段与目标进行匹配。

3. 开发各学段教育戏剧资源：结合分级目标以及主题范围，按照每个学段六个，共18个语篇进行改编或创编。例如低学段可选择世界经典童话故事；中学段可选择中西方寓言故事；高学段可选择中国传统文化故事等。根据语篇形式与内容制作配套教学资源。

4. 探讨选择教育戏剧资源的标准：根据《义教课标（2022）》中的主题内容以及分级目标，结合各学段学生特点以及教材中不同单元主题，探讨选择教育戏剧资源的标准与原则。

5. 梳理资源开发成果并推广应用：梳理各学段的教育戏剧教学资源，制作说明手册并将其整理成资源包，推广给广大一线英语教师进行教学实践与反馈。

五、研究方法

表1　技术路线图

研究方法	说明
文献研究法	**研究前期阶段**：通过查阅和梳理"主题语境"以及"教育戏剧"等方面的文献资料，吸纳已有优秀研究成果，厘清课题研究的方向
	实施与总结阶段：课题组还需要通过查阅文献资料来加强理论学习，解决实践研究过程中遇到的问题
阅卷调查法	**研究前期阶段**：对各学段学生的英语水平、兴趣点和困难点等几个方面进行调查，同时还要对各学段教师在戏剧教学中的困难以及需求进行调查，为资源开发提供依据
	总结阶段：第二次问卷调查对数据进行对比分析，为教学资源开发的不断完善与高效实施提供数据支撑
行动研究法	**课堂实践**：围绕设计开发的内容进行教学实践，课题组成员会对课程进行录制和反思
案例分析法	针对课题组成员对不同学段的教学案例分析，深入分析资源开发过程及实践效果，及时做出修改与调整

本课题将综合运用行动研究法、调查研究法、文献研究法以及案例分析法，分为准备阶段、实施阶段和总结阶段实施研究，具体技术路线见下图：

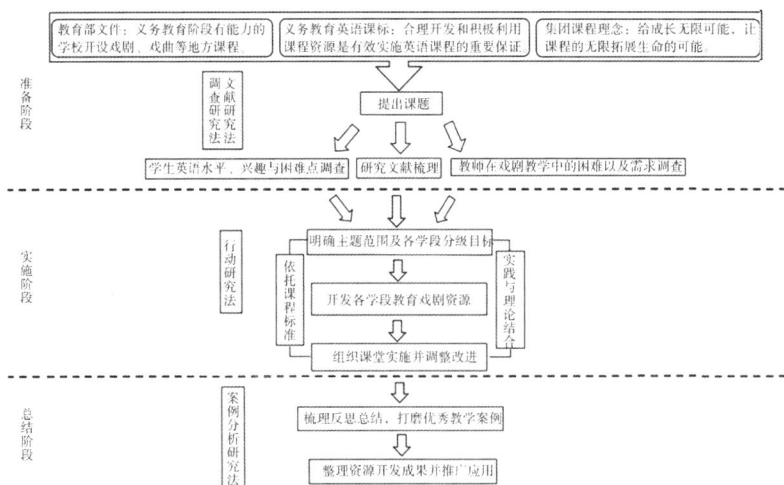

图6　课题研究技术路线图

六、完成课题的保障条件

（一）已取得的相关研究成果

我校以"种子计划"为无边界课程的价值基点，提出"给成长无限可能"的理念，将家国情怀的培育全方位融入学校课程建设中。集团英语部也利用自身资源，以英语戏剧课程为主线，为学生打造大槐树·紫丁香英文戏剧课程，其包含"社团课程""实践课程""槐树剧场"以及"丁香云创"四个阶段。基于大槐树·紫丁香英文戏剧课程的研究成果获得2021北京市教育学会教育教学研究成果二等奖，相关论文获得北京教育科学研究院基础教育科学研究优秀论文三等奖。

（二）课题负责人

李彬，小学英语教师，硕士研究生，小学一级职称，北京市东城区骨干教师，曾担任北京市东城区小学英语兼职教研员；指导的英文戏剧课*Eric's Adventure*，*Hunting for Treasures*以及*Stone Soup*等多次获得国家级、市级戏剧教学比赛一等奖；撰写的多部英语课本剧剧本获得北京市一等奖；撰写的论文《小学英语教育戏剧的实践与研究》获北京市教科院基础教育科学研究优秀论文三等奖；撰写的论文《小学英语教育戏剧的实践与研究——以大槐树·紫丁香英文戏剧课程为例》获北京市教育学会教育教学研究成果二等奖；参与撰写的论文《大槐树·紫丁香英文戏剧课程开发研究》获全国中小学戏剧教育研讨会优秀论文并将出版；参与指导的《后羿射日》《西游记新编》等多部英文戏剧获得全国比赛一等奖；作为核心成员参与多个市区级课题研究；参与北京市戏剧教学培训活动，为后续课题研究提供理论与实践的支撑。

（三）课题组成员

课题研究计划与日常教学、校本教研紧密结合，参与课题研究的成员共九人，其中有三位市级骨干教师、四位区级骨干教师；三位成员是高级职称，三位成员是一级职称，三位成员是二级职称；全部成员均参与过各级各类的课题研究，其中有六位成员主持过全国以及市区级课题。同时，我校领导和英语部对课题研究给予大力支持，以此确保本课题研究计划能够顺利实施。

（四）保障条件

本课题预计完成时间为2年。我校非常支持教师开展课题研究工作，对参与研究的教师提供外出学习、培训等多方面支持。并依托集团平台，每学期与中国教育学会、北京市基教研中心、中国教师网等机构深度合作，开展研究课、讲座、空中课堂等一系列教学科研活动。英语部同时对参与课题研究的教师进行定时、定量的专家培训，积极推广应用和推荐发表教师的优秀研究成果。

将校园剧融入学科教学的行动研究

本课题为北京市教育学会"十二五"教育科研课题

摘要： 以往在实施国家课程、地方课程以及校本课程过程中无论从内容上、教学形式上以及学生学习兴趣培养点上都过于单一，基本呈现方式是教师讲课、学生完成教师布置的相关作业。这样的一种教与学方式，造成教师专业单一、学生学习方式单一以及学生学业成绩评定单一，因此无论教师还是学生，对于学校的学习生活感到比较枯燥，这样的一种办学理念不利于学生快乐学习与成长。2015年，我校被东城区教委增名为"中国儿童艺术剧院实验学校"后，经过不断探索与实践，学生戏剧教育已成为我校特色办学的一张名片，特别是近三年来，围绕学校艺术特色，如何让戏剧的融入来撬动我校课程发展已成为老师们研究的方向。基于这样的一种思考，我们想通过以艺术教育为载体，以课堂教学研究为根本，以校园剧艺术表现形式与国家课程相关知识为内容，通过课程的建构，让学生在学会知识的同时，增加一份对艺术的感觉，从而提升学生的能力与素养，最终达到让戏剧撬动我校的课程发展与变化，把艺术之美渗透到每一颗幼小的心灵之中，使学生在美的熏陶下，身心得到愉悦、审美得到陶冶、艺术才华得到充分展示、综合素养得到全面提升，围绕大艺术教育理论，构架学校特色大课程，用育德支撑课程，用文化点亮课程，用艺术唱响课程。

学校课题申请者是学校校长，拥有中学高级职称，具有多年的教育、教学研究经验。课题主要参加者为骨干教师及行政人员，平均年龄约为45岁左右，3人具有中学高级职称。在骨干教师中，既有北京市骨干教师，区级学科教学带头人，也有学校导师团成员，在课题组核心成员中，有多名长期从事小学语文、数学、英语、音乐、品德、美术、体育等学科教育的教师参加，他们教学经验丰富，承担过区级独立课题的研究，对信息技术的掌握比较熟练，具有较强的科研意识，加上学校领导非常重视本课题研究，因此保证课题组有充分的时间从事本课题的研究工作。

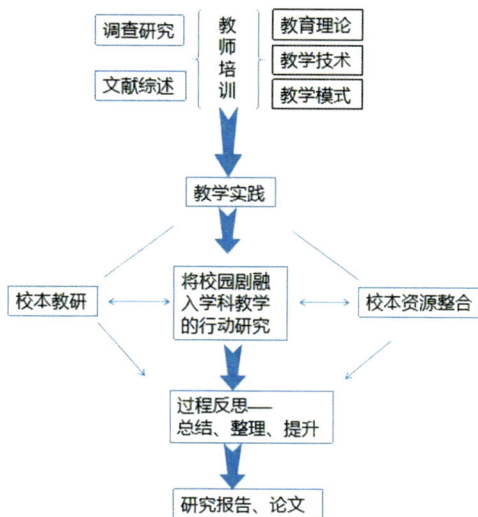

图1 内容结构图

一、研究问题

（一）研究目的

为进一步贯彻落实党的十八届三中全会关于教育改革精神和进一步落实国家教育部关于《全面深化课程改革 落实立德树人根本任务的意见》以及《北京市实施教育部〈义务教育课程设置实验方案〉的课程计划通知》要求，结合多年学校艺术教育特色，我们通过不断思考，最终形成以学校戏剧教育为载体，以课堂教学为主渠道，通过单学科、跨学科、多学科等综合课程融入一体，在整体落实北京市课程设置方案过程中，培养学生的综合素养和创新意识。

我校自2004年开始在学生中开展校园戏剧活动，多年来，学校在不断摸索与实践中，借助社会团体的资源，校园戏剧教育在我校生根发芽，成功申报成立的北京市金帆话剧团，成为了我校的特色项目。随着学校艺术教育影响力不断扩大，我们也在不断思索，如何借助校园剧这一有形载体，让传统的课堂充满艺术的灵动与艺术的生机，从而形成生命的课堂，这也是基于我校10年来艺术教育逐年发展后需要我们深入思考亟需解决的问题。

我们通过网上检索，发现近几年，校园剧如雨后春笋在我国多个城市、多个学校相继开展，从形式上看，大部分学校是以特长班、兴趣班或者是学校几个文艺小骨干组成的话剧班为主要的形式；从结果上看，少数学生参与学校艺术节展演、参与市区级校园剧比赛，等等。

我们想：在小学基础教育阶段，能不能通过课堂教学的渠道，将校园剧核心内涵的品质潜移默化的对学生进行浸入。再次从网上检索，发现对此课题的研究到目前为止，在我国基础教育中还没有一所学校有过类似的研究与实践。基于对问题的思考以及我校自身的优势，我们把《将校园剧融入学科教学的行动研究》作为研究课题，力求通过课堂教学的研究，使学生在掌握知识的同时，身心得到健康和谐的发展，为他们今后走向社会奠定基础。

面对国家提出的"把立德树人作为基础教育的根本任务，培养德智体美全面发展的社会主义建设者和接班人"要求，我们力求以艺术教育为载体，以课堂教学研究为根本，以校园剧艺术表现形式与国家课程相关知识为内容，以校园剧的核心内涵为抓手，形成纵有序列、横有联系的学生培养模式，最终形成我校独有的课堂育人特色及方法，全过程提升学生综合素养。

（二）研究意义

1. 理论意义

本研究创造性地引入一种新的课堂教学模式，打破以往课堂教学重知识传授、忽视学生情感体验造成说教两张皮的问题，通过将艺术领域与国家课程领域相互补充与渗透，顺应课程改革与发展的趋势，对基础教育课程改革具有一定的意义与价值。

2. 实践意义

（1）学校特色发展层面

在课题研究中，以形成班级剧组、年级剧社、教师剧团的教研团队模式为抓手，以改变备课模式、教学模式、评价模式为载体，进一步探索校园剧与学科整合，形成我校独有的课堂育人模式，深化学校特色发展，在一定范围内具有推广价值。

（2）教师专业发展层面

通过课题研究，帮助老师寻找学科教学中校园剧的表现形式与学科内容的契合点，帮助老师从传统的授课模式改变成有故事的课堂，培养学生会观察、重体验、敢表现、善参与、能合作的意识，从而发挥教师在课堂上的"导演"作用。

（3）学生综合素养发展层面

通过课题研究，充分发挥校园剧直观、生动、易展示、有内涵的艺术作用，有机融入学科教学的育德目标中，形成全学科教学德育目标序列化，年级剧社德育目标一致化，年级剧组德育目标特色化的课堂育人格局。

（三）研究假设

本课题研究的假设就是构建一种"有故事、有情境、有情感"的课堂教学新模式。即：语文学科情景剧、数学学科思维剧、英语学科故事剧、美术学科童话剧、音乐学科音乐剧、科学学科幻想剧、体育学科形体剧、写字学科书法鉴赏剧、劳动学科实践体验剧等，通过学校的课程建设与发展让戏剧融入课堂教学是否能有效地改变目前教学内容单一、教学形式单一的现象，从而有效地提高学生的学习兴趣与艺术修为，最终提高学生的学习能力与教师的专业能力。

二、研究背景与文献综述

（一）理论基础

1. 教育部关于《全面深化课程改革 落实立德树人根本任务的意见》

《全面深化课程改革 落实立德树人根本任务的意见》中指出：立德树人是发展中国特色社会主义教育事业的核心所在，是培养德智体美全面发展的社会主义建设者和接班人。课程是教育思想、教育目标和教育内容的主要载体，集中体现国家意志和社会主义核心价值观，是学校教育教学活动的基本依据，在课程改革中，要统筹各学科，特别是德育、语文、历史、体育、艺术等学科。充分发挥人文学科的独特育人优势，进一步提升数学、科学、技术等课程的育人价值。同时加强学科间的相互配合，发挥综合育人功能，不断提高学生综合运用知识解决实际问题的能力。

2.《北京市实施教育部〈义务教育课程设置实验方案〉的课程计划通知》

《课程计划通知》指出：要关注课程的整体育人功能以及学科内、学科间的联系与整合，加强综合实践活动课程的开发与实施，大力培育和践行社会主义核心价值观。各学科平均应有不低于10%的学时用于开设学科实践活动课程，在内容上可以某一学科内容为主，开设学科实践活动，也可综合多个学科内容，开设跨学科综合实践活动；在学时上可与劳动技术、信息技术、研究性学习、社区服务和社会实践活动等统筹使用，也可以与地方课程、校本课程统筹使用。学校具体统筹安排，要做到因地制宜、灵活多样。

3. 依据《国家课程标准》，将知识传授与学生综合素养的提升有机进行整合

《国家课程标准解读》中指出：各级学校要坚持文化知识学习和思想品德修养的统一、坚持理论学习与社会实践的统一、坚持全面发展与个性发展的统一，培养学生良好的审美情趣和人文素养，提高学生的综合素质。

（二）相关研究成果综述

自2015年课题立项以来，结合课题研究，学校研发了《革新里小学课堂知、情、意、行、艺五维培养目标细则》；研发了教师《主体性课堂教学评价表》；研

发了教师听课《导学表》；研发了《革新里小学教师以"听""评""研"促教师专业发展工作通知》《革新里小学课程建设规划》《革新里小学课程建设结构图》，2018年我校再次进行课程改革，围绕立德树人的根本任务，从学生综合素养目标培养为原点，积极开展教学大讨论，修改了备课、上课模板，加大了学生艺术素养培养力度，研发了《革新里小学立德树人培养结构图》。

2015年至今，我们先后出版了学校刊物，如《童艺情韵》校本教材、《课程建设研讨大事记》手册、《艺术教育润泽炫丽童年》宣传画册以及《童心艺语》三本校内刊物。2018年上半年，我校荣获北京市基础教育课程改革先进单位称号，在北京市召开的大会上，我校赵丹阳校长以《播撒阳光办教育　艺术教育撬动课程发展》为主题向与会人员介绍了学校的课程建设经验并得到好评。

三、核心概念界定

戏剧教育对于培育学生明"真"、懂"善"、求"美"，全面提升综合素质具有不可替代的作用。我校《将校园剧融入学科教学的行动研究》课题，就是要以国家基础课程为载体，以培育学生综合素养与艺术自信为根本，通过课堂教学、综合实践活动、家长学校、同时借助社会资源对学生进行因材施教，在这一过程中，通过改变枯燥、单一的教学模式，提高学生学习兴趣，同时教师整合教材。挖掘教学中的育人点，通过课堂创设模仿、创编、演绎等学生喜爱的形式让学生明理习德。让教师的艺术素养与文化底蕴得到加强，让学生在思想道德意识、学科知识掌握应用意识以及与他人合作意识等方面得到提升。

四、研究程序

（一）研究目标

1. 结合北京市出台新的课程设置方案，通过单学科、跨学科、多学科融入一体等综合课程，探索校园剧融入教学的内容、途径以及评价研究。即：知识与内容、过程与方法、创新与评价。

2. 以践行社会主义核心价值观和立德树人为根本，以传承中国传统文化"孝、礼、信、仁、智、义"为载体，依托课程育人目标，探索通过校园剧将其融入学科教学，形成有序列、有层次的学生培养目标及评价要素。

（二）研究内容

1. 学生培养目标的研究

2．课程体系开发梳理研究

3．校园剧的开发研究

4．校园剧融入学科教学的典型案例研究

5．课题保障机制的研究

（三）研究对象

研究对象为1～6年级学生及学校教师

（四）研究方法

1．行动研究法

本课题研究以行动研究法为主。按照研究计划有步骤地对现有课堂教学模式以及将校园剧融入学科教学进行调研，制订校园剧与学科教学相融合的具体实施方案以及各学科融入的子方案，历时六个学期，边实践边反思，边总结边改进，对研究课题成果及时进行总结和推广。

2．文献研究法

就目前本课题研究来看，国内外可搜集的文献资料较少，但我们也希望通过较少的文献资料研究，了解校园剧与学科相融合开展情况，确定本研究的选题及边界，明确理论基础及研究的创新点。

3．课堂观察法

制订课堂观察方案，通过课堂观察分析教师的教学执行能力及学生在课堂活动中的达成能力。

4．调查研究法

主要采取问卷、访谈法。通过设计问卷《校园剧融入学科教学现状调查》了解课堂实际。通过课堂观察，与教师、学生访谈进一步找到校园剧与学科相融合的主要因素。

5．案例研究法

在研究过程中，一方面，积累案例开展研究，在不同学科中积累教学案例，提炼共性的教学策略及教学方法。另一方面，积累学生在实际课堂中的生成案例，开展研究。

（五）技术路线

技术路线：前期调研—课题论证—课题计划—实践探索—反思调适—收集资料—总结分析—构建模式—形成报告—推广应用

五、研究发现或结论

三年来，围绕课题，初期我们制订的五条研究内容，经过不断地实践、反思、再实践、再反思这样的一种研究路径，可以说我们积累了一定的经验并取得了一定的成果。表现在：

（一）学生培养目标的研究

1.第一次学生培养目标的研究

近年来，我们成立了班级剧组、年级剧社、学校剧团三级团队建设，所有教师都根据各自所教年级进入班级剧组和年级剧社，那么如何发挥团队的优势，大家共同结合所教学科，依据学生可接受度来共同设计一个培养目标，并使每个年级间的目标培养从纵向上呈递进性，从横向上呈连续性，在关注学生学会知识、掌握知识的同时，发展学生的非智力能力。经过反复思考，在2015年寒假后，我们最终将"知、情、意、行"四个方面作为我们学生今后培养的目标。首先，知识与技能，即以国家课程为载体，以课堂教学为主渠道，以师生双边活动为形式，最终使学生学会知识，掌握和运用所学知识，从而提升知识运用技能。其次，对于学生非智力能力的培养，如：情感态度、意志品质、行为习惯，我们认为这是育人的核心，因为知识学习永无止境，而在小学基础教育阶段，帮助学生体验学习的乐趣，帮助学生体会与人合作的乐趣，帮助学生养成几个良好的学习、生活习惯，我们想学生会终身受益，学生会在今后的人生旅途中行之高远。基于这样的一种认识，我们围绕"情意行""目标的制定，开展了年级组、学科组、小教研组等多种形式的教研活动，同时在学生群体中，我们也进行了调研，经过几上几下反反复复的制订、修改、斟酌、再修改，终于完成了学生培养目标的制定，即：

表1　年级情、意、行培养目标

情感目标（爱）	意志品质（坚持）	行为习惯
学习动力： 发现快乐、留心观察 乐于模仿、喜欢上学	学习行动： 认真听讲、喜欢阅读 书写认真、姿势正确	学习习惯： 摆放学具、整理书包 举手发言、声音洪亮
交往技能： 认识伙伴、主动交往 互谦互让、微笑相伴	合作行动： 喜欢伙伴、送出夸奖 得到帮助、主动感谢	交往习惯： 遵守时间、自觉排队 相见问好、使用尊称
品德润养： 寻找兴趣、尝试体验 认识对错、愿意听话	品德践行： 敢于展示、感受快乐 尊敬师长、听从劝告	生活习惯（品德）： 右行礼让、慢步轻声 讲究卫生、爱惜粮食

表2 年级情、意、行培养目标

情感目标（想）	意志品质（坚持）	行为习惯
学习动力： 激发兴趣、愿意学习 积极参与、乐于表现	学习行动： 知错想改、坚持改对 积极举手、大胆发言	学习习惯： 眼神专注、认真听讲 站姿端正、声音洪亮
交往技能： 伙伴相处、友好待人 心有他人、愿意谦让	合作行动： 发现优点、愿意称赞 遵守规则、做事有序	交往习惯： 别人讲话、不乱插话 有序排队、不推不挤
品德润养： 友好相处、言语文明 培养兴趣、感受成功	品德践行： 遇到困难、寻求帮助 乐于模仿、愿意坚持	生活习惯（品德）： 偏劳道谢、失礼道歉 大胆尝试、敢于展示

表3 年级情、意、行培养目标

情感目标	意志品质	行为习惯
学习动力： 能说会听、乐于思考 乐于尝试、树立自信	学习行动： 自觉听讲、遵规守纪 主动参与、不懂敢问	学习习惯： 课前预习、留心生活 积极发言、勤于思考
交往技能： 能够欣赏、取人之长 乐于沟通、善于分享	合作行动： 自觉互助、学会合作 欣赏他人、学会原谅	交往习惯： 主动交流、虚心接受 能够倾听、表达赞美
品德润养： 培养兴趣、能学审美 诚信待人、学会感恩	品德践行： 自觉展美、感受快乐 说到做到、懂得回报	生活习惯（品德）： 坚持兴趣、学有所得 诚实守信、知错能改

表4 年级情、意、行培养目标

情感目标（会）	意志品质（自觉）	行为习惯
学习动力： 会学会思、积极实践 乐于展示、培养自信	学习行动： 自觉预习、查阅积累 主动思考、每课一疑	学习习惯： 课前预习、联系生活 发现难点、提出质疑
交往技能： 欣赏他人、正视自己 学会表达、善于沟通	合作行动： 自觉尊重、真诚赞美 分享成功、积极展示	交往习惯： 认真倾听、积极回应 清晰表达、虚心接纳

续表

情感目标（会）	意志品质（自觉）	行为习惯
品德润养：	品德践行：	生活习惯（品德）：
培养特长、学会审美 集体为先、宽容友爱	知己不足、勇于改正 发展特长、持之以恒	勇于承担、明确责任 明辨是非、听取建议

表5 年级情、意、行培养目标

情感目标	意志品质	行为习惯
学习动力：	学习行动：	学习习惯：
求学明智、树立目标 主动尝试、提升自信	主动实践、不懂能问 计划做事、讲究效率	课前预习、思考质疑 个性理解、感情朗读
交往技能：	合作行动：	交往习惯：
主动沟通、控制情绪 知人自知、取长补短	主动合作、分享成果 辨析明理、约束自己	遇事冷静、换位思考 处事果断、勇敢担当
品德润养：	品德践行：	生活习惯（品德）：
理解他人、学会关爱 智慧敏思、快乐生活	主动进取、克服惰性 公平竞争、完善自己	树立榜样、虚心学习 严于律己、宽以待人

表6 年级情、意、行培养目标

情感目标	意志品质	行为习惯
学习动力：	学习行动：	学习习惯：
乐于探究、主动了解 查漏补缺、学以致用	大胆质疑、独立思考 巧记善问、举一反三	课前预习、提出质疑 课后作业、保质保量
交往技能：	合作行动：	交往习惯：
掌控情绪、尊重赏识 善于合作、乐于分享	小组合作、分工明确 主动承担、顾全大局	用心聆听、主动交流 取长补短、展示成果
品德润养：	品德践行：	生活习惯（品德）：
喜欢尝试、虚心好学 不矜不伐、坚持不懈	勇于挑战、不耻下问 宽容自律、积极实践	寻根究底、及时改错 善于总结、积少成多

2. 第二次学生培养目标修改与完善

年级间学生发展目标的制订，给了广大教师因材施教明确的方向标和导航，使教师在课堂教学活动中对于学生非智力的培养路径也更加清晰。但我们从中也发现了一个问题，那就是艺术教育培养的目标在整体培养上还是有欠缺，于是围绕目标的制订我们再次开展研究，经过多次论证，便有了我们学生艺术目标的整体制订。

表7　革新里小学1～6年级学生艺术素养培养目标

年级	艺术素养	
年级	基本艺术素养	基本艺术技能
一年级	坐姿端正　动眼观察 声音洪亮　关注艺术	舞：形体有基础　唱：歌唱有胆量 乐：乐器有了解　剧：观剧有兴趣
二年级	站姿挺拔　动耳聆听 眼神专注　积累艺术	舞：律动有乐感　唱：歌唱有韵律 乐：选择有方向　剧：赏剧有愿望
三年级	动作协调　动口交流 仪态大方　欣赏艺术	舞：分类有指向　唱：歌唱有情感 乐：训练能坚持　剧：演剧有自信
四年级	步态稳健　动手体验 衣着得体　展现艺术	舞：表演有自信　唱：歌唱有方法 乐：吹奏有成效　剧：导剧有思路
五年级	培养特长　动脑思考 视野开阔　领悟艺术	舞：表现有气质　唱：歌唱有技巧 乐：展示显特色　剧：编剧有创意
六年级	尝试创新　动心表演 个性张扬　热爱艺术	舞：展示有特色　唱：歌唱有感染 乐：演奏有品质　剧：评剧有见解

（二）学校课程体系开发、梳理研究

1. 第一次课程建设方案的思考

我们认为综合提升学生核心素养是北京市基础教育课程的改革的核心和必然，这种改革势必带来学校的课程建设。通过学习与感悟，我们认为学生在基础教育阶段只靠国家课程来提升学生的综合素养已显然不够，必须要结合自身的优势与特色开发属于我校特色、符合学生成长需要的课程。在2015年至2017年9月，结合课题，围绕课程开发与建设，学校经过多次调研，我校的课程体系建设初见端倪。

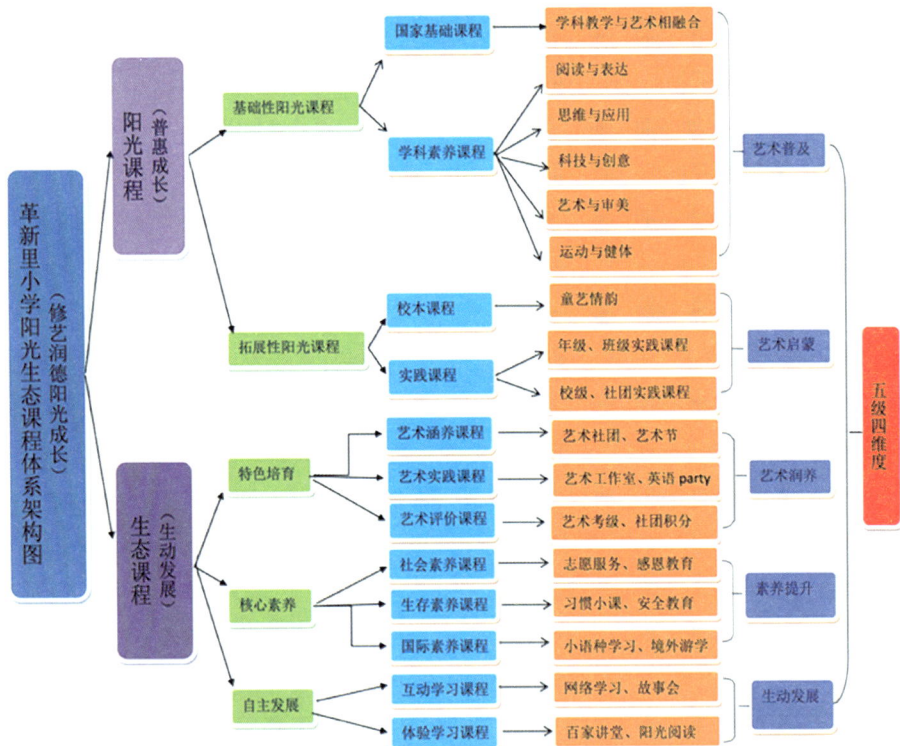

图2 《革新里小学课程建设方案》

课程实施两年多来，围绕学校特色发展，打造有故事、有情境的课堂模式，将艺术教育以学科知识为载体，让课堂教学模式发生变化，从而培养学生综合素养确实收到了一定的效果。2017年我们就学校课程建设开展了以干部、教师、学生、家长为主体的大样本调研，其中学生对于学课程建设、对于教师的满意度我们进行了统计。（见下图3）

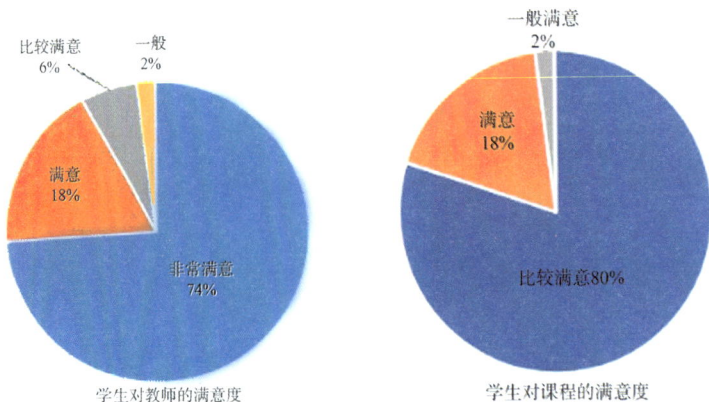

图3

通过调研我们发现，虽然课程体系较为充实，但从"修艺润德、阳光成长"的育人目标出发，再次审视我们的课程体系，感觉在艺术教育的层面上还有缺陷，层级还不够明显，相关的课程链接还缺乏对接性，无法突出学校办学的宗旨与目标，由此引发了我们的再思考。

2. 第二次课程建设方案的再思考

2018年可以说我校的课程建设、课程改革已进入深水区，如何在课程建设上更加突出"艺术、阳光"的课程内涵，对照第一版的分析，经过近半年的时间，在专家的指导下，对接学校艺术教育特色，最终形成了今天用于指导我们课程建设和发展的学校课程建设方案。（如图4）

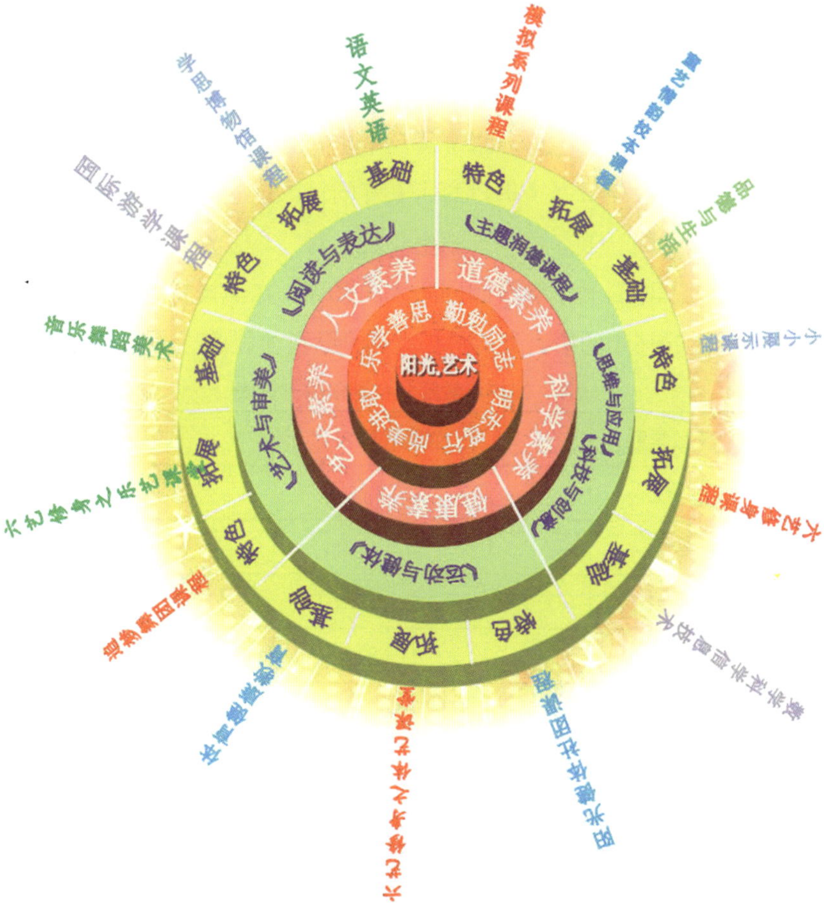

图4

如图所示，"阳光·艺术"课程体系是我校将所有目标坐落在学生艺术学习的修为之上，而构建的校本化课程模式，带有浓厚的艺术、多元、公正、个性的阳光文化气质。目前已形成人文素养、道德素养、科学素养、健康素养和艺术素养有机融汇的"阳光·艺术"课程体系，实现了艺术课程管理、艺术课程研究、艺术课程实践、艺术课程评价四位一体的课程发展格局。

（三）学校校园剧的开发研究

目前我校开展的学生戏剧研究是两个层面，首先是以国家基础课程为载体，教师挖掘文本中与戏剧表演相关的内容进行分析，加工，寻找育人点，在课堂上进行实际授课；授课的形式主要以小组为单位、学生分角色进行展示，其他学生则对展示的学生进行评价；评价的主要内容为语言的表达、肢体的表现、人物的对话、小组合作完成情况以及在展示中是否体现了对主题的理解。结合国家基础课程，2016年我们主要在文科类学科中开展戏剧创编，如：《蔺相如》《杨氏之子》《临死前的严监生》《字典公公家里的争吵》《拔苗助长》《孔子拜师》《小英雄雨来》、《王二小》等原创剧。这些原创剧，增添了学生课堂场景，提高了学生学习兴趣，随后，我们先后又创作了《生命之水》《三个小牧童》《在花园里》《曾信卖柴》《谁的颜色最美丽》《生日》《借口商店》等剧目。这些剧目的展示虽不是发生在课堂，但在整个编、演、创、悟中，学生收获是对"真、善、美"的理解与感悟。2017年，我们加大了学科教学与校园剧融入的整合，在学校开展的课堂校园剧"展示周"活动中，由2016年的语言类学科扩大到全学科的浸润。（如下表8）

表8　2017年教师学科剧创编一览表

教师姓名	任教学科	创编戏剧名称	应用年级
修彦彦	语文	小木偶故事	四年级一班
刘宝玲	数学	曹冲称象	五年级二班
马京亚	英语	愚公移山	四年级四班
刘静雅	音乐	小猫钓鱼	二年级三班
李洋	体育	篮球天空下的青春	六年级一班
丁宁	美术	达·芬奇画鸡蛋的故事	五年级二班
明薇	科学	森林大树	三年级一、二班
郭丽萍	道德与法治	言而有信	一年级一至四班

表9 2018学年度教师阵营式校园剧创编一览表

阵营：第一阵营（1组）

组号	创编戏剧名称	学科	展示人数	包含年级	指导教师
10	曹冲称象	语文	11	1～6	单文婷
13	金色的鱼钩	语文	11	1～6	修彦彦
16	小树快快长	语文	12	1～6	刘海涛
9	白求恩的故事	英语	12	1～6	黄　薇
11	The Election in the Forest	英语	12	1～6	马京亚

阵营：第一阵营（2组）

组号	创编戏剧名称	学科	展示人数	包含年级	导师
12	阿基米德测量皇冠	数学	12	1～6	王佳钰
6	运动员选拔	体育	12	1～6	陈晓东
14	彩虹色的花	体育	11	1～6	王　叶
2	谁的本领大	美术	12	1～6	李静瑶
5	画杨桃	美术	12	1～6	王　洋
8	画家齐白石	美术	12	1～6	沈立红
1	和平与战争	音乐	11	1～6	李子婧
15	小动物的控诉	品社	12	1～6	岳　跃

阵营：第二阵营（1组）

组号	创编戏剧名称	学科	展示人数	包含年级	导师
2	小木偶的故事	语文	12	1～6	李慧芳
4	青蛙卖泥塘	语文	12	1～6	张冬梅
7	伯牙绝弦	语文	12	1～6	梁　钢
11	五指争功	语文	12	1～6	朱丽霞
14	亡羊补牢	语文	12	1～6	边冬梅
16	感恩	语文	13	1～6	张　冉
12	I'm a big role	英语	12	1～6	彭　静
3	小蝌蚪找妈妈	舞蹈	12	1～6	李静文

阵营：第二阵营（2组）

组号	创编戏剧名称	学科	展示人数	包含年级	导师
1	冒充鸡蛋的卵石	数学	12	1～6	陈　爽
5	找朋友	数学	13	1～6	马红瑛
6	打官司	数学	13	1～6	刘宝玲
8	田忌赛马	数学	12	1～6	孙美玲
13	小数点出走后	数学	13	1～6	张　冉
15	鲁班学艺	劳技	12	1～6	江　琛
10	达·芬奇画鸡蛋的故事	美术	12	1～6	丁　宁
9	稻草人	音乐	12	1～6	宋　丽

阵营：第三阵营

组号	创编戏剧名称	科学	展示人数	包含年级	指导教师
9	不迷信	科学	12	1～6	李　洋
8	寒食节来历	品社	11	1～6	郭丽萍
12	妈妈的账单	品社	12	1～6	陈　彤
2	环保宣传员	语文	12	1～6	牛思宇
6	巨人的花园	语文	12	1～6	李学农
7	西门豹治邺	语文	12	1～6	齐　菲
10	新编版西门豹	语文	12	1～6	陈庆玲
12	森林爷爷	语文	12	1～6	杨欣烨
14	装病	语文	11	1～6	王雪姣
4	狐假虎威	英语	12	1～6	范思佳
16	音乐之声	英语	12	1～6	宋　颖

阵营：第四阵营

组号	创编戏剧名称	科学	展示人数	包含年级	指导教师
1	哪根剩的多	数学	12	1～6	王学增
9	曹冲称象	数学	11	1～6	张健美
15	小材大用	数学	12	1～6	赵　颖

续表

组号	创编戏剧名称	科学	展示人数	包含年级	指导教师
5	龟兔赛跑	体育	12	1～6	陈　果
11	鱼饵	科学	11	1～6	明　薇
13	蚂蚁王国	科学	11	1～6	凌燕娣
3	猴子做糕	音乐	12	1～6	万　妍
8	半截蜡烛	音乐	12	1～6	梁古月

2015—2018年期间，对接国家级课程我们开发研究的校园剧约150个以上，参与的教师达到100%，特别是2018年上半年，学生校园剧参与率达到100%。通过日常教学与学科剧展示，不仅提升了学生艺术素养，改变了课堂教学模式，更为重要的是围绕校园剧这一有形的载体，以剧艺+的表现形式，通过教师讲德、学生习德，最终形成自我认知的发展。

（四）校园剧融入学科的教学典型案例研究

课题实施初始，我们发现在课题的研究方面，语文、英语、音乐、美术等学科开展得较好，例如：2015年4月，我校召开了"构建优质课堂　促教师专业发展"教师微导入教学设计展示活动，在课的导入过程中，教师通过讲故事导入、游戏形式导入、歌曲导入、肢体表演导入等形式，从课的伊始就把学生的兴趣性调动了上来，为后面的教学顺利进行奠定了基础。再如：2015年12月，我校开启了首届青年教师"阳光杯"教师大赛，大赛的主题就是以提升学生的综合素养为主，20名各个学科的青年教师围绕提升学生的综合素养进行了教学展示，通过预赛后，产生了语文、数学、英语、音乐等学科6名教师进行了决赛。我们请来了我区教研员宋浩志主任、张杰主任、王伟老师、陆永英等老师作为专家评委，从学生学习态度、课堂生成、学生活动设计、教师评价语的运用以及学生艺术素养的培养等多方面进行专业指导。为了提升教师的语言艺术与驾驭课堂能力，2016年3月，我们以"优化课堂教学　提升学科素养"为主题，请来了天津著名的特级教师徐长青为我们进行现场做课和讲座，通过观摩课堂，使我们的老师不仅对课堂生成的有效把握和利用有了充分的认识，还充分调动了学生主动参与思考的积极性，而且教师的肢体语言的运用无疑为课堂的精彩呈现抹上浓重一笔，给听众留下深刻的记忆。

在接下来的课题研究中，如何让学校艺术教育特色与学校课程建设绑定，达到你中有我、我中有你是我们的目标。2016年4月，我校召开了戏剧教育与语文学科相融合的教学研讨会，来自安徽芜湖的近60位语文骨干教师和来自全校各班的家长代表分别聆听了我校24位语文教师的现场课。课上，教师们围绕我校自创剧本，如《小鹰学飞》《生命之水》《真是个懂事的孩子》《生日》《小英雄雨来》等15个剧本与语文教学相融合进行教学，课后围绕课题研究先后有6名教师作为代表向与会者进行了教学设计的交流。如：在低年级活动设计中，既有学生的发音练习，也有学生肢体语言的初步感知练习；中年级活动中，既有对文章的感知，寻找自己喜欢的角色，也有学生一起合作表现的情景；对高年级学生来说，如何将阅读与戏剧相融合，指导学生艺术素养的形成是高年级重点研究的内容，在活动环节设计中，通过教师创设自己学习—合作讨论—交流探究—指导评价—总结提升—表演训练的步骤练习，既提高了学生对剧本的理解，更提高了学生对剧中人物的"真""善""美"的理解。此次活动得到了与会者的一致好评，他们在留言簿上把我校本次开展的活动称之为"小课堂、大教育、小剧本、大思想、小舞台、大人生"。2016年6月，我校开办"戏剧教育助推课程发展　艺术梦想点亮童心世界"艺术教育融入课程研讨会，中国儿童艺术剧院副院长、艺术实验学校校长闪增宏，北京市学生活动中心王宣德主任，特别顾问刘斌，东城研修课程中心许云饶主任，北京市东城校外教育科高青科长、张庆东副科长以及教科所沈兴文所长、武娟老师、赵瑛瑛老师等领导全程参与。我校语文教师张冉结合课文《临死前的严监生》，从课文入手，寻找艺术元素的契合点，在学生对课文不断理解的基础上，通过人物肢体的表现以及对课本中人物对话的改编，提升了学生的阅读兴趣和艺术的表现能力，使课堂收到很好的教学效果。数学教师张小冉能够围绕《鸽巢原理》教学内容，通过"思维故事—艺术感觉—学科素养"的设计理念，在融入艺术元素的内涵下，帮助学生理解教学内容，体现了学科素养。2017年4—7月，结合北京市东城区东兴杯教学大赛，随班就读教学大赛、区督导室教学专项听课督导、学校课题中期推进会，我校先后近20多名教师参与其中，无论是说课展示、还是现场授课，老师们都能够结合教学内容，融入大量的媒资、学生通过读一读、写一写、拼一拼、画一画、折一折、编一编、唱一唱、演一演等多种形式，在掌握知识的同时，提升了学生的综合素养。2017年11月，围绕学校课题研究，我校开展了教师科研档案夹评选，在评选过程中我们请来了东城区教科所武娟和赵瑛瑛两位专家教师，在本次评选中12位教师获得一等奖，23位教师获得二等奖。2017年8月区教委、区研修中心以及研修学院联合下发了《东城区学生艺术素养测试标准》。对接标准围绕课题，我们以美术学科为突破点开展研究，在历经半年的时间里，通过制订方案—

实施方案—再修改—补充方案—进行测试等一系列的实验后，取得了较好的成果。在区级教师研修层面上，我校教师多次与同行进行经验交流。2017年至今，在我校课程建设中，我们以阅读为主题开展了我校独有的"六艺课程"，六艺课程包含书艺课程、术艺课程、剧艺课程、体艺课程、文艺课程，每月开展一次，如书艺、文艺课程，学生从古诗词诵读、课本剧表演、读书卡制作、阅读分享以及红色经典诵读等方式培养学生的语文素养和艺术素养。术艺课程围绕七巧板、模仿、数独、讲数学家小故事等方式开展教学。另外，从2015年—2018年"迎新年英语party"使我校英语学科学生的艺术素养得到全面展示，也是学生每年期盼的节日。在前期课程中，通过学科知识学习、英语歌曲联唱、童谣诵读、童话剧表演、时装表演等形式，人人参与、人人登台，家长、老师、同学做评价，加大学生英语学习的输出。2016年我区的科研通讯中报道了我校的展示活动。课题研究进入中期过程，我校先后邀请东城区教科所沈兴文所长、武娟老师、赵瑛瑛老师以及时任首都师范大学副校长杨志成，就我校前期课题研究工作给予了点评，特别是对于我校的研究目标、研究过程中的典型案例给予了充分的肯定。2018年8月，在国际儿童青少年戏剧协会艺术大会暨第八届中国儿童戏剧节上，我校作为北京市唯一的一所参会小学在中国儿童艺术剧院登台亮相，全英版、近六十名小演员、时长一个半小时的俄罗斯精彩大剧《十二个月》赢得了来自许多国家的专业人士和国内观众的阵阵掌声，革新里小学为全国小学生、为北京市小学生、为东城区小学生赢得了光彩与荣誉。2018年11月我校迎来了广东校长考察团，在为期近两周的时间里，通过听课、观看学生戏剧表演对我校的艺术教育给予了很高的评价，特别是在课堂中对教师以教材为载体，通过多样教学设计，提高学生艺术素养以及艺术修为给予了充分肯定。另外，为拓宽学生国际视野，我校开设了国际素养课程，结合学校戏剧教育，先后组织近百名学生赴美国、德国，并与当地小学生开展戏剧交流。2018年12月，课题进入结题阶段，对于学校艺术学科我校再次开展学生艺术学科综合测评，从第一次的美术我们扩展到音乐、舞蹈以及书法四门课程，从内容上增加了书写、美术知识、现场绘画、音乐视唱、节奏创编、舞蹈基本功、命题创作表演等内容，通过测试加大了教师对于学科艺术特色的浸润与培养。另外，在北京市科研录像课评比中，2016年1人获一等奖，2人获二等奖；2017年3人获一等奖、6人获二等奖、5人获三等奖。在2018年北京市教委举办的"京美杯"论文征集评选中，课题负责人带头参加，近30人获奖，学校获奖人数位居东城区榜首。

（五）课题保障机制的研究

学校课题立项以来，在实施研究过程中，我们发现在机制保证上还存在着问题，例如：有相对比较固定的教研活动，但有时会因为学校其他工作就会临时改变，因此有一种工作脱节的感觉。通过自我反思，我们认识到要想让课题的研究始终处在一种连续的状态，就需要有一个良好的保障机制，特别是课题组的核心人员，要经常走进教师群体中，针对课题的研究给于必要的指导。另外学校一、二级子课题负责人要定期组织本年级、本学科大组定期开展课题研究，针对课题实施中的问题寻找解决的方法，我们想，只有这样的课题运行保证机制，课题研究才会朝着预想的目标前进。

六、成果、成效与影响

（一）课题自启动以来，在课题负责人的带领下积极开展研究，培训相关教师，开展学生问卷、教师问卷、家长问卷等，提升了教师的教科研意识。

（二）围绕课题研究，2015年—2018年，学校先后请来时任北京首都师范大学副校长的杨志成、北京市基教研中心特级教师吴正宪、中国科技教育研究院特级教师李嘉俊、北京市特级教师徐长青、北京市通州区特级教师柏继明、北京市东城区教师研修中心马福贵主任、北京市东城区教育研修学院原副院长王培霞老师以及研修中心小教研主任宋浩志率领的学科教研员多次走进学校，为课堂教学把关诊脉，通过专家引领，提升了教师教学能力与综合素养。

（三）围绕课题开展，在我校一线教师70人中，有近三分之二的教师能够在自己的课堂上，围绕年级统一"知情意行艺"五维目标进行教学，且有一定效果。

（四）在学生抽样问卷中，有近95%以上的学生喜爱艺术，特别是愿意参加班级剧组开展的相关活动，并愿意与他人分享。（如升旗仪式、班队会、学校艺术周、学校艺术节、参赛等）

（五）学生精神面貌较以往有很大提升，见到客人、老师、家长等能主动、大声问好，且站姿规范。

（六）2016年6月东城区科研工作通讯报道了我校"新年英语party"活动纪实。

（七）2017年11月围绕课题研究学校开展了教师"科研档案夹"评选，我们请来了北京市东城区教科所武娟老师、赵瑛瑛两位专家进行评选，11名教师获得一等奖，23名教师获得二等奖。

（八）学校在2016年—2018年连续开展教师、学生学科剧的创编与展示，学生100%参与展示，特别是2018年开展以阵营式学习方式进行学科剧的创编与展示，提高了教师的写作能力与学生的艺术素养。

（九）2015年—2018年间，围绕课题研究，我校教师积极参与市区级各项竞赛，艺术素养、专业技能得到了充分的提高。

七、分析和讨论

2015年—2018年间我校围绕艺术教育通过课堂实践与课外延伸、拓展，学生的学习兴趣、综合能力得到全面提高，教师教育观念、艺术修为、课堂设计能力、写作能力、组织能力等方面较以往也有了较大的提升，艺术教育依然成为学校办学的一张名片。

（一）学校大教育观的改变

《将校园剧融入学科教学行动研究》是我校"十二五"教育科研课题。立德树人、整体育人、关注学生的实际获得是伴随着课程改革我校重点研究的内容。当今各个学校都在搞课程建设，我校开展的课程建设与课题研究是本着全员教育和因材施教的主导思想，学校的教育应该是对学校办学目标的不懈追求与不断适应时代发展的需求。例如我校的办学目标就是"修艺润德、阳光成长"，基于这样的一种认识以及学校的办学特色（北京市戏剧教育金帆团），在研究本课题过程中，我们注重帮助每一位教师提升对课程理解、课程开发、学科素养以及修艺润德的把握，通过以设计学生整体活动、整体评价、整体育人的课堂教学模式，让课堂不荒废每一分钟，让课堂真正成为学会知识、学会审美、学会合作、学会生活的课堂，为学生今后的发展打下基础。

（二）艺术素材源于生活，艺术教育源于真情实感

如何让学生在学校艺术的海洋里成长，张扬个性，明"真"、懂"善"、求"美"也是源于我校开展课题研究的初衷。我们认为，当今的社会环境，使得有些人对社会的一些"事件"不能做到明辨是非，例如我校外来务工子女占了学校学生总数的一半以上，在这些人群中，做生意的家长居多，许多学生放学后不是去托管班、就是到自己父母开设的门市、店铺。由于家长的个人修养参差不齐，有些学生从小就耳濡目染，接受了一些"负能量"的东西。如何纠正学生这种不正确的价值观，靠课堂的说教是解决不了全部问题的，只有到问题情景中，通过人物的对话、人物的表情、人物肢体的模仿与表演，学生才可能会受到刺激与思考。这种教育我

们认为是深入学生头脑灵魂的教育，而不是一时的教育，这种教育的主阵地其实就在课堂。另外，学生在通过这样的一种艺术的表现形式下，经过较长时间的训练，在明思启迪的过程中，也会对艺术产生一份兴趣和艺术的一份感觉。

2015—2018年期间，围绕戏剧教育融入学科教学，老师们从改变教学目标到设计学生活动，以国家级课程校本化来构建学校课程体系取得了较好的效果，通过对比之前的假设，即构建有故事、有情景、有情感的的课程模式，让学生乐学、善学，会学，通过实验、调研、分析，我们认为实验假设成立。

基于造型表现领域的小学美术绘本创编教学实践研究

本课题为2022年北京市东城区教育科学规划办公室教育科研课题

谢宇晴

一、研究背景

（一）政策背景

1.美术课程标准

课标中指出：要发展学生感知能力和想象能力。感觉是思维的必然前提，形象思维是一种重要的思维方式，在学校体系中，大多数课程都是建立在抽象符号的基础上，而美术课程则更多地让学生接触实际事物和具体环境，有利于发展学生的感知能力，从而为思维提供丰富的营养，美术课程能初步培养学生的形象思维能力，提高学生的综合思维水平。

（二）相关文件

1. 中共中央办公厅、国务院办公厅印发的《关于全面加强和改进新时代学校美育工作的意见》：义务教育阶段注重激发学生艺术兴趣和创新意识，培养学生健康向上的审美趣味、审美格调。

2. 2008年的《教育部关于加强中小学艺术教育的意见》（教体艺〔2008〕8号）：艺术教育对于提高学生审美修养、丰富精神世界、发展形象思维、激发创新意识，促进青少年健康成长具有重要的作用。加强中小学校艺术教育是全面贯彻教育方针、全面实施素质教育的必然要求。

3. 2014年的《教育部关于推进学校艺术教育发展的若干意见》（教体艺〔2014〕1号）：建立中小学艺术教育测评制度，是检验学校艺术教育成果的重要手段，是改进和加强学校艺术教育工作的重要依据。各地要高度重视，加强领导，精心组织，统筹安排，狠抓落实。要制订具体的实施方案，明确实施步骤，探索建立有效的工作机制。

4. 2015年的《国务院办公厅关于加强和改进学校美育工作的意见》（国

办发〔2015〕71号）：面向全体学生，以提升学生审美素养为根本目标，以艺术课程为主渠道，以普及全员参与的课外实践活动为重要抓手和着力点，改进美育教学，创新艺术实践活动形式，优化艺术教育资源，强化督导及评价。

（三）现实背景

当前社会的不断发展在一定程度上加快了现代教育的进程，教育新趋势下，小学美术教学越来越重视儿童绘本教学的作用。

在目前的小学美术教育中特别强调要将课堂教学和学生的兴趣相结合，生动、直观的儿童绘本能够有效地吸引小学生的注意力，激发他们的阅读兴趣。

目前我校学生美术课堂教育中，学生虽然乐于上美术课，喜欢画画，但是对于画什么，为什么这样画存在着问题，小学美术常规教学是依照教学大纲和教学课本进行教学的，并且小学美术课堂的时间有限，老师既要完成教学内容，学生也要完成相关习作，在有限的时间里学生很难发挥想象创作出好的作品。儿童绘本中的生活体验、情感链接与儿童的自身经验很多是相似的，其中的文字语言也符合儿童的心理特点。绘本辅助教学可以让儿童更容易接受一些难懂的美术语言或技法。学生在完成美术作业或进行美术创作时，往往喜欢模仿身边同学的画面，造成学生作业高度重复，美术表现刻板单一，缺乏自己的原创性。因此，在小学美术教学中教师应充分利用儿童绘本进行有效教学，让学生通过编绘本和画绘本故事提高学生的美术综合素质。从而发挥艺术学科育人功能，落实教育根本任务——"立德树人"。

二、文献综述

通过网上检索，在以往的美术教学中，老师更多强调范画临摹，少有学生发挥自己的创造力，长此以往限制了学生的想象力。二十世纪艺术大师毕加索曾说，每个孩子都是艺术家，儿童画是质朴的、纯真的。的确，儿童的美术活动就是他的童年经历，也是他的情感日记。由此引发儿童的想象力、思考力、观察力、创造力，并给予儿童抒发情感的机会，激发其潜力，应注重创作过程的享受，而非视觉画面的结果。

绘本艺术，对幼儿和少年的早期启蒙教育有着十分重要及深远的影响。

（一）国内儿童绘本发展

通过网上检索，可以发现我国儿童绘本起步较晚，但发展也很迅速，得到越来越多教育专家的重视。笔者对从知网上检索"儿童绘本""儿童绘本美术教学"等关键词得到的文献资料的搜集、整理和分析，发现2015年后出现的有关绘本的研究开始增多，特别是儿童绘本中的视觉元素分析和在教学中的应用，儿童绘本在幼儿行为、情感、阅读等方面的渗透和儿童绘本在学生识字、阅读理解、口语表达教学中的实践等方面的文献较多。

国内虽然有艺术创意发挥的环节，但孩子的作品展示千篇一律，有个别儿童能以自己的创意编创故事，但这些孩子多数基于课外的绘画兴趣班的助力。多数学生美术课由于美术教师的引导力不够，导致学习兴趣不高。二十世纪的五六十年代，日韩等亚洲国家引入并出版译本，使得绘本艺术变得更加广为人知。据众多读者和研究绘本艺术的专家的解说，绘本艺术不仅仅能帮助儿童认识文字、培养图文结合的理解能力，部分绘本还可以起到教育作用。他们提出二十一世纪，绘本阅读已经成为全世界儿童阅读的时尚。

（二）国外儿童绘本发展

日本美术教育：研究比较广泛和深入，"现代绘本之父"松居直在《我的图画书论》中说道："对于孩子而言，图画书并不是用来读，而是用来听的，用自己的耳朵去听大人给他们讲述的图画书中的故事。儿童阅读绘本不是只是为了教育。如果绘本只是一种教育的工具，对于孩子而言是不幸的，因为他们无法体会到家庭教育的美好。"

美国美术教育：美国学者格罗姆在《儿童绘画心理学：儿童创造的图画世界》书中也提到了，儿童阅读绘本对儿童的情感、认知的培养具有积极的意义。通过绘本阅读，能够给孩子打开想象的大门，提高绘画表达能力。

在国外以日本为代表，将绘本作为一种教育资源在儿童的成长过程中是十分有价值的，儿童绘本中蕴含的丰富视觉形象不仅能提高儿童的审美能力，还能开发孩子的想象力、创造力。

三、核心概念界定

"造型·表现"领域是指运用多种材料和手段，体验造型乐趣，表达情感和思想的学习领域。造型是具有广泛含义的概念，但在本学习领域中指的是运用描绘、雕塑、拓印等手段和方法，创作视觉形象的艺术创作活动。表现则是通过美术创作活动来传达观念、情感和意义的过程。造型与表现是美术创造活动的两个方面，造型是表现的基础，表现是通过造型的过程和结果而实现的。

绘本，即图画书，该词语取自日语中图画书的叫法"えほん"的汉字写法。"绘本"，顾名思义就是"画出来的书"，就是以图文并茂的形式，反映儿童生活为主的儿童图书。绘本不仅是讲故事，学知识，而且可以全面帮助孩子建构精神世界，培养多元智能。绘本是发达国家家庭首选的儿童读物，国际公认"绘本是最适合幼儿阅读的图书"。

创编中的"创"指的是创作：是造型综合能力与艺术创造能力的集中体现。"编"就是把材料加以适当的组织排列而成为书籍、报刊、广播电视节目等。绘本教学指的是教师利用绘本材料，用讲故事的方式来完成教学目标的过程。

四、研究目标与内容（含研究假设和拟创新点）

（一）研究目标

1. 通过课题研究打算运用多种媒体和手段来引导学生创编，表达丰富感情和思想内涵的儿童绘本集。讲故事用绘本的方式讲，引导学生自己创作绘本，来提升艺术创造的表达力，让学生从中体验造型表现的乐趣，初步形成基本的造型的能力。

2. 教给学生怎样才能自创绘本，通过绘本创编活动，探索培养学生的创造表现力和认知能力的美术教学策略。

（二）研究内容

1. 研发、开发造型表现领域下儿童自创绘本的活动，课堂上指导学生创作儿童绘本。

2. 美术课堂上教给学生创作绘本的教学策略。

（1）梳理美术教材中有关绘本的内容。

（2）组织学生室外创作——开展美术展览，画展与艺术评价相结合。

（3）以学校艺术测评为抓手引导学生掌握创编绘本的方法与策略。

（三）研究假设

1. 教师美术专业是否能够支撑完成绘本教学？

在平时的教学时，常听到孩子们说，老师我不会画。用简笔画的形式来教学生画主体物，这样效果也不错，但是作品单一，缺乏个性和创新。在教孩子绘画时，在课堂上给学生展示绘本，给学生们很大的视觉冲击。作品的色彩明媚，故事诙谐幽默，线条简单流畅，贴近学生的视角。教师为了能够支撑绘本教学应当增加专业基本功的训练。美术教师基本理论知识、基本表现技能水平的高低会直接影响美术课堂教学的质量，美术教师对普及性教育意义的认识不足，会直接导致教学方式的变化，把基础美术教育的方向引向歧途。因此，只有不断提升美术教师的"双基"能力，才能把教学落到实处。

2. 学生对于绘本教学是否有压力？

在教学中，要根据学生的年龄特点和心理特征，设置恰当的情景，引起学生的情感共鸣，达到良好的教学效果。情景教学能够激发起学生的好奇心，使他们乐于学，并没有出现因为绘本教学而产生的压力。

3. 绘本教学能否使学生对美术学习的兴趣提高？

有了绘本的介入，让课堂的氛围异常活跃。在欣赏绘本的同时，教师与学生一起探讨绘本画法，孩子们踊跃发表自己的意见和想法。最后，让孩子们想象：绘本下面的故事？用你的画笔来告诉大家吧！接下来课堂很安静，只听的到画笔发出的"刷刷"声……大部分学生都能用自己的绘画语言来创作作品。学生的作品也展现了一个个新的故事，充分表现了绘本教学的可行性。

（四）研究拟创新点

通过实践，探索学生在造型表现领域下，以绘本创编的方式，力争在课时划分，目标分解，文化渗透，美术表现，创新能力等方面有实质性突破。

在研究方法上，针对教材造型表现领域进行梳理，组织学生进行故事创编，以学校艺术测评为抓手引导学生掌握创编绘本故事的方法与策略，为一线教师的教学实践提供可以借鉴的范例。

五、研究思路与方法（含技术路线和实施步骤）

（一）研究方法

1. 文献资料法

通过在图书馆和互联网检索收集与绘本美术教学有关的文献，吸收有益的信息，为撰写论文提供理论依据。

2. 行动研究法

行动研究是指在自然、真实的教育环境中，教育实际工作者按照一定的操作程序，综合运用多种研究方法与技术，以解决教育实际问题为首要目标的一种研究模式。

3. 问卷调查法

根据研究目的和内容需要，制订调查问卷，向学生、老师发放，了解他们对教学中融入绘本故事后兴趣的变化。

4. 案例研究法

在研究过程中，结合课程实施，围绕教师、学生、家长不同层级情况开展案例积累研究，提炼共性的评价策略及方法。

（二）研究思路

1. 收集资料，学习并理解相关理论，进行文本资料、网络资料的筛选。课题组核心教师进行制订实践研究方案和具体计划，注意积累，收集材料。做好阶段小结，观察调整计划。以美术教材中造型表现领域中的绘本故事为研究切入点，将教材已有内容进行梳理与统计。结合教学内容，引领学生完成故事创编。

2. 按月开展课题经验交流会，做好阶段小结，及时总结经验得失。将教材已有内容进行梳理与统计。教师撰写论文，完成策略总结，开展课题经验交流会，做好阶段小结。

3. 整理研究成果资料，撰写研究报告通过问卷、访谈，获得各方面对课题研究的评价。

（三）技术路线

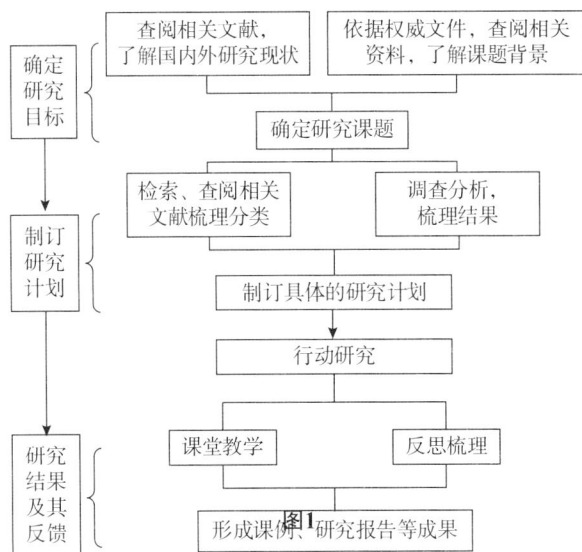

图1

小学中国鼓校本课程开发与实践的研究

（本课题为2022年北京市东城区美育研究会教育科研课题）

周 育

一、概念界定、国内外研究现状综述

（一）概念界定

1. 中国鼓：堂鼓，又叫做同鼓、战鼓，清代则叫它杖鼓，是汉族传统棰击膜鸣乐器之一。鼓框是木头做的，两面蒙上皮革。现代堂鼓一般有三种规格，鼓面直径分别为22、25、32厘米，鼓高都是33厘米，前两种小堂鼓发音高亮，后一种堂鼓音色宽厚。演奏时，将鼓放在木架上，用木头做的双槌敲击。

2. 校本课程（school-based curriculum）：即以学校为本位、由学校自己确定的课程，它与国家课程、地方课程相对应。在中国新课改的教育形势下，校本课程成为新课改的重点。

3. 课程开发：校本课程开发是指学校为了达到教育目的或解决学校的教育问题，依据学校自身的性质、特点、条件以及可以利用和开发的资源，由学校教育人员与校外团体或个人合作开展的课程开发活动。校本课程开发是促进教师专业发展的又一条重要途径，校本课程开发不仅对教师提出了新的要求，还为教师的专业发展提供了可能性。

（二）国内外现状综述

1. 关于校本课程开发的文献

我国关于校本课程的开发与实施早在20世纪末21世纪初就掀起了研究的高潮，在国外，校本课程开发的思想源于20世纪60年代。近年来，国内校本课程的开发与实施随着课程改革在持续不断地深入与完善。

吴刚早在1999年就提出了校本课程开发的特点与条件，认为校本课程开发的基本条件包括：明确而独特的教育哲学思想和办学宗旨，民主开发的学校组织结构、体现学校教育哲学和办学宗旨的教学系统、自觉自律的内部评价与改进机制。华东师范大学崔允漷等人，早在2002年就进行了《我国校本课程开发现状调研报告》。2001年，刘电芝、阳泽等人对校本课程开发的内容、模式与策略进行了探索，指出校本课程的开发，从课程功能上，可分为基础性课程、丰富性课程、发展性课程；开发模式一种是合作开发、一种是课程运行的自开发；开发的策略有明确理念、需求分析、资源评估、有事评价等。靳玉乐也从课程目标、参与人员、课程观、学生观、教师观五个方面对比了国家课程开发与校本课程开发的区别，从而梳理出校本课程开发的特点，认为校本课程实施是观念的变革与创新。在校本课程实施过程中，要强调课程发展机制的多样化转换、为教师赋权增能等。吕立杰、袁秋红在校本课程开发中的课程组织逻辑一文中提出了校本课程内容体系的多元组织结构，如下图1。

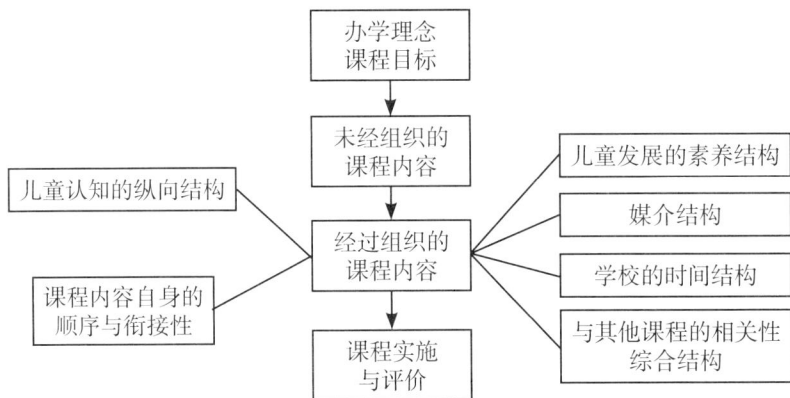

图1　校本课程体系内容的多元组织结构

近年来，也有学者从基于文化自觉的多元文化角度研究校本课程的开发，廖辉认为优化多元校本课程开发的路径选择要基于文化自觉的课程文化主体性、基于文化自觉的多元文化校本课程内容重构以及课程文化的重建。

在校本课程二十余年研究的基础上，杨朦对其做了回顾、反思与展望。20年来，校本课程的研究既有理论研究又有学校实践研究，学者们对开发的理论、条件、策略等问题进行了研究。未来的校本课程开发要增加研究视角、加深合作研究、加强多方保障。

2. 关于器乐教学的文献

（1）国内现状：众多作者在论著中提到，小学阶段的音乐学习对于小学生世界观与人生观的形成十分重要。利用体验式教学法实施小学音乐教学，激发小学生的音乐学习兴趣，促进学生思维能力的提高，才能实现小学音乐教学的最终目标。教师要有效地营造教学情境，让学生在音乐学习中得到精神满足，提高课程参与热情，增强课程沉浸体验，加深课程创编体验。同时，学校应该传承本民族本地区的优秀音乐文化，从音乐文化的传承辐射整个教育领域，让大家在接受教育的同时不忘本、不忘根。要让学生在运动中去感受中华民族博大精深的传统文化，增强学生的集体主义精神和爱国主义精神。民族鼓作为地方优秀音乐文化的代表之一，将其引入本土音乐课堂中，可以最终形成中华民族文化活态传承的力量，增强民族认同感和自信心。

（2）国外现状：我们也紧紧围绕"音乐教育理念""音乐文化素养""音乐综合课程"等进行查阅与学习。了解匈牙利、德国、美国等国家的主流音乐教学模式，也逐步由艺术的音乐教育向文化的音乐教育转化。实践多元化的音乐教育，吸纳丰富的民族音乐营养，如匈牙利作曲家柯达伊创造的柯达伊教学体系，立足于弘扬本民族文化，采用首调唱名法；柯尔文主张用手势、节奏唱名等手段，培养热爱本民族音乐文化的爱好者。

二、选题的目的、意义及研究价值

（一）理论价值

1. 本课题通过"中国鼓"校本课程的开发与实践，丰富学校课程体系，拓宽学生成长空间，搭建展示平台，赋能学生成长。

2. 本课题研究从中华优秀传统文化的主要内容、主要特点和时代价值入手，旨在加强中华优秀传统文化教育，加强学生参与度，实现中华优秀传统文化教育常态化。

（二）实践价值

1. 在学习中国鼓演奏时，能够掌握基本演奏技巧，培养学生艺术表现力、良好地节奏感知力，提升学生音乐创编思维，增强学生的民族自豪感和文化自信。在中国鼓演奏、欣赏中拓宽音乐视野，了解中国鼓文化，增强文化自信。

2. 将中国鼓引入到课程学习中，不仅增强学生对民族音乐的了解，增进民族文化自信、自豪感，同时为学生的成长提供广阔空间，让艺术启迪人的思想、净化人的心灵、涵养人的品格。

三、本课题的研究目标、研究内容、研究假设和拟创新点

（一）研究目标

1. 以鼓为魂，打造校园特色；

2. 以鼓为教，形成教学特色；

3.以鼓为展，提升合作交往；

4.以鼓为乐，提升艺术素养。

（二）研究内容

1.梳理课程框架：通过对调查结果的梳理，明确学校在中国鼓实践方面的问题与现状，梳理结果，形成校本课程框架。

2.课程开发实施：依托国家教材，按照学段逐步确定课程目标，在开发校本课程基础上，制订实施方案与路径，构建课程体系。

3.课程拓展延伸：在课程实施基础上，梳理教学策略，形成学案与教案，音视频等过程性资料。

4.课程测评考级：通过艺术测评、课堂展示、文艺展演等课程展示，评价学生的学习效果，梳理校本课程评价体系。

（三）研究假设

"中国鼓"课程具有明显的中国民族音乐风格特点，且简单易学易上手，课堂中通过民族音乐的学习，开发多种形式与元素的教育教学手段，提高了课堂学生参与度，使学生通过课堂体验更快地掌握节奏，丰富表现形式，并在课堂中乐于展示，乐于表现，形成以艺术体验中心为阵地的教学模式，为学生的成长提供广阔空间。借助"中国鼓"课程学习，让学生生动地了解传统器乐、传统音乐文化，并在挖掘、赏析各地各民族打击乐特色过程中领略不同地域文化，对比不同风格与魅力，感受民族音乐美、体验民族音乐美；在教学活动中也逐步实现文化教育、历史教育、爱国主义教育的有机结合，从而发扬并继承民族优秀传统文化，增进民族自豪感。主要体现为以下三方面。

1.课程构建创设体验学习场域，激趣促学提升素养。

2.教学方法注重体验式学习，搭建平台绽放自信。

3.传统文化浸润常态培养，红色教育润育无声。

（四）创新之处

近几年来，在小学阶段，教师们不断尝试不同的音乐教学研究和实践方法。课堂上呈现的课型也从以前单一课型歌唱课、欣赏课逐渐发展出更多课型。例如：音乐综合课。但是，在实际教学的实践层面上，大部分的教师还是依赖于教材，课堂中对学生歌唱能力、欣赏能力的发展关注比较多。而对学生表现力、创作力的发展关注度明显低于前者。

本课题所探讨的中国鼓校本课程的开发与实践，就是要让学生进行"中国鼓"

演奏、表演的实践，主要是依据学生年龄特点、能力水平、兴趣爱好等因素，由浅入深地构建"中国鼓"在不同年级的实施方案，从而建立以"中国鼓"表演为内容的音乐学科实践活动课程体系。这个过程会充分引导学生主动体验，在体验中发现美、认识美、创造美；充分发挥学生的想象力和创造力，为学生提供主动学习、积极参与的氛围，让学生能够充分展现才华，获得成功体验；同时也在积极改变传统、单一的教学模式，由孤立的学科、封闭的系统转向艺术学科的融合和沟通；最终有效地解决"学生喜欢音乐，但不喜欢上音乐课"这一普遍存在的现象。在小学阶段，也通过课程的实施，对学生产生长期的影响，促进其音乐学科核心素养的形成。

四、本课题的研究思路、研究方法、技术路线和实施步骤

（一）研究思路：本课题根据不同年级学生的年龄特点、理解能力，采用文献分析、行动研究、个案分析等方法，设计出相应的教学方法、策略以及课案等，并在课堂及课后开展以中国鼓为载体的实践研究。在实验过程中，根据效果反馈，不断修改与完善实验方案与后续计划，开发出符合学生需求和音乐教育需求的中国鼓教学内容与学科整合的校本课程教案，最终建立起具有本校特色的中国鼓授课模式。

（二）研究方法

1. 文献分析法：通过查阅国内外关于丰富音乐课堂建设的文献资料了解课题研究最新成果和先进经验，为课题研究寻求一些理论支持，提供借鉴。

2. 行动研究法：结合学科特点、教师自身情况及学生年龄特点，设计出相应的教学方法及策略，边学习、边实践、边研究，不断创新。

3. 个案分析法：在课程建设中，运用调查法、个案分析法，对研究对象（教师、学生）进行个案追踪调查，做好相关的成长记录，并开展定期的分析，及时引导。研究教师、学生及社会各方面对特色学校建设的参与、看法及认可程度，为今后的研究及学校工作提供借鉴、指南。

4. 经验总结法：在课题研究中，不断分析研究，探索出特色学校的内涵及其特征，探索特色学校建设的一般思路及基本策略。及时总结经验，撰写校本教材、学生评价手册、原创剧本及教师论文集等。

（三）技术路线

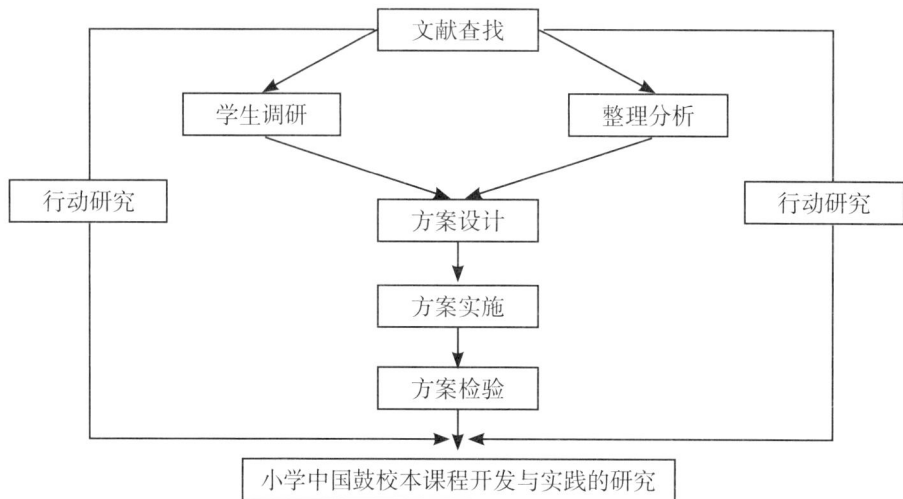

图2　小学中国鼓校本课程开发与实践的研究

（四）研究计划及可行性

1.第一阶段——准备阶段（2022年3月—2022年6月）

（1）做好课题申报、制订课题研究实施方案。

（2）课题启动、课题分工、理论学习工作。

（3）培训参研教师，做好实验前的准备工作，组织开题启动研究。

（4）收集资料，学习并理解相关理论，进行文本资料、网络资料的筛选。

2.第二阶段——实施阶段（2022年6月—2024年6月）

（1）组织交流、研讨等活动。主要是理论实践研究，课题材料信息收集，课题研究论文、实践案例和阶段性研究报告的撰写。并对典型案例加以积累分析。

（2）根据效果调整或完善课题研究，撰写课题研究反思报告，并汇编反思集，整理优秀教学设计，进行成果收集整理。

（3）总结阶段性成果，发现研究中的问题，根据实验和调查，撰写个人实验报告，并汇编成册，进行校本教材的编撰，开展研究成果课的录制、汇编。

3.第三阶段——结题阶段（2024年6月—2025年3月）

（1）搜集实验中积累的资料，从中总结经验、寻找规律，反思得失，形成系统的理论，着手撰写本课题论文、结题报告、课题研究结题申请书、鉴定书。并将取得的成果在校内外推广。

（2）结题汇报活动。整合有关资料，提炼总结，申请结题。

五、已有相关成果

表1

成果名称	成果形式	发表、出版、获奖情况	时间
《开发儿童音乐剧促学生综合艺术素养提升》	刊物发表	《学校教育研究》	2020.6
《双减背景下，小学音乐学科教与学方式的变革》	刊物发表	《教育》	2022.10
《浅谈民族鼓校本课程开发与实践中的教学实施策略》	论文	北京市教育教学论文二等奖	2021.12
《构建美育新格局 探究思政教育新途径》	论文	北京市《京美杯》二等奖	2020.9
《卡普里岛》	论文	北京市《京美杯》二等奖	2018.11
《课程视域下民族民族鼓校本课程与实践研究》	课程成果	东城区基础教育课程建设优秀成果评选活动二等奖	2022.4
《玩具总动员》	刊物发表	《全国中小学舞蹈教师指导用书》	2021.1
《浅论小学舞蹈教学中的智力开发与情感培养》	论文	北京市基础教育科学研究优秀论文二等奖	2019.11

六、主要参加者的学术背景和人员结构（职务、专业、年龄）

学校课题负责人与课题组成员均为艺术教师，具有多年的教育科研工作经验，许多教师在教育科研上多次获得市区乃至国家奖项，学校也曾获得北京市教育科研先进单位。本次课题研究核心组成员中，负责人为北京市音乐学科骨干教师及学校副校长，核心成员还有绛州鼓乐代表性传承人、北京市东城区音乐学科骨干教师等，他们教育教学实践经验丰富，能熟练的运用现代信息技术手段，有较强的科研意识和能力，加上学校领导非常重视本研究，因此能够保证课题组成员有充足的时间从事本研究工作，能够保证教育教学研究的顺利进行。

七、完成课题的条件和保障

本课题预计完成时间为3年。在前期的研究工作中，课题组已经积累了较为丰富的有关中国鼓演奏的相关理论等方面的文献，同时学校有全天开放的图书室和可借鉴的经验材料供老师查阅。拥有先进的信息技术网络电化教室，标准化实验室以及固定的教研活动教室等，有利于我们课题组进行教学实验以及组织教学行为研究等。另外，结合课题开展，学校配备了一些研究设备，如数字摄像机、数字录音笔、数字照相机、光盘刻录机、扫描仪等，完全可以满足本课题在教学录像、录音访谈等方面的研究需要。

为了保证本课题的顺利进行，学校不仅制定了科研奖励政策，而且还可以从学校办公经费中支出部分经费用于承担研究过程中购买相关设备与资料、人员培训、交通、通讯、复印等费用，使课题的实施在资金上得到可靠的保证。

"阅读剧场"视域下小学语文阅读有效活动设计研究

（本课题为2011年北京市东城区教育科学规划办公室教育科研课题）

梁 钢

一、研究背景

（一）阅读素养对学生发展的重要性

1.各国均重视学生阅读素养的培养

1995年联合国教科文组织将每年4月23日确定为"世界读书日"，提出"让世界上每一个角落的每一个人都能读到书"；美国前总统布什推出了"阅读优先"的方案，并要求学校开辟专门的阅读室，使学生每天有一小时在阅读室内学习；日本文部省为促进青少年提高阅读能力，将公元2000年设为"儿童阅读年"，将每年的4月23日设定为"日本儿童阅读日"；欧洲芬兰、俄罗斯等国家也很重视儿童阅读能力的发展和兴趣的培养。

2.我国对阅读素养的培养的政策与举措

2006年，我国原国家新闻出版总署提出"全民阅读"，并发出《关于开展全民阅读活动的倡议书》。政府主导，社会参与，让每个人享有平等的阅读条件和机会，共享阅读的快乐。[1]

在国际国内大背景下，阅读越来越受到重视，很多国家在阅读教学目标中都提出应当重视学生对读物的反应、鉴别、批判和评价；自觉地通过多种形式去参与阅读。"书是读懂的，而不是教师讲懂的。"叶圣陶先生道出了学生阅读的方法。

二、理论背景

中共中央办公厅、国务院办公厅办于2021年7月24日印发了《关于进一步减轻义务教育阶段学生作业负担和校外培训负担的意见》，从严禁给家长布置作业、严

---

[1] 吴娜. 全民阅读在中国, 光明报, 2015年1月6日11版.

禁给义务教育阶段学生超额布置作业、严禁现有学科类培训机构资本化运作等八个方面对"双减"做出了一系列的硬性规定，"双减"政策的落实势在必行，迫在眉睫。在此背景下，作为语文教师，如何借力"双减"政策契机，提升语文课堂教学质量，设计有效的阅读教学活动，这是值得我们探讨的问题。

我国《普通高中语文课程标准（2017年版）》中对阅读教学提出要求："在阅读中，体味大自然和人生的多姿多彩，激发热爱生活、珍爱自然的感情，感受艺术和科学中的美，提升审美的境界""通过阅读和鉴赏，陶冶情性，深化热爱祖国语文的感情，体会中华文化的博大精深，追求高尚情趣，提高道德修养。"可见，新课程标准把语文阅读提到了一个新的高度来认识。阅读是我们获取知识的主要途径，也是一种交流，是一个积极的、内隐的、复杂的、活跃的、充满创造的心智活动的过程。要培养学生的阅读能力，就必须从小学开始引导学生广泛阅读。

语文课程丰富的人文内涵对学生精神世界的影响是广泛而深刻的，学生对语文材料的感受和理解又往往是多元的。因此，应该重视语文课程对学生思想情感所起的熏陶感染作用，注意课程内容的价值取向，要继承和发扬中华优秀文化传统和革命传统，体现社会主义核心价值体系的引领作用，突出中国特色社会主义共同理想，弘扬以爱国主义为核心的民族精神和以改革创新为核心的时代精神，树立社会主义荣辱观，培养良好思想道德风尚，同时也要尊重学生在语文学习过程中的独特体验。

语文课程是实践性课程，应着重培养学生的语文实践能力，而培养这种能力的主要途径也应是语文实践。语文课程是学生学习运用祖国语言文字的课程，学习资源和实践机会无处不在，无时不有。因而，应该让学生多读多写，日积月累，在大量的语文实践中体会、把握运用语文的规律。

北京市教科院在关于优化作业的十条建议中，建议老师们将作业与教学进行一体化设计，注重提高作业质量，丰富作业类型，提高学生学习效率，达成"减负提质"的目标。从而做到"作业类型必丰富，学科特点宜显著"。

三、语文教学实践中阅读存在的问题

（一）通过课堂观察、数据统计分析、谈话等方法，我们发现我校学生在阅读学习中存在如下问题

1. 课堂习惯于被动地听讲、获取知识，课堂发言更倾向于正确流利读课文，思维广度深度不够。

2.有课外阅读习惯，但是读书兴趣缺乏持久性，书目选择也比较随意盲目，缺少读书方法和有效积累。

（二）产生原因

1.教师的传统观念和课堂教学模式限制了学生阅读兴趣的发展。

2.学生缺少有效的阅读方法指导。

（三）学校特色发展、资源及相关探索

史家集团为促进学生全面发展、精彩绽放，在我校四年级开设了戏剧课程，极大地调动了学生的学习积极性。通过与学生及家长进行访谈，了解到他们为了排好戏剧，运用大量课余时间阅读剧本及相关资料，揣摩人物。这正是培养学生阅读兴趣与阅读习惯的好时机。

二、相关文献综述

（一）阅读剧场的起源

"阅读剧场"的起源和戏剧有着密不可分的关系，戏剧起源于远古时代的祭祀仪式。其发展也分为酝酿期、成熟期与应用期三部分。

表1　阅读剧场的历史源

历史分期	年代	表现形式	表现特色
史前时期	史前	祭奠时期	音乐性吟咏，由祭祀带领唱祭文歌谣
古希腊时期	B. C 500	史诗	改编深化故事，个人或集体朗诵史诗
中古世纪时期	A. D 900	宗教文化剧	僧侣手持经本朗诵诗文
酝酿期	1920—1950	史诗剧场	运用旁白直接与观众对话，无道具演出
成熟期	1950—1970	专业剧场	表演者无道具诠释文学作品
应用期	1970—	与教育结合	运用于教学现场，广泛运用于初、中、高等教育

（二）阅读剧场的形式

"阅读剧场"是教学游戏化的一种形式，主要是借助戏剧表演的形式来推促学生进行言语实践。其具体形式是由两位或以上的朗读者手持剧本，在同学面前以声音及表情的形式呈现剧本。朗读者们可以事先将诗、散文、新闻、故事、小说及戏剧等各种文学素材，改编成剧本形态。在表演时，学生不需要装扮、戏服或道具，也不需要灯光、音效、场景等舞台装饰，直接朗读剧本，下面的同学通过想象剧本的内涵、聆听朗读者的声音、观看朗读者的表情，来欣赏表演。它注重的是朗读和声情并茂的表演，鼓励各个年龄段、各种阅读水平的孩子能够流利顺畅地、有语气、有表情地朗读，并且享受这个过程，让学生们可以充分发挥自己的想象力，释放自己的表达欲。构建阅读剧场，不仅能有效彰显学生的生本地位，而且还能实现学生与文本、作者之间的多元互动。实施的具体策略：补白文本题材，丰富剧本内容；延续文本题材，创新剧本情节；截取文本题材，放大剧本冲突。

（三）阅读剧场策略在阅读教学中应用的研究

阅读剧场的教学方式最早出现在二战后的欧美大学的课堂中，不久便在中学的阅读课堂中被广泛采用，并取得了不错的效果，不少教育学家对这一教学策略进行了研究。

普遍认为：阅读剧场是小型戏剧在文学及阅读上面的应用。抑扬顿挫的阅读可以反映出朗读者对于语句及句型的了解。学生试着用不同的朗读方式，来诠释不同意义，阅读剧场在提高学生阅读的流畅度和培养学生社交合作技能上具有显著的意义。

香港、台湾借助阅读剧场的形式在外语教学上也有不错的应用。目前国内对于阅读剧场在小学语文阅读教学中的运用的研究还较少。相关的研究人员认为阅读剧场教学法源于戏剧教学，在课堂中建立了学生们表演课堂教学内容的舞台，以阅读剧场为主轴，以课文内容为蓝本，融合听说读写四种技巧，培养学生朗读和写作能力，给教学现场的教师提供教学创意，也让学生体会学习的乐趣。

（四）提高语文阅读教学活动设计的有效性

语文课程标准提出：语文课要注重学生在有组织、有目的的教学活动中的"学得"，也要注重学生在各种语言实践中的"习得"。让学生在广阔的语文学习和实践天地中提高语言感受能力和运用能力。我们应该引领学生掌握阅读方法，养成阅读习惯，锤炼阅读思维，倡导个性化阅读而进行一系列的、有序的训练活动。因此有效的阅读教学应该注意精心设计语言实践活动，让学生在具体的语言实践活动中逐步提高自己的语文素养。

（五）阅读分级及阅读素养

广东2009年的时候就已经研制出了《儿童青少年分级阅读内容选择标准》和《评价标准》，根据儿童青少年不同时期的心理发展特征，遵循科学的指导，按循序渐进原则，选择适合不同年龄儿童的阅读内容。我们也会基于阅读分级来制订我们阅读的素材、阅读的内容与类型，在素养视角下去培养学生阅读。

第一学段（1—2年级）

1. 选择内容丰富、形象具体、文字少、故事趣味性强的童话图画书（一年级加注拼音），图画书与文字书所占比例不少于1/2。逐步增加文字的阅读量，让儿童在有趣的图像和文字的结合中，感受阅读的乐趣。

2. 选择具有更多现实性、体验性、思考性的童话故事、寓言故事、童谣等，使儿童的情趣更加浓厚，吸引其独立阅读完一本书。

3. 选择带有具体感知的动植物知识的启蒙读物，激励儿童青少年产生更多的科学兴趣。

第二学段（3—4年级）

1. 选择浅显的具有哲理性的故事，帮助儿童区别现实与幻想的差异，分辨美丑是非善恶，初步认识人类社会。

2. 增加散文、诗歌、科幻等多种体裁的读物，提供轻松幽默且品味高的作品，满足儿童日益增长的求知欲和阅读的需求。

3. 增加科普知识，扩大儿童的视野。

4. 选择具有爱国主义和集体主义精神、具有传统文化精髓的故事，激发儿童的爱国主义情怀。

第三学段（5—6年级）

1. 选择具有奇幻色彩、侦探冒险精神、节奏感强和趣味性浓的读物，保护儿童珍贵的想象力和自主探索的愿望。

2. 选择古今中外名家名篇的读物，以其感染和激励儿童，提高他们的理解、欣赏和评价的水平。

3. 选择更多的科普类读物，为儿童的科学探索精神提供给养。

4. 选择有利于引导儿童认识世界与人生的励志读物，使其树立远大理想，培养儿童良好的个性品质。

三、研究设计

（一）核心概念界定

1. "阅读剧场"

"阅读剧场"主要是借助戏剧表演的形式来推动学生进行言语实践。剧场属于创作性戏剧，其活动根据能力水平和表现难度分为初阶和进阶两个级别，而读者剧场即属于多人性的故事表演的一种，它是一种强调即兴、非表演性的一种戏剧教学的方式，强调借由戏剧的学习，涵养学生身心并鼓励学生表达创意，适用于中小学的戏剧教育。

　　阅读剧场相较于传统的戏剧演出更适合运用在语言教学上，由于其特别重视口语层面的表达，强调用丰富的语言表达诠释故事的精彩内容，而不强调肢体动作、服装、音效、道具等方面，所以，读者必须对剧本的内容架构、角色之间的关系、剧情的高潮迭起有更加深入的理解，才能用语言将正确的意义传达给观众。而且其作用除能加强口语表达外，更可以提升学生写作能力，所以是一种结合听、说、读、写四种能力培养的教学活动。

　　我校作为儿童艺术剧院戏剧教育基地，有着深厚的戏剧教育基础，拥有金帆话剧团及各年级、班级的剧团、剧社、剧组，且通过戏剧校本课程，学生对于戏剧表演、剧本改编创编十分熟悉，且有着很浓厚的兴趣。

　　因此，我们计划在"阅读剧场"的视域下，依照学生的年段特点、心理特点，围绕"阅读剧场"设计有效的阅读教学活动，组织学生将课内外阅读素材进行剧本的改编创编，通过分角色朗读、课本剧、诗诵剧等形式进行呈现。调动学生参与的积极性，让他们在"阅读剧场"中加深对文本的理解和语言的应用，提高迁移运用、表达、表演等综合能力，提升语文综合素养。

　　2.有效的阅读教学活动

　　在语文的阅读教学中要精心设计语言实践活动，但课堂中的语言实践活动不能游离于文本内容，偏离目标、教材和学生，要选择适当的活动内容和正确的活动实施策略。因此我们在"阅读剧场"视域下，根据教材内容及对应的教学目标，进行剧本改编、创编，以分角色朗读、课本剧等多种形式呈现出来，让学生在具体的语言实践活动中逐步提高自己的阅读能力、语言感受能力和运用能力。既培养学生对语文的学习兴趣，也培养学生赏析语文，品味语文，传承中华民族优秀文化。利用有效活动推进小学语文高效课堂开展，使小学语文教学能够具有更高的课堂效果与学习成效。

　　（二）研究目标

　　1.研究阅读剧场教学活动的内容设计，选取适合的教材内容，设计语文阅读的有效活动，落实教学目标，提高课堂成效。

　　2.通过"阅读剧场"引发学生对阅读的兴趣，让学生感悟文本内容，并能够内化语言，迁移运用，激发想象力和创造潜能，培养学生的人文素养和创新实践能力。

　　3.研究"阅读剧场"教学活动的实施及策略，通过中华传统文化故事、红色故事等课文内容，使学生形成积极的人生态度和正确的价值观，提高文化品位和审美情趣。

4.在"双减"政策下，通过开展"阅读剧场"相关教学活动，丰富课后托管服务的课程内容。进行个性化作业、实践性作业设计，落实五育方针，减负提质。

（三）研究内容

1.分年段研究"阅读剧场"与小学语文教材有效结合的活动内容设计

通过阅读研究文献，根据分级阅读的理论、标准、分级体系，确定各年段的"阅读剧场"活动内容及相应目标。

（1）低段：以语文教材为主体，具有更多现实性、体验性、思考性的童话故事、寓言故事、童谣等内容，指导学生读好课文，读出感情。在阅读中积累词语，借助读物中的图画阅读。用目光、姿态、表情、动作等无声的体态语言，引导学生用分角色朗读的形式来表现课文内容，感受阅读的乐趣。

（2）中段：以语文教材为主体，选择散文、诗歌、科幻等多种体裁的相关课文，设计有效的阅读教学活动，指导学生深化理解文本，完成剧本的改编，对学生的理解和表演进行有效指导，帮助学生完成课本剧的最终展示。同时选择具有爱国主义和集体主义精神、具有传统文化精髓的故事，激发学生的爱国主义情怀。

（3）高段：以语文教材为主体，选择具有奇幻色彩、侦探冒险精神、节奏感强和趣味性浓的内容，以及古今中外名家名篇。设计有效的阅读教学活动，让学生能够在"阅读剧场"活动中加深对文本的理解和语言的应用，在表述情感的同时提高创作、表演等综合能力，提高学生的理解、欣赏和评价的水平，提升语文综合素养。引导学生在阅读活动中认识世界与人生，使其树立远大理想，培养良好的个性品质。

2.研究"阅读剧场"的实施策略，激发学生阅读兴趣，提升语文综合素养

在"阅读剧场"视域下，根据语文教材内容及对应的教学目标，进行剧本改编、创编，以分角色朗读、课本剧等多种形式呈现出来，让学生在具体的语言实践活动中逐步提高自己的阅读能力、语言感受能力和运用能力。既培养学生的阅读兴趣，也培养学生赏析语文、品味语文的能力提升语文综合素养。

3.研究"阅读剧场"的活动设计的理念，提升语文核心素养，体现育人点

结合语文教材内容，选取中华传统文化故事、红色故事等课文内容，在"阅读剧场"活动设计中体现育人点，让学生在阅读、理解、创作和表演的过程中，进一步体会崇高的精神品格与优秀文化传统，形成积极的人生态度和正确的价值观，提高文化品位和审美情趣。

4. "双减"背景下，通过课内学习+作业设计+课后服务，探究"阅读剧场"活动实施的新途径

"双减"背景下，围绕"阅读剧场"进行实践性作业设计，丰富作业类型，减轻学生作业负担，提高学生学习兴趣。

课后服务为"阅读剧场"活动提供了新的平台，能够帮助学生深入理解文本内涵，为想要表达、爱阅读的孩子提供了新的途径。通过对课外阅读再加工、以编排演的方式让学生进行二次加工与理解。通过排、演、练习、评的方式引导学生在情境中运用语文、联系生活，将阅读中的收获迁移运用到自我的表达中，使学生的语文学习与生活紧密联系起来，进而使学生在轻松愉悦的氛围中提升语文能力和语文素养。

随着阅读剧场的深入研究，学生的组合也可以多元化。我们也将发挥学生的能动性，探讨设计有效的教学活动，激发兴趣的同时也让课后服务成为孩子快乐阅读的新天地。

5. 进行"阅读剧场"活动实施效果评估研究

（四）研究假设

根据以往研究和访谈所获得的信息，我们提出如下的研究假设。

第一，"阅读剧场"视域下的阅读活动设计在语文课堂中能够有效提升教学质量。

第二，"阅读剧场"能够激发学生阅读兴趣，提升语文综合能力。

第三，"阅读剧场"能够对学生进行个性化人格培养，从而达到立德树人的作用。

（五）研究方法

我们主要采用行动研究的思想路线，注重实践探究和理论讨论相结合，灵活使用多种研究的方法。

1. 文献研究法

本研究的推进，需要参照语文课程与教材、北京市语文课程改进意见、国际阅读素养相关研究、语文教学法、阅读心理学、语言学等诸多领域的相关文献，这些为本课题研究提供好的借鉴，为课题创新打好基础。

2. 调查研究法

通过调查问卷及访谈等形式，对学生阅读剧场的需求、教师在阅读剧场实践中存在的问题等情况，进行比较全面地了解，以此作为成果比较的基础。

3. 行动研究法

在低、中、高学段分别开展"阅读剧场"活动的行动研究。挑选适合学生阅读及表演的相关课文，设计有效的阅读教学活动，组织学生将课内、外阅读素材进行剧本改编，通过分角色朗读、课本剧等形式呈现。通过设计"阅读剧场"的活动设计，记录学生活动案例，并从学生的回馈中调整与规划下一次的活动，进而不断改善阅读教学的有效性；观察学生的表现与成果展示，引导学生记录学习收获；进行数据统计，并从中得出研究结论。

4. 案例研究法

对教师从设计到实施的优秀案例进行研究分析，为后续活动的推广积累经验。对学生案例进行研究分析，关注学生阅读能力的发展和变化，进行效果评估。

（六）研究思路

1. 查找文献资料，制订调查问卷对学生的阅读现状及教师的阅读现状进行全面了解与分析，以此作为成果比较的基础。

2. 根据各年段的特点，从教材内容出发，根据学生和文本特点选择恰当的篇目，开展"阅读剧场"。

3. 理论培训：学校聘请市内外知名专家进行的理论培训与实践指导，同时要求各位参研人员加强学习，提高理论水平。

4. 以教材为依托，展开课题全面研究。结合"阅读剧场"策略，进行教学活动设计，在课堂上通过具体的语言实践活动，提高学生的语文素养，提升教学质量。

5. 技术路线

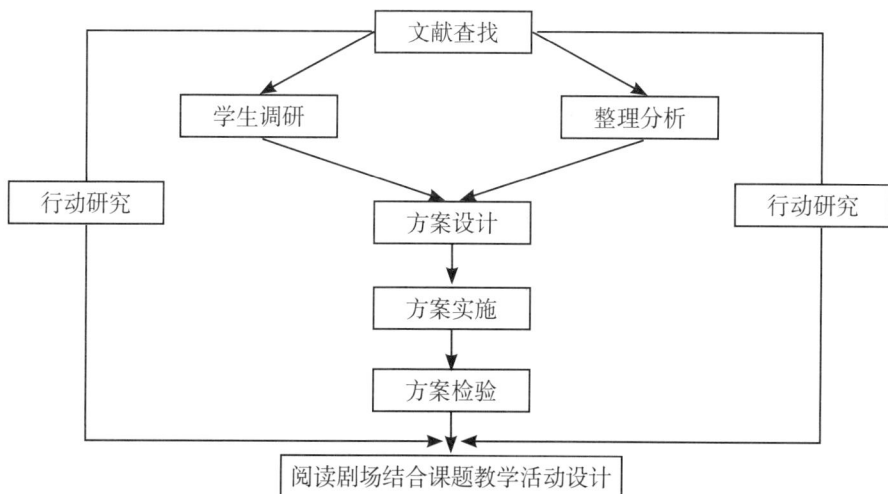

图2　阅读剧场结合课题教学活动设计的技术线路

四、研究计划安排

（一）第一阶段——准备阶段（2021年12月—2022年3月）

1.做好课题申报、制订课题研究实施方案。

2.课题启动、课题分工、理论学习工作。

3.培训参研教师，做好实验前的准备工作，组织开题启动研究。

4.收集资料，学习并理解相关理论，进行资料的筛选。

5.课题核心组成员观摩学校外聘戏剧教师张翰伦老师的戏剧课。

（二）第二阶段—实施阶段（2022年3月—2022年7月）

1.课题核心组观摩史家小学戏剧教师上示范课与专题培训。

2.核心组成员在自己任课班级进行教学实践、完成一份授课反思。

3.开展学生问卷调研，梳理数据、调整教学设计。

4.核心组成员完成一份针对自己年段的教学设计、教学案例（包括行动研究的目标和阅读素养的提升）分析。

5.整理自己的过程性资料上交课题组负责人。

6.召开一次课题小结会。

（三）第三阶段—结题阶段（2022年9月—2022年12月）

1.完善整理研究过程资料。

2.组织教师撰写研究论文参与市区征文评选。

3.完成结题报告。

第二节　实践研究

基于校园剧特色的学校教育革新之路

姚　辉

坐落于北京南二环沙子口的革新里小学始建于20世纪30年代。在教育改革的形势下，这所历史悠久的学校如何像校名一样，通过"改革与创新"焕发生机，走上可持续发展之路呢？

到革新里小学任校长近两年来，我带领教师经过反复思考与讨论，认识到：教育改革与创新的"点"很多，但核心问题正如胡锦涛同志强调的那样，是解决好为谁培养人的方向问题、培养什么人的目标问题、怎样培养人的方法问题。

于是，我们确定了学校的培养目标是"面向全体学生，促进全面发展，培养社会主义的合格公民"。在全科育人、全员育人的基础上，大力发展学校特色项目——校园剧，探索基于校园剧的学校教育特色之路，为素质教育找到一个切入点。2011年，学校"基于校园剧的学校特色教育研究"被批准为北京市级教育科研规划校本专项课题。至此，革新里小学的校园剧项目实现了转身——从教育特色发展到学校办学特色。

小小的校园剧能否承载如此厚重的责任？它是否具有成为学校办学特色的价值和实力？2010年的"六一"儿童节，学校举行了一场别开生面的校园剧展演活动。我们期待通过全校师生的全员参与来寻找答案。近两个小时的校园剧演出不仅是学校近年来校园剧教育所取得成果的汇总，更是我们在感性体验中理性认识校园剧价值的契机。从班级剧组、年级剧社、学校剧团的全情参演所带来的深深震撼中，我们发现这小小的校园剧中蕴含着无限的价值。

一、"小切口"彰显德育为先——无痕德育最留痕

（一）自觉育德

校园话剧是小学生喜闻乐见的形式，更是公民道德教育的一个小切口。我们把它定位在微型话剧层面，它不以演出为最终目标，而是为孩子们提供一种体验、创造、娱乐、教育的综合实践课程。由于它的门槛低、难度小，所以每一个孩子都能参与；由于它有趣味，有魅力，所以孩子们都乐于参与，这就为自觉育德提供了可能性。

（二）故事育德

每一个剧目都是一个生动的德育素材。孩子们表演有趣故事的过程，就是自我教育的心路历程。比如，儿童音乐歌舞剧《谁的颜色最美丽》，说的是彼此欣赏、互相支撑才能拥有美丽的彩虹的道理；原创校园话剧《一块口香糖》，宣扬的是低碳环保的理念；《游园路上》使孩子们体验"劳动最光荣"……孩子们反复揣摩人物的心理，用自己的体验来展现故事。在排演过程中，道德教育以一种"润物细无声"的方式进行着，在观看表演时，学生良好的道德情感被激发。

（三）实践育德

情感体验是德育的活力所在。在孩子们创作作品的过程中，蕴含着许多教育点。比如：剧务组无怨无悔的付出，体现的是奉献精神；演员组彼此的配合，培养的是合作品质；学生们大胆勇敢地展现自己，是自信心的体现……这正是校园话剧的育德精妙所在——于无声处掷地有声，于无痕处痕留心中。

站在培育社会主义合格公民的高度，审视这不起眼的校园话剧，我们可以挖掘它背后更丰富的德育内容。由于校园话剧淡化了道德说教，对儿童有强烈的吸引力和感染力，使育德的针对性和实效性更强。

1. "小切口"特显能力为重——综合能力磨炼成

能力是学生一遍遍自我感悟、体验、实践后习得的一种技能，这种技能光靠老师讲解是不行的，必须在学生自己无数次实践后方可形成。校园话剧是一个综合实践平台，在排演过程中，学生的多种能力得到训练。

（1）提升了自学能力

有了参演校园话剧的真实任务，为了能有更出色的表现效果，孩子会自觉学习相关内容，主动投入研究性学习中。比如：排演英语剧《皇帝的新装》，为了演好其中的角色，孩子们会自觉地学习人物的语言，揣摩人物的心理，设计人物的动

作，于是，他们会找来与该剧相关的内容主动阅读，以期待对创作人物有帮助；他们也会查阅当时的背景资料，以期待更精确地表现人物服装、造型……由于有了强烈的动机，自主学习会更有效。

（2）锻炼了语言能力

有这样一个公式："口才+文采=未来成功的护照"。具备良好的口头表达能力对学生未来的成长很重要。而学生口头表达能力弱又是当今语言学习中最致命的一个缺陷。在真实情境下学生的对话能力、当众表情达意的能力普遍较弱。

话剧舞台是一个很好的口语表达能力的训练场。参演校园话剧可以有效提高孩子的口语表达能力。在这个过程中，孩子锻炼了当众表达的表演能力、互动表达的感染能力等。经过调研，各班参演过校园话剧的同学在课堂上都能大胆举手，自信发言，且声音洪亮、条理清晰，语言更富感染力。

（3）培养了创新实践能力

校园话剧是一个充满创造的过程，概括起来包括以下方面。

创造剧本：有的校园话剧源于真实的校园生活，从校园故事的撰写，到剧本的改编都是一种创造性综合实践活动；有的校园话剧来自语文教材，需要师生再加工。

创造形式：有的剧目需载歌载舞，综合运用多种艺术形式；而所有剧目都需进行人物设计、舞美设计……各种形式表现的艺术加工，都离不开创新。

创造角色：每一个角色都要经过扮演者的形体、语言、动作、神态去表现，而这都需要学生入情入境的内心体验支撑才能完成。孩子要调动自己的生活积累去触摸、感悟，并创造出真实打动人心的角色。

创造产品：一个剧目的生产过程就是创造产品的过程，这需要统筹协调各部门、各环节、各个参与的人，需要集合大家的智慧团队配合协作。我们深深地感到，创作过程其实比结果更重要。

（4）提高了鉴赏审美能力

通过校园话剧的演出，使孩子提升了辨别"真、善、美"，识别"假、丑、恶"的能力；使美与德融为一体，透过外在的美触摸内心的美；提高了学生鉴别美、欣赏美、审视美的能力，提升了学生的人格修养和艺术品位。

2. "小切口"生发课程之数——共性中彰显特色

在未来的研究中，怎样使校园剧实现最大效能，怎样体现"德育课程　课程德育"的校本特色？

（1）在国家级课程中找结合点

校本课程是国家级课程的生发和深化，必须研读课标，依纲靠本才能找到生发点。我们不要求在每一个学科中强行实施校园话剧课程，这是不符合客观规律的，而是要求各学科教师在本学科找研发点，各年段教师在本学段找结合点。

以语文学科为例：低年级"读一读、演一演"故事性较强的课文；中年级学写校园故事、寓言故事、童话故事，然后演一演；高年级扩写故事性强的古典故事，学写人物独白，把课文改编成剧本，以组为单位自主排演课本剧。比如：五年级以《杨氏之子》一课为例，尝试在学生初步理解课文内容的基础上，引导学生走进人物内心世界，联系上下文推想人物心理活动，进行扩写训练，既培养了学生描写人物心理活动的能力，又帮助学生准确而深入地把握人物形象。在此基础上请学生分组排演课本剧，激发学生参与的热情，培养学生在语文课中应该落实的听、说、读、写的能力。吕秋影和孙文静两位老师在教研员和校领导的指导下精心备课，走进各班，以《杨氏之子》为例对学生进行训练。然后各班老师再接过他们的接力棒，结合课文内容每人选择一课进行深入研究，指导学生把课文改编成剧本并精心排演，在升旗仪式中展示。五（3）班排演了《杨氏之子》和《世说新语》中另外一则小故事；五（1）班排演了《晏子使楚》；五（2）班排演了《完璧归赵》；五（5）班排演了《负荆请罪》；五（4）班在学习教编版语文五年级上册的第三单元之后师生共同进行课外阅读，寻找人物语言精妙的小故事，排演了《聪明的小甘罗》和《机智的阿凡提》。激发了学生学习语文的兴趣，促使学生在愉悦的氛围中，积极参与，切实提高了语文教学的实效性。

以数学学科为例：校园话剧提供了"生活中学数学"的思想，为孩子提供了好吃、有趣、有营养的数学平台。在舞台设计中训练了孩子空间的想象力；在表演人数等数字信息中，可进行解决实际问题的相关训练；在设计一个人物的服装时，提供了服装如何搭配的训练途径等。

（2）在专项训练中找研发点

基于校园话剧开发相应的训练课程，如形体、美术编辑、台词朗诵、剧务后勤等，作为校本课程实施。我们的设想是以年级剧社为单位，以专业项目为菜单，以选修走班的形式进行。

（3）在真实任务下找联动点

每一个剧目演出就是一个真实性任务，根据剧目特点，设计相关学科联动课程方案，核心是完成剧目的创作。比如，英语剧《蝴蝶花》。首先，英语老师设计课程，把课本中的歌曲和教材的相关句型进行整合，为学生编写出英语歌舞剧的台词，利用两课时授课，让学生熟练掌握对话。然后，音乐老师和学生一起配乐、创编舞蹈动作，利用一课时完成。接着，专业老师授课，进行表演课指导，下面是学生自愿组合研磨。最后，在美术课上进行头饰、道具设计制作。语文课学写宣传海报、绘制节目单，撰写邀请函等。这是师生共同创造的、动态的综合实践课程，是以完成产品为目标的高效学科联动。

（4）在德育实践中找落脚点

目前，学校"以校园话剧为载体的系列教育活动模式"正在进行中：班级剧组文化活动有声有色地开展起来，他们从各个角度开发剧本，认真排演，升旗仪式中剧组展示已形成惯例；年级剧社机制初具规模，学校剧团更是新生力量不断涌现，校园戏剧文化节已经实施。

校园剧作为我校实施素质教育的一个"小切口"，孩子看得见、摸得着，教师可操作，已经成为一个综合实践性很强的教育活动。它为师生搭建了共同建设学校特色文化、特色课程的实践平台。在这个过程中，学生的主体性、教师的主导性充分体现，学生文化、教师文化共同融汇在校园文化建设中。革新里小学基于校园剧特色的学校教育革新之路，将越走越宽。

院校联盟共擎阳光学子　自信灵动绽放艺术魅力

2018年8月，革新里小学艺术教育迈上巅峰，创造多个"第一"。在汇聚了来自亚洲、欧洲、非洲、美洲、大洋洲戏剧团体的"国际儿童青少年戏剧协会艺术大会"上，我校作为唯一受邀的学生剧团，携英文版童话剧《十二个月》与国内外专业剧院顶级戏剧精英，共同登上世界戏剧的舞台（见图1）！这既是中国小学生综合素质及艺术修养的集中展示，更是北京市"北京高校社会力量参与小学体育美育发展"项目的优秀合作成果。

图1　《十二个月》演出后合影留念

2014年9月，革新里小学在市、区教委大力支持下，成为中国儿艺"高参小"项目合作学校，随之正式增名为"中国儿艺艺术教育实验学校"（见图2）。

图2　中国儿童艺术剧院院长尹晓东和革新里小学校长赵丹阳

四年来，在项目支持下，学校拓展课程领域，润泽队伍素养，推动特色建设，成就品牌发展。

一、成绩与效果

亮点一：聚焦课程　聚力发展

1. 聚焦课程　变革课程体系

在院校牵手近四年研究中，相互依托又相互补充的目标体系、课程体系、评价体系为学生构建了多元展示与发展的平台。其中六艺修身课程，将艺术与语文、数学、体育、科技等学科巧妙融合，让每一名革小毕业学生都能六艺在身，为学生的可持续发展奠定了基础。

2. 聚力发展　变革培养模式

我们以阳光教育办学理念为核心，聚焦改革核心要义，让课程成为教师、学生、家长共同成长的舞台，凝聚思想、聚力发展，立足全学段全人发展的教育观，优化管理模式，以阳光艺术管理委员会为引领，实现教育与管理、研究、实践、评价四位一体的管理格局，形成四种特色培养模式。

"探究中创新"：将艺术与课程全方位融合，整合学科教学，形成六大类综合素养培育课程及探究式学习体系，为学生的全学段学习做好铺垫。

"艺术中涵养"：综合课程强化艺术修为、艺术修养的培养，使学生具有儒雅的艺术气质，高雅的审美能力和乐群的思想品质。

"展示中自信"：艺术课程外延的拓展，唤出学生登上舞台的愿望，也培育、增强了学生表达、展示自我的热情和自信。

"体验中双提"：我们实现了常态课程"双走班"，艺术课程"双导师"，实践课程"双主体"，体验课程"双评价"，在多角度体验中实现师生能力、素养双提升。

亮点二：艺术融汇　资源融通

在不断深入的实践中，因艺术的融汇，各项优质资源在我校已经融通整合。

1. 艺术与学科教学融汇整合：我校大学院式的"七个工作室"包括导演、编剧、灯光舞美等方面，看似是出于戏剧门类，但我校的工作室却是由学科教学衍生而来，如"道具工作室"，就是由科技、劳动、美术老师任教，他们既负责道具制作课程的教授，又能在学科间联动起来进行教学。

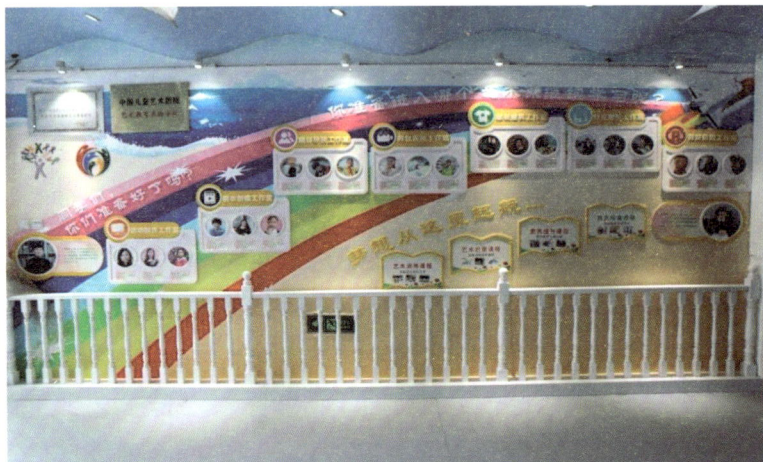

图3　校园文化墙

2. 艺术与技能教授融汇整合：在我校"六艺修身课程之体艺课程"中，自编的太极诗韵操就将太极和古诗词完美融合，让技能学习不再枯燥无趣，在艺术浸润中反复的操练，学生学得有兴趣、有乐趣（见图4）。

图4　太极诗韵操

3. 艺术与活力德育融汇整合：我校的教育工作因艺术而灵动，正是教育和艺术的相遇，打破了教育壁垒，为师者用艺术去感受每一名学生的思维，用艺术去影响每一名学生的成长。

我们融通各方师资，由最开始的外界"输血"，到自己成功"造血"，再到主动向外界"输血"，每一次变革都是一次教育的升华，每一次变革都是一次华丽的转身。目前，学校已实现了教师横向、纵向走班的无固定教学模式，实现了一至六年级全学段贯通式授课模式，如音乐、体育学科教师不再是每人任教一个年级，而是由一位教师同时任教1～6年级的一个班级，这样多维度贯通式的授课模式，实现了多种学习方式和多种学习状态的转变和融通。

亮点三：育师润德　育生提能

都说教师是人类灵魂的工程师，在塑造灵魂的道路上，我们先已后人，在自我塑造中，我们为孩子的成长起到表率与示范作用。"高参小"项目为学校教师团队的建设和成长创设机会、搭建平台，我校教师在艺术教育与体验中，已逐步具备"阳光三态（好心态、佳状态、高姿态）"和"阳光四气（勇气、大气、锐气、灵气）"。戏剧体验中，教师突破、完善自我，融合艺术形式、艺术亲和力并展现在学生面前。正是这样富有生机的教师队伍，焕发了教育的勃勃生机。

学校以两个教师剧团为根基，通过开展走进剧院等系列艺术培训、体验活动，提升艺术修养；开展剧本创编大赛，发现身边的教育故事，提高教育实效性；开展学科剧展演，从台词背诵、舞台调度、形体表达、角色剖析等方面对学生给予指导，提高教师综合能力及艺术素养，教师团队更加阳光积极、舒雅大气，这其实是一个共育、双赢的过程。

总结：亮点融聚思想，成功引领发展

四年来的不断实践与探究，开启了学校"高参小"课程的新模式——基础课程普育、拓展课程润育、特色课程培育、精品课程修艺。我们打造了在"高参小"教育环境下，金帆话剧团领航50余个艺术团，形成一团带多团、团团有生机、团团有硕果的发展格局。2017年末，校长也代表北京市东城区在北京市"金帆三十年研讨会"上做主题发言。

据统计，仅一个学期我校就有1700多人次参与艺术润育课程学习，占全校总人数的229%；数据说明我校已真正实现"艺术自信与表达人人棒百分百""艺术鉴赏与展示人人行百分百""艺术互动与交流人人展百分百"。四年来，学校也获得多项荣誉，荣获了首都文明单位，北京市精神文明先进单位，北京市基础教育课程建设先进单位，北京市金帆艺术团、北京市艺术教育特色学校、北京市东城区戏剧、舞蹈、管乐星光艺术团等荣誉称号。

回想在"世界戏剧大会"舞台上，赵丹阳校长激动地说道："登上国际舞台，革小人感动更感恩！感谢中国儿艺领导、艺术家对学校艺术教育工作的无私支持，感谢'高参小'项目为'教育与艺术'并蒂同行搭建的舞台，因为这是教育人的艺

术情和艺术人的教育梦完美的结合和展现！"（见图5）

图5　赵丹阳校长发言

二、思考与问题

（一）学校继续将戏剧研究与教师发展绑定，让戏剧教育深深根植于学校文化、课程建设与研究之中。

（二）希望"高参小"在一定范围内保持并延续，让这一项目产生的教育效能，继续最大化地影响师生成长，促师生灵动发展。

三、设想与展望

（一）积极响应习近平总书记"文化扶贫"的号召，通过"革新文学工作坊""革新少儿剧团"送剧下乡，送剧到农村学校，让戏剧的影响力、戏剧的魅力得以传承、传递、传播。

（二）基于我校"高参小"项目的成功经验，将带着已形成的优质资源，主动参与贫困山区、乡镇的文化、教育建设。

展望未来，学校将站在教育信息化的背景下，放大教育品质，培养民族文化传播者；站在国际化教育的背景下，放大艺术精神，培育民族文化的传承者。做人、做中国人、做现代中国人、做具有国际视野的现代中国人，怀揣中国梦，行远必自迩！

中国儿童艺术剧院与革新里小学"高参小"工作大事记：（截至2018年8月30日统计）

2014年：我校与中国儿童艺术剧院签订"高参小"协议

2015年1月：我校正式增名为"中国儿童艺术剧院艺术教育实验学校"

2015年5月：我校在中国儿艺举行主题艺术活动"一份特殊作业——艺术课程润泽绚丽童年"

2015年：我校与中国儿艺携手美国蒙大拿州米苏拉儿童剧院合作排演英文儿童剧《公主与豌豆》

2015年9月：我校艺术实践课程——走进中国儿艺观看抗战儿童剧《红缨》

2016年4月：我校第一次复排童话剧《十二个月》

2016年9月：我校金帆话剧团成员与中国儿艺到美国开展戏剧交流活动

2017年4月：我校与中国儿艺共同创编并观看《山羊不吃天堂草》

2017年10月：我校第二次复排童话剧《十二个月》

2018年5月：我校成立中国儿童艺术剧院革新少儿剧团

2018年8月：我校在中国儿艺"国际儿童青少年戏剧协会艺术大会"上成功演出全英文版《十二个月》

艺术撬动课程发展　阳光润泽童心世界

自中国儿童艺术剧院与我校签署合作协议以来，我校立足核心素养润育，以艺术教育为抓手，搭建立体美育教育平台，形成学科间贯通、学科内贯穿的阳光生态课程体系，实现师生的综合素养不断提升。良好的教育载体、多元的人文文化是学校特色发展的优势资源，在坚持艺术教育实践的基础上，我校进一步提出"播撒阳光办教育"的发展思路，明确了"修艺润德　阳光成长"的办学目标。师生尽情沐浴在艺术多彩中，享受着教育阳光，每一位革小师生因艺术融入多元文化，因阳光成就发展梦想，在艺术教育中完善人格、健康成长！

一、机制健全，艺术教育稳步推进

北京高等学校、社会力量支持中小学体育、美育特色发展工作是北京市委、市政府贯彻党的十八届三中全会"强化体育课和课外锻炼促进青少年身心健康、体魄强健。改进美育教学，提高学生审美和人文素养"的要求，落实习近平总书记在北京调研时的讲话以及北京市委十一届四次全会的重要部署，是服务首都城市定位、服务身边百姓的一项重要举措。同时，它也是北京市委教育工委、市教委对全面深化教育改革，推进首都教育现代化，促进义务教育优质均衡发展，创新人才培养机制，深化教育教学改革总体要求所采取的一项重点工作。学校此项工作领导小组由校长任组长，副校长及课程中心负责统筹推进，形成全方位、多角度、全覆盖、多维度的管理模式、文化建设，参与学校校本教材的编写，为学校提供场地等，并积极参与各项活动。将此项工作融于学校每个学期的艺术教育工作的计划中，既生成了人的主动精神，又敲开了人们真善美的心灵之窗。

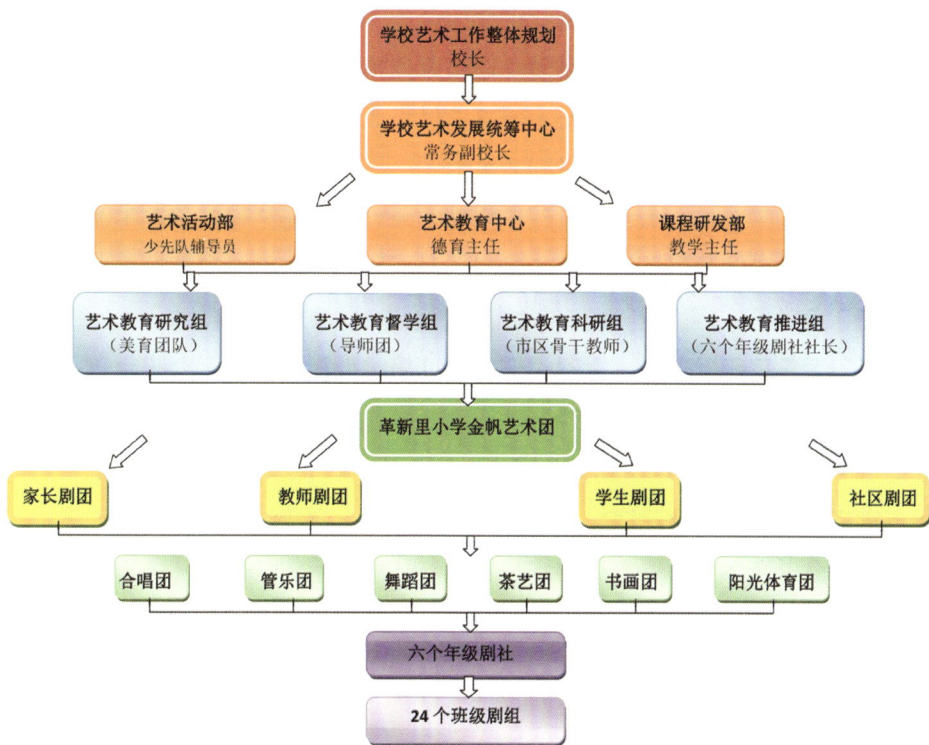

图1

二、合理统筹，艺术课程逐步完善

自"高参小"项目实行以来，使我校阳光学子的艺术道路越走越宽，在艺术教育中完善人格、健康成长。现今，中国儿艺多名艺术家走进校园开展艺术课程与活动，一至三年级十二个班的学生400余人受益，并派遣了专业演员对学生进行授课，使其对话剧充满了兴趣与渴望，艺术素养得到润养与提升。随着戏剧教育的课程化、专业化、科研化，我校成立了七个特色艺术工作室，涉及活动统筹、剧本创编、剧目导演、服装道具等方面，分别由儿艺艺术家、学校教师、学生和家长担任艺术导师，每一名学生都在工作室中参与着艺术实践与创作。同时学校还开设了艺术润养课程、普及课程达到50余门，涉及表演基础、朗诵主持、剧本创编、道具制作、戏剧鉴赏、音乐欣赏等内容，孩子们在艺术的滋养下润养品格，提升素养，目前在我校长期担任指导教师的艺术家共计10余名，在他们的悉心培养下，学生的艺术自信愈发凸显，艺术气质愈加成熟。

在我校艺术教育就像金字塔一样，既要建立起宽大富有包容的底盘，也要生成闪亮而有特色的塔尖。如何让金字塔底盘做得更大、更广、更具包容性，为每一个孩子提供适合自己的课程呢？在深化课程改革中，通过实践我们发现，艺术教育不是孤立存在的，不是一个从演剧到另一个演剧的单一活动，我们走出了艺术只为演剧服务的狭小认知，现在我校的戏剧教育已经形成"从普及到精品再到经典"的发展态势，学校每一节常态课都以"知、情、意、行、艺"五维目标进行评价。同时每一个学科都以"戏剧"为载体，编创体现学科素养的学科剧，例如语文学科"课本剧"，数学学科"思维剧"，科学学科"科幻剧"，美术学科"绘本剧"、音乐学科的"歌舞剧"，等等。我们在常态课堂、艺术润养、排剧演剧的过程中，把"正能量"、价值观、核心素养通过这种喜闻乐见的形式来呈现，带给孩子一颗真善美的种子。

三、悉心指导，艺术活动滋养童心

（一）依托艺术"真善美"的核心素养——教孩子有用的知识润泽一生

我校充分挖掘艺术教育发展点与生长点，进一步拓宽其育人功能，让学生因艺术而融入，因阳光而快乐。十余年话剧表演的积淀，让我们认识到话剧艺术带给学生的收获和教育不应仅停留在舞台表演这个层面，而是应该将话剧表演与培养学生品德修养有机结合。在"班级剧组—年级剧社—学校剧团"的梯队建制基础上，根据学生年龄特点，我校将戏剧培养同校本教材相结合，分年级制订了德育培养目标，即孝、理、信、仁、智、义，将戏剧艺术的修为教育、文化教育、道德教育功能最大化发挥。每一个年级都会针对"艺德"进行为期一年的培养，从年级主题教育活动到年级特色课程，再到师生艺术创作实践，老师们关注学生在品德方面的获得与表现，同时也关注学生艺术自信的生成，一路走来，每一名学生都在艺术润养中自信成长！

在阳光社团活动中培养乐学善思、勤勉励志的阳光学子，是我校艺术教育的终极目标。学校已形成以金帆话剧团为核心；以七色梦舞蹈团、花儿朵朵管乐团、爱乐少年合唱团、阳光体育团为外延；茶艺团、书画团、科技团为补充的多元发展社团模式，和中国儿艺的艺术家老师一起，着眼于孩子的全面发展和整体发展，站在时代的最前沿，唤起主体意识、激发教育智慧，为孩子创造丰实的教育生活，实现心灵与心灵的碰撞、情感与情感的交融。

（二）搭建立体多彩的阳光舞台——让每个孩子幸福成长，精彩绽放

孩子们将日常生活中的点滴瞬间以戏剧的方式搬上荧屏，登上舞台，达到教育与自我教育的效果：一年一度的校园艺术节是我校特色传统活动，近三年我校成功

开展"走进高校系列艺术活动"，在北京大学、农业大学、清华大学等知名高等学府舞台上，师生将原创剧本进行艺术加工，生动演绎，中国儿艺优秀的青年演员也在舞台上精彩亮相，担当主持的重要任务。特别是2016年，由我校金帆艺术团学生复排的中国儿艺经典剧目《十二个月》在舞台上闪亮登场，让所有与会来宾震惊，他们为小学生能有如此高水准的演出水平、如此高水准的艺术造诣、如此高水准的艺术素养而感动。演出得到了中国儿艺尹晓东院长、闪增宏副院长的大力支持，特别是总导演马彦伟的倾情参与，调动了师生的情感，不管是动作示范还是耐心说戏，都让大家受益匪浅。在排练过程中，唐妍、小马老师等中国儿艺优秀演员也多次到校协助排练，儿艺马兰花、艺校的李沁宇、王堃等老师对于歌舞部分也是给予了耐心的指导，保证了剧目呈现的效果和水准。家庭原创剧本大赛、家庭微电影系列展、学校艺术周展演、革小金狮奖章评选等常态活动更是一如既往地深受孩子们的喜爱。

我校作为中国儿艺艺术教育实验学校，在院庆六十周年之际，复排了儿艺经典剧《十二个月》，以此特色课程向剧院献礼。近日，学校部分金帆团团员作为"童伴"志愿者，再一次走进中国儿艺，承担"辉煌六十年"艺术长廊讲解任务。这已不是小团员第一次参与此活动，六位团员以老带新，足足有3000多字的讲稿并没有难倒他们，平时在艺术课程中学到的本领和功夫派上了用场，这次艺术讲解活动成为小团员们实践和锻炼的舞台，相比之前的登台表演经历，此次与观众零距离接触，单兵作战，独立为观众讲解，更加考验他们的临场应变能力。参与这样的交流活动，既是对校园内艺术课程的深化，也是一项难得的社会实践。小团员们精彩的展示得到大家认可，也为学校赢得荣誉！

（三）创设"走"出去的机会——让每名学生在艺术润养中生成自信

近年来，在"让师生沐浴艺术多彩 让生命浸染教育阳光"的办学理念引领下，学校为教师创设机会、搭建平台，引领全体教师参与到艺术教育中，采取送出去（异国、异地）学习的方式，扩大教师学习的宽度与广度，提高教师的专业素养与艺术素养。在2016年9月，我校金帆话剧团3位小演员随中国儿艺前往美国，和米苏拉儿童剧院共同合作演出剧目《豌豆和公主》，我校3位同学分别饰演了真假公主与王后的角色，在学校艺术教育的浸润中，经过中国儿艺及中美双方导演的精心指导，同学们在舞台上精彩绽放，展示出革小艺术素养课程的润养成果。

四、持续发展，艺术教育提升品质

目前，我校已经将原有课程分类整合，拟定为"五级四维度"，即艺术普及—艺术启蒙—艺术润养—素养提升—生动发展五级；基础储备—核心素养—特色培育—自主发展四维度。在赵校长引领下，我们立足打造"教育+"的发展格局，实现"教育3+3"的阳光生态成长格局，即教育+道德+素养+习惯=立德，教育+内涵+特色+个性=树人，那么教育3+3=立德树人。在革新里小学，艺术教育是办学特色，是融于课程、育人的理念之中的，赵校长提出：艺术+道德美感+素养美感+习惯美感=润德，艺术+内涵善美+特色秀美+个性灵美=修人，所以教育+艺术=润泽学生完美人生底色。

未来，我们将继续开发、完善艺术课程，让教育戏剧的功能得到最大化发挥。我们也会借助中国儿艺老师的力量，夯实校本课程的授课效果，让每一位在"高参小"课程中学习的孩子，都能对艺术有兴趣，都能具有一项艺术专长，对学生艺术素养进行浸润和提升，更关键的是在协助上课过程中，提升教师整体的综合素养，让教师的艺术指导力不断加强。

艺术的情缘，尚美的情愫，我校将脚踏实地，继续彰显学校艺术教育的办学特色，让师生浸润于艺术的海洋，徜徉于唯美的艺术境界，教师幸福地教学，学生快乐地成长！

阳光教育磁场下的生命成长

2019年"首都学生演出季"，革新里小学第四版《十二个月》震撼登场，为京津冀儿童献上了一场艺术盛宴。自2016年，革小学生历经四年的传承、演绎了四版《十二个月》，四版《十二个月》生动、真实地诠释了学校"精致地做好一件事，做好一件事办精致教育"的阳光思想。从两季中文版到全英文版的几十场演出中，大童与小童手牵手、上千名孩子复制着"十二个月"的自然与美好，也诉说着"十二个月"的阳光教育故事……

阳光学校的生命成长

办阳光教育是革小人共同的追求，在对阳光教育的解读中，它不只停留在"播撒阳光办教育"的口号中。阳光需要载体，要让学生在奔向目标和进程中有载体、有抓手。因此，革小人将"播撒阳光办教育"的理念，变成了有形感有温度的口号——"让师生沐浴艺术多彩，让生命浸染教育阳光"。而让这句口号能变成目标落地的抓手，就是要使艺术与教育捆绑在一起，依据学校特色，选取艺术元素，因为艺术教育不是才艺教育，它最终目标是人性。在艺术和教育的融合中，学校更在意的是：以平等的态度向孩子传递艺术；以艺术的情怀向孩子表达美好；以美好的情感向孩子展现人格。

阳光团队的生命成长

在阳光教育磁场下，学校构建了"四育"的艺术+教育的课程模式，同时将国家级课程、实践课程有机绑定在一起，形成了阳光教育的课程文化磁场。

浸育式：即浸润培育。它是以艺术为主线而形成"艺术学科群"的联动课程，如：学习"贝多芬"的音乐，在学科群中有音乐课鉴赏，美术绘画，语文理解人物、背景等内容，一个组群围绕着一个艺术内容，最终还可以创意排演成为剧目。"艺术学科群"联动，组合教学内容是以主学科为内容，实现艺术群共培共育，形成综合艺术学科教学，成就综合性课程，真正实现艺术课程化，课程艺术化。

涵育式：即涵养化育。在特定的抑或是日常的每一天每一秒、每一种接触中、每一节课中，都能带给孩子们美好的向往和艺术熏陶。因此，在国家级课程中，学校改变了备课目标，在备课目标中，加入了综合素养目标，要求在课程实施中，要能传递两个层级：戏剧的内容、戏剧的素养。注入艺术涵养，实现以艺术语言为载体促进学生整体语言能力的发展；以艺术展现为载体增强记忆力、表达能力、沟通协调能力；通过学科教学增强孩子的角色意识，提升语言交流能力、想象力、创造力及自我表现能力，并启发思考，促进才艺发展，培养团队合作精神。

滋育式：即繁殖培育。选择对艺术有真情、真爱、真投入的孩子，作为艺术教育的骨干，对他们采取特制特培的方式，即"学院专修课程"，打造了一批孵化团队，如导演学院、剧本创编学院、艺术表演学院、艺术宣传学院等七个学院，让艺术与学科融合形成的学院成为学生成长的摇篮。

并育式：即共育成长。它以"阵营课程导师制"为载体，即打破学生班级、年级界限，以阵营形式开启艺术实践、课程学习，阵营小导师由学生推荐，而全体教师只在课程中承担陪伴、引导、服务、观察孩子的学习全过程的任务。在每学期的戏剧节、合唱节课程中，阵营小导师与营员相互帮助、相互指导，切磋表演，共同成长。

在传递艺术、表达美好、展示素养的过程中，学校形成从课堂到课下，从课内到课外的课程群，各种组群形成了戏剧课程磁场，让生活在阳光下的孩子自信地行走在艺术磁场中。

阳光个体的生命成长

有了学校的生命之魂，有了课程发展的生命之源，有了这样充足的空气、充足的氧气，个体生命在这样的氛围下就能百花齐放。

学校将"艺术情境式评价"作为向美自律的"孵化场"，创设了生活情景体验课程。在校园这个大社区中，让学生投入到"警察、法官、检察官、律师、交通警察、消防员、邮递员"等几十种真实角色扮演中：学习空乘人员微笑儒雅的形体，那是美的表达；学习武警战士英姿飒爽的身姿，那是美的品格。角色体验带给学生从戏剧到生活，最后回到戏剧这种生命的体验、生命的成长。美德、美行、美艺等激励方式让孩子们形成对美的内燃力、驱动力。在追求真善美的过程中，表达美好、追求美好，在这样对美的表达中，童眼看世界、童真悟美好。阳光教育磁场，助推了学校、团队、个体生命的成长，让学校办学方向、教学理念落地，使师生践行和探索更有抓手，让教育之根深扎，使教育之叶繁茂。

阳光教育中的四版《十二个月》，成就着孩子们的艺术梦想，也润育着孩子们的品格。他们在艺术中成长、在演绎中感悟、在团队中凝聚……

就像赵丹阳校长所说："愿孩子们在阳光教育中的每个月、每一天、每一刻中更加乐学、善学、乐艺、善艺、乐群、善群，也愿艺术的美好永远伴随孩子们阳光、自信成长！"

在课程中融入　在艺术中绽放

在充满古都神韵的永定河畔，坐落着具有近百年历史的革新里小学。学校现有学生近千人，其中600余人来自祖国各地，占学生总数的60%。为了让来自不同地域的学生融为一体，了解各自的文化传统，彼此理解；让每个孩子全方位融入首都教育，相互尊重；让祖国的花儿朵朵绽放，享受优质均衡的教育是我们应秉承并坚守的教育原则。

学校多年来坚持开展艺术教育，成立北京市金帆话剧团，挂名中国儿童艺术剧院艺术教育实验学校。良好的教育载体，多元的人文文化都是学校特色发展的优势资源。为此，在坚持艺术教育实践的基础上，我们又进一步提出了播撒阳光办教育的发展思路，明确了修艺润德、阳光成长的办学目标。

自2013年起，北京市教育教学改革全面进入试水期。赵丹阳校长提出：把握发展目标，定位培养目标，实施整合联动，打造立体评价体系。在深化教育改革的过程中，我校以"培育和践行社会主义核心价值观"为核心，对接学校的办学目标，即修艺润德、阳光成长，我们充分感觉到这既具有浓郁的传统文化的烙印，又能与党的十八大提出的"全面深化课程改革、落实立德树人"的精神相吻合。其核心思想就在于"育德潜朗通微，修艺洽览深识"，这是学校育人目标的精神导向。

现在，学校以"生命"和"课程"为基点，将课程建设作为提升学校综合办学能力的一项重要工作不断实践和完善，树立"无处不课程、无事不课程、无时不课程"的大课程观。立足把学校的一切工作都变为教育的机会和手段，让教师的一言一行，让学校的一砖一石、一草一木、一角一景都体现教育的思想。我们希望学生通过课程的学习，能有广见博识，进而择其精要者而取之；能有高尚情操，尚德内化于心精艺外显于形。通过课程建设，为学生提供纵向发展贯通、横向发展贯穿的多维度且利于全面及个性化发展的课程资源。在此，我们拟用"阳光生态"来描述我们的课程发展规划，以期形成内涵丰富的"阳光生态课程"体系与模式。

"艺术"与"阳光"是学校发展的两大主题词，引领师生尽情沐浴艺术多彩，尽情享受教育阳光，让每一位革小学生因艺术融入首都文化，因阳光成就发展梦想。

教育就好像一棵树摇动另一棵树，一片云推动另一片云，一颗心撼动另一颗心，教育的乐章需要用心书写。现在革小人正行走在教育的路上，为圆我们的教育之梦用心谱写着追梦之曲。

一、构建学校和谐发展的文化场——海纳百川的交响曲

由于家庭环境的影响，非京籍学生对深入了解以及融入北京有一定的困难，而北京的学生面对多元地域文化也缺乏深入了解。因此我校"广纳五湖学子，乐育四海英才"，努力为每个学生建构平等、公平、优质、包容性发展的教育环境，让学生生命成长充满阳光，让教师生命价值充满阳光，让学校内涵发展充满阳光，我想只有这样的教育才能让受教育群体真正融入学校。也正源于此，引导教师树立共同的发展目标，是构建学校教育氛围的核心磁场。

（一）包容的精神文化打造阳光品质

面对学生生源地的多元化，原有文化差异大的特点，我们提出了实施阳光教育理念，就是借用阳光公平普惠、温馨关爱、无私奉献的本质喻义，引导广大教师形成办阳光教育创优质精品特色校的共同教育目标。将"尊重、理解、赏识、激励"作为学校的核心价值观，同时立足学校"三风"建设，即明志笃行、尚美进取、展内涵型阳光团队的校风；勤奋尚德务实怀远，成智慧型阳光教师的教风；乐学善思勤勉励志，做自信型阳光少年的学风。明确的教育目标引导着教师们用阳光之心，面向全体学生、面向学生发展的各个方面、面向学生发展的整个过程，育阳光之人。在实践中，教师们通过在尊重中消除差异、理解中包容差异、规范中补偿差异、融合中缩小差异、激励中弥合差异等多项具体教育措施，让随迁子女消除了对于城市的陌生感，消除了地域文化导致的自卑感，在包容中产生了一种信任感和归属感。如果把革小比作一棵教育之树，那么明确有特色的教育目标就是她坚实的根。

（二）人文的管理文化打造阳光团队

我们喜欢"海纳百川"这个词，因为它蕴含着壮阔。而学校，我认为也应该成为一片大海，浩瀚、包容、生生不息，以集体的方式站立，每人开出一朵花来，是学校最阳光和谐的画面。我们倡导"教师以集体的方式站立"，推行"教师剧团""戏剧氧吧""教研团队沙龙""青年发展中心""阳光教育论坛"，运用"木桶原则"，调动"长木板"可持续发展，激发"短木板"潜能，让每个人在团队中都能开出属于自己的太阳花。一束阳光就是一串笑声，教者心悦，学者心专，在氛围民主、其乐融融中革小人共同体验着生命的成长，共同享受着成长的快乐。

（三）美妙的艺术文化打造阳光人生

所谓"一所学校有一所学校的收藏，一所学校有一所学校的歌唱"。革新里小学的艺术教育正是推进阳光办学理念，深化融入教育的有效载体。艺术的赏析是没有地域之别的，把艺术之美渗透到每一颗正在成长的心灵中，让师生因艺术的缎带而和美。学校以欧式建筑的艺术长廊为依托，呈现着话剧艺术的经典，以寻梦园童话名著为装点，让学生在品赏着一个个经典的童话故事的同时，去畅想童年的美妙；在春夏秋冬的艺术情境中去激发自己的创作灵感。艺术的作用，不在于灌输，而在于熏陶与浸润。无论学生在校园的任何一角，都可以随时感受到艺术阳光的生命张力，正所谓心融身自融。学校逐步形成了以金帆话剧团为核心；以爱乐合唱团、阳光体育团、花儿朵朵管乐团、追梦舞蹈团为外延；墨娃书画团、润德茶艺团、翱翔科技团为补充的阳光社团多元发展模式，始终着眼于孩子的全面发展和整体发展，站在时代的最前沿，唤起主体意识、激发教育智慧，为孩子创造真正的教育生活，实现心灵与心灵的碰撞，情感与情感的交融，促进随迁子女与本地生源养成良好习惯、提升学业水平、接受艺术熏陶，真正融入北京这座城市。

二、凸现学校特色发展的教育氛围——洒满阳光的奏鸣曲

"赤橙黄绿青蓝紫，赏艺修德润品行，阳光瞳瞳映笑脸，革新园中花满蹊"是我校学生目前发展的真实写照。在建设阳光校园的过程中我们充分挖掘话剧教育发展点与生长点，进一步开拓育人功能，让学生因艺术而融入，因阳光而快乐。

（一）构建个性多彩的阳光生态课程——教每个孩子有用的知识，六年润泽一生

在阳光生态课程的构建中，培养乐学善思、勤勉励志的阳光学子，是我校教育的终极目标。近年来，学校以课程建设为平台，全面提高教育教学质量，推动学校文化润育与品牌发展，在"让师生沐浴艺术多彩 让生命浸染教育阳光"的办学思想指导下，以"开启学生心智、开发学生潜能、张扬学生个性、磨炼学生意志、培养人文素养、提高综合素质"为目的，形成较为完善的基础性课程与拓展性课程，地方课程与校本课程相结合的"阳光生态课程"内容体系与评价体系，实现了国家和地方课程校本化、校本课程特色化、特色课程精品化、精品课程品牌化的课程文化，立体打造学生全方位的成长环境，创造适合每个孩子的教育，使每一位独具个性的学生在知、情、意、行等方面得到充分发展，让每一个孩子感受教育的快乐，为在多样化社会中做一个终身学习者和负责任的公民铺染素养底色，让每一个孩子健康而自信地走向未来；创造与国际接轨的教育，为每一个孩子做好向世界表达中

国的准备，做一个自信、自豪、自强的现代中国人。

（二）搭建立体多彩的阳光舞台——让每个孩子都精彩绽放，人人都很重要

学校以艺术教育为龙头，以"重点突破，以点带面、均衡发展"为策略进行全学科建设。我校阳光教育、阳光课程的定位，也正是由于阳光那七彩的颜色和正能量，为何选择"艺术"这个融入点，是因为艺术的核心内容是真善美，也是社会主义核心价值观的集中体现。回归到我们学校，在年级育人目标中，就更具化了"真善美"和"核心价值观"在革新里小学的积淀，即"孝礼信仁智义"，这"六德"育人目标融在课程中，所培养的就是艺术的自信，这种自信源于品格的培养，在循循善诱的培养、浸润中，每一个革小学子都能生成自己的价值观，即尊重、理解、赏识、激励。艺术教育在我们学校的课程体系中不是孤立存在的，更不是一个单一的从演剧到演剧的活动过程。多年的摸索中，学校的戏剧教育经历了普及到精品再到经典，可以说已经走出艺术只为戏剧服务的狭小单一的认知，这是一个成熟且有特色的常态工作，就像金字塔一样，建起了宽大富有包容性的底盘，也生成了闪亮而有特色的塔尖。学生不可能都能到达这座戏剧金字塔的塔顶，那么如何让这个金字塔做得更大、更广、更具包容性，就要充分发挥艺术"真善美"的本质，润养做人素养，培养做人品格，在艺术的润染下真正做到从戏剧的实质到课程的实质，从戏剧的形态到学生兴趣的激发。因此，可以说艺术教育在革新里小学里的开展既助推了课程的发展，也为学生搭建了立体多彩的阳光舞台，让每个孩子都精彩绽放，人人都很重要。

比如：升旗时刻的风采展示，具有一定艺术水准的校园艺术节，金狮奖章美德少年的评选……系列艺术活动的开展，不仅为孩子树立了正确的人生观，达到了潜移默化的教育效果，更重要的是通过活动中的交流、沟通促进了来自五湖四海的学生之间语言的融合；通过生动的表演打消了孩子间地域的差异；通过相互的包容、心与心的碰撞模糊了孩子间文化背景的界限。在此基础之上，学校还注重与国际接轨，引领剧团赴维也纳金色大厅、澳大利亚悉尼剧院、德国汉诺威艺术学校等地交流演出，使孩子们了解东西方文化的差异，感受到艺术是无国界、地域之分的。

（三）共享温馨健康的阳光家校——为每个孩子创美好童年，浸润幼小心灵

真正的教育不是学校所独有的，它离不开社会各界的大力支持，很多知识都是课堂上不能得到的，而是要在实践与亲身体验中用心感悟的，所以只有充分挖掘社会、家庭的教育资源，学生才会从根本上受益，健康成长。学校积极成立社区、家长剧团，进行家庭DV剧评比，使之通过直观、感人的表演形式达到教育目的，增强

学生的社会交往、沟通能力，强化文明礼仪的意识，提升整体文化素质。同时作为中国儿艺艺术教育实验学校，孩子们定期与剧团演员、艺术名家互动交流、切磋表演技巧，不仅提升了艺术素养，同时，艺术家们对艺术的热爱、对作品的严谨态度也深深感染着孩子，从而形成对艺术的不断追求。

社会舞台是锻造孩子的最佳场所，不仅提升了综合能力，磨炼了意志品质，更透过三位一体的教育平台，使家庭与家庭之间相互了解、家庭与社会之间更加融洽，为学生成长营造和谐、愉悦、温馨的成长氛围。

三、创新学校内涵发展的成长平台——润物无声的小夜曲

在美的环境中能够催生美的事物。教育的真谛在于落地生根，如果想将艺术教育作为学校发展的良好载体就必须要在课程的保证下让教育从"艺术特色"向"艺术素养"转变。在带领团队追求修艺润德阳光成长的道路中，会为每个学生找到一块乐土，为每个班级种下一棵绿树，为每一粒种子捕捉水、空气和阳光，让每一个生命在这里生根发芽。这样的融入是发自心灵的，这样的融入是充满阳光的。

我校基于对艺术教育的定位和对学生的充分了解，在全体教师的共同努力之下，创编了校本教材《童艺情韵》。艺术教材的研发与课程的设置，是以艺术语言为载体促进学生整体语言能力的发展；以综合表现为手段鼓励学生进行创新性、体验性、反思性学习；以艺术展现为载体增强记忆力、表达能力、沟通协调能力；以主体调动为手段，以素质教育为主旨实施兴趣培养、专业培训与成功教育。通过语言及表演的基础练习，初步了解、掌握语言艺术与表演的基本知识，提高舞台表现力；通过戏剧教育增强孩子的角色意识，提升语言交流能力、想象力、创造力及自我表现能力，并启发思考，促进才艺发展，培养团队合作精神；通过戏剧表演的学习，有效促进了孩子的个性气质、自我认知、自我体验及自我控制能力的发展，最终实现培养健全人格塑造完美人生的育人目的。

学校以《成长印——童艺情韵争帆路》评价手册为载体，记录孩子的成长足迹，将照片、原创剧本及活动体验日记囊括其中，学生通过自身的努力和积淀，会得到一艘不同颜色的帆船，小学毕业时换取的金色帆船更是童年生活收获的宝贵财富，将会为孩子一生的发展奠定良好的基础。

四、打造学校精品优质的发展之路——升华品位的圆舞曲

革新里小学中的"新"字由"立""木""斤"合在一起，把这三个字联系在

一起再细细揣摩这个"新"字，就能立刻得到一个极深刻的启发：像"木"一样深深扎根吧！像"斤"一样披荆斩棘吧！抬起头，挺起胸，"立"得稳稳当当吧！教育的每一天都是新的，每一天的内涵与主题都不同。革小人将坚持走"七彩阳光教育"之路，"每个人身上都有太阳，我们要做的就是让它发光！"

面朝大海，春暖花开，在各级领导与教育同仁的帮助指导下，全体革小人用心、用情、用智构建我们的阳光艺术之园，谱写我们的阳光追梦之曲！我们深知路漫漫，我们愿意为此而努力，继续怀揣梦想，去迎接现在和未来生命的每一天，让革小不断焕发出勃勃生机与持久的活力。

构建阳光·艺韵课程体系　打造革新品牌教育名片

2014年，我校与中国儿童艺术剧院正式建立"北京市高校、社会力量参与小学体育美育发展"合作关系，多年来，在与中国儿艺不断合作与研究中，学校已逐步成为润育师生品质与修养的摇篮，是学生修艺润德的场所。在"全"（即全员全体全过程全方位）字的携领下，作为中国儿艺艺术教育实验学校，遵循"播撒阳光办教育"的办学理念，秉承"修艺润德 阳光成长"的办学特色，立足以"阳光与艺术"为核心，以艺术为载体，以育德为目标，让每一名革新里小学的学子都享受着美育教育的普惠与温暖，让阳光教育润育着美的品质，培育着美的情怀。

一、理念融聚　以品立校　善臻美

我校自2004年开始在学生中开展艺术教育活动，多年来，学校在不断摸索与实践中，借助社会团体的资源，艺术教育在我校生根发芽，2011年成功申报成立北京市金帆艺术团，学校艺术教育逐步向高品位发展。继2014年和中国儿艺建立"高参小"合作关系，2015年，学校增名为中国儿童艺术剧院实验学校，为学校艺术教育发展和艺术课程的全面构建提供了广阔的发展平台，"艺术教育"得到再次提升，艺术特色课程已然成为学校富有标志的一张名片，在市区具有引领与辐射作用。

在阳光·艺术办学理念启引下，构建了革新"教育、艺术3+3成长格局"，即教育+道德+素养+习惯=立德，教育+内涵+特色+个性=树人，艺术+道德美感+素养美感+习惯美感=润德，艺术+内涵善美+特色秀美+个性灵美=修人，因此教育+艺术=润泽学生完美人生底色。

为融合教育目标，使教育追求、教育方向、教育途径、教育成果在源头上融合，让向真向善向美艺术教育的内涵，落实在教育的原始点，我们梳理出宏观培养目标即育人目标，作为革小人全员、全程、全方位的追求，进而具化为中观教师执行目标，即"六德四行四商"并举的美育融合目标，再到可供教师操作，深入到每一节课中的微观目标，即"知、情、意、行、艺"的美育五维综合目标，让真善美的种子通过目标扎根于课程建设，落地生根于每一堂课中，经过目标融合各年级形成了"情、意、行、艺"具体的素养润育目标，使教育虽有学科之分但是目标是融合一致的，形成合力的教育，真正让艺术向真向美向善的火种在课堂中生成。

二、管理融汇　以管修品　育善育美

学校管理与艺术管理有机地融汇在一起，充分体现了凝聚性、创新性，形成了教育与艺术管理、教育与艺术研究、教育与艺术实践、教育与艺术评价四位一体的管理格局，为学生艺术素养提升建构了全面的保障体系。

全校80名教师，在艺术教育中全员培育、全员管理、全员引领，其中兼职艺术教师占85%，专职艺术教师占15%。市区骨干教师7人，艺术骨干教师2人，切实实现了艺术教育管理100%全覆盖；全员参与国家级立项课题"构建大美育格局 撬动学校课程发展"，市级立项课题"将校园剧融入学科教学的行动研究"，在浓厚的科研氛围下，57人次撰写的论文获得市区级以上奖励。全方位、立体多维的保障体系为我校艺术教育的有效实施保驾护航。

办未来的学校，做未来的教育，我们都没有经验，经验要集大家的智慧共同创造。未来不是我们去的地方是我们要共同创造的地方的观念通过管理的融汇扎根发芽。如今近百名教职员工都扮演着不同角色，他可能是艺术工作坊的领研者同时亦是学科工作坊的研究者还有可能是戏剧工作室的导师。不同角色的体验让教师更自信，不同领域的研究让教师更丰满，不同形式的艺术积淀让素养更厚实。每一位革新教师因金帆结缘，因美育生情，每一位革新管理者如同一颗颗火种点燃着阳光教育的内核，如同星星之火可以燎原般传播着对金帆的爱。

三、课程融通　以课修德　至善至美

艺术教育在我校以"课程"这种新模式韵化于方方面面工作之中，我校的课程建设也将"修艺润德"的特色培育贯穿始终，既为所有学生打好共同基础，也为每个学生铺就个性发展之路；既关注知识和技能的积淀，更注重心灵的滋养、情感的丰沛和价值观的正向引导。学校在原有艺术特色发展的基础上提出：立足核心素养润育，以艺术教育为抓手，搭建立体美育平台，现已形成学科间贯通，学科内贯穿的"阳光·艺韵"课程体系，实现师生综合素养不断提升的工作目标。

"阳光·艺韵"课程包含基础课程普育、拓展课程润育、特色课程培育、精品课程修艺四类，形韵、神韵、魂韵三个艺术维度，从"六艺"学堂到各级综合实践课程共计三十余类，形成全程、全面、全员、全体、全氛围"五全"培育格局。该课程体系打破学科壁垒，真正让艺术教育擎领了师生内涵发展，最终达成学生五大核心素养的逐步提升。

我校在整体课程框架之下，先后出台了《东城区革新里小学艺术教育发展三年规划》《革新里小学综合艺术课程实施细则》《革新里小学金帆团考级办法》《革新里小学艺术社团管理办法》《社团外聘教师管理制度》《革新里小学童艺情韵学生成长印》等文件，保证课程实施从微观入手，达到艺术教育层层深入。

打破传统教学的舒适区，在艺术的感染、浸润下，老师们在国家级课程中找艺术教育的生发点，同时在艺术的核心点中也看到了核心素养的着力点。运用艺术的魅力将立德树人的灵魂植根，燃起了教师们对基础课程二度创造的激情，以素养为核心、以能力为本位、以艺术为表达，我们渐渐告别单一学科，智慧地整合教材，实施模块化教学，大胆尝试跨学科、跨年段走班授课，每学年跨学科课程达200余节，占比教师65%；老师们还独立研究学科与艺术融合的增长点，全学科都形成了自己独有的艺术表达形式，如数字剧、形体剧、科幻剧、器乐剧、思维导图剧、即兴创作剧等100余种艺术表达风格，100%实现了学科与戏剧无缝对接，学科与美育完美融合。艺术改变了我们传统教学模式，也改变了学生的学习方式，学科融通落实在课堂中，合作生根在学生的合作中，艺术真善美的种子深深地种植在学校的每一门课程中，每一节课都成为传导艺术真善美的舞台，每一名老师也成为艺术"真善美"的践行者和传播者，形成一支艺术底蕴丰厚、艺术素养卓越的教师队伍。

由普通教师共同研究的一张张名片课程在教师的智慧中生成，以"六艺"为展示的综合课程的巧妙融入，充分展现出实践与艺术的完美统一。我校增名为中国儿童艺术剧院实验学校后，打开了教育的围墙，放宽了课程外延，使阳光教育充满艺术、充满活力，也擦亮了金帆的品牌。

都说教师是人类灵魂的工程师，在塑造灵魂的道路上，革小教师先己后人，在自我的塑造中，对孩子的成长起到了表率与示范作用。在角色扮演中，突破自我，将教师身份以艺术的形式展现在学生面前。正是这样富有生机的教师队伍，焕发了教育的勃勃生机。

四、评价融炼 以评修身 为善唯美

伴随学校"阳光·艺韵"课程的不断完善，我们不断推开学校围墙、打破教育壁垒、拓宽教育宽度，激发和培养学生的学习兴趣，促进学生在知识、能力、情感态度和价值观的进步，学习能力和核心素养得到不断提高、孝礼信仁智义六种品德逐渐形成，学习、生活、交往和安全四种习惯初步养成。

同时注重以评价为内燃力、驱动力，让评价引擎引导育人目标的落实，助推师生阳光发展；让评价引擎引导艺术素养生成，助推学校发展。

激励式评价作为金帆精神自助成长的"能动场"，以"修艺润德"为目标，以我校自行研制的童艺情韵争帆路艺术考级为载体，以储值美德、美行、美艺阳光币为抓手，记录真善美的品质。

情境式评价作为金帆精神乐群合作的"孵化场"，我们创设了情景体验参与类课程，在学校这个大社区中，让学生全员、全程、全心、全情投入真实情境扮演中，在艺术与体验并行中发展学生个性，积淀品格素养。

展示性评价作为金帆精神向善向美的"催化场""六艺课程""小小课程""自主讲堂"……一个个开放的学习活动，为学生的学习提供了多角度、多层次的舞台。据统计2017年，大课程和舞台表演的学生参与率达100%。以人次统计，展示率为230%。

（一）推动全员参与，形成核心素养之"场"

自增名为中国儿艺艺术教育实验学校以来，我校充分发挥艺术教育资源优势，不断丰富课程门类，夯实学生艺术素养，力争让艺术教育的甘露滋润到每一棵阳光幼苗的心田。仅以2014与2017年数据为例（见表1）。

表1

学年	课程数量	参与比例
2013—2014	10门	35.4%
2016—2017	41门	100%

艺术课程涉及各个门类，就课程设置已基本达到了我校培育目的。课程是学生润育素养的基地，只有鼓励学生积极互动，课程才能够呈现出它蓬勃的生命力，学生才能够在课程中努力生长。

不仅参与课程学习的学生增多，在参与课程学习的同时也提升了他们的艺术素养，我们以2016—2017学年艺术素养评价数据作为佐证，见表2。

表2　各年级学生艺术素养评价数据统计

年级	音乐			美术			综合、戏剧、舞蹈、书法		
	优秀率	良好率	合格率	优秀率	良好率	合格率	优秀率	良好率	合格率
一	99.33%	0.67%	0%	57.05%	36.24%	6.71%	93.29%	6.71%	0%
二	97.84%	2.16%	0%	33.82%	66.18%	0%	64.49%	35.51%	0%
三	29.23%	70%	0.77%	34.35%	38.93%	26.72%	81.54%	18.46%	0%

续表

年级	音乐			美术			综合、戏剧、舞蹈、书法		
	优秀率	良好率	合格率	优秀率	良好率	合格率	优秀率	良好率	合格率
四	43.70%	54.82%	1.48%	31.11%	68.89%	0%	37.48%	62.52%	0%
五	46.34%	53.66%	0%	18.70%	60.16%	21.14%	43.08%	52.85%	4.07%
六	35.00%	62.50%	2.50%	26.67%	73.33%	0%	46.67%	53.33%	0%
全校	60.30%	38.94%	0.76%	34.01%	57.05%	8.94%	62.01%	37.36%	0.63%

表3 戏剧评价部分分析

	基础指标（40分）	学业指标（50分）	发展指标（10分）	加分（10分）
得分分析	在课程学习中全体学生都能按时出勤且有评价记录，在课外活动中，一至三年级全体学生都参加了学校组织的戏剧学习课程、四至六年级绝大部分学生也能够参加与戏剧相关的各类戏剧活动，且绝大多数学生表现良好	基础知识中能够掌握简单的戏剧知识和提升相关素养，能够遵守观剧的基本礼仪。基本技能中，能够达到对不同年级戏剧台词和表演的不同要求	校外学习中能够积极参与观摩与戏剧相关的演出活动	大部分学生都能积极参加与戏剧有关的校内外展示类活动

历经一个学年的艺术素养评价，从成绩统计中可以看到，本学期综合学科的成绩突出。据统计，本学期93%的学生选择了"戏剧"这一学科，全校优秀率为62.01%，良好率为37.36%。评价数据背后，我们充分感受到学校戏剧教育成效凸显，这也是艺术教育学校课程对于学生艺术素养培育的最好见证。我们借力使力，鼓励学生全员参与艺术实践，在丰富审美体验的过程中，培养了思维的主动性和独创性，健全了学生人格。

（二）搭设展示平台，汇聚核心素养之"能"

结合实验学校课程的学习，我们开展了丰富的实践展示活动，孩子们将日常生活中的点滴瞬间以艺术的方式搬上荧屏、登上舞台，达到教育与自我教育的效果。一年一度的校园艺术节是我校一项特色活动，多年来坚持开展具有一定艺术水准的校园艺术节活动，逐步从学校操场走向中国儿艺、德国歌剧团等最高艺术殿堂，将经典剧目搬上舞台，将师生原创剧本、改编故事进行艺术加工、生动演绎，使每个孩子都能精彩绽放；升旗时刻的风采展示作为一项常规活动，也是孩子寻找自信、体味成功的舞台；富有创意的激励性活动最能激发孩子潜能并调动其参与的积极性，学生原创剧本大赛、优秀班级剧组、优秀年级剧社PK，革小金狮奖章评选，艺术课程中的工作室课程培养小导演、小音效师等活动都深受孩子们喜爱。活动的开展，不仅为孩子树立了正确的人生观，达到了潜移默化的教育效果，更重要的是通过排练中的交流、台词的对白促进了来自五湖四海的学生之间的融合；通过生动的表演、揣摩内心的感受打消了孩子间的差异；通过相互的包容、心与心的碰撞模糊了孩子间文化背景的界限。在此基础之上，学校还注重与国际文化之间的接轨，引领剧团赴维也纳金色大厅、澳大利亚悉尼剧院、德国汉堡等地交流演出，使孩子们了解东西方文化的差异，感受到艺术是无国界、无地域之分的。

艺术教育的目的是培养人、塑造人。学科剧的融入，不仅让知识的学习得以巩固，更使得学生得到艺术的熏陶，让课程学习在艺术的氛围中彰显魅力。正是在这样的艺术文化的浸润中，我们做到了校园无处不美育，让艺术润泽每一个课堂，让每一节课都播撒艺术的种子。总之，让艺术犹如空气一般，弥漫于校园之中。

（三）打造精英团队，提高核心素养之"效"

自实验校增名以来，学生从国内的北京大学、清华大学、农业大学、中国儿童艺术剧院等剧场，走向国外的澳大利亚、德国、美国等著名剧院，上演了近30场异彩纷呈的演出。在中国儿艺戏剧周展演中，连续两年将经典剧目《十二个月》搬上舞台；2015、2016年，在中国儿艺组织的国内及赴美国米拉苏剧院展演的儿童戏剧《公主与豌豆》中，我们的戏剧精英团团员担任主要演员。

不仅如此，学生们在艺术比赛中也是渐入佳境，崭露头角，仅以2014与2017年为例：

表4

学年	参赛学生	获奖人数
2014年	38人次	22人次
2016年	75人次	69人次

"赤橙黄绿青蓝紫，赏艺修德润品行，阳光瞳瞳映笑脸，革新园中花满蹊"是我校学生目前发展的真实写照。在建设实验学校的过程中我们充分挖掘艺术教育发展点与生长点，进一步加强其育人功能，让学生在艺术中融入，因阳光而快乐。

未来，我校将脚踏实地，继续彰显学校艺术教育的办学特色，让师生浸润于艺术的海洋，徜徉于唯美的艺术境界，教师幸福地教学，学生快乐地成长！

革新里小学的素质教育新篇章

北京市东城区革新里小学位于东城区永定门外管村5号，坐落在青砖碧瓦、充满古都神韵的永定门城楼南侧，处在被誉为最完整的古代城市轴线上的最南端，北面紧邻"燕墩"文化遗址公园，有着近百年的办学历史，占地面积6000余平方米。

学校坚持"播撒阳光办教育"的办学思路，遵循"办阳光教育，创优质精品特色校"的办学宗旨，秉承"让师生沐浴艺术多彩，让生命浸染教育阳光"的办学理念，已形成"修艺润德，阳光成长"的办学特色。

2021年9月纳入史家教育集团，学校在原有阳光教育办学思想的基础上，融入了"和谐"教育，使阳光教育更聚焦，更完善、更鲜活，促使每一个学生在享受阳光教育的同时，自身也成为一个小太阳，实现人与社会、人与人、人与知识、人与自身、人与自然和谐共生。在构建"打开学习空间 赋能学生成长"的过程中，课堂内、校园里、展板上、活动中，处处都是学生成长的足迹，处处都有学生灵动的身影，让每个学生都精彩，让每名学生都绽放，成为铭刻在史家集团革新里小学每一名教师心中的教育观，秉承这一方向深耕课堂，潜心育人。

学校现有24个教学班，近千名学生。教职工近90人，其中中高级教师45人，市区级、校级骨干教师36人，占全体教师的42%，党支部于2021年9月隶属于史家教育集团党委，党支部共有党员31名。师生齐心，共同打造"乐学善思、勤勉立志；明志笃行、尚美进取"的学风、校风。

革新里小学坚持五育并举，扎实落实立德树人根本任务，立足"教育+"的发展目标，构建"教育与德育、教育与体育、教育与美育，1+X"的阳光生态成长课程格局。同时在立德的基础上不断增加艺术美感的润养，不断推动、拓展学校素质教育。积极为学生的成长拓宽教育边界，打造没有围墙的学校，把道德之美、体育之美、艺术之美、劳动之美渗透到每一颗幼小的心灵之中，使学生在美的熏陶下，身心得到愉悦、审美得到陶冶，综合素养得到全面提升。

一、以机制建设为根基，筑牢素质教育基础

学校坚持通过政治引领、阳光文化，形成有效运作体系，为素质教育工作保驾护航。

（一）发挥党建核心作用，筑牢政治信仰

堡垒无言，凝聚强大力量；旗帜无声，鼓舞磅礴斗志。为更好地发挥党支部战斗堡垒作用，2017年校党支部立足党建创新和教育改革的需要，提出了"吹响红色集结号"阳光党建品牌，初步形成五大阵营（即红色学习营、红色传承营、红色青年营、红色先锋营、红色宣传营）的特色党建，坚持党建品牌创建与学校的阳光文化相结合，发挥党建的"光合辐射"作用，积极进行组织机构变革，形成由课程委员会引领，通过发展部、课程部两大职能部门推进，下设科研、德研、教研、学研、美研、体研六小中心主责执行的"2+6"扁平化管理模式。

（二）提升阳光文化建设，落实"双减"促"双升"

学校以尊重、理解、赏识、激励的评价观形成多维度多层面的评价，在"基础+发展+特色"中不断激活队伍潜能，激发学校办学活力。领导班子配置合理，职责清晰，积极发挥示范引领作用，培养年轻干部，注重多维度、多元化建设，组建"青年干部培训班""青年学术委员会""红色青年营"，先后有20余名同志进入管理岗位，以干劲儿、闯劲儿赋能学校高质量发展。

纳入集团后，以"双师课堂"、学科组大教研等活动为载体，实现1+1>2的效果，充分发挥党员教师、骨干教师引领示范作用，不断推进改革，构建教育发展新格局。家长对学校的认可度与支持度大大提升，家校合作也进一步得到深化。

学校遵循"整体规划，分项实施，逐步完善"的原则，全面优化育人环境，全力打造平安校园、文明校园、人文校园、科技校园，使学校环境文化成为教育、激励全校师生和促进素质教育开展的有效载体。

二、以课程建设为主干，搭建素质教育路径

学校课程建设以教育部《关于全面深化课程改革 落实立德树人根本任务的意见》以及"培育和践行社会主义核心价值观"为核心，以《北京市义务教育课程设置实验办法》为指导，以生命和课程为基点，依托育人目标，传承中华"孝、礼、信、仁、智、义"美德，让师生沐浴在艺术多彩中、让生命浸润在教育阳光中，开启学生心智、开发学生潜能、张扬学生个性、磨炼学生意志、培养人文素养、提高

学生综合素质。

（一）确定课程框架，完善三级课程规划

开发阳光课程体系，从生本主义出发，以多元互动为手段，以小组合作为形式，从关注怎么教向教什么和怎么学转变，实践"阳光五生课堂"，将文化基础所蕴含的核心素养落地生根。阳光教育尊重每一个学生的个性发展与独特体验，整合各级教育资源，搭建以体验、互动性结构为特征的社会参与，让每个孩子找到适合自己的生命色彩。阳光课程体系以艺术教育为载体，将向真向善向美的种子深深植入学生心中。课程依托修为教育、艺术教育、道德教育，将学校提出的"六德""四行""四商"目标显现于学生的有形表达中，从而唤起了学生的主体意识，促进了自主发展。同时开启阳光评价课程引擎，为阳光课程保驾护航，在评价与课程并行中，促进教师观念的转变，学生志趣的焕发，评价推动课程成为师生生命互动的载体。

我们期待阳光课程没有边界、有机融合、多元立体，有效培育师生健康和谐的阳光心态，将阳光教育的办学目标在课程建设中落地生根。

（二）课题研究促发展，教学教研共精彩

学校围绕"将校园剧融入学科教学的行动研究""十三五"市级课题，围绕课题研究，改变教学方式，提高学生兴趣，如：语文的阅读表演剧、数学的思维想象剧、思政故事剧、英语童话剧、音乐剧、体育游戏、美术绘本剧、科学幻想剧、劳动体验剧等，学生学习的主动性更强，伙伴之间的关系更加亲密，师生的关系更加和谐。

以"构建美育新格局　探究思政教育新途径"中国教育学会课题研究为载体，突出红色党建引领，潜移默化浸润红色党史学习教育，使师生在课堂中厚植爱国情怀。

（三）落实核心素养，学科课程夯基础

1.国家级课程

以国家级课程为载体，从"知、情、意、行、艺"五维目标出发，以课堂教学"教与学形式改变"为研究点，最终形成学校独有的课堂美育特色及方法，提升育人质量。每个学期的第一个月为戏剧大单元，通过学、编、创、演等形式，将思政教育融入戏剧教育之中，全校师生100%参与。

学校在课程改革进程中，倡导教师整合教材，实施模块化教学。模块化教学以素质为核心、以能力为本位，重在知识和技能的灵活应用。在学科课程实施中，分三步：首先，以国家课程标准为依据，结合学科特点，梳理教材内容，围绕教学目标进行全册教材模块划分，其中包括对每一模块的学时安排以及学法提示。其次，在全册教材模块分析的基础上，以主题模块形式进行打包分析，分析教学目标、教学重难点、学时分配以及每学时具体内容。最后，在主题模块之下再次进行学时分解，进行学时授课。模块化教学将碎片化、分散化的知识进行整合，不仅节省教学时间，同时给予学生更多的课外知识延展，开扩学生视野。在这当中，教师梳理教材的能力、有效设计教学的能力得到提升，让课堂教学教有方法，教有实效。

2. 实践类课程

学科特色化建设巩固、展示学科特色化建设的成果校本课程，年级名片课程和年级博物馆课程。分别设计：教师，以师德学习交流、教育思想辩论会、才艺排练展示、年级特色内容为载体，凝聚队伍，活跃思维，共融情感，提升素养。学生，注重长链条培养，重在育德养习惯，贯穿学期始终；在年级统一目标之下，通过习惯养成展、阅读课程、趣味年级运动会、博物馆课程、年级评价课程、年级特色课程等形式，有过程培养，有成果展示。

三、以队伍建设为支脉，提升素质教育质量

新学期，在"双减"工作背景下，干部教师的交流轮岗促进了更大范围内教师之间的交流互动、经验分享、思维撞击、智慧升华，促进教师的进步与发展，激活成长动能。

（一）完善交流制度 让强师"生"出来

环境的变化有利于促进教师自身的变化，有利于提升自身的适应能力、探索能力、创新能力，增加其工作的阅历、生命的体验，激活成长动能，营造和谐文化，我们通过制订完善的干部教师交流轮岗制度、计划、方案，鼓励干部教师走出去，吸纳经验，积累经验，展现风采，从而促进师生共同健康成长。

（二）激励教师发展 让强师"长"起来

在名师、优师、强师的带动下，学校教师更加昂扬向上，迅速成长，学校进一步优化教师发展绩效奖励机制，老师们的积极性得到进一步提升。2021—2022第一学期共有20余名教师参与论文、案例评选60余篇，在市、区做经验交流32人次。百鸟争鸣、百花齐放的教师良性竞争、奋发进取的良好态势逐步形成，老师们在"双减"背景下，积极投身到教育改革中。

（三）"双减"改革落地 让强师"强"起来

在这样的一种重组中，通过集团的带动，革新里校区的老师们开启了对于"双减"工作自己的思考与实践。首先在作业设计方面提出了"三思、四定、五问"的研究路径，从思方向、思标准、思路径促教师观念转变，从定目标（为什么）、定内容（做什么）、定类型（怎么做）、定层级（谁来做）促教师行为转变，继而以调查问卷、访谈等形式问学生、问家长、问教师、问专家、问课堂，强化作业设计思考，体现作业价值。开学以来，教师以积极昂扬的状态投身到教育改革中，以作业变革加强课堂质量，以课后服务撬动课堂教学方式变革，最终作用于学生，呈现出自信大方、善学乐展的集团学子风貌。

四、以特色建设为成果，彰显素质教育活力

（一）德育课程 赋能思想新高度

学校突出德育实效，以核心价值观引领为方向，以红色教育、养成教育、健康生活为内容，以学生模拟体验为平台，创新育人途径。

1. 八举措

成立学生八大学院（红领巾政治学院、组织学院、宣传学院、健体学院、艺术学院、礼仪学院、自护学院、劳动学院）组织；党、团、队联合开展活动。

依法依规引进社会教育资源，学校有评价，学生有实际获得。

每年的9月定为培育和践行社会主义核心价值观的主题宣传月，做到记住要求、心有榜样、从我做起。

以重要时间节点、纪念日等为契机，开展"缅怀革命先烈 弘扬爱国精神"为主题的爱国主义教育，学习榜样，向英雄致敬，关爱、救助等志愿服务；评选校级个人和集体典型榜样。

抓住民族传统节日等契机，开展经典诵读、入学仪式、毕业仪式等活动；组织"读经典，诵美德"等系列活动。

年级名片课程中，走进博物馆、艺术馆、科技馆等社会实践基地开展教育活动，充分体现"德育在行动"。

以美育为龙头，落实课程美育、活动美育、评价美育；工作落实中有制度、有分工，人员到位，职责明晰。

学校大力倡导大健康理念，落实每天一小时体育锻炼，让健康走进课堂、走进家庭、走进社会。光盘行动、垃圾分类、班级教室环境卫生美容师、防疫科学教

育、绿色环保小卫士、年级体育特色课程等提高了学生的健康意识。

2.五着力

（1）着力提升班主任轴心作用

发挥市级骨干班主任领头雁作用，以"构建活力德育"课题研究作为班主任专业发展的目标，开展"小妙招"分享会、班会展示会、教育案例评选交流会、班主任阳光月考核评价会等，强化班主任轴心作用。

（2）着力加大学生心理健康教育

通过科研问卷调研，发现在个体学生中存在一些心理问题，学校应及时跟进通过各种形式加强学生心理辅导，并制订一生一案随时记录学生情况。每天下午为学生开设"健康心育"小课，通过课程，调节学生心理。

（3）着力提升融合教育质量

与北京市东城区培智学校联动开展一对一个体行为矫正，指导家长参加市区级专题讲座、带领家长走进培智学校参观、讲座等。

（4）着力多岗位创设学生角色体验

在革新里小学，学生不仅是学生，更是国旗班成员、剧组成员、班级安全员、班级消防员、班级美容师、班级广播员、班级形象小大使。这样的一种角色转换促使学生不断地学习相关知识，更重要的是在角色转换中，找到自我发展的动力。

（5）着力储备学生"六德、四行"品质

围绕年级育人目标，融合年级名片课程：开展"红领巾指引我前行"润育课程、"从'心'出发阳光育人"心育小课，"健体趣味运动会""书香阅读""快乐科技体验"等六艺课程，使"知小礼行在校园，明大义爱在祖国"的德育目标释放最大育人"正能量"。

（二）美育课程 赋能素养新发展

多年来，学校坚持将艺术教育作为推进阳光办学的有效载体，作为北京市金帆话剧团、中国儿童艺术剧院艺术教育实验学校，围绕大艺术教育理念，建构学校特色大课程，立足全纳导学大课堂，打造师生共同发展的大教育，用育德支撑课程，用文化点亮课程，用艺术唱响课程。

1.以戏剧教育为载体

在课程的二次创造中，我们以艺术教育撬动课程改革为切入点，将艺术教育融入每个学科之中，从而落实五维目标中"艺术素养"的培养。我们又将学科剧搬上课堂教学的舞台，在剧目展演中，既落实对知识学习的检测，同时在全学科中落实育人目标的培养。艺术教育的目的是培养人、塑造人。学科剧的融入，不仅让知识的学习得以巩固，更使得学生得到艺术的熏陶，让课程学习在艺术的氛围中彰显魅力。依托教师剧团，以小队或阵营小组为单位，结合学校特色剧艺课程，开展"师生教育小剧场——红色主题情景剧展演暨迎新庆祝活动"，让社会主义核心价值观教育更有现场感、亲历感，通过沉浸式情景剧，进一步引导教师坚定理想信念，赓续红色血脉。

2.打造课后服务多元化

学校努力把艺术之美渗透到每一颗幼小的心灵之中，使学生在美的熏陶下，身心愉悦，综合素养全面提升。2021—2022学年，学校更是从课内改剧本到课后戏剧课程创编剧本，从课内形体训练到课后舞蹈课程舞美训练，从课内节奏训练、民族鼓鉴赏到课后民打、西打课程演绎经典……所有课程都在探索如何积极打开学生的学习空间，努力营造审美赏美尚美的氛围，将真善美的种子浸润在幼小的童心中，赋能学生成长。

共享史家教育集团优质资源项目"博悟课程"，带领孩子们徜徉在各大博物馆里，探寻收藏在博物馆中的珍贵文物背后的故事，挖掘中国人千载传承的美德、为人处世的态度、含蓄委婉的表达、诚信有责的精神……每次学习，都会经历从认知到认同再到提升归属感、自豪感的价值观建构过程。

（三）素养课程积淀文化底蕴

学校以金帆话剧团为核心，通过追梦舞蹈团、花儿朵朵管乐团、爱乐合唱团、先锋鼓号队、京韵京剧团、润德茶艺团、墨娃书画团、科技翱翔团、阳光体育等十大社团为补充。加强课程研究与开发，通过课内教学、课外拓展、搭建平台，实现教与学方式的改变，通过课堂教学、综合实践活动，家长学校同时借助社会资源对学生进行因材施教，在这一过程中，教师的艺术素养与文化底蕴得到加强，学生在思想道德意识、学科知识掌握应用意识以及与他人合作意识等方面得到巩固。从思政教师思想培训到全学科育人目标制定，从校本课程实施到社团课程开发都是围绕弘扬中华传统文化、提升学生爱国情感、积淀学生综合素养与道德素养进行的。

（四）体育课程　赋能体质新场域

学校以各种体育活动为重要依托，高效落实"两操一课""大课间"，确保学生在校有1小时的锻炼时间并保证锻炼质量，以学生体育社团、家校协同，积极配合学校鼓励学生坚持校外1小时体育锻炼，坚持篮球、阳光四样、体育特长锻炼，通过学生喜闻乐见的形式，帮助学生培育健康体魄，锻炼坚强意志，养成自主体育锻炼习惯，培养阳光心态。

打造"球文化"展班级年级特色。学校年级运动会：打造以"校园球文化建设"为主题的年级名片课程，发挥年级团队体育教育潜能，以年级体育教师为轴心，开展包括"球文化宣讲""球游戏体验""年级球竞赛"等系列活动，努力打造年级体育特色。班级体育大课间：充分发挥年级团队教师体育教育优势，依托学校体育特色、阳光四技、冰雪特色等项目，实现"班班有特色"。

新故相推舒画卷，丹青妙手向翠峰。在未来发展中，学校将在集团党委的引领下，承载着"十佳"满满的能量，永葆"闯"的精神、"创"的劲头、"干"的作风，以更大气魄深化"革新力"不断提升教育教学高质量发展，不断扩大成果，续写更多"集团故事"，将为党育人、为国育才的伟大事业不断向前推进。努力把学校办成现代化优质校、素质教育发展示范校。

金帆载誉　筑梦韶华

一、金帆情怀　革新校园

青砖碧瓦、充满古都神韵的永定门城楼南侧，坐落着具有80多年历史的北京市东城区革新里小学。学校坚持"播撒阳光办教育"的办学思路，遵循"办阳光教育，创优质精品特色校"的办学宗旨，秉承"让师生沐浴艺术多彩，让生命浸染教育阳光"的办学理念，已形成"修艺润德，阳光成长"的办学特色。

"革新美育 育美革新""革心创新，育德润育"是我们的金帆情怀。我们让"金帆"成了一种文化符号，使其理念、灵魂影响并渗透在学校方方面面的工作中。以艺兴校，提升核心素养；以帆兴教，凸显立德树人；扬美育金帆，传承中国梦。

多年来，学校坚持将艺术教育作为推进阳光办学的有效载体，作为北京市金帆话剧团、中国儿童艺术剧院艺术教育实验学校，围绕大艺术教育理念，架构学校特色大课程，立足全纳导学大课堂，打造师生共同发展的大教育，用育德支撑课程，用文化点亮课程，用艺术唱响课程！积极为学生的成长拓宽教育边界，打造没有围墙的学校，把艺术之美渗透到每一颗幼小的心灵之中，使学生在美的熏陶下，身心得到愉悦、审美得到陶冶、艺术才华得到充分展示、综合素养得到全面提升。

现在，学校正立足"教育+"的发展目标，构建"教育与艺术3+3"的阳光生态成长课程格局，即教育+道德+素养+习惯=立德；教育+ 内涵+特色+个性=树人。艺术+道德美感+素养美感+习惯美感=润德；艺术+内涵善美+特色秀美+个性灵美=修人，所以教育+艺术=润泽学生完美人生底色。

我校以金帆文化为龙头，凝练出阳光教育的核心文化。实践中，通过目标落实理念、三位一体目标通过课程落地，管理撬动文化生成、评价催化艺术生根，实现了阳光教育与金帆艺术交融的一体两翼发展格局。

在学校党建引领下，书记校长凝心聚力，以金帆文化领航，我们努力做到精神文化有方向、校园文化有品质、制度文化有生机。先后出台了《东城区革新里小学艺术教育发展三年规划》《革新里小学综合艺术课程实施细则》《革新里小学金帆团考级办法》《革新里小学艺术社团管理办法》《社团外聘教师管理制度》《革新里小学童艺情韵学生成长印》等文件、制度，保证学校美育建设从宏观引领到中观规划再到微观实施逐层落实，实现艺术教育层层深入。

二、金帆领航　品牌发展

金帆作为美育的窗口，育美的载体，以其艺术的形式表达着美，更通过对美的表达启引人向真向善向美，这正是金帆的价值亦是教育的追求。

作为金帆话剧团，我校紧紧围绕立足金帆文化，提升教育品质，成就特色发展进行着实践与研究。

一直以来，戏剧教育始终是革新里小学的特色项目，经过一代代革小人近20年的努力，锻造了一支勤恳的教师队伍，同时也打磨出日臻完备的校本课程管理系统，培养出一批又一批全员、特色、精英梯队化的学生队伍，多次参与国际展示、并获得全国、市区级多个金奖。也正因为不懈的追求与突出的业绩，跻身北京市为数不多的金帆艺术团体前列，并促进学校课程长足的发展。

从小学舞台到大学舞台，从国家舞台到国际舞台，学生们带着艺术美走进了全国十几所大学名校，带着艺术梦登上了国家与世界顶级舞台。德国汉堡市长的接待，维也纳诚挚的邀请，新加坡授课后雷动的掌声，带到美国的英文版唐诗剧等都给予了学生高度的文化自信。我们已将金帆艺术的火种植根于每一颗正在成长的心灵中，金字塔式的金帆发展格局，让师生因艺术的缎带而和美。

术业有专攻，闻道有先后。史家革新里小学戏剧教育的长足发展与成长，离不开众多和学校默契合作、精心支持的专家教师。多年来，学校与中国儿艺、清华农大等专业院团、知名大学合作，得到多名儿童戏剧教育专家的亲临指导，并成立了戏剧教育工作室，师生受益匪浅。在各位德艺双馨的艺术家指导下，学校深入整合校内外、课内外戏剧教育资源，开展戏剧教育，推进学校美育改革，提升教育品质，以美育人，以文化人。

三、金帆普育　成长沃土

"美是教育的本质"，美育是立教之本。叶圣陶认为："美育正是帮助学生生成美好天性最自然的方式，也是生命质量自然形成、自然提高的最好方式。"金帆作为美育实施的载体，其基础建设在学校定位中就应突出一个"全"字，即全员全体全过程全方位。打造金字塔式的金帆发展格局，从塔底到塔尖，既注重普及润育，又凸显成长性培育，金帆不能只是少数学生习艺的社团，它应成为润育每一位师生品质与修养的摇篮，它应成为全体学生修艺润德的场所。

在"全"字的携领下，我们在学生的成长中感受到金帆的价值。"赤橙黄绿青蓝紫，赏艺修德润品行，阳光瞳瞳映笑脸，革新园中花满蹊"是我校金帆普育、深化美育教育成果的写照。学校在金帆话剧团领航下，衍生了表演类的舞蹈团、管乐团、合唱团，传统文化类的京剧团、中国鼓打击乐团、茶艺团等30余个艺术团……一团带多团、团团有生机，并多次荣获东城区优秀社团荣誉称号并取得骄人的成绩。这是金帆的硕果，一团成团团成，这是金帆育美的结晶。

四、金帆普育　内外融通

自2011年圆梦，光荣地成为北京市"金帆话剧团"，至今十余年，史家革新里小学让金帆精神在校园中处处可见，在生活中处处点亮：从课堂到评价，从评价再到践行，我们实践着让金帆精神助力师生不竭地发展；从金帆文化课程化，到金帆精神生活化，我们实现了让金帆目标助力学校特色发展。史家革新里小学已全面完成"从学校剧团到金帆普育，从校内到校外、从课后到课堂"全员覆盖的三级跳，我们已经实现从话剧提炼出金帆文化，金帆文化助力学校实现全程、全面、全员、全体、全氛围的"五全"培育格局，金帆成为学校教育的抓手、学校育德的灵动载体。

我们充分挖掘戏剧教育发展点与生长点，进一步拓宽其育人功能，让学生因艺术而融入，因阳光而快乐。我们积极拓宽教育宽度，激发和培养学生的学习兴趣，促进了学生在知识、能力、情感态度和价值观上的进步，学习能力和核心素养得到不断提高。孩子们将日常生活中的点滴瞬间以戏剧的方式搬上荧屏，登上舞台，达到教育与自我教育的效果：一年一度的校园艺术节是我校一项特色活动，多年来均开展具有一定艺术水准的校园艺术节活动，逐步从学校操场走向评剧院、天桥剧场、中国儿艺等最高艺术殿堂，将经典剧目搬上舞台，将师生原创剧本、改编故事进行艺术加工，生动演绎，使每个孩子都能精彩绽放；升旗时刻的风采展示作为一项常规活动，也是孩子寻找自信、体味成功的舞台；金帆普育下实现了：艺术自信与表达人人棒的百分百，艺术鉴赏与展示人人行的百分百，艺术互动与交流人人展的百分百。

五、金帆聚力 助推改革

在落实北京市区"双减双升"的改革实践中，我校纳入史家教育集团一体化建设管理。秉承"打开空间　赋能成长"的理念，以"爱阅读、爱表达、爱锻炼，滋养艺术底色"为培养特色，着力强化育人成果。

而在课程中提炼的金帆文化使学生的艺术特长向艺术素养转变，在课程中传承的金帆精神使艺术限量走向艺术增量。在集团的平台搭建下，也让金帆燃起了教师对基础课程二次创造的热情，以素养为核心、以能力为本位，以艺术为表达，我们实现了模块化教学艺韵化，项目教学艺术化。

我校构建了阳光"漫"教育，五彩"蔓"课程育人体系，打通校内外、课内外边界，进行课程一体化设计，以项目引领为研究路径，打破学科界限。在学校课程体系之下，全员浸润共发展，以艺术教育撬动课程改革，挖掘教材资源，让艺术成为课程架构的结合点，以文化交往课程群为载体，将学科剧搬上课堂教学的舞台。

我校文化交往课程群以艺术、语文、英语学科为主阵地，以"教育戏剧"为指引，以文化表达、文化传播为线索，实现跨学科整合设计，推动以"戏剧"的方式学文艺，促进学生个人或群体的自我发现、相互交流与连接，成长为一个充满文化自信，能够同理共情、善于合作的人。

课程以"阅读剧场"相关课题研究为引领，教师开展跨学科教材融合研究，创设"课本剧"单元，即在语文、英语教材中挑选适合开展口语交际、艺术表达、自信交流、课本剧编演等方面的内容，进行整体设计与安排，在课堂中、剧场里进行实践，让学习生动起来。

以全学科阅读活动为依托，融入成语故事等中华传统文化，师生一起探索、创造，形成"成语魔方"系列剧目素材，有效激发、培养学生的想象力、创造力和表现力。以艺术学科教学活动为载体，通过开展为剧目选取背景音乐、制作服饰道具、创编形体舞蹈、绘制海报宣传等创作活动，让艺术学科有机融入阅读剧场的创作、排练、展演中，提升学生的综合素养。以"课题研究""全学科阅读""悦读剧场"等有效措施为载体，开展跨学科研究、丰富课堂学习活动，教师做好引导者、重要支持者和陪伴者的身份转换，推动教学方式变革。

以"悦读剧场"为载体，打造教室、走廊、操场等不同形式的剧场氛围，建立常态化全员展演机制，丰富展示形式，促学生综合能力提升。

一张张金帆名片课程在教师的智慧中生成，以综合课程的巧妙融入，充分展现出实践与艺术的完美统一，金帆也锻造了一直精湛的团队，让每一位教师成为艺术的发源地，成为金帆精神的传播者。100%实现了学科与戏剧无缝对接，学科与美育完美融合，形成一支艺术底蕴丰厚，艺术素养卓越的教师队伍。

正是在这样的金帆文化的浸润中，我们做到了课程无处不美育，让艺术润泽每一个课堂，让每一节课都播撒艺术的种子，让艺术犹如空气一般，弥漫于学校之中。

金帆品质，助力我们打开教育的围墙，放宽课程外延，使阳光教育充满艺术、充满活力，也擦亮了金帆的品牌，逐步形成有一定影响力和学生参与率的项目课程组织，力争办好老百姓身边满意的优质教育！

金帆——由金色的外在，已成为革小阳光发展的内涵，已深深植入革小师生之心。无论学生在校园的任何一角，都可以随时感受到艺术阳光的生命张力，正所谓心融身自融，景在情相通。构建学校和谐发展的文化场，让学生生命成长充满阳光，让教师生命价值充满阳光，让学校内涵发展充满阳光，最终提高师生的生命质量。

展望未来发展，我们将秉持金帆挑战自我、超越自我、绽放自我的精神，培养民族文化传播者；培育民族文化的传承者。站在教育信息化、国际化背景下，我们将怀揣中国梦，培育具有审美能力，超越人我之见，追求和谐、完美、幸福的未来栋梁，行远必自迩！

让课后服务成为孩子每天向往的时刻

周　育

2021年7月24日，中共中央办公厅、国务院办公厅印发《关于进一步减轻义务教育阶段学生作业负担和校外培训负担的意见》。"双减"事关学生健康成长，全面发展，事关人民群众切身利益。

一、我们的认识

这场教育变革指向明确——减轻负担不是简单化的"减"，而是要增值提效，促进孩子全面发展，让教育回到教育本源，改变教育生态。为此，史家教育集团提出了"打开学习空间 赋能学生成长"的改革口号，从根本上对教育观念进行变革。

（一）减外力增动力，赋能学生成长的主动性

学生的成长智力因素与非智力因素都起着至关重要的作用，如果说课内课堂主要关注学生智力因素发展，那么课后服务主要关注的是学生非智力因素的培养润育。学校开设丰富的课后服务课程，尊重了孩子的兴趣与爱好，学生在自由选择的过程中进行重新组合：有动手操作，有合作探究，有人际交往，有彼此的评述……在这样的一种重组中，学生不仅能发展个性，提升自信，更重要的是，在这样一个新的学习环境中，孩子能够放飞梦想。

（二）减压力增活力，赋能学生成长的开放性

在变革中，教育越来越向着综合全面的方向发展，我们在思考课后服务课程时，力求让学生能够通过课内的学习，课后的充实，课外的实践，增加学生学习知识的深度、广度和长度。从课程的调研选择到学生的亲身实践，延展学生包容、接纳、开放的场域，诚如史家教育集团的理念——"和谐"教育，能够达到人与社会、人与人、人与知识、人与自身、人与自然和谐共生的育人方向，学生在开放自我的同时，在开放的环境中应对错综复杂的问题。

（三）减拉力增张力，赋能学生成长的适应性

我们的孩子具有无尽的生长性、可塑性、创造性。他们今后要面对不断变化的新时代，要面对未来社会的迅猛发展，教育者要思考的是："面对不确定的未来，

教育可以提供哪些确定性？如何突破时空的局限，为学生成长提供无限可能？"
在课程设置的过程中，我们注重培养学生发现、分析、解决问题的思维力，通过师生、生生的互动，学会尊重他人、感受被关爱并历练担当精神，实现自我管理、形成适应社会的思想、能力与品格。

二、我们的做法

基于以上的思考，学校聚焦课后服务质量，本着为家长排忧解难，促进学生健康成长的目的，按照"自愿参加、免费服务"的原则，我们通过家长会、调研问卷、致家长一封信等形式，鼓励引导学生积极参与，将所有有服务需求的学生全部纳入，应收尽收，保障课后服务实施范围、时间、服务对象全覆盖。

图1　家长满意度

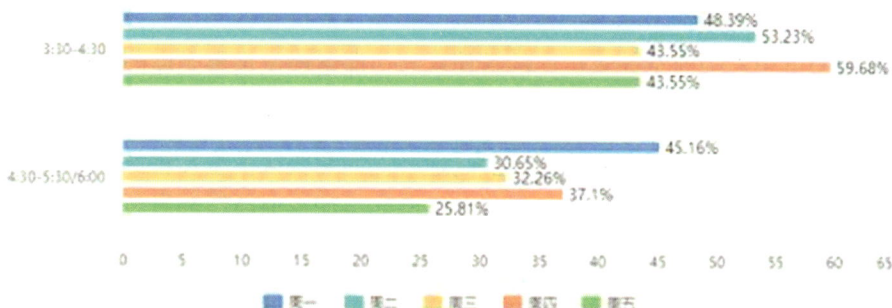

图2　教师的参与度

依据学生、家长对于课程时间、内容、形式的需求，有针对性地开展服务，真正把课程办到老百姓的心坎儿上，为学生提供更多可选择的机会，有效保证了学生学习生活回归校园，发挥了学校教育教学主阵地作用。

（一）优势增长点

我校拥有10年团龄、近20年戏剧教育经历的北京市金帆话剧团，近年来随着艺术教育深入开展，我校的舞蹈、管乐等项目也愈发成熟。学校以艺术教育为办学特色，积极为学生的成长拓宽教育边界，打造没有围墙的学校，把艺术之美渗透到每一颗幼小的心灵之中，使学生在美的熏陶下，身心得到愉悦、审美得到陶冶、艺术才华得到充分展示、综合素养得到全面提升。从课内改创编剧本到课后戏剧课程，从课内形体训练到课后舞蹈课程，从课内节奏训练、民族鼓鉴赏到课后民打、西打课程……都在积极打开学习空间，营造审美赏美尚美的氛围，将真善美的种子浸润在幼小的童心中，赋能学生的成长。

（二）集团增融点

"博悟课程"是集团众多优质课程的代表之一，在一体化建设中，也来到革新里校区的学生身边。在课程实践中，孩子们徜徉在各大博物馆里，探寻收藏在博物馆中的珍贵文物背后的故事，挖掘中国人千载传承的美德、为人处世的态度、含蓄委婉的表达、诚信有责的精神……每次的课程学习，都是经历从认知到认同再到归属感、自豪感的一个价值观建构的过程。学校不仅邀请专业博物馆讲解员、老师共同授课，还通过"年级博物之旅""家长百家讲堂"等形式，将课程嫁接本土化，在与集团对接融合之余，形成我们又一特色课程。

（三）创新增值点

1. 学科类——双师课堂

在"双减"背景下，集团把"双师课堂"纳入集团发展规划中，不断加深义务教育均衡化程度，推进改革，贯彻新发展理念，构建新发展格局，将更多科技手段应用于教学中，为课堂注入更多的新元素，使课堂焕发更多生命的活力，全面提升教师队伍建设水平与质量。在革新里校区，双师课堂除了在国家级课程中充分发挥作用，在课后服务中也愈发找到用武之地。例如两校区甚至多校区的学生作文赏析，就是和语文表达课程相结合，将自己满意的习作朗诵给伙伴听，也请伙伴给自己提出建议。这一过程，跨越了时间、空间的界限，为更多的孩子搭建可以自信表达、主动表达的学习场域。

2. 素养类——劳动课程

"劳动教育"既是"五育"中可以起到轴心作用促进德智体美发展的教育内容，更是在教育中容易留白的教育内容。利用课后服务，我校通过教师、学生、家长调研，根据学生年龄特点和劳动内容掌握的难易程度，开展劳动知识与技能的课程学习，并在校内外、家庭、社会中开发实践空间，通过边学边练、边学边展、边学边评、边学边教等形式，促进学生劳动观念的形成，培养劳动习惯，感受劳动价值，使其具备自立自强、吃苦耐劳、坚韧不拔的劳动品质。

三、我们的思考

最后，从关注学生成长的发展和变化、关注课后服务的开展和深化方面，对后续工作做如下思考。

（一）加强成果梳理，助力个性发展

1. 针对学科类课程：尝试把学生课内、课后有效衔接的收获与成长痕迹进行记录、整理，形成学生阶段性学习成果，为学生能力的提升提供重要的数据、资料支持。

2. 针对素养类课程：期末，为参与不同课程学习的学生搭建学习成果展示与汇报的平台，促进学生综合素养的全面发展。

（二）打造亮点课程，铸就服务品牌

擦亮优势增长项目、集团对接项目等内容，生发、培植创新增值项目，将经验固化，形成"学—练—评—展"的授课模式，让特色课程补充校内、课内学习，让学生享受更加优质的课程，让课后服务课程成为学校的一张名片。

"百舸争流，奋楫者先。中流击水，勇进者胜。"作为北京市东城区教育人，作为史家集团人将带着思考，身体力行，不遗余力地落实好"双减"工作，不负期待，勇于突破、勇于挑战、勇于创新。每一位教师将以"革新"践行为党育人、为国育才的初心使命，办身边老百姓满意的教育！

第二章　课程研发　落地生根

第一节 美育课程建构论文

构建阳光艺术课程体系 助力学生全面而有个性的发展[①]
——革新里小学艺术课程建设与教学改革案例

陈雅洁

学校教育是一个周而复始的过程，它没有停止，也没有完美的终点，只有不断更新的起点。北京市基础教育改革不断深入，赋予学校更大的课程自主权。在这样一种形势下，我校创办阳光教育，将艺术课程建设作为学校的核心工作，通过艺术课程的构建与重组，满足学生的全面而有个性的发展需求，提高师生的生命质量，构筑学生的阳光人生。

一、课程建设背景

（一）学校基本情况

革新里小学创建于20世纪30年代，有近百年建校史，形成了固有的人文积淀及校风积淀。2015年我校被增名为"中国儿童艺术剧院艺术教育实验学校"，"艺术教育"得到再次提升，艺术特色课程已然成为学校的一张特色名片，在市区具有引领与辐射作用。在取得成绩的同时，我们也在不断进行深入思索，那就是如何以立德树人为核心，以培养学生核心素养为目标，以培育学科核心素养为载体，让每一名学生拥有"关键能力"和"必备品格"。

（二）学校办学理念及育人目标

基于学校基本情况，我校提出"播撒阳光办教育"的办学理念，在办阳光教

---

① 本文的获奖情况：北京市一等奖。

育的理念中，我们提出一个核心、三个愿景、形成发展的三个维度。其内涵是普惠（教育要公平惠及全体学生，使学生得到全面发展）、温暖（教育以学生发展为本，在师生情感交融中实现学生素养的提升）、浸润（在生活中滋养，在过程中浸润）。

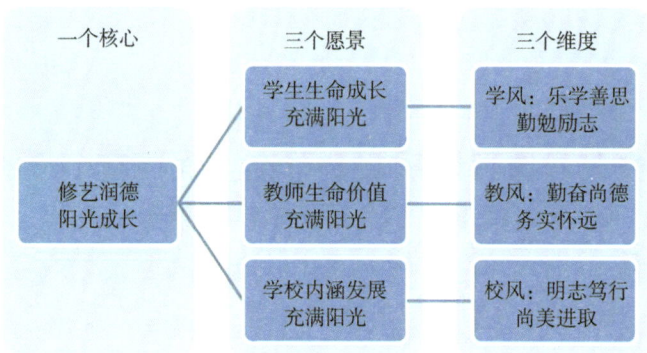

图1　"播撒阳光办教育"办学理念

在学校办学目标的基础上，我们进一步梳理、锁定学生培养目标，完成了从宏观培养目标到中观执行目标的具化，又分解为微观教学目标，即形成目标的层层落实，为课程建设提供了落地生根的目标依据。如下图：

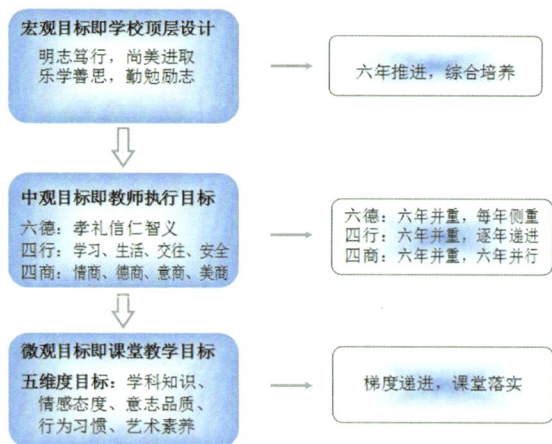

图2　学校育人目标框架

中观教师执行目标为"六德四行四商并举"，"六德"即感恩孝行、知礼修德、诚实笃信、包容仁爱、智慧敏思、正义明责，该目标的落实六年并行，每年侧重；"四行"即学习、生活、交往、安全习惯，该目标的落实六年并重，逐年递进；"四商"即德商、情商、意商、美商，该目标的落实即六年并重，六年并行。我们希望"六德四行四商"目标能真实地落实于每一门课程中，乃至于每一节课堂中。微观课堂教学目标：学科知识、情感态度、意志品质、行为习惯、艺术素养五维发展目标。

2014年是我校构建"艺术蓝图"，提速学校发展的关键期。我校在原有艺术特色发展的基础上提出了：立足核心素养润育，以艺术教育为抓手，搭建立体美育平台，形成学科间贯通，学科内贯穿的阳光·艺术课程体系，实现师生综合素养不断提升的工作目标。

"阳光·艺术"课程体系是我校将所有目标坐落在学生艺术学习的修为之上，而构建的校本化课程模式，带有浓厚的艺术、多元、公正、个性的阳光文化气质。目前已形成人文素养、道德素养、科学素养、健康素养和艺术素养有机融汇的"阳光·艺术"课程体系，实现了艺术课程管理、艺术课程研究、艺术课程实践、艺术课程评价四位一体的课程发展格局。如艺术与审美综合课程：我们从目标设计入手，形成了革小六艺修身培养目标，六艺的艺术目标与我校六德教育目标相融合，将艺术中的育人元素融入全学科教育。

围绕《北京市东城区艺术素养评价办法》和《革新里小学学生综合素养评价方案》创编了我校艺术素养童谣，并在课堂上对学生进行学科素养润育。

"阳光·艺术"课程建设关注学生综合素养培养和润育，也将修艺润德的特色培育贯穿始终，既为所有学生打好共同基础，也让素养培育生根，为每个学生铺就了个性发展的底色。

二、课程建设实施

（一）学科课程奠基学生发展基础，落实育人目标

在课程的二次创造中，我们以艺术教育撬动课程改革为切入点，将艺术教育融入每个学科之中，从而落实五维目标中"艺术素养"的培养。我们又将学科剧搬上课堂教学的舞台，在剧目展演中，既落实对知识学习的检测，同时在全学科中落实育人目标的培养。

学科知识点	学习目标	学科剧情景	设计意图	艺术表现要求	实施方式
数学：《小动物旅行记》 1.认识直角 2.感受生活中的大数	1.加深对直角的认识 2.利用学具拼出直角，发展动手操作能力、空间想象能力 3.体会大数在生活中的应用	1.7只小动物，齐心协力团结合作，演示了用三根小棒拼出直角的过程（用三根小棒可以拼出2个、3个、4个、5个、6个、7个、8个、12个直角） 2.大家准备拼好直角后去鸟巢参观，借此介绍了鸟巢，可以容纳10万观众，建造鸟巢所使用的钢材、所需费用	1.在操作活动中体会直角的特征，出现不同的拼法，找到最多与最少的情况，深刻感受到两条直线互相垂直也就是形成"十"字会出现4个直角，发展学生空间想象能力 2.寻找生活中的数学知识，丰富资源	1.音乐舞蹈入场，节奏感要强 2.小兔咪咪演讲，语速适中，声音洪亮 3.7只小动物能大胆自信地边演示、边解说	1.7只小动物每人只有一根小棒，合作利用3根小棒拼出直角，共有8种情况，分别演示出来 2.小兔咪咪，上场演说鸟巢的情况调动大家参与活动
语文：《三只小猪盖房子》 1.在角色扮演的过程中体会人物的性格特点 2.在指导学生参与表演的过程中，渗透育人的道理	培养学生积极思考、乐于展示与表达的习惯 让学生在角色扮演的过程中加深对故事文本的理解	三只小猪在猪妈妈的鼓励下盖了三个不一样的房子。只有勤劳的猪小妹盖的是砖头房子，帮助大家抵御住了大灰狼的袭击。	1.让学生在学习本文、参与表演的过程中体会到不同角色的不同特点 2.使学生明白遇到困难，只有勤劳、勇敢才能战胜敌人	1.通过角色的神态、动作、语言的表现突出人物的特点 2.在合作中能大胆自信表现自己	在音乐的烘托中，通过对话表现的形式让学生参与表演、进行展示，从而懂得道理

　　艺术教育的目的是培养人、塑造人。学科剧的融入，不仅让知识的学习得以巩固，更使得学生得到艺术的熏陶，让课程学习在艺术的氛围中彰显魅力。

　　（二）拓展课程助力学生自主发展，落实育人目标

　　自主发展类核心素养课程是我校立足艺术特色自行开发的关注于学生个性发展与成长的课程。随着课程改革不断深入，我们在原有特色发展课程的基础上提出：在构建走向教育4.0时代的课程文化中，立足核心素养润育，以艺术教育为抓手，搭建立体美育平台，在自主发展类课程中，为学生成长打下浓厚的艺术底色。

　　这类课程我们将其分为三级：一级：启蒙课程，即技能训练培养爱好，如，童

艺情韵校本课程；二级：素养提升课程，提升素养发展兴趣，如社团活动课程、小小课程、班级年级名片课程；三级：培育课程，培育精英形成特长，如特色艺术工作室课程、艺术评价课程。

我校的自主发展类核心素养课程，在坚持艺术教育实践的基础上，深入研究如何构建美育格局撬动课程发展，培养有民族情怀、有世界眼光、能主动发展的阳光学子。

三、课程建设成效

在课程实施中我们力求突出三个特点：一是突出学生个性的健康自主发展。二是关注学生的可持续发展。三是突出课程的自主选择性。要以全面提高全体学生素质、发展学生个性特长为目标，鼓励教师发挥创造性，开发促进每一位学生自主发展的课程，增强学生对课程选择的可能性，让课程关注到每一位学生的发展。

艺术是我校的特色资源，艺术在我校学生成长发展中具有引领性、浸润性的作用。我们让艺术的灵魂始终贯穿在学校各级各类课程中，做到课程中有艺魂，课堂中有艺术品质的培育。总之，艺术犹如空气，弥漫于阳光课程体系之中。我们力求把艺术之美渗透到每一颗正在成长的心灵中，让师生因艺术的缎带而美轮美奂，让学生的个性因艺术得到张扬！

"艺"路繁花开　"双减"绘未来①

——"双减"视域下小学音乐课堂与课后服务结合实践策略研究

梁古月

摘要：2021年7月中共中央办公厅、国务院办公厅印发《关于进一步减轻义务教育阶段学生作业负担和校外培训负担的意见》，让我们对孩子的教育回归真正的理性，让美育教育提升孩子发现美、欣赏美、创造美的能力。同时，文件中也指出要"提升学校课后服务水平，满足学生多样化需求"，同时明确提出"开展丰富多彩的科普、文体、艺术、劳动、阅读、兴趣小组及社团活动"。音乐作为美育的重要组成部分，在学校课后服务中发挥了提升学生审美感知和创造性思维的作用。这场教育变革指向明确——减轻负担不是简单化的"减"，而是要增值提效，促进孩子全面发展，让教育回到教育本源，改变教育生态。

关键词：小学音乐"双减"；音乐课堂与课后服务结合

在我校融入史家教育集团的一年中，重视课堂中的实效，加强了课后服务的品质，将课内、课后有机融合，让课堂成为学生音乐兴趣入门的阶梯，课后服务成为学生特长加强的摇篮，课内课外并轨发展，从而实现促进增值提效、促进孩子全面发展的目标。

一、多彩课堂，激发兴趣

音乐课程的开展，是让孩子通过音乐学会审美、学会发现、学会创造，通过多元的学习手段、丰富的学习内容，让学生爱上音乐，乐学、乐展、乐发现、乐创造。而音乐课程的人文性、审美性、实践性指引我们不仅要在课堂中开展丰富活动，帮助学生在活动中审美，在活动中实践，更要挖掘音乐背后的人文性，引导学生理解音乐内涵，了解音乐文化。

文化是一个民族的灵魂和标志，是民族认同、国家认同和民族凝聚力、创造力

---

① 本文的获奖情况：全国一等奖。

发展力的基础。教育部原部长袁贵仁提出，要"按照德智体美全面发展的要求，构建科学的艺术教育课程体系；按照把核心价值观落细、落小、落实的要求，创新艺术活动的内容与形式。"①

因此，我校以中国鼓为载体，开设了中国鼓校本课程，将中国鼓的学习融入日常音乐课程中，以此创新教学模式，弘扬传统文化，增进学生学习兴趣，提升民族文化自信，同时为学生的成长提供广阔空间。

（一）依托中国鼓教学，构建课程新模式

为充分开展中国鼓校本课程的教学，使中国鼓的教学与日常音乐课程紧密联系，我校为师生设置了音乐、舞蹈融合课程，也就是将每周两节的国家级音乐课程的其中一节设置为音乐、舞蹈融合课，班级中一部分学生学习舞蹈、一部分学生学习音乐，但都是依托中国鼓的学习加强学生音乐素养及舞蹈素养。例如，融合课程中，音乐教学会进行中国鼓演奏体验的学习，每个同学都能很好地进行乐器体验，节奏掌握则更扎实，演奏技巧则更娴熟；而在舞蹈教学中，学生在舞蹈老师的带领下能更好地领会中国鼓当中的精气神韵，通过动作的辅助使演奏更加恢宏、气派、振奋人心。音舞老师们日常中加强教研，共同研究，课堂中各司其职，抓课堂实效，让震撼的鼓声与气派的动作相结合，营造更佳的中国鼓学习、体验的过程，呈现良好的学习效果。

（二）依托中国鼓教学，构建课堂新形式

节奏节拍是学习音乐的重中之重，掌握节拍节奏是学好音乐的前提条件，中国鼓则是重在通过节奏变幻而表现音乐韵律的乐器，在节奏表现中形成音乐旋律，且简单易学易上手，因此，借助中国鼓的教学，在课堂中设置了课堂新形式——每节课课前的三分钟素养训练。通过形式多样的、趣味化的节奏宫格训练，使学生逐步感知节奏、听辨节奏、模仿节奏、视奏节奏、创编节奏，从而夯实节奏掌握，并且与中国鼓演奏相结合，既加强了节奏掌握也夯实了演奏技能。学生学在其中，乐在其中，是深受孩子们喜爱的课堂环节。

此训练可贯穿于一年级至六年级，难度可根据学生情况做调整。在学生零基础学习时，可以以点来代表每一拍要读的节奏，1个点为四分音符，2个点为两个八分音符节奏型，格中没有点为休止符。随着学生对音符的认识、感知能力的加强，我们在宫格中出示音符、节奏，学生根据不同顺序进行拍读。正序、倒序，还可以分

---

① 袁贵仁. 教育部长袁贵仁在全国学校艺术教育工作会议上的讲话［EB/OL］.（2015-06-17）［2023-07-14］. http://tw.djtu.edu.cn/posts/view/596.

两个声部到四个声部从两对角或四对角开始练习等不同形式。这种练习仍然是对四拍子的节奏及拍率进行的训练，但对学生的反应能力，特别是各种走向对思维方式的多向进行，也是很好的训练方法，学生对于节奏各种走向的可能性探索也是对创造性思维的锻炼。

（三）依托中国鼓教学，构建学习新样态

通过中国鼓学习开发，不仅让学生在体验中，加强了对民族文化的理解与认识，拓展音乐技能，夯实音乐节奏，感受丰富的节奏韵律，也在不同的技能中探索不同音色与音响。例如，在学习《小青蛙找家》一课中，学生通过"刮鼓钉"的演奏方式来模拟小青蛙的叫声；通过探索敲击鼓面、敲击鼓边、敲击鼓槌的不同音色为《龙咚锵》歌曲伴奏，学生认为敲击鼓面的音色很浑厚可以表现歌曲中"龙咚龙咚"的歌词，来表现人们击鼓场景，而双槌敲击鼓边，不仅音色清脆，也更加富有力量，能与"龙咚"作出很好的音效对比，从而表现"锵"的铙钹、大镲音色。

同时，不仅通过中国鼓探索不同音色，也借助其他学习道具增加学习趣味性，探索更贴切的音色，与中国鼓的学习起到相辅相成的作用。例如在《羊肠小道》一课的学习中，通过"杯子"的使用，学生探索模仿"小毛驴"的步伐，模仿乐曲中"椰子壳"演奏的音乐旋律、节奏。通过音色探索与体验更好地理解音乐内涵与表现，提高学生对音乐的想象力，加强课堂参与度。

二、优质课服，发展特长

在"双减"的政策落实过程中，我们开展了丰富的课后服务课程，中国鼓课程则是其中深受孩子们喜爱的课程之一。孩子们通过日常的学习建立学习兴趣，在课后服务的课程中，深入学习，发展特长。

孩子们从中接触了更多经典曲目，了解了各地区不同风格的中国鼓及打击乐作品。

例如：学习土家族《乃哟乃》这首作品时拓展聆听了土家族打溜子《锦鸡出山》，了解了土家族其他音乐文化。学生在学习《龙里格龙》等京剧作品后，拓展欣赏京剧锣鼓《夜深沉》等、欣赏戏曲鼓乐作品《杨门女将》；在学习战争题材的作品后，进一步了解民族鼓是如何展现将士们英勇气势的——《秦王点兵》：本首作品是绛州鼓乐经典之作也是20世纪80年代的新作，在原《秦王破阵乐》的基础上，摄取了《汾南车鼓》《花敲鼓》《老虎磕牙》等鼓种曲牌成分，成此杰作。《秦王点兵》全曲包括引子、鼓边段、鼓心段、锣鼓段、华彩段、尾声段六部分，紧慢张弛结构得当，乐曲相当完整，它将民间套曲的特点与现代曲式结构相融合，使民间锣鼓乐跃上了一个新台阶。乐曲以出兵为主题，从元帅升帐开始，直到官兵进入，列队布阵，点兵习武，准备出征结束。乐器分高低两个声部，演奏中根据主题要求，分别采用不同的演奏手段，有独奏、对奏、合奏、干敲、花打、混击，慢速、中速、快速；四拍、三拍、二拍。

在学习《龙的传人》等爱国题材作品后，拓展演奏《中国龙》，这是一首现代民族鼓作品，此曲既有配乐版本，也有纯演奏版本，为了减轻学生学习难度，加强音乐表现力，我们选择学习的是配乐版本。自古有风调雨顺可国泰安康，水鼓舞作为云南省德昂族与苗族的一种特有舞蹈，将水、鼓、舞三种元素完美结合，代表着人民对国之爱、天之恩的感谢和对平安生活的向往。

学生们通过日积月累的学习与训练，形成了坚持不懈、团结协作的良好品格，孩子们参与了艺术节比赛，荣获市级银奖、区级金奖的好成绩。

在中国鼓的学习中，孩子们感受着中国文化、中国精神，建立文化自信，传承"精、气、神、韵"。

三、实践活动，精品呈现

无论是课内、课后，结合百分之十实践活动及学校各种平台与展示中，给学生留出自主成长空间。

我们力求把艺术之美渗透到每一颗正在成长的心灵中，让师生因艺术的缎带而美轮美奂，让学生的个性因艺术得到张扬。伴随学校近几年课程改革，我们以构建符合学生发展需求的"阳光艺术"课程体系为载体，依托民族鼓教学打开音乐课堂壁垒、拓宽教育宽度，激发和培养学生的学习兴趣，促进了学生在知识、能力、情感态度和价值观的进步。为学生搭建立体、多彩的艺术舞台、表现平台，让每个孩子都能够精彩绽放，人人都很重要。

集团一年一度的"诗诵会"中，孩子们边吟诵古诗边配乐表演，震撼的民族鼓增强了表现力。艺术节是我校一项特色活动，多年来均开展具有一定艺术水准的校园艺术节活动，逐步从学校操场走向中国儿艺、德国歌剧团等最高艺术殿堂，将民族鼓表演搬上舞台，将经典片段进行艺术加工，生动演绎，使每个孩子都能精彩绽放；"10·13建队日"中全体学生共同演唱、演奏《牢记核心价值观》，抒发昂扬斗志、振奋人心；升旗时刻的风采展示作为一项常规活动，也是孩子寻找自信、体味成功的舞台；富有创意的激励性活动最能激发孩子潜能并调动其参与的积极性。

日常学习中，中国鼓帮助学生提升艺术鉴赏力；登上舞台，在中国鼓的积极展示中，提升学生艺术表现力；走出校园，登上艺术节、春晚平台，提升艺术表达力；艺术追梦，执着不懈，收获艺术累累硕果。

在"双减"这场变革中，教育越来越向着综合全面的方向发展，在思考课后服务课程时，力求让学生能够通过课内的学习，课后的充实，课外的实践，增加学生学习知识的深度、广度和长度。从课程的调研选择到学生的亲身实践，延展学生包容、接纳、开放的场域，能够达到人与社会、人与人、人与知识、人与自身、人与自然和谐共生的育人方向，使学生在开放自我的同时，在开放的环境中学会应对错综复杂的问题。

减轻负担不是简单化的"减"，而是要增值提效，促进孩子全面发展，让教育回到教育本源，改变教育生态。因此，我们既要重视课堂中的实效，也要加强课后服务的品质，将课内、课后有机融合，让课堂成为学生音乐兴趣入门的阶梯，课后服务成为学生特长加强的摇篮，课内课外并轨发展，从而实现增值提效、促进孩子全面发展的目标。感恩生活，感恩艺术，在寻找诗与远方的过程中，让教育回归本位，让"美"在孩子们的心中悄然发芽、生长。

音乐教材单元重组　以减促升拓展教学①

万　妍

自国家开始实行双减工作以来，在教学中如何做好减法并在减的过程中进行教学质量的提升，就成为一线教师所要面对的重要课题。音乐学科是俗称的小三门儿，在课程中起着重要的培养学生艺术素养的作用。虽然并不面临课后作业的压力，但如何提高课内的教学质量以及丰富学生的课外拓展内容，就成为我们必须要考虑的问题。

我校在教学中整体仍是以教材为中心，围绕着教材进行教学并以教材的内容为主进行拓展。结合"以减促升"的思想对教材进行了重新的整合，并进行了不同单元的划分。音乐教材单元的划分可以从知识体系入手，也可以从风格体裁方面入手。在选择单元划分的过程中，我们结合音乐课标的核心思想，弘扬中国传统文化，培养学生的爱国情怀，拓展学生的音乐视野，了解不同国家的音乐文化，从音乐的风格体裁方面进行单元划分。划分出了红色作品单元、民族作品单元、戏剧作品单元、现代作品单元、外国作品单元等，在教学中笔者会以红色作品单元为先，再进行民族作品单元，之后依次为现代及外国作品单元，在单元的划分及排列中，突出红色作品的爱国情怀培养，中国传统民族作品及各少数民族优秀作品的演唱与聆听。这两个单元也是补充课外内容最多的单元。

红色作品单元作为每个学期的起始单元不仅有着复习与巩固前面知识的作用，同时也让学生在开学初就要加强爱国主义情怀。在这个单元中我们会复习国歌的演唱，不断提高学生对于国歌音准以及节奏的正确掌握，提高学生演唱国歌的水平，加强对国家的情怀、对国歌的尊重。每一册教材基本都会有红色作品内容，但由于教材本身的单元安排有些年级的教材中此类作品较少。此外，有些红色作品中会有相关的其他红色作品内容但没有收录在教材中。如六年级下册中的欣赏作品《红旗颂》，它是近年来所创作的一部比较大型的音乐作品，作品中不仅有自创的主题旋律还包括了《国歌》的前奏以及《国际歌》的主题旋律。在这个单元中我进行了加

---

①　本文的获奖情况：全国二等奖。

法，在聆听《红旗颂》之前先聆听了《国际歌》，并在欣赏《红旗颂》的过程中加入了适当的视频内容，视频内容以介绍中国的革命历史为主，其中也包括了中国共产党的诞生与成长。在这个过程中看似加大了学习的内容，但实际上这些内容帮助学生了解了作品的创作思路，并且与作品一起了解了中国近代的革命史，知道中国人民在中国共产党的领导下建立了新中国。民族作品单元与红色作品单元相同，会适当地加入相同或相近民族的一些音乐作品，来巩固学生对同一或相近民族音乐风格的了解。

现代作品单元、外国作品单元就进行了减法。现代作品多为中国近现代创作的作品，这些作品相似性比较高有利于学生掌握相关的音乐知识，对于双基（基础知识、基本技能）训练能够有所帮助，但由于这些作品的量比较大、故可以把相同或相似的作品进行减法精学精练。如五年级上册现代创作的聆听与演唱作品共有十余首，通过单元精减保留了《我怎样长大》《送别》《清晨》《每当我走过老师窗前》《春节序曲》《山童》等几首具有代表性的作品，既能表现中国近现代作品的音乐风格，也能对双基进行巩固练习。外国作品单元同样进行了减法，所选择的作品能代表其国家或民族的音乐风格特点，而近现代的外国创作作品选择较少。此外，还选择了一些具有代表性的器乐作品，以帮助学生通过欣赏了解不同器乐的音色特点。如六年级下册聆听作品通过单元精减保留了《化装舞会》（管弦乐）、《卡门》（管弦乐）、《两颗小星星》《欢乐颂》《海德薇格主题》（《哈利·波特与魔法石》主题曲），这几首作品具有一定的代表性，其中器乐作品占了绝大多数，可以帮助学生了解西方音乐的特点，了解不同器乐的音色。

结合精减出的作品在低中年级根据学生的年龄特点和认知规律，用部分作品进行了音乐剧的表演安排。如一年级歌曲《保护小羊》这个作品情境性非常强，其中包括了多个小动物的角色形象。小羊可爱、胆小是一个需要被保护的角色；大灰狼凶恶、张牙舞爪是歌曲中的反面角色；来救小羊的小动物们是正义、勇敢的角色。这些动物形象不仅在演唱的声音上要有所区别，在表情上也要有所区分。对于学生根据作品的情感情境，用不同的音色和情感表现作品有非常大的帮助，也提高了课堂的趣味性，让学生通过这样的音乐剧表演使音乐形象化。

除对教材进行单元的重组以外，针对学生双基的提高在每节课的开始阶段安排了3~5分钟的素养练习。练习的主要内容是音乐节奏及节奏型组合。根据学生需要掌握的音乐知识从难到易，设计了节奏六宫格、九宫格练习，学生通过宫格认识不同的音符，了解简单的节奏型。1~2年级以认识音符为主；3~4年级以认识并识读简单的节奏型为主；5～6年级以掌握节奏型的组合及简单的节奏型创编为主。学生在掌握基本的音符以及节奏型之后，就可以对大部分的演唱、聆听作品进行学习与分析，同时还可以促进学生在中国鼓方面的学习，作为鼓乐节奏是其演奏最主要要掌握的知识与技能。因此，节奏的练习虽然不能成为一个独立的单元，在教学中我们也对它进行了不同年段不同层次的设计与安排，通过节奏的学习与练习，循序渐进地让学生逐步掌握音乐知识提高表现的技能。因此，通过整合教材内容加入了中国鼓的学习单元，丰富了学生的视野，扩充了学习的内容。

中国鼓单元是我们的一个特色单元，主要以了解和演奏中国各种鼓乐为主。对于中国鼓的学习我们也分了不同的年段，1～2年级认识、掌握基础音符、节奏型。运用六宫格、九宫格认识基本音符及节奏型。运用此方法在一定的时间内对学生进行高密度的学习指导及测试，强化学生对于音符知识的掌握与记忆。

中国鼓方面掌握基本演奏方法，运用鼓课的时间进行基本的演奏练习，先通过整体的学习掌握基本的演奏方法，再进行测试选出"小标兵、小助教"，标兵是演奏方法高度准确的学生，助教是能够有效帮助同学学习演奏方法的学生。3～4年级在丰富九宫格的基础上进行四至八小节的节奏练习，再进行四至八小节的节奏组合练习。

中段的节奏学习以一至两个乐句的节奏组合为主。第一阶段主要以教师提供的节奏及教材中的歌曲节奏为主，学生通过这些节奏练习，掌握不同的节奏型加深对音符时值的认知。以达到基本能够熟练掌握识读节奏的能力。第二阶段为节奏填空游戏，使用的节奏依然以教师提供及教材歌曲为主。在以四个小节为一个乐句的节奏中，抽出一个小节作为填空；在以八个小节为两个乐句的节奏中，抽出两个或三个小节作为填空。声势及打击乐器的组合演奏，采用多声部的方式。多声部的节奏组合与合唱相似，每个声部都用不同的声势及打击乐器表现，初级阶段各声部使用相同的声势或器乐演奏节奏，学生熟练之后再进行多音效的组合，也就是同一声部里会出现不同的音效。5～6年级继续九宫格练习，并丰富其中的节奏型。高阶段学生学习节奏的创编。

在前面的阶段中，学生已经能较好地掌握音符的时值以及各种节奏型的组合，从一两拍到一个乐句，从短到长进行节奏的创编。节奏型也是从简单到复杂，学生的能力再强也要先从最简单的四分音符、八分音符等这种比较简单的音符节奏组合开始。并从单声部的节奏到多声部的节奏。节奏音效的练习继续延续中段的方式，在中段练习的基础上进行多音效的组合，也就是多个声部，每个声部用多个音效。

这个阶段学生以多声部的节奏学习为主。

音乐教学通过重组单元，增加特色单元内容，在"减"的基础上进行了"加"。精减了教材的内容，在掌握双基的基础上丰富了关于中国民族传统音乐的学习。"以减促升打开了优质教育新格局"，优质就是需要我们对选择的学习内容与音乐实践活动进行精炼设计，在弘扬中国文化与培养爱国精神的基础上不断地丰富课堂内容，把大世界浓缩到小课堂中。

"以减促升　打开优质教育新格局"的教与学创新实践①
——小学体育教学中寓美育于游戏

徐家伟

"体育的本质是造就人，它不仅造就人的体质，同时也造就人的心灵。"学校体育教育是对学生进行思想品德教育的重要领域，我们应当充分利用体育自身的特点，寓思想教育于各项体育教学活动之中。众所周知，体育游戏形式生动活泼，内容丰富多彩，是深受儿童喜爱的综合性体育活动。体育游戏对全面锻炼身体，帮助儿童认识客观事物，促进体力和智力的发展，陶冶美的情操，发展集体意识和个人才能，培养优良品德等都有特殊的作用。

在当前学校教育突出美育教育的教育形势下，体育游戏如何充分利用自身的特殊教育功能，更有效地对儿童进行身心教育，结合本人在实际教学工作做法，针对体育游戏的特点，就如何在体育游戏活动中充分利用有利因素，及时对学生进行思想品德教育的探索。

一、发挥游戏的普及性特点，挖掘思想教育途径

体育游戏普及性包括两层意思，一是任何一种身体运动项目都可以以游戏的形式进行。如田径中的跑、跳、投；球类中的足、篮、排；体操中的技巧与器械等，都可以成为游戏内容，而且不受年龄、性别、身体条件等因素的影响，每个人都可以根据自己的兴趣和需要参加游戏活动。二是任何一种游戏活动，都能成为发掘思想教育的素材。如队列、队形方面的游戏，培养学生遵守纪律，雷厉风行的优良作风。障碍跑游戏培养学生勇敢顽强，奋力拼搏的意志。球类游戏，能培养学生机智果断、团结协作，处理好个人表现和集体配合的关系。技巧体操类游戏，通过同学之间的保护与帮助，进行团结互助，互帮互学的教育，等等。只要我们认真钻研教材，挖掘教材的美育因素，对教材进行二度创作，根据教育目的编排和设计各种各样的游戏活动，就能使学生在游戏活动中接受思想教育。如笔者在上二年级"奥运

---

① 本文的获奖情况：北京市一等奖。

会知识"一课时，曾担心把课上得教条化，学生不感兴趣，思想教育成空话，流于"说教"形式，让学生听了反感，起不到教育的作用。笔者经过反复思考，抓住学生喜欢听故事、讲故事的特点。在课前，收集著名运动员在奥运会上的故事，如许海峰的零的突破，体操王子李宁勇夺数金，"跳水女皇"高敏的故事等，以"争当故事大王"的游戏看谁讲得生动、感人，学生气氛热烈，充分运用生动的语言，丰富的表情，把奥运英雄的事迹娓娓道来。然后我就问学生："看到中国运动员在奥运会上夺金牌，升国旗，奏国歌，你有什么感受？"学生答："我特别高兴，特别骄傲！"笔者就引出这就是我们的民族自尊心、自豪感，是热爱祖国的真切表现。整堂课学生非常积极主动，使学生受到一次深刻的思想教育。

二、运用游戏的竞争性特点，激发学生自尊心、自信心

体育游戏一般是以获得成功、胜利为目的，有与同伴竞争而获得成功，也有与自身竞争获得成功。既有身体方面的竞争，也有心理方面的竞争，因此，体育游戏竞争性的特点，对增强学生心理的承受能力、调节能力，对学生的意志品质具有很好的锻炼作用。在游戏的过程中，能激发学生的求胜欲望，使之积极思考，顽强拼搏，勇于胜利。例如，教材中"勇敢者的道路""胜利前进"等游戏，充分体现了竞争性的特点。学生在练习的过程中要克服自身对障碍的恐惧心理，还要消除对身体条件方面差异的自卑心理等，教师鼓励他们消除畏惧感，增强自信心，合理利用竞争性特点，让每位同学都能合理积极地利用竞争，享受到胜利的喜悦，树立学生的自信心，正确面对今后的挑战。如笔者在上"夺取胜利"一课时，布置了六个场地都有相同的五种障碍："过独木桥""钻过铁丝网""过雷区""过雪山""草地"，但"独木桥"的长度，"雪山"的高度，"雷区"的密度等都有不同。尝试练习时让学生自由选择，笔者引导学生完成各种动作，并启发学生创造更快捷有效的方法，鼓励学生向自身挑战，向难度挑战，但又不强求统一的标准。经过尝试练习后，比赛时，让学生自己选择难度不同的道路，让学生正确评价自己，合理定位。这样比赛中激烈程度反而增强，胜利的不只是体质强的学生，体质较弱的学生也能品尝努力换来的胜利。使全体学生都有胜利的可能，都能体验勇敢者的乐趣，使每个学生树立了自信心，养成顽强、求实、进取的优良品质。

三、善用游戏的情境性特点，培养责任心和合作精神

体育游戏能根据教育的目标，以学习、生活、社会中的具体事件为原型，通

过游戏的形式创设生动、形象的情境。寓教育于情境之中，使学生受到潜移默化的影响。在体育游戏活动情境中，要求学生根据游戏的内容、方法和规则扮演不同的角色，使学生把规则与角色联系起来，学会相互合作。通过游戏，学生的自信心、责任心、关心和帮助他人等集体观念和合作精神得到了培养。例如，小学一年级的游戏"老鹰捉小鸡"。笔者开始时先以讲故事的形式："一只老母鸡带一群小鸡出来找东西吃，它把找到的东西分给小鸡吃，小鸡们很听鸡妈妈的话，兄弟姐妹也很谦让，你给我吃小虫，我帮它理毛毛。它们一家很快乐，可是突然来了一只老鹰向小鸡扑去，小鸡们吓坏了，这时鸡妈妈勇敢地迎上去，挡住老鹰保护小鸡们，小鸡们在鸡妈妈的带领下和老鹰斗争。"小朋友们在故事的引导下开始了游戏。笔者鼓励做母鸡的小朋友要学习鸡妈妈勇敢机智，保护好小鸡们，鼓励做小鸡的小朋友要灵活配合，在鸡妈妈的保护下，躲开老鹰的攻击。通过角色互换，学生们积极性很高，又很守规则，很好地体现了责任心、自信心、互相关心的集体观念和合作精神，提高了学生思想道德水平。

四、利用游戏的趣味性特点，磨炼意志，陶冶情操

古人云："教人未见意趣，必不乐学。"体育游戏是以生动活泼的形式、丰富多彩的内容、灵活多变的方法，富有感染力的情节，具有强烈的趣味性而深受少年儿童的喜爱。因为游戏活动中，学生有广阔的自由活动空间，能表现自己的能力，学生在活动中获得愉快的情绪体验，能发现自我，满足自身的需要，所以学生对富有趣味性的体育游戏具有直接的兴趣，我们应根据教育目的，通过合理设计丰富的体育游戏，引导学生积极锻炼。例如，笔者在耐久跑的教学中发现，大部分学生情绪低沉，跑得不多就感到很疲劳。老靠教育学生不怕苦、不怕累，效果不好。笔者就把耐久跑设计成领先跑游戏，再在不同距离的地方，取红军长征路上的著名地名，如井冈山、遵义、延安等，学生一下子积极性高涨，不但很好完成了耐久跑的教学目标，从中又领悟出顽强意志和自身潜力的含义，还对学生进行了革命传统教育。使学生在学中玩，玩中学，育德育教育于润物细无声中。

笔者认为，利用体育游戏的特点对学生进行思想品德教育，相对于传统方法而言具有独特的优势。如，易于普及实施，思想教育目标较为明确具体，能发展学生的个性，特别是学生乐于、自觉地参与游戏活动接受教育。在体育游戏活动中明显体现出既练体，又育心的双重教育效益，有增长知识、强壮体魄、调节情感、振奋精神的综合教育作用。

在小学数学课堂中渗透美育的几点尝试①

孙美玲

美育教育是素质教育中的一个重要的组成部分，它对于塑造学生完善的人格，促进学生的全面发展，有着非常积极的作用。发现美、感受美、表现美、创造美的能力无论对于学生的学习还是生活，都是非常重要的。但有很多人认为：美育教育是艺术学科应完成的任务，而数学重在培养学生的抽象性、逻辑性和综合分析的能力，是一门较为枯燥的学科。表面上看数学与美育之间毫无联系，是两个相互独立、相距甚远的学科。但其实不然，古希腊最伟大的哲学家亚里士多德说过："虽然数学没有明确提到善和美，但善和美也不能和数学完全分开，因为美的形式就是秩序、匀称和确定性，这些正是数学研究的原则。"我国著名数学家华罗庚也曾经说过："就数学本身来说，是壮丽多彩、千姿百态、引人入胜的……。"因此，美育不只是艺术或语文等单一学科应完成的教育任务，同时它也是数学课堂中必不可少的一个组成部分。

在小学数学课堂中渗透美育，可以激发学生学习数学的兴趣，提高课堂教学的效率。美育使抽象高深的数学知识形象化、具体化，让枯燥的数学知识变得生动起来；在数学课堂中渗透美育，可以帮助学生理解概念、定理、公式等数学知识，并加深学生对其的记忆。

那么，如何在小学数学课堂中渗透美育教育，实现数学与美育的有机结合呢？笔者围绕着"感受、体验、创造"几个关键词进行了一些尝试。

一、通过多种形式，让学生在课堂上感受数学之美

充分感受美与欣赏美，是创造美的前提，因此在数学课堂中，我尝试使用多种方法让学生感受到数学之美。

（一）通过具体情境感受数学之美

数学来源于生活，生活中处处有数学。新的《数学课程标准》更多地强调学生

---

① 本文的获奖情况：北京市一等奖。

用数学的眼光从生活中捕捉数学问题、探索数学规律，能够主动运用数学知识分析生活现象，解决生活中的实际问题。因此在数学教学中可以创设美的生活情境，将数学活动变为感知美、欣赏美、表现美、创造美的综合审美活动，这一点，对于低学段的学生尤为重要。例如：在"找规律"的教学活动中，我创设了同学们要进行文艺汇演，需要用黄色和绿色的旗子对舞台进行装饰的情境，提出了请同学们动脑筋，看看怎样挂这些旗子最漂亮的开放性问题，激发了学生各种有创意的想法，孩子们在说一说、摆一摆的过程中，感受到了数学的规律美。

除此之外，还可以在课堂中充分利用现代技术手段，创设美的数学情境，从而使学生对学习数学产生兴趣，为学好数学做好铺垫。例如：在"圆的认识"的教学活动中，我在最开始导入部分播放了下雨时雨滴落在水面上，泛起一圈圈涟漪的视频，配合《雨的印记》的音乐，不但一下吸引了学生注意力，还让他们发现了生活中的同心圆形，孩子们兴趣高涨，接下来的学习十分专注投入。

（二）通过数与形感受简洁美、对称美

数学中的图形、布局等直观地体现出了数学中蕴含的美，同时数学中的定律、公式、符号等也形成了一种独特的美，作为数学教师，应在教学中充分挖掘数学学科本身丰富的美育资源，善于用美的眼光审视教学内容，去挖掘、整理、显示出教材中的数学美。在备课时，不仅要备知识点，还要备审美点，并且要将其写入教学设计中，使之成为教学设计不可缺少的一个部分，使学生在学习到数学知识，智力得到发展的同时，感受数学中的美，欣赏数学中的美，得到美的享受，陶冶美的情操。例如：在"轴对称图形"的教学活动中，导入部分使用学生身边熟悉的轴对称建筑——故宫祈年殿，引导学生感受身边的对称之美，然后过渡到轴对称图形，感知图形左右两边是一模一样的，初步了解对称，感受几何图形的对称之美。这种让孩子直观感受到数学中的对称美、简洁美的教学内容，激发了学生的审美欲望，达到了"以美启真，寓真于美"的目的。

二、通过小组合作，让学生在课堂上体验数学的应用之美

小组合作学习更加开放自主，能够充分调动学生的学习积极性，充分体现学生的学习主体性，促进多向交流，增强学生的团队合作精神。小组合作，自主探索的学习方式，是课堂上体验数学应用之美的一种重要的方式，同时让学生在动手操作中获得成功的体验。例如：在"长方形的面积"教学活动中，通过小组合作的方式用1平方厘米的小正方形进行拼摆，共同推导长方形的面积计算公式。让学生在

理解的基础上加深了对长方形面积计算公式的记忆。再如：在"面积的练习"教学活动中，提供不规则图形，让学生以小组为单位进行探究，不规则图形的面积怎么计算？如何把图形转化成我们学过的图形？孩子们通过把图形平移、旋转、拼接等方式，成功地计算出了图形的面积，都非常兴奋和开心。在这种拼摆、剪贴、看、摸、数、量的实际操作中，学生不仅学到了知识，而且提高了动手能力，体验了成功，增进了交流，获得了数学应用美的体验。

三、通过开放性活动，让学生在课堂上尝试数学的创造之美

美能唤起愉悦，又能激发创造，创造美也是美育的最终目的。因此，在小学数学课堂教学中，通过实施美育来促进学生创造思维的发展是十分必要的。因此笔者在日常数学教学中，尝试设计更多开放性的数学活动。在开放性的活动中，引导学生自主探究，鼓励学生从数学角度提出问题、理解问题，踊跃提出自己的见解。例如：在"复式统计表"的教学活动中，我没有使用教材中的例题让学生直接合并单式统计表，而是结合学生的实际生活，在课前让学生自主统计体育节本班同学最擅长的项目，然后在课堂上总结收集数据的方法并利用孩子们自己收集到的数据进行下面的一系列活动。再如：在"面积和周长的拓展"教学活动中，我提出了两个开放性问题，面积相等的图形周长一定相等吗？周长相等的图形面积一定相等吗？学生在争论并想办法证明自己的想法是否正确的过程中，巩固了周长和面积的计算公式，并体验到了数据计算是进行验证的重要方法这一数学思想。就这样，学生通过自己搜集数据、处理数据、体验解决问题的过程、形成解决问题的策略等一系列创造美的活动，真正学会了用数学的思维观察生活、体验生活，感受数学的创造之美。

总之，在小学数学课堂教学中渗透美育可以充分调动学生学习的积极性，只要教师有将数学教学与美育结合的意识，用心挖掘和捕捉小学数学中蕴含的美育元素，以学生通过多种方式充分感受数学之美为基础，让学生在美的氛围中主动学习，就能够逐渐引导学生达到应用美、创新美这种数学审美的最高境界。

在天文实践活动中渗透美育培养创新型人才①

杨春娜

摘要：在小学天文实践活动中充分发挥美育功能，能有效促进学生创造性思维的发展，为培养具有创新精神及可持续发展的人才打下坚实的基础。本文通过在小学天文实践活动中引导学生观察星空发现美，感受自然鉴赏美，探索宇宙创造美，使学生产生审美体验，激发他们进行天文探索的积极性，从整体上促进学生创造性思维能力的发展。有助于增进学生的身心健康，形成敢于创新的科学态度和情感。

关键词：天文实践活动；美育；创新型人才

一、问题的提出

现代审美教育提出的宗旨是：保持人的感性的自发性，保护生命的活泼和原创力，维护人与自然之间天然的联系。美育的内容包括艺术美、自然美、社会美和科学美。在小学天文实践活动中如何渗透美育教育使学生产生审美体验，逐步形成科学的审美意识和社会责任感，培养具有创新精神的人才成为我们教学中亟待解决的问题。

二、研究的目的

（一）依托校内外天文实践活动，让学生在学习天文知识的同时感受宇宙的博大和壮美，开阔胸怀和视野。

（二）与古代天文科技相结合，培养具有发展、自信、自主、有担当的学生，发现古典美，提高审美能力。

（三）充分利用公众号、微信群等媒介，通过天文主题周等天文实践活动，丰富学生的居家生活，培养学生的观察能力、审美能力、表达能力和创新能力等。

---

① 本文的获奖情况：全国一等奖　北京市二等奖。

三、实施措施

（一）在校内天文活动中渗透美育，陶冶美的情操

1. 在校内天文馆活动中感受美

教师利用每天中午时间向全校的学生开放天文馆普及天文知识，结合学生的年龄特点，设计了"画月亮""拼星云""识光谱"等利于学生亲手实践的天文活动，让学生在活动中感受美。

如学生观察月球，看到月球是有明有暗的，启发学生根据明暗不同的区域进行想象，并用马克笔在月球表面上画出想象的图案，有的画出了美丽的花朵，有的画出了各种动物如蝎子、恐龙、小鸟等，通过"画月亮"活动，学生对月球有了进一步认识，同时用美的眼光去观察月球，去欣赏自然。

又如让学生欣赏美丽的星云，有玫瑰星云、蟹状星云、马头星云等，颜色艳丽、五彩缤纷的星云带给学生美的享受，仿佛置身于神奇的宇宙中，在欣赏了多彩的星云后，给学生各种星云的拼图，学生以小组为单位拼出一张张美丽的星云，"拼星云"活动不仅使学生学习了天文知识，还陶冶了美的情操。

再如让学生讨论太阳是由几种颜色构成的，学生会提出赤橙黄绿青蓝紫这七种颜色。接着让学生认识光谱仪，并在光谱仪下看到太阳光、白炽灯、钨丝灯等光谱，当学生看到不同的光源的光谱是不一样的，看到太阳的光谱是七色的时，那种兴奋劲儿无以言表，感受到了科学的神奇和美妙。

通过在校内天文馆内开展的这些活动，学生在画一画、拼一拼、看一看等天文活动中进一步认识了月球、识别了美丽的星云，看到了多彩的光谱，感受到了天文带给人们的美的享受。

2. 在天文分团活动中提高审美能力

教师利用每周三中午时间组织天文分团的学生进行活动，学生在分团活动中增强了审美能力并进行了创作。

在三年级《认识太阳系》活动中，学生了解到太阳系中有八大行星，然后发给学生刮画纸，学生在刮纸上按照八大行星与太阳的位置关系刮出太阳系，每刮出一个学生就露出惊讶的表情，各种彩色的星球落在刮纸上，不同学生的太阳系各具不同，学生在这个有趣的活动中用刮画的形式认识了太阳系内的八大行星的位置关系及大小，活动后给学生布置一个任务，让学生利用家里的废旧材料制作一个立体的太阳系模型。这个活动更激发了学生的创作热情，他们找出各种材料，有的同学

用大一点的球当作太阳，用大小不同的球当八大行星。学生拿出彩笔在球上描绘出行星的颜色，有红色的火星，有彩色的地球，有蓝色的天王星等，同时还为太阳系画上了多彩的背景，有的同学还为太阳装上了LED灯，这样一个太阳系模型就做好了。教师组织了太阳系模型展览，一个个立体的、能发光的、多彩的太阳系模型展现在同学们的面前，学生进一步感受到了神奇的宇宙，并对浩瀚的宇宙充满了无限的遐想。

在"认识月相"活动中，给学生提供能够旋转出各种月相的月相笔，关上灯，学生在黑暗的教室里看到弯弯的蛾眉月，看到好似笑脸的盈凸月，欣赏到了圆圆的满月，通过这个活动学生对月相有了感性认识，同时发给学生空白的月相记录表，让学生用一个月的时间每天观察月相，并把月相记录下来，在观察月相的过程中欣赏月球。

在这样的学习过程突出学生是学习的主体，发展创造性思维，将知识外化并实现自我反馈，同时学生在观察、创造的过程中发现自然美、科学美，提高审美能力。

（二）依托社会资源体现自然科学与生活的整合，产生审美体验

1. 在天文场馆中体验自然之美

充分利用校外资源，带领学生走进天文特色场馆，让学生在"走一走、看一看"的活动中深入学习丰富的天文知识，体验自然之美。

例如在天文馆参观主题是巨眼观天。首先学生进入天文馆的A馆，参观了傅科摆，看到傅科摆总是很有规律的摆动，体现了科学美，同时了解了科学家是如何来证明地球自转的。接着去3D剧场观看了影片《奔向地球》，了解了中国人为了探索月球奥秘所做出的努力、获得的成果以及对未来的创想，在影片中看到了美丽的地球。紧接着学生又去宇宙剧场观看了《迷离的星际》，了解了太空中的星云是如何形成的，看到了美丽的星云。在天文馆里，学生们通过任务驱动的方式，自主地在天文馆内进行参观、学习、记录。在参观活动中，学生们了解了中国古代天文仪器、各种天体等相关知识，同时根据自己的所见所想，把参观过程记录了下来，无论是神奇的影片还是现场参观活动都感受到了科技带来的美，在学习的同时体验了自然之美。

2. 在古观象台感受古典美

带领学生到北京古观象台探索古人观星的奥秘，在这里有很多古人用的计时工具、观星仪器，如浑仪、纪限仪、赤道式日晷、黄道经纬仪等，这些古代天文仪器

是青铜器制造的，有的上面雕刻着代表皇权的龙头、龙尾等，学生在认识结构的同时感受到古典美。透过这些展品能够感受到当时人类对美的追求与渴望，能够了解当时的社会背景下人类不仅崇尚科学更有对美好事物的追求。

3. 在天文摄影活动中捕捉美

为了普及学生天文知识，拓展学生天文视野，掌握更全面的摄影技术，教师多次组织天文摄影小组的学生前往内蒙古明安图拍摄银河拱桥，在浩瀚的星空下拍摄出美丽银河和秋季星座。前往兴隆观测站使用望远镜拍摄等，在拍摄过程中发现美。

为增进学生对我国航天事业的了解和热爱、丰富学生的航天知识、提高学生的天文摄影水平，特地组织学生去故宫角楼去拍摄航天器，学生在晚上六点半到达故宫角楼，首先老师为学生讲解了拍摄技巧，构图方法。之后学生开始组装拍摄设备并拍摄航天器。在教师的指导下学生们都拍摄出了航天器过境的照片，经过后期处理生成一张下方是美丽的故宫角楼、上方是航天器过境轨迹的照片，这样的摄影作品体现了学生对捕捉美的掌握。

4. 在天文主题周中拓展天文知识创造美

为了丰富学生的居家学习生活、增强天文知识、提高专业技能。教师组织了"天文主题周"的活动，一周一个主题，天文社团小干部作为主讲人每周一在天文社群里讲解本周主题知识。在活动中，同学们除了倾听学习还围绕这个主题利用书籍、跟家长交流等方式查阅相关知识，每周三在群里进行交流，有的提交了精美的手抄报、漫画、小视频、小制作、感想等作品，学生用自己的智慧和双手创造美。这种从"被动"学习到"主动"学习的方式深受学生喜爱。

（三）疫情无情人有情，在为武汉加油活动中，珍爱自然创造美

在举国战"疫"的特殊时期，学生们耳闻目睹了医护人员们不畏艰险，奋战在一线的英雄事迹，各行各业的人都行动起来，共同汇聚在一起来相助温暖。

教师将天文社团的同学们集结起来，用灵巧精致的天文作品表达爱自然、爱天文的精神，用五彩斑斓的画笔勾勒着心中的星空梦、强国梦。有的学生手绘地球图，有的用废旧材料制作了八大行星中的地球模型，在地球上勾勒出我们国家的位置，插上鲜艳的小国旗，又一笔一画地写下了对武汉、对祖国的真挚祝福，呼吁人们保护动物、关爱他人、守护唯一的地球家园。有的学生还从天文爱好者的角度，精心搜集了与天文内容相关的古诗词，为全国人民抗击疫情的战斗加油鼓劲儿！如：有的搜集了中国历史上与"月"有关的诗句——唐代诗人张九龄的"海上生明月，天涯共此时"；宋代诗人苏轼的"但愿人长久，千里共婵娟"等既体现了天文

社的特色，也展现了战"疫"英雄对家人的思念之情，表达了对英雄深深的敬意。

在抗疫活动中学生们能够勇敢地面对疫情，不害怕、不恐慌，和全国人民一起为武汉加油、为中国加油，体现社会美。

四、初见成效

通过组织丰富的天文实践活动，发现学生学习天文的积极性明显提高，师生互动加强，学生的认知结构不断重组扩大，综合能力不断提高。通过在天文实践活动中渗透美育教育，引导学生观察星空发现美，感受自然鉴赏美，探索宇宙创造美，使学生产生审美体验，激发他们进行天文探索的积极性，从整体上促进学生创造性思维能力的发展。有助于增进学生的身心健康，形成敢于创新的科学态度和情感，为培养创新型人才做准备。

服务学习　育德养正①

单文婷

摘要： "价值引领课程群"以道法课、班队会为主阵地，传承史家"服务学习"德育理念，鼓励围绕学生社会生活中的真实问题，推进以"服务"的方式学德育。

本着"发现问题—研究问题—解决问题"的逻辑，通过"发现—计划—行动—反思—分享"的服务学习流程，经过学习和研究，找出解决问题的途径与办法，制订解决问题的计划，将计划付诸行动，并在行动中不断地反思与追问，将个人的获得以多元的表达方式分享给更多的伙伴。

学生主动发起服务项目，开展服务行动，学生走出校园，走进社会与生活，在服务中学习，在学习中服务，成长为一个充满社会责任感的热情丰盈的人。

一、在校修德，教育共谋

"价值引领课程群"以道法课、班队会为主阵地，传承史家"服务学习"德育理念，推进以"服务"的方式学德育，鼓励学生围绕社会生活中的真实问题。主张家校全员参与的育人模式，倡导理念共识、教育共谋、管理共为、成长共享。以"具有家国情怀的和谐的人"为育人目标，以"种子计划"为育人坐标，定标培养"为民德、为人德、立身德"的学生。

在假期的家访中我们获知，学生家长非常愿意参与班级活动。尤其在红色教育、防疫安全、健康生活等方面，家长乐于提供相应的教育资源。学生参与"服务学习"，形成爱护生命的意识，开展服务行动并以此实现教育价值。

二、小处着手，整合资源

通过班会课与道法课的内容对接，进行课程整合。节约课时的同时，实现班会

---

① 本文的获奖情况：北京市一等奖。

理论化，道法活动化，突出价值引领课程群的仪式感和实践性。

例如，将班会课"健康生活新风尚"和道法课"吃饭有讲究"进行融合。例如，将班会课"健康生活新风尚"和道法课"吃饭有讲究"进行融合。每次授课前，向全体学生和家长提前发布课程内容，每一次课程均有校级聘任的学生讲师、家长讲师全程参与，实现多重组合、多维组合、多渠道组合。

表1

主题	好习惯 益终生	少先队 担责任	安全伴 健康随
班会内容	守规则　讲文明 保卫公物守班规 文明规则你我他 正己身　利他人 习惯榜样在身边 丰富别人的生命	小队员　责任大 光荣的少先队员 红领巾赋予责任 红领巾　添光彩 儿童节入队传承 红领巾亲子行动	知安全　重健康 生活安全小卫士 家庭健康小医生 新风尚　万家扬 健康生活新风尚 生活风尚代言人
整合内容	道法课第一二单元	队前教育 少先队员六知六会一做	道法课第三四单元 第三单元 家中的安全与健康 9 班得素养心 36 10 吃饭有研究 40 11 别伤害自己 44 12 做事不平 48 第四单元 天气虽冷有温暖 13 美丽的冬天 52 14 健康过寒冬 56 15 快乐过新年 60 16 新年的礼物 66

在课程中，学生首先主讲自己知道的就餐礼仪，教师进行梳理。随后，营养师和中医志愿家长普及饭前洗手的方法，荤素搭配的营养知识，还有文明就餐的礼仪。最后关于节俭用餐，孩子们说故事、讲快板，现场模拟示范就餐流程。

学生们成为故事主人公，在游戏、活动、演示中落实"荤素搭配有营养""饭前洗手有方法"和"餐桌礼仪有学问"。

（一）为了不断激励孩子文明就餐，课堂外再从以下三个方面着手。

1. "分餐员"参与准备：为分餐员配备专门的围裙和帽子，进行食物配发，体验服务快乐。

2. "监督员"落实评价：从餐前洗手、安静吃饭、节约粮食、自觉清理、进行评选，表扬餐饮文明小达人，感受竞赛乐趣。

3. "家校合作"联合督促：家校携手，养成礼仪好习惯。

（二）通过结合班级与学校资源、家庭与社会资源等充实教学内容，注重创设生活情境、问题情境，采用讲故事、小竞赛、判断辨析、角色扮演等丰富的活动形式，引导学生在情境中思考、参与、体验和感悟，从提高认知到情感认同，再内化为自觉认知并付诸行动，向课外延伸，培养学生知行合一的道德品质。

三、服务学习，育德成长

以一年级9月课程为例：有8节道法课，4节班会课，20%的学科综合课程折合为2节课。2节课则为价值引领课程群的授课时间。

传承史家"服务学习"德育理念，以道法课、班队会为主阵地，用赛和练的形式，推进以"服务"的方式学德育，鼓励学生围绕社会生活中的真实问题，通过"发现—计划—行动—反思—分享"的服务学习流程，主动发起服务项目，开展服务行动，让学生走出校园，走进社会与生活，在服务中学习，在学习中服务，成长为一个充满社会责任感的热情丰盈的人。

9月的展示主题为"新入学、享公物、立习惯、养美德"。

对接集团服务课程，将道德与法治课程延展，跟班队会结合，用赛和练的形式，结合校园学生的生活实际，以学校公共环境生活准则为切入点，落实童蒙养正系列课程的重点，引导学生适应并爱护新的生活环境，培养学生社会责任意识。主讲教师为班主任，协同教师为道法教师、保洁阿姨、值周教师。

第一节，公用装置我爱护。

学习科学展板摇把顺时针使用，小组伙伴互相指导学习。学习如厕用纸和甩手的正确方式，小组伙伴互相巩固习惯情况。绘画"正确甩手""节约用纸"小标语，粘贴在相应位置。

第二节，公用装置我创造。

校园探秘，你在班级、楼道、校园中发现了哪些共用装置，我们需要如何正确使用和爱护。同学认领服务小岗位，绘制自己的名牌卡贴在对应岗位，集赞比拼竞争小岗位。

最后，我们用学生档案袋的方式，进行活动成果展示。安排小点赞员进行点赞，表扬正确使用公用装置的同学。结合自己的小岗位进行服务之星的评选，通过自评、他评的方式说一说自己的收获，进行9月份服务之星表彰。

四、在外增识，成长共享

走出校园，开展"我的周末班会课"，打造"无边界"课程，学生从被动转变为主动。传承史家"服务学习"德育理念，鼓励围绕学生社会生活中的真实问题，推进以"服务"的方式学德育。让学生走出校园，走进社会与生活，在服务中学习，在学习中服务，成长为一个充满社会责任感的热情丰盈的人。

虽然是一年级的学生，但通过调研，我们看到学生们有着丰富的兴趣、爱好或特长，且接近100%的同学希望自己当"小讲师"进行授课。以下是通过调研获知的史家革小新一年级学生特长分类："我的周末班会课"。

表2 特长分类

运动类	篮球、游泳、网球、乒乓球、足球、轮滑、跑步、跳绳等
文艺类	折纸、剪纸、钢琴、京剧、书法、声乐、舞蹈等
智力类	拼图、拆装、围棋、象棋等
乐器类	拉二胡、弹吉他、钢琴、萨克斯、葫芦丝、大号等
生活类	做饭、收纳等

时间无约束，但有新样态。以周末为主，也可在假期，不做限制。

地点无范围，但有新载体。班级、社区，甚至是家长单位都可以成为活动场所。

人物无固定，但有新组织。主讲人员为学生，家长、老师仅做辅助。

内容无限制，但有新社区。不做限制，根据学生的喜好进行内容讲述。

开始活动后，学生先自主确定讲授内容和形式，和家长、老师一起设计讲授内容，确定场地和受众。进行讲授后，班级中分享自己的授课体验。

这样的设计，增加学生课外活动的教育意义，实现自主教育，给予学生适当养分，学生能够像小种子一样，随处生根藤蔓式向上生长。充分提升学生的创造力和表达能力，提升服务意识与社会责任感，落实"双减"，丰富生活。

孩子们可以在周末，教小弟弟叠衣服；还可以走进社区，教老奶奶跳舞。任何学生自发想到的服务活动，都可以成为他们成长的阵地。整个世界，都是学生成长的课堂。

五、多元多维，突出自主

（一）提倡多元评价

开展五方评价，通过学生自评、教师评价、家长评价、专家评价、社会评价的方式进行。

（二）加强过程评价

记录学生在服务中的真实成绩，形成学生服务成绩档案。

（三）强调展示性评价

定期开展"服务之星"微项目展示，展示服务过程与成果。

（四）建立荣誉性评价

通过"服务之星""星级少年"评选、"红领巾"争章活动等开展综合评价。

这样的"漫教育"，无边界的课程，让教育和自然环境、家庭环境、社会环境更加融合，形成一体化的模式。学生在服务体验与服务实践中，唤醒家国情感；在真实的生活中，感受服务的快乐，收获能力的成长。

构建美育新格局 探究思政教育新途径课题[①]
——让美育教育扎根于小学数学教学

黎明娟

摘要：现如今，人们的审美能力越来越高，将美育渗透到教育中也变得越来越重要。其实中国的"美育热"时至今日已经有二十多年的历史了。随着教育理念的不断发展、进步，小学教育中，每一科教学都应根据自身的学科特点对学生的课堂学习进行审美能力的培养。多年来，小学数学中的美育也呼声甚高，但却收效甚微。是什么原因造成了小学数学教学中美育教育难以推进？目前小学数学教学中美育教育的现状又是如何？身为教师的我们又应该如何在教学中落实对学生的美育教育培养呢？相信这些问题的思考及解决都会对学生的全面发展起到非常大的促进作用，也是思政教育发展急需解决的问题。

关键词：美育教育；小学数学教学；数学之美

传统小学数学教学的观念认为：数学课程是一门带有显著逻辑性和应用性的课程，其知识展现的形式往往具有显著的规范性，因此，教师在小学数学课程组织的过程中往往会忽视美育教学。其实，小学数学中蕴含着丰富的美育价值，学生只有发现了数学之美，才能改变以往认为数学枯燥乏味的错误认识，学会欣赏数学之美，数学也才能散发出其独有的诱人的魅力。就像美国数学家苏利文说的："在现实中，不存在像数学那样有如此多的东西，持续了几千年依然是确实的如此美好。"这就需要身为教师的我们在小学数学教学中巧妙地渗透美育，不失时机地向学生揭示数学中蕴含之美，发挥数学学科"于无声处润物"的美育功能。

一、小学数学教学中美育教育的认识

美育是指将审美与实际教育相结合，旨在提高学生的审美能力和审美情趣，最终帮助学生完善人格，提高全民族的整体素质。在美育的体系中，学生能在学习

---

① 本文的获奖情况：北京市一等奖。

过程中发掘数学的独特魅力，提高对数学学科的兴趣；能积极主动地去学习数学学科，为数学课程学习提供稳固基础；能将美育运用于数学学习以及其他学科的学习发展中。因此，小学数学的美育教育具有非常重大的意义。

二、小学数学教学中美育教育的现状

（一）在小学数学课程中，教师的教学往往是围绕本节或一个单元的知识点进行设计和探究，教学目标和重难点也是围绕着让学生掌握知识，能应用知识独立解决问题，并在调研中取得理想的成绩。教学的侧重点是知识，而不是对学生的美育教育和长期的全面发展。这直接导致了课堂教学中美育教育的缺失或者流于形式。

（二）在小学数学课程中，学生往往会对复杂抽象的数学知识感到疲倦，难以激发学生的积极性和对数学学科的兴趣，更谈不上感受数学中的美，甚至对数学学科产生厌恶情绪，这成为现阶段小学数学美育教育的一个困难点。

（三）小学数学教学中美育教育现状的形成原因

现今，美育运用于小学数学教育中效果并不显著，主要的原因包括以下几点。

第一，目前很多小学未足够重视美育，小学数学教师也未认识到美育教育对学生数学学科学习的重要性。他们在教授过程中只重视学生对书本知识的掌握程度，这样学生对于数学学科更像是在敷衍地完成一个任务，没有产生对这门学科的兴趣。

第二，作为学生数学学科学习的引导者，数学教师的整体素质不均衡，必须再上一层楼。只有数学教师自身存在良好的美育素养，才能让美育教育在数学教育中发挥效益。

第三，教师并没有根据学生实际情况开展美育教育。当前很多开始执行美育教育的学校中很多教师未针对学生的实际情况开展美育教学，这也是美育教育在数学教育中起到的效果不佳的主要原因之一。

这些问题都影响了在小学数学教育中开展美育教育取得的效益。所以无论是小学还是广大数学教师团队，都应该针对以上问题采取解决措施，提高美育在小学数学教育的效用。

三、小学数学教学中美育教育的实施策略

（一）加强教师学习思考，提升对数学教学中美育的认知

1.提高教师自身的审美修养

由于小学生会不自觉模仿教师们在课堂中的言行以及对数学学科的态度，所以

教师要在美化课堂言行和态度的同时，加强自身对学科中美的感知，不断提升自身的教学修养。例如，对于解题过程的简单描述、对于解题方法的总结，学生能从教师的示范中感受到数学的简洁美和形象美。拿三年级的"除数是两位数的除法"为例，繁琐的计算过程，教师利用简单的"商、乘、减、比、落"5个字，就帮助学生总结了笔算除法的算法，使学生感受到数学的简洁美。

2. 根据学生实际情况施教美育教育

教育中的种种问题，如：不理解抽象知识，缺乏综合分析问题的能力，这些都会成为学生接受美育教育的困难点。所以教师在数学教育中应从不同学生各自情况出发，针对其在美育学习方面的不足，结合实际教学中的需要，对小学生展开美育教育。例如：在数学学习兴趣方面，学习成绩优异的学生的学习兴趣要远远高于后进生，这就需要教师分层进行美育教育的思考与设计，这样才能够保证小学数学的美育教育取得良好效果。

（二）精心设计教学活动，让美育教育走到学生的身边

1. 挖掘数学本质，欣赏数学之美

数学作为一个重要的学科，以它的方式彰显着独特的美。数学中的图形、结构和形式，定义、公式、法则、符号以及运算推理等无不彰显着数学中美的要素。这就需要教师在课堂教学中遵循数学学科的本质特征，借助数学教学中体现美的平台和美育因素，更加生动、鲜活地彰显数学的对称美、符号美、想象美等特征，引领学生融入美的广阔空间，领略、欣赏数学中的美。

如：在《轴对称图形》的学习中，便可以让学生观察、感受生活中的轴对称现象，如中国剪纸、脸谱、中国建筑等，从数学角度感受其对称美，激发学生的审美欲望，使对称美所具有的文化特性浸染学生的心灵，以达到"以美启智，寓智于美"的教育目的。

2. 开展实践活动，体验数学之美

对数学美的教育如果只停留在欣赏层面是远远不够的，在小学数学教学的美育中引导学生实现对数学美的追求，更要使他们逐步体验到数学之美，从直觉体验到知觉认知，再从知觉认知到理解感悟，从而真正让孩子领悟到数学美的真谛。因此，小学数学教学中美育的渗透应以开展数学美育实践活动为基础平台，让学生在实践中体验到数学的神奇魅力，从而获得更为真实的审美体验。

比如：在《除数是两位数的除法应用题》的教学中，我设计了如下图的实践活动来开展数学美育教育，学生在正确解决问题后脸上纷纷露出喜悦之情。像这样，

通过实践活动的开展把教学内容与实践生活有机结合，让学生感受数学和生活的密切联系，同时更深刻地体验到数学的应用之美。

3. 掌握内在规律，创造数学之美

小学数学教学实践中美育的渗透，教师往往采用"从感知到体验再到创造"的规律去实现美育。因此，数学美的创造是数学美育工作的深化。在教学中教师应尽量给学生提供创造美的契机，从而在创造的过程中学会用数学的眼光、数学的思维和方法观察生活、感受生活、体验生活，体会到创造美的价值，从而达到数学审美的最高要求——应用数学美和创造数学美。

比如：在"年月日"单元的学习中，可以让学生将学到的年月日与正方体知识相结合，动手制作"活动日历"。在《找规律》的学习中，通过发现的规律设计美丽的花边等，都是对美的深化。

（三）用心评价课堂生成，让美育呵护学生、激发兴趣

教师对学生美的评价语言，是联结师生之情的纽带，是引发学生积极向上的动力，美的评价语言不但保护了学生的自尊心，有时还将成为学生成长的精神养料。美的评价语言所体现出的是一种师生间、生生间的和谐、温馨之美。

比如："你的进步值得所有人向你学习！""你与众不同的想法说明你是一个非常善于思考的孩子！""你对同学肯定让老师看到了你的友善"……类似这种肯定的、激励性的语言，让学生听了精神抖擞，干劲倍增，让心灵得到浸润，体验了审美的情感。

总之，美育教育在小学数学教学中的贯彻与落实是一项重要、系统且长期的工程，绝非一朝一夕之功，还要有很长的路要走。身为教师的我们一定要真正地从学生的实际出发，在不断提升自身素养以及对美育认知的同时，找到两种课程结合渗透教学的合理切入点，才能促进美育和数学教育的更好的融合，让数学课堂处处闪耀着美的异彩。

戏剧表演燃起学生参与英语课堂的热情①

宋 颖

摘要：义务教育阶段的英语课程具有工具性和人文性双重性质。就工具性而言，英语课程承担培养学生基本英语素养的任务。就人文性而言，英语课程承担着提高学生综合人文素养的任务。戏剧作为文学体裁中的一种形式，通过舞台说明、台词及人物表演来体现人物性格，塑造人物形象，讲述一个故事。在英文学习中，学生们在戏剧情景中快乐地表演不仅可以提高英语水平，更有利于了解外国文化，培养团队精神，增强自信，从而真正实现学生综合语言运用能力的提升，体现语言跨文化交际的作用。另外，戏剧作为一种多学科艺术与英语课堂的有机结合，不仅给了具备英语强项的学生展示的机会，更让其他学科的特长生找到自信。

关键词：戏剧表演；英语学习；能力发展

《英语课程标准》中指出：义务教育阶段的英语课程具有工具性和人文性双重性质。就工具性而言，英语课程承担培养学生基本英语素养的任务，即学生通过英语课程掌握基本的英语语言知识，发展基本的英语听说读写技能，形成用英语与他人交流的能力，为今后继续学习英语和用英语学习其他相关科学文化知识奠定基础。

就人文性而言，英语课程承担着提高学生综合人文素养的任务，即学生通过英语课程能够开阔视野，丰富生活经历，发展跨文化意识，促进创新思维，形成良好品格和正确价值观，为终身学习奠定基础。如何从枯燥的句型操练中摆脱出来，建立起真实交际，视野开阔，思维创新的多元英语课堂？戏剧引入课堂恰恰是个好方法。戏剧教育在少年儿童阶段是注重通过戏剧活动来使他们形象化地认识世界，熟悉生活，并通过实践来对各种戏剧技能培养感性认识。

主体教育论和发展性心理学认为，学生的学习是一种选择性学习、实践性学习、社会性学习、创新性学习，是一种主动运用学习策略的活动。教师作为教学活动的主导，以教学的内容、方法和管理等因素共同构成了学生的学习环境，而学生

---

① 本文的获奖情况：北京市一等奖。

就是在与这种环境的互动中来完成学习任务的。因此，通过教师的教学活动，激发学生的学习动机，提高学生主动学习的能力，使学生乐于学习，善于学习，对学生的终身学习都将会有重要的影响。英语戏剧表演是许多英语学习者十分感兴趣的活动形式，也是一种有效的英语教学手段。戏剧表演应用于英语教学是以学生为中心的交际教学法的要求，是培养学生艺术欣赏能力和表现能力的有效途径。

一、戏剧表演引入英语课堂，构建和谐的课堂氛围

营造浓厚的英语氛围，培养学生学习英语的兴趣和主动学习的习惯，使学生从小掌握正确的读音，良好的语感，初步的语言交际能力是小学英语教学热点和核心。因此，转变传统的教育观念，为学生营造一个平等、民主，充满想象、充满乐趣的课堂氛围是发展学生个性，培养学生主动学习习惯的保证。在良好的课堂氛围中，学生在从事某项学习活动时，有足够的安全感，敢于大胆地参与活动，展现自我。戏剧表演中，夸张的动作和表情，多变的声音和语调就给孩子创设了这样的展示舞台。

（一）戏剧表演，帮助英语课堂建立良好的师生关系

良好的教学氛围是以良好的师生关系为基础的。在小学生的眼中，老师是可敬的，往往会产生敬而远之的心理，这就给学生参与活动造成了心理障碍。戏剧表演的形式则可以消除师生间的距离感，在戏剧表演中，教师不再是高高在上的指挥者，而变成了*The Emperor's New Clothes*中大腹便便的国王，*Jack and the Beanstalk*中蠢笨的巨人。角色扮演带领孩子全情投入到故事当中，学生可以尽情地充当故事中的智者，指着老师大喊"Stupid man""I will kill you"……对于初学英语的小学生来说，良好的师生关系尤为重要。这种良好的关系有助于学生形成健康的心态，充满信心地参与到学习中来，而戏剧表演的形式恰恰是建立这一良好关系的最有效途径。

（二）戏剧表演，营造活跃的教学氛围

活跃的教学氛围能激起学生参与学习的热情，对学生自主学习具有推动作用。在大家面前表现自我，展示自我是每个孩子的天性。英语课堂上的戏剧表演给孩子搭建了这一展示平台。每一次表演环节的设计，我都会根据孩子的特点设计不同的难度阶梯。孩子可以根据自己的情况选择"戏份多"或是"台词多"的角色，因此每到这一环节，"渴望"写满了每个孩子的脸庞，Let me try! Let me try! 的呼声此起彼伏。在这种氛围中，还有谁不愿意参与到学习中来呢？

二、戏剧表演创新教育课堂模式，为学生主动学习创造空间

学生有了参与学习的热情，还需要有参与学习的空间。如何让戏剧表演真正成为帮助孩子学习英语的良好课堂教学模式，而非仅仅流于形式，教师还需要在课堂教学的设计上下工夫。

（一）借助戏剧表演创设能动的教学情景

教师在教学设计时，首先应具有发挥学生主观能动性的意识，这样才会在教学设计中尽量多地创设有利于学生自主学习的情景，也就是说要注重活化教材。譬如 *Jack and the Beanstalk* 一课，这是一篇阅读课文，以叙事为主，基本没有人物对话，很难改编成对话形式的戏剧表演。于是我就这节课的表演环节设计为哑剧表演，我把适合表演的句子做成小纸条，学生通过抽签决定自己将要表演的内容。在表演的过程中，比一比谁的表演能让同学找到正确的句子或单词，谁的表演能让学生分辨出是文章中的哪一个人物，学生人人参与，兴趣盎然。无论是表演的同学还是抢答的同学，通过动作模仿与观察都深刻理解并记忆了本课的多个单词，很好地突破了本课的难点。再如：*Uncle Jack's farm* 一课中所涉及到的天气类单词比较多，笔者在授课前请学生准备了各种代表天气的头饰。在课堂上以小组为单位，一名同学当天气娃娃，其他同学进行相关表演"A：太阳娃娃。B：Is it going to be sunny？C：Yes，where are we going？D：Let's go to the park."。可以说，在情景的作用下，学生既有了自主的热情，又有了主动的机会，学习成了他们自身的需要。

（二）借助戏剧表演，进行语言实践，发展语言运用能力

培养和发展学生的主体精神，唤醒学生的主体意识，使学生学会做人、学会创造、主动活泼地、自觉地发展是对学生全面实施素质教育，是做到"减负增效"的重要途径，也是时代发展对教育工作的基本要求。《英语课程标准》中指出：教师应合理安排教学内容和步骤，组织多种形式的课堂互动，鼓励学生通过观察、模仿、体验、探究、展示等方式学习和运用英语，尽可能多地为他们创造语言实践机会，引导他们学会自主学习和合作学习。而戏剧表演这一学生喜闻乐见的形式在英语课堂上成为学生进行语言实践的园地。表演大大激发了学生的兴趣，更使课堂焕发勃勃生机。

1.通过戏剧表演，促进语言知识的理解

心理学家认为，学习动机是推动学生学习的直接动力，只有当学生喜欢学、要求学，有迫切的学习愿望时，才能积极地投入到学习活动中去。英语教学中，我

们常常会发现，有些单词带着学生读了又读，背了又背。可是还有学生不明白含义。这往往是因为孩子们没有真正地去主动学习和记忆。在讲授 *The Emperor's New Clothes* 这篇阅读短文时，孩子们为了将自己饰演的角色表现得更加活灵活现，想尽一切办法对自己进行装扮：Tailors带上眼镜，脖子上挂起量衣服用的尺子，手里拿着自己制作的大剪刀；The Emperor头戴生日帽，系着大披风；Ministers手拿玩具佩刀，威风凛凛地站在前面。生动有趣，惟妙惟肖的人物形象帮助他们很快记住了tailors，The Emperor，ministers这些很生僻的单词。戏剧表演为学生提供了看、听、说、演的多维体验，从而帮助学生很好地掌握了语言知识。

2. 通过戏剧表演，促进学生语言技能的形成

语言技能是语言运用能力的重要组成部分，主要包括听、说、读、写等方面的技能以及这些技能的综合运用。戏剧表演对于学生听、说能力的提升作用是显而易见的。而读、写能力的培养我主要是通过引导学生进行简单的剧本创编来实现的。还是以 *The Emperor's New Clothes* 为例。短文中有这样一段话：The Emperor didn't like to go fishing. He didn't like to ride horses. He didn't like to visit farms. He didn't like to read or write either. 为了能帮助学生更好地理解这段话，笔者提议大家来演一演，起初孩子只是能说出：I don't like to go fishing……。实现了简单的人称替换。我提示这样还不够生动，能不能以大臣们和国王的对话形式来体现呢？学生很快想出了："Oh，my Emperor，shall we go fishing？"通过这样有趣的剧本创编，孩子们很好地理解了"Shall we …？"句型的使用情境。虽然实际上孩子们仅仅是进行了简单的句型替换操练，但是这一过程在戏剧表演的过程中完成，让孩子们充分体会到学习语言的实际意义，感受到操练语言的快乐。

3. 通过戏剧表演，促进学生综合语言运用能力的发展

义务教育阶段英语课程的总目标是：通过英语学习使学生形成初步的综合语言运用能力，促进心智发展，提高综合人文素养。而为了达到这一目标，课堂上教师就应创设任务型的语言教学途径。在以戏剧表演为任务的学习方式下，组内同学有了共同的学习动机，并根据自己的性格特点，优势特长，挑选角色，分担任务。为了最终本组同学的光荣绽放而相互鼓励，取长补短，力争最优。在这个过程中，教师作为任务的布置者与指导者，可以通过"表演梦之队"的评选对各组成员在角色分配、语言表现、形象表演等方面进行评价。小组内可以再根据教师的评价调整分工，改进提高。在这样的不断完善不断进步中，渐渐掌握各种学习策略，实现综合语言运用能力的发展。

三、戏剧表演，促学生综合人文素养的提升

就英语课程的人文性而言，英语课程承担着开阔视野，丰富生活经历，形成跨文化意识，增加爱国主义精神，发展创新能力，形成良好的品格和正确人生观和价值观。

一部完整戏剧的精彩呈现，一定是音乐、美术、舞蹈、语言……的完美结合。因此，戏剧筹备的各个环节我们应大胆地让学生参与进来。当学生们将一部英语剧呈现出来时，他们也绝不仅是在英语方面有所提升。什么样的音乐能够彰显快乐的气氛？什么样的音乐能够彰显悲伤的气氛？什么样的音乐能够彰显紧张的气氛？这些都在孩子们的搜寻与争论中尘埃落定。什么样的服装和道具最能体现人物的性格特点，是可以就地取材，还是需要自己创造，学生们也总能找到最佳方案。因此，英语课堂上的戏剧表演不仅给了具备英语强项的学生展示的机会，更让其他学科的特长生找到自信。

当然，戏剧表演对学生正确人生观、价值观的形成的作用也是不容小觑的。别林斯基说过：戏剧能把已经发生的事件表演成为仿佛现在正在读者或观众的眼前发生似的。它有舞台性、直观性、综合性、观众参与性等特征，其中最为重要的就是观众参与性，演员能够直接与观众进行面对面的情景交流，通过相互心得的交流直白地体现了戏剧在大众生活中的地位与价值。在这个过程中，学生能够更深刻地明白什么是真善美，什么是假恶丑。

以上是我在英语教学中将戏剧表演引入课堂的一些做法和感受。戏剧表演作为一种有效的任务型英语教学方式，虽具有很多优点，但就如其他的教学方法一样，不一定适合每一节课都使用。因此，我们在课堂上一定注意避免为用而用的现象，充分考虑教学内容和学生实际，将戏剧表演这一形式正确、适时地引入课堂。

"剧"时代 让美育充满无尽想象 不再有围墙[①]
——在戏剧中绽放数学魅力

张 冉

摘要： 戏剧教育是多元艺术教育的最佳整合工具，是重要的综合艺术教育课程，在新时期学校美育工作中也发挥了越来越积极的作用。本文结合自身的实践探索和对数学学科的认识，挖掘数学课程中的美育元素，通过戏剧呈现，加深学生对知识理解的同时，以形象为手段，以情感为核心，让孩子们感受到了数学的魅力，具有欣赏美和创造美的能力，浸润美的品格、美的素养。

关键词： 戏剧教育；美育；数学课程

2020年10月，中共中央办公厅、国务院办公厅联合印发了《关于全面加强和改进新时代学校美育工作的意见》，明确要求学校美育课程以艺术课程为主体，将戏剧列入艺术课程体系中，并要求开足开齐各类美育课程。戏剧除了有利于学生的个性发展、同理心的培养、自信的养成、创造力的激发、领导力和沟通力形成等，更重要的是，它还是一种促进学生学习和感知世界的方式，可以充分地应用于课程教学、训导工作、辅导矫正治疗等多方面。老师可选择课程内某一事件或概念，设定环境、人物后，让学生以角色扮演。

随着"双减"政策的落地实施，更加关注孩子在学习中的兴趣、体验、情绪，关注孩子的表达能力、合作能力、解决问题能力，关注数学学习对孩子的价值和意义，这也进一步激发了笔者进行戏剧化数学课程建设和进行戏剧化数学教学的念头。

一、小学数学课程和教学的戏剧化

所谓小学数学课程和教学的戏剧化，是指借鉴创造性戏剧艺术的原理和表现手法，运用戏剧的一些技巧，在教师有计划的引导与架构之下，师生一起对小学数学

[①] 本文的获奖情况：北京市一等奖。

的课程和教学进行戏剧化的艺术加工，使数学的课程内容、学习活动等，具有戏剧性的动作、冲突、情境、意象、场面等元素，产生像戏剧一样的效果，并以创造性戏剧、即兴演出、角色扮演、模仿、故事、偶戏、哑剧和游戏等方式进行演绎的课程建设方式和数学学习方式。

简言之，就是戏剧化地编织小学数学课程，让学生戏剧化地进行数学学习。

二、小学数学课程和教学的戏剧化可行性和现实意义

美国著名的脑科学家詹森的研究表明：戏剧表演可以激活人脑前庭、加速脑皮层成熟、促进情绪管理和控制。人脑前庭控制着运动和阅读，戏剧表演中的肢体动作能充分刺激前庭，将前庭激活，从而使得学生获得注意力和阅读能力的发展。而人的阅读、数数、说话和问题解决能力都和皮层系统的成熟度有关。戏剧艺术能引发面对面的相互作用，需要孩子控制情感、表达语言和非语言的请求、控制自己说话的态度、识别他人的情感、化解矛盾等，能够消除恐惧、悲伤和攻击性，继而促进孩子基本的社会和情绪技能的发展。

戏剧的引入对数学课程和数学教学也有很重要的意义：师生在对数学内容和数学活动戏剧化的过程中，必然会对要学的数学内容更为专注，会更自觉、更积极地对相应的数学情境进行想象，并试图用各种方式进行表现，自始至终会对数学活动的进程（即思维过程）进行深入的思考、揣摩和解读，并努力把它外化为表情、动作、道具、角色、语言、环境、故事或游戏组成的戏剧情节、戏剧冲突，进行推进。这无论是对表演者还是"观众"，都能起到激发学习兴趣、增强数学情感、增加互动参与、加深学习体验、深化"数学思考"、提高数学的表达和沟通能力、促进实践和创新的作用。

同时，戏剧化的数学活动，大大丰富了学生间的数学话题，增加了人与人之间的交往、沟通和互动，也润泽和加深了学生之间、师生之间、学生和数学之间的关系和感情，有利于生生、师生间良好的人际关系以及学生喜欢数学的感情。这样的熏染，也增强了学生的"戏剧化"意识和能力，使孩子成为更加"灵动、丰富、幽默"的人。

三、小学数学课程和教学的戏剧化的分类

依据目前的实践研究，我从以下五个维度对小学数学课程和教学戏剧化进行了分类。

（一）按照戏剧的规范程度分为正式微型数学戏剧和非正式戏剧（自然生成的课堂戏剧）。

（二）按教学功能和时序分为戏剧化预习、戏剧化探索和戏剧化复习。

（三）按照教学内容分为认识数的戏剧、计算的戏剧、量与计量的戏剧、空间图形的戏剧、统计概率的戏剧。

四、我的实践

正式戏剧和非正式戏剧是小学数学课程和教学戏剧化的最基本分类，下面就以这种分类方式介绍我的几个实践案例。

（一）正式戏剧（微型数学戏剧）

所谓正式戏剧，是将教学中的重点和难点都用微型戏剧的方式呈现，预先设计，编好剧本，准备相应的道具，布置专门的场景，相对规范、完整地进行编排，并由师生分担角色排练和正式演出的数学戏剧，起到"角色认同"和身临其境的"真实"效果，让学生在浪漫又理性、真切而浓烈的氛围中深度投入、深度参与、深度理解、牢固掌握。

【案例1】在"0的运算"一课中，我将学生易错的加、减、乘、除，编成了情景剧：在数学王国里，0大摇大摆地走在路上，骄傲极了，因为他觉得自己至高无上，地位无人能取代，"我可是数字里的老大，我乘谁或除以谁，都得我，哈哈哈，看他们谁敢对我不尊敬……"说着，撞上了迎面走来的小伙伴，不禁质问道"你，你知道我是谁吗？居然敢撞我，我要把你变成0，变！"说着，就把对方变成了0，"怎么样，知道我的厉害了吧？看你下次还敢不敢轻视我！哼！"把对方变成了0，0得意极了，看到对面走来的小伙伴，本以为他们会向他恭恭敬敬地鞠一躬，可是没想到他们只是跟他招了招手，0心里愤怒极了，一下子挡在了他们面前，质问他们："你们在我面前，怎么敢如此放肆，知道我是谁吗？""你不是小0吗？""小0？我怎么是小0？""你看看，我们加你或减你，结果还是我们自己，你说你是不是一文不值？"0无力反驳，只能看着他们走远。留在原地的0，疑惑极了，它到底是什么身份呢？谁能帮帮他。数学王国里的数字们你一言我一语，其实每个人都是无可替代的，都有自己的作用，0遇加减法时，都得原数，0遇乘除法时，都得0。

【案例2】在学习"负数"前，编排《数字王国新朋友——负号》，进行导学：0为了能让自己扬眉吐气，设计邀请运算符号与数字比大小，在比大小的过程中，逐一介绍出他们的运算结果，利用比大小，引出负数、介绍生活中的负数，并进行知识拓展，同时引入刘徽和《九章算术》。

"0"在思索："数字王国中没有最大的数，他们都说我是最小的数，哼，才不是呢，我得让他们好好长长见识，瞧我的~~~"（＋、－、×、÷上场）

"0"先美言几句："四位大哥，你们可是咱这数字王国里的霸王，权利大极了，我可羡慕你们了，而我呢？可是最不起眼的小弟了，谁都笑话我，欺负我，我苦恼极了，大哥们能否帮帮我，提高提高我的地位？"

"＋、－、×、÷"异口同声："我们忙得很，不要有事没事就找我们。"

"0"开始使用激将法："可是他们不仅笑话我，还笑话你们呢。在胡同口，我听到有人在说你们的坏话，他们说"＋"号大哥虽然是你们之中的老大，但还不如乘号和除号大哥厉害，在混合运算里，还不是得先算他们。"

"×、÷"互相吹捧，"÷"："夸你呢，夸你呢。"

"0"："这还不算完，他们还说'×'号大哥也就是稍稍强了那么一丁丁点，要是没有乘法口诀这个帮手，根本一点作用都没有！"

"÷、－"互相对视，"÷"："嘿嘿，看来这要说大嘛，还得是咱哥俩。"

"0"："我也是这么说的啊，可您猜怎么着，他们居然说您二位只会帮倒忙，减少他们的数值，还说你们都是故意的，不安好心！"

听得他们几个兄弟勃然大怒，说："有人敢说我们坏话，多亏你告诉我们，你这口恶气大哥们帮你出定了"。

"－"气汹汹地说："哪个小子在背后说我们坏话？给我站出来"

数字1站了出来："你们就是不厉害嘛，不服的话，你们敢跟我比比吗？"

"＋"："你还挺勇敢，那我们就比试比试。"

"＋"：坏了，以往我在比赛时，随便抓一个数字加起来都比原来大，总能赢，可今天，我身边只有"0"，"0"跟哪个数字相加还是原数，这可怎么办啊？老二，你上。"

"×"："我，我，跟0乘还得0。咱还是撤吧，看来咱们今算是遇到对手啦。"

"0"想，机会来了，不甘示弱，对1说："你有本事就把我放在减号前面，咱们再来比试比试。"

"1"说："行，不过要是再胜了，你们就别再烦我们了。"

可是得到的这个数谁都不认识，"－1"，互相你看看我，我看看你，决定找数字王国里最智慧的刘徽老人去评评看。

"1"："刘徽爷爷，你撰写过我国古代最重要的数学专著《九章算术》，您最博学了，快来帮我们看看，这个和我长得很像，但是好像又有什么不同，前面有一个减号的数到底是什么啊？它大吗？"

刘徽："别急，听我慢慢讲给你们听，据古书记载，计算过程中遇到相反意义的量，我们要用正数和负数来区分他们，负的越多则越数越小，比如，电梯，负的层数越多，实际上越低，我们离地平线越远。刚刚你看到的是负1，它是最大的负整数。"

经过这样的表演，孩子们对正负数有了深刻的认识，想忘都忘不了！

（二）非正式戏剧化

长期地运用"戏剧化"的方法与元素，学生的"戏剧化"能力越来越强，"戏剧化"的意识和能力也越来越强。学生开始自觉地对数学现象进行戏剧化的解释和演绎，即兴制造了很多"戏剧化"事件。

【案例1】肢体表演

在学习《角的分类》一课时，学生们发挥小组学习的作用，互帮互助，为了帮助同组小伙伴更好地记忆知识，孩子们充分发挥想象力，将一个个角逼真的比作了形象各异的人：直角的两条边互相垂直，像一位大臣端端正正地站着，所以把直角比作大臣；锐角的一条边向里倾斜，像一位侍从恭恭敬敬地站着，所以把锐角比作侍从；钝角的一条边向外倾斜，像一位国王躺在王座上，所以把钝角比作国王；平角的两条边在一条直线上，像柔术高手下叉，所以把平角比作柔术高手；周角的两条边重合在一起，像一对分不开的连体兄弟；所以把周角比作连体兄弟。原来角还可以用身体来表示，单调的数学知识原来可以通过言语和身体的四肢结合来学习。这样有趣的记忆方法，不仅激发了学生们的兴趣，也强化了他们对知识的记忆。

【案例2】自编自演

学习"验算有余数的除法"时（370÷3=123……1），学生借鉴原来演过的"我当酋长来分钱"，当场即兴创作和表演了"要债"这个小品。

学生先重复了"我当酋长来分钱"的剧情，讲清楚了370÷3数式中的每个数和每一步的含义。然后骤然一转，进入表演状态："我用分钱的方法把这个题目研究清楚了，回到家一想，坏啦！我是为了理解除法分着玩的，怎么把钱真的给他们了呢？"于是，他急急忙忙地赶回来，向分到钱的3个同学要回分掉的钱，每人交给他123元，并解释123×3得到的369是他分掉的钱。接着，他故意制造戏剧冲突，惊讶地大声呼喊："不对啊！我原来是370元，你们怎么少给了我1元？"那3位同学自发地配合他的表演，露出冤枉的表情，摊开双手解释道："余下来的1元你没有分给我们，你装自己兜里啦。""哦，想起来了，不好意思，我忘了，分掉的369元加上余下的这1元，正好是370元。"

这个即兴小品让全班学生深刻地理解了验算每一步的算理和现实意义，收到了非常好的学习效果。

学生能自编自演，并能这样自由进入表演的状态，是很让人欣慰的。正所谓"一切艺术都是为了一种最伟大的艺术，即生活的艺术"。数学本身和戏剧其实都是关照现实，表现生活，让学生学会辩证地认识生活、学会生活，即数学地生活、艺术地生活。"剧"时代，让我们找好美育元素和教学内容的契合点，让美育不再有围墙，在戏剧中绽放数学魅力，培养学生的思维品质，为学生的思维插上翅膀，飞翔在祖国需要的地方，为繁荣昌盛的中华民族伟大复兴而添砖加瓦！

基于体育学科核心素养在小学高年级篮球教学中
应用表现性评价实践思政教育①

祁永红

摘要： 表现性评价是注重过程、关注学生发展的评价，在体育教学中起来越受到关注和重视。为进一步落实学校《构建美育新格局　探究思政教育新途径》的课题研究工作，结合体育与健康学科课程学习的核心目标，本文重点围绕在高年级体育篮球特色教学中运用表现性评价对学生进行思政教育，构建基于体育学科核心素养篮球教学发展评价指标，确定篮球单元高年级表现性评价学习标准，针对性地挖掘篮球教学中的美育教育内涵，设计并实施大单元教学，对学生进行思政教育的教学实践。

关键词： 体育学科；核心素养；篮球教学；表现性评价

一、研究背景

我校《构建美育新格局 探究思政教育新途径》的课题，提出具体目标。

（一）坚持学校播撒阳光办教育理念，通过国家级课程、综合素养课程、社团课程、社会实践活动课程建设，凝练学科素养，形成学校美育格局。

（二）以践行社会主义核心价值观和立德树人为根本，积极探索在美育教育格局下的思政教育内容、方法与途径，以传承中国传统文化"孝、礼、信、仁、智、义"。依托课程育人目标，通过学科教学，形成有序列、有层次的学生培养目标及评价要素。以国家课程标准为依托，以学科特点、学生认知发展规律为切口，联动多学科，挖掘思政教育内容、扩大思政教育实施途径、丰富思政教育供给资源，让各个学科全面参与思政课程。

体育与健康学科素养是学生发展核心素养的重要组成部分，是学生在体育与健康课程学习过程中形成的基本知识、技能、方法及其情感、态度、价值观的综合表现，集中呈现了体育与健康学科独特品质和关键能力。2018年1月，教育部印发

---

① 本文的获奖情况：北京市一等奖。

《普通高中课程方案和语文等学科课程标准（2017年版）》，在学科标准中，明确了体育健康的核心素养：运动能力、健康行为、体育品德。

从体育学科的视角，使"核心素养"落地，体育课堂学习评价的体系构建和导向非常重要，同时它是学生通过体育学习后形成能力和品格的关键环节。"对学生核心素养评价标准的建立必须要考虑到学生持续、全面发展的要素，对其进行过程性、发展性评价"（彭小念，2016）。

表现性评价是指在某种特定的情境当中，对某人使用各种各样的知识和技艺进行的表演或制作完成的作品直接进行评价的方法。表现性评价运用在体育教学中就是让学生通过实际的表演、展示，根据该学生的各种行为表现直接判定其学习能力的评价方式。表现性评价最主要的目的不是为了甄选和淘汰，而是为了使教师获得对学生学习能力现状的把握，并且能够将这些信息灵活运用到接下来的教学指导和以学生为主体的学习活动当中去。表现性评价是注重过程、关注学生发展的评价，在体育教学中越来越受到关注和重视。

我校六年级学生经过几年的篮球特色教学，对篮球活动有较浓的兴趣，并且有较好的篮球基本技能。但他们同样具有小学高年级学生的年龄特点和心理特征。由于独生子女较多，日常表现出集体荣誉感不强、不善于合作、畏惧困难等特点。小篮球运动在运动能力上要求更高、更快、更强；在运动技能上要求熟练、全面、独特；在技战术运用上要求快速、准确、灵活、多变、实效；在教学组织上要求更有针对性、更符合小学生的年龄特点和学习要求。小篮球比赛活动是智慧的较量、技战术的抗衡、身体的对抗和毅力的比拼，攻守对抗激烈且变化多端，同时富有对抗性、协同性、多元性、观赏性等特点，兼有健身、益智、娱乐、教育等多种功能。所以，应在六年级实施基于体育学科核心素养的小学篮球教学中应用表现性评价进行思政教育，具体实施过程如下。

二、梳理篮球教材 建立表现性评价资源库

（一）小学篮球教材分析

小学篮球贯穿小学3个水平（详见表1），教学内容呈现螺旋上升、逐层递进的特点。以人教版2012—2013教育部审定各年段全一册教材为例，进行篮球教学内容的梳理并进行分析。小学阶段的篮球教学以较为简单的基本技术为主，从多采取游戏形式进行单项或多项组合综合技术教学，逐步过渡到运用简单规则的教学比赛活动，为初中进一步学习、巩固和提高篮球基本技术、简单战术奠定基础。

表1　小学篮球教学内容分析

年段	目标	教学内容	核心内容	拓展内容
1至2年级	1. 通过游戏的形式，使学生获得篮球活动的简单知识，熟悉小篮球的球性特点 2. 初步学习和掌握小篮球的抛接、拍运、传、投等简单方法和技能，感受活动的乐趣，发展身体灵敏、协调、速度和力量素质，促进内脏器官机能发展 3. 培养学生认真活动、刻苦锻炼以及团结协作的良好作风和行为习惯	1. 抛接球 2. 原地多种姿势拍球 3. 原地拍球比多 4. 投活动篮游戏	1. 抛接篮球 2. 以拍球为主，熟悉球性练习	1. 各种方式的抛接篮球小游戏 2. 多种形式的拍球小游戏 3. 拍球与抛接球组合的小游戏 4. 拍球与投篮组合的小游戏
3至4年级	1. 能够说出小篮球的动作名称和术语 2. 初步掌握小篮球原地和行进间运球、原地双手胸前投篮的动作方法，并能够在游戏和比赛中运用 3. 发展速度、力量、灵敏、协调等身体素质和对球体的感知能力 4. 表现出对小篮球学习、游戏及比赛的兴趣，能够在学习、游戏及比赛中与同伴友好相处，遵守规则，初步具有勇于克服困难的优秀品质	1. 原地运球 2. 行进间运球 3. 原地双手胸前传接球 4. 原地双手胸前投篮 5. 发展小篮球活动能力的练习与游戏	1. 原地运球 2. 行进间运球 3. 原地双手胸前传接球 4. 原地双手胸前投篮	1. 各种方式运球小游戏 2. 行进间运球与投篮组合游戏 3. 行进间运球与传接球、投篮组合的游戏 4. 多人合作篮球游戏
5至6年级	1. 能够说出小篮球的动作名称和术语，了解小篮球运动的基础知识，了解其锻炼价值及简单的比赛规则 2. 初步掌握和巩固小篮球的基本技术，并能够在篮球游戏及比赛中综合运用，提高学生的速度、力量、灵敏、协调等身体素质，发展学生体能 3. 学生能够积极主动参与小篮球的练习、游戏及比赛，并能体验小篮球活动的乐趣，表现出承受挫折、勇于克服困难的意志品质及尊重对手、遵守规则、服从裁判的优良品质	1. 移动：侧身跑、变速跑、变向跑 2. 行进间双手胸前传、接球 3. 体前变向换手运球 4. 单手肩上投篮 5. 发展篮球活动能力的练习与游戏	1. 基本移动技术 2. 行进间传、接球 3. 行进间单手投篮 4. 体前变向换手运球 5. 篮球游戏	1. 移动练习游戏 2. 行进间运球与传接球、投篮组合游戏 3. 行进间单手低手投篮 4. 简单篮球比赛

（二）结合学情分析，基于学科核心素养构建篮球教学学生发展核心素养评价指标

小学篮球教学以简单运动技术和游戏为主要学习内容，小学生对篮球的学习兴趣都比较浓，低年级的学生看见球就想拍，中高年级特别是男生有较强的参与篮球

比赛的欲望，对于学好、练好篮球技能有一定的心理需求。经过学习参考李健老师的《核心素养背景下体育课堂学习评价体系的构建》，努力将小学篮球教学内容融入课堂评价体系，构建基于体育学科核心素养篮球教学发展评价指标。

表2　发展学生核心素养的小学篮球学习评价的可操作指标

二级指标	操作指标	检测内容与方法	等级		
1.体能 2.知识与技能	1.体能： （1）健康体能（心肺耐力、柔韧性、肌肉力量、肌肉耐力、身体成分） （2）运动体能（运动中的速度、耐力、灵敏、协调、平衡） 2.知识与技能： （1）知识 （2）技能	1.体能： （1）健康体能：1分钟跳绳、1分仰卧起坐、50米×8 （2）运动体能：30秒原地高抬腿跑、纵跳摸高 2.知识与技能： （1）知识：原地运球、双手胸前传接球、单手肩上投篮等篮球动作方法或动作要点 （2）技能：对原地运球、双手胸前传接球、单手肩上投篮等篮球技能进行技评 说明： 各学段结合教学内容进行体能、知识与技能的测评	优	良	需努力
1.学习态度 2.学习活动中的表现 3.健康行为的养成过程	1.学习态度：出勤 2.学习活动中的表现：积极主动参与运动 3.健康行为的养成过程：课堂规范、课堂管理、自我安全的保护意识和能力	1.学习态度：考勤可学生记录和教师记录相结合，培养学生自我管理能力以及自我评价能力 2.学习活动中的表现：篮球学习活动中积极参与；同伴之间对篮球学习活动中的表现进行互相评价 3.健康行为的养成过程：篮球学习活动中学生对篮球课堂教学常规地和篮球游戏、比赛规则的遵守情况，以及文明观赛的行为表现；篮球活动中有自我保护的意识；课余时间喜欢玩篮球、想加入篮球队训练 说明： 依据篮球教学活动，结合教学目标和教学情境进一步设计评价标准和实施方法	优	良	需努力
1.情绪调控 2.自信 3.合作意识和能力	1.情绪调控：体验体育活动对情绪的影响 2.自信：运动情境中的表现 3.合作意识和能力：学习活动中与同学间和教师间的关系	1.情绪调控：篮球技能学习活动中，能够表现出刻苦努力，不论游戏和比赛活动中输或赢，都能够调控自己的情绪，并且在团队中表现积极的心态 2.自信：在篮球学习活动过程中，能够认真努力完成学习任务，游戏和比赛情境中表现自信、坚持，表现出克服困难的毅力和勇气；在课堂学习过程中，敢于向教师表达自己的观点和想法，敢于在团队中发挥自己的作用 3.合作意识和能力：篮球练习、游戏及比赛活动中，能与同伴相互帮助；在团队合作的情境下，能与团队成员共同制订战术策略、能够顾全大局；能积极投入到教师设计的学习活动中 说明：依据篮球教学活动，结合教学目标和教学情境进一步设计评价标准和实施方法	优	良	需努力

（三）结合表现性评价标准进行大单元教学设计

基于以上的研究与分析，确定篮球单元高年级表现性评价学习标准，为更好地达成评价目标，进行篮球内容大单元教学设计，并在实际篮球课程教学中实施。

表3　篮球单元5～6年级表现性评价学习目标

一级目标	二级目标	表现性评价学习目标
核心素养 运动能力	体能 知识与技能	通过迷你CBA的情境，学习篮球运球、传接球和投篮的运动技能和综合运动篮球技能得实战能力，发展身体速度、力量、协调、灵敏，提高运动能力
健康行为	学习态度 学习活动中的表现 健康行为的养成过程	在迷你CBA的情境活动中，表现出积极参与篮球活动，认真学习篮球技能，了解并遵守篮球比赛规则，并做到文明观赛，在活动中积极进行自我保护的健康行为习惯
体育品德	情绪调控 自信 合作意识和能力	在迷你CBA的情境活动中，学生能够表现出乐于参与、敢于拼搏的运动自信；在团队中能够与队友团结合作，顽强拼搏，并培养胜不骄、败不馁的体育精神

（四）课程实施思政教育效果与分析

1.欣赏篮球比赛提升爱国激情和团队精神

在篮球教学实施的过程中，在学生学习篮球技能时，组织欣赏中国男、女篮球队，特别是预选赛和世界杯等比赛中的精彩瞬间。通过欣赏比赛，可以在帮助学生建立正确的技术动作、战术意识的同时，让学生更多的感受到中国球员在比赛落后、比分焦灼时的拼搏精神，还有看台上一面面"五星红旗"飘扬的助威呐喊的爱国情怀。赛场上，无论队友进攻、防守成功或是失败，听到的都是队员之间的加油激励、相拥鼓励、击掌撞拳等动作，学生们充分感受到了篮球这项集体运动的魅力。

2.篮球游戏比赛养成遵守规则意识

我们培养的学生总要走向社会，社会需要自觉遵守各项规则和秩序的文明公民，所以在教学活动中要注意培养学生的规则意识，这也是体育教育的优势所在。在篮球教学中，通过运球接力、抢断球游戏、四角传球游戏等篮球游戏，学生会为了维护游戏的公平，主动按照游戏方法进行游戏，还会自主制订游戏规则和自觉遵守游戏规则。

在进行"三打三"简易规则游戏和模拟CBA比赛的过程中，学生会为了能够玩得起来、赛得公平，他们会自觉遵守篮球的二次运球、走步等规则，有时还会要求老师按照正规的篮球比赛规则，严格组织比赛，并在比赛中相互提示、互相纠正，从而自觉遵守规则，公平比赛。相信在游戏和比赛中能够遵守规则、养成规则意识的学生，长大后一定会在社会环境中也会自觉遵纪守法，自觉维护社会秩序。

3.学习篮球技能磨炼刻苦认真的意识品质

任何技能的掌握要达到运用自如，必须要经过运动技能形成的泛化阶段、分化阶段和自动化阶段，这是运动技能形成的规律，也是学生学会并掌握运动技能的过程。在泛化阶段也就是初学技能的过程中，学生必须要用眼、用心、动脑、动手才能够建立正确的动作概念和动作表象。例如：学生在学习行进间胸前传接球动作时，学生必须要反复观察侧身跑、传球和接球的动作，还要反复进行练习，才能使上下肢协调完成动作。在学会动作后，还会出现各种错误动作，进入到技能学习的泛化阶段。这时学生就需要在教师引导下运用各种教法和学法，通过老师和同伴的帮助纠正错误动作，从而改进动作形成规范正确动作。在技能形成的过程中，每一名同学都要在老师精心设计的活动中反复的练习，这个过程就是对学生意志磨炼的过程。

4.模拟比赛活动激发团队合作拼搏精神

在篮球比赛活动中，常看到我们的学生无论是男生、还是女生，都有摔倒了再爬起来，继续比赛的场景。学生正是在这样的对抗中磨炼了坚强的意志。这样的经历就是学生成长历练的过程，相信在漫长的人生道路上，不会再有障碍能阻挡他前进的脚步。

在比赛活动中，我们还看到了场上队员挥汗如雨的拼搏；场下同伴们的呐喊助威，篮球活动让学生团队为了共同的目标一起努力。在比分落后的时候，他们会从起初的相互埋怨，到后来的抱团加油，相互合作；在比分领先的时候，从开始的沾沾自喜，到有了经验后继续研究战术，及时调整，避免被反超。正是经历了这样的锻炼过程，挖掘了学生们的拼搏精神，形成了集体团队意识。

探寻"0"的奥妙 建"以美育人"的数学课堂①

陈 爽

摘要：数学本身拥有很多美的元素，同时也是认识美的基础。数学在形成人的理性思维、科学精神和促进个人智力发展中发挥着不可替代的作用。数学素养是现代社会每一个公民应当具备的基本素养。人们塑造美的作品和审美判断力的提高与数学素养的提升存在一定关系。本文从构建"以美育人"数学课堂的角度，围绕教学"0的认识"一课阐述了数学教学中的一些实践探索，从操作层面上总结了数学教学融入美育教育的方法：寻根溯源感悟数学的神奇之美；分析比较形成数学的审美观念；回归生活激发数学的创造之美。

关键词：数学美；以美育人；认识"0"；感受0的奥妙

一、问题的提出

"美"与生俱来带着真理的光环，数学之美曾使无数科学家倾倒，又使许多科学家在寻求数学美的过程中得到了创新的火花和思维的结晶。2022版数学课标指出：数学为人们提供了认识与探究现实世界的观察方式、理解与解释现实世界的思考方式、描述与交流现实世界的表达方式。它具有科学价值、应用价值、文化价值、审美价值。数学的系统性、对称性、简洁性以及在证明过程中想象和直觉都给创造者提供了高度的美学体验。数学本身是抽象的，严谨的，有很强的逻辑性。美学则给人带来轻松愉悦的心情、艺术的享受。从表面上看，数学和美学难以联系在一起，深入实质分析后却发现，数学活动中有许多美的因素，美学是数学的延伸，比如：探寻数学知识的起源，引入数学历史文化，激发学生的好奇心，探寻数学的神奇之美。调动学生学习的热情，营造和谐、快乐的学习氛围，引导学生乐于探究、合作、分享，不断体验成功，让学生真真切切地感受到数学的有趣、数学的用处，感受到学习的价值，建立学习的自信。让数学课插上"快乐"的翅膀，焕发出生命的活力，在数学课堂学习

---

① 本文的获奖情况：北京市二等奖。

中，学生主动的去发现数学美，欣赏数学美，创造美。

二、实践研究

（一）寻根溯源，感悟数学的神奇之美

哪里有数学，哪里就有美。从形式上看，阿拉伯数字"1、2、3、4、5……"书写形式变化有序，就像一串美妙的跳动着的音符。从其所代表的含义来看，数学的文字、符号带有数学语言的简洁与优美。教学"0的认识"一课，课前教师收集整理了有关"0"的起源与发展历程，制作了相关的微课，学生在观察欣赏的过程中，被创造"0"、应用"0"的传奇故事所震撼，感受到创新、发明的艰辛，同时更感受到小小0的背后有那么传奇的经历，人们创造了"0"为生产生活带了便捷和美好。

说起"0"，"0"的头上闪耀着许多耀眼的光芒，有一个人写了一本书叫作：《神奇的数字零》，书中记录了很多关于0的故事。

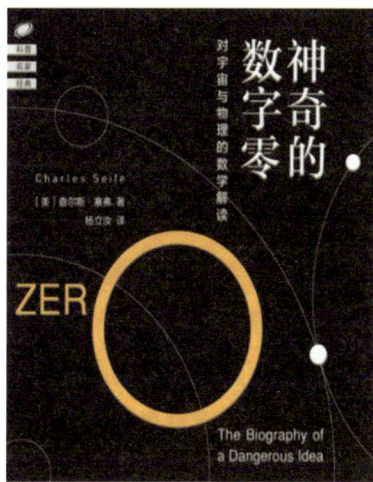

图1 《神奇的数字零》书影

数字"0"是个神奇的魔术师，"0"的发现被称为人类伟大的发现之一。"0"在我国古代叫作金元数字（意思是极为珍贵的数字），被罗马教皇认为是魔鬼数字。在公元前约2000年至1500年左右，最古老的印度文献中，已有"0"这个符号的应用，"0"在印度表示空的位置。有人认为，"0"的概念之所以在印度产生并得以发展，是因为印度佛教中存在着"绝对无"这一哲学思想。后来这个数字从印度传入阿拉伯，意思仍然表示空位。

我国古代没有"0"这个符号，最初都用"不写"或"空位"来作解决的方法。

《旧唐书》和《宋史》在讲论到历法时，都用"空"字来表示天文数据的空位。南宋时《律吕新书》把118098记作："十一万八千□九十八"，可见当时是用□表示"0"的，后来为了书写方便，将□改成为"0"形，与印度原先的意义相通。

零　零

图2　汉字"零"

汉字"零"，等于数字"0"。"零"的古字作"霝"，始见于商代甲骨文。"霝"的甲骨文是雨字头下有三个方块，代表雨点。后来演变为：上面为雨，下面为令。雨是怎么来的？是从天空中落下来的；令，就是让雨落下来的那股力量。所以，"零"不是消极的"一无所有"，而是充满活力的、积极的、让我们产生无限遐想的，离开它就不行的一个"精灵"。

（二）分析比较，形成数学的审美观念

学生的审美感受力，是审美感官直接对审美对象进行感知的能力。苏霍姆林斯基说："对所见所闻的观察、倾听和体验，犹如通向美的世界的窗口。"所以，教师在课堂上教孩子看到和感受到美，结合具体任务进行分析、讨论，能够形成比较正确的审美判断能力。在"0的认识"一课教学中，有指导学生正确书写"0"的环节。规范书写与美育可以完美地结合起来。数字书写教学，是培养学生感受美、探求美、领悟美和表现美的过程，在审美教育中占有重要的位置。教师语重心长地对同学们说："同学们，小小的0，有这么多的故事，在它的发明创造运用中甚至有人失去生命。再来看看它的字形，代表神秘的未知。我们能不能带着崇敬的心情来写好这个'0'啊？"同学们异口同声"能"，态度坚定。紧接着第一步：教师引导、示范，观察笔顺、书写感觉、仔细观察起笔、收笔、拐弯处所占日字格位置；第二步：学生自己练写；第三步：学生间的交流，同学们互评原则是先发现小伙伴的一个优点，再提一个小建议；第四步：课后自主练习；第五步：小竞赛展示优秀作业。

学生通过观察对比，大胆评价，共同探讨提升，动笔描画。学生写出了"圆圆滑滑像鸡蛋的0"，在这个学习的活动过程中，培养了学生审美感知能力。

（三）回归生活，激发数学的创造之美

数学知识永远和生活实际紧密连接。在认识"0的认识"一课中，有这样一个环节：寻找生活中的"0"。学生结合自己的生活所见，发现"0"的各种用途，学生们的发现超乎老师的想象。这个环节充分体现出还原数学知识的生活背景，把书本上的知识放在生活中来学习，让数学问题生活化。学生在描述自己的发现时，训练学生数学语言的表达美、逐步养成用数学语言表达与交流的习惯。创造美是学科教学与美育教育的最高境界。古人说得好：学以致用。教学活动中感知美、欣赏美；教学活动中发扬个性、提高兴趣、展现生命力、创造力。

三、收获与感悟

在数学课堂上落实美育功能。使学生感受到数学的神奇之美、简约之美、灵活应用之美……数学之美美不胜收！

（一）数学美，激发兴趣

数学课堂教学中，讲求贯彻审美原则，培养学生的审美能力并感知数学美。当学生发现数学确确实实是一个美的世界时，便会改变原本对数学的偏见，极大地激发学生学习的积极性。"兴趣是最好的老师"，兴趣是学生获得知识和能力的源动力，有兴趣才有渴求，有渴求才会进取，才会去主动发现数学美。

（二）数学美，启迪思维

数学课堂上挖掘数学丰富的内在美，面对数学问题，走进生活，启发学生思考如何表达主题、如何设计，辨析一个数学题的解法是否合理，除了有实践标准和逻辑标准之外，还有美学标准。课堂上落实情感目标，细节之处无处不美，有趣的数学活动，启迪思维。积极地思考是发明创造的源动力，引导学生感受数学之美，是我们数学教学所追求的目标。

（三）数学美，陶冶情操

爱美是人的天性。我们要让学生在美的享受中开启心灵，引起思想境界的升华。数学中的美育教育具有潜在的思想教育功能。教师充分利用生动的材料，营造优美、和谐、愉快的学习氛围，让学生按照美的规律，去发现、感受、鉴赏、创造美，增长知识，发展核心素养，构建有温度的美育课堂，使学生润育其中受到美的熏陶，陶冶情操。

我爱我的祖国①

李学农

一、教育背景

（一）教学理念：爱国主义是人们世世代代对祖国的一种深厚的感情，是"爱"的教育中的最高境界。美育教育是学校教育整体不可分割的一部分。德智体美劳全面发展的学生才是人格完善的学生。

（二）实践背景：苏霍姆林斯基说："爱祖国应该从爱妈妈做起。"对于一年级的小学生，爱国就是从身边的小事做起，从身边的人爱起，从身边的一草一木爱起。发现身边人物行为之美、感情之美、周围环境之美。从美的事物中找到美，就是审美教育的任务。

（三）学情分析：现在的孩子，生逢盛世，生活在和平时代，过着幸福的生活，一说到爱国，就觉得跟自己离得很远，不理解怎么做才是爱国。孩子见过太多好东西，自己需要的物质来得太容易，受到过太多人的关注，他们对身边的人和事的美好不敏感。

二、教学目标

（一）美育目标

通过采访亲人、邻居认真负责的工作态度和交往的友善行为，发现身边的人行为之美、感情之美；通过观察身边的景物，发现身边的环境之美。提高审美能力，培养正确的审美观。

（二）育人目标

1. 通过了解祖国知识，发现国旗国徽的设计之美，国歌旋律的雄壮之美。

2. 通过生活中的事例，引导学生在日常生活中发现身边的人行为之美，发现环境之美，引申发掘出其热爱祖国积极情感，对孩子进行爱国主义教育。

---

① 本文的获奖情况：北京市二等奖。

（三）前期准备

1. 参观、了解天安门。

2. 歌曲《我和我的祖国》《我爱北京天安门》。

3. 了解中国地图、国旗、国徽。

4. 采访身边的人物小故事。

5. 画一幅《美丽的祖国》。

三、教学过程

（一）情景渲染　歌曲导入

1. 教师出示天安门图片，播放《我爱北京天安门》歌曲。

2. 学生说一说自己去到天安门广场经历，看到雄伟的天安门的感受。说一说自己观察到的天安门之美。

3. 教师引导：天安门在祖国首都的市中心，是世界瞩目的建筑，是我们祖国的象征。走到世界各地，只要看到天安门的图案，就会想起我们的祖国——中国。

设计意图：通过身边最具代表性的建筑物，感受祖国的象征的雄伟之美，激发爱国情感。

（二）了解祖国，发现祖国之美

1. 出示图片、视频，进行知识小问答：

（1）你知道我们的祖国有多大吗？（约960万平方公里）

（2）你知道我们祖国的全称是什么吗？（中华人民共和国）

（3）你知道我们的祖国有多少人口?多少个民族吗？（14亿人口，56个民族）

（4）你知道我们的国旗的是什么样子的吗？（中华人民共和国国旗是五星红旗）

（5）你知道国旗的颜色和图案的象征意义吗？（五星红旗旗形为长方形，旗面红色，象征革命；五颗五角星居旗的左上方皆为黄色，显示光明；五颗五角星的相互关系象征中国共产党领导下的人民大团结。

（6）你知道我们的国徽的图案象征着什么吗？

（国徽呈圆形，圆形的中间上方是璀璨夺目的五颗金星，下方是雄伟端庄的天安门城楼，天安门城楼的正下方是一个金色的齿轮，齿轮两边的稻穗对称地向上环抱，至居中的顶部相合，齿轮的中心又系着两幅红绸，呈弧形伸向两边，而后向下垂挂，使圆形的国徽有了坚定、稳定之感。国徽的基本色彩是红、黄两色，热烈、美丽、崇高、庄严。）

（7）你知道我们国歌的名字吗？（义勇军进行曲）

（8）全体起立，唱国歌，感受国歌的雄壮之美。

（9）你知道我们祖国古代的四大发明是什么吗？（造纸术、指南针、火药、活字印刷）

教师引导小结：我们的祖国，历史悠久，地大物博，人口众多。是世界上文明古国，是世界东方的一颗明珠。

设计意图：通过了解祖国的知识，发现国旗国徽的设计之美，国歌的雄壮之美。

（三）分享身边小事，感受人物、环境之美

1. 夸夸身边的他和她

学生通过前期对身边的人物进行采访，夸夸他们热爱工作、孝敬老人、关爱邻里、爱护环境的行为之美。

（1）小组分享身边事。

（2）推选代表，班级分享典型事例。

（3）教师引导：身边的人，用他们的好行为表达了对祖国的热爱，那我们小学生应该怎么做呢？

（4）学生讨论：上课专心听讲，为班级劳动、尊敬老师、关心同学、爱护环境、升国旗肃立都是热爱祖国的表现。

教师小结：我们身边的人，他们过着平常的日子，做着平常的事，在工作中认真负责，在生活中热情关爱。他们把对祖国最真切的热爱表现在了生活的点点滴滴里。

设计意图：引导学生通过身边的人和事，明白对祖国的爱不都是轰轰烈烈的英雄事迹，更多的是平常人的美好行为表现。做一个有好行为、好思想的人。

2. 夸夸身边的祖国之美

（1）小组分享自己画的《美丽的祖国》，说说自己画的是什么，怎么体现祖国的美。

（2）推荐代表，介绍自己的画，分享祖国景色之美。

（3）学生们讨论、分享：如何爱护身边的环境美。

（4）教师小结：身边的一草一木，都是风景，我们要用自己的好行为爱护它们，让它们更美。

教师小结：爱祖国从小事做起，做好自己，关爱他人。每个人都可以用一点一滴的小事，来表达对祖国的热爱！

设计意图：通过介绍自己的图画，发现身边的环境之美，感受祖国随处可见的美丽景致，激发热爱祖国的情感。

（四）表演唱《我的祖国》

小鸟的家，在高高的大树上。

小花的家，在绿绿的草地上。

小鱼的家，在清清的小溪里。

每个人都有自己的家，

每个人都有自己的祖国妈妈

第一次学走路，

柔软的草地上托起我小脚丫的，

就是我们的祖国妈妈。

拥有祖国的人是快乐和幸福的，

都像春天里嫩嫩的小草，撒满了明亮的阳光和露珠。

在祖国妈妈的怀抱里，五十六个民族就像五十六朵花。

我们都深深爱着祖国妈妈，

她有一个响亮的名字，叫"中国"。

教师总结：祖国就在我们身边，她每时每刻和我们在一起，我们要用实际行动来热爱她。

设计意图：通过儿歌，进一步感受我和祖国链接在一起的情感，激发热爱祖国的感情。

（五）齐唱《我和我的祖国》

设计意图：将热爱祖国的感情，推向高潮。

（六）课后延展

1.画展：《祖国真美》画展。

2.诗歌朗诵比赛《我的祖国》。

四、教学效果

学生通过前期采访亲人、邻居认真负责的工作态度和交往的友善行为，发现了自己不了解的爸爸妈妈，发现他们的努力工作，善待他人的好品质，明白了他们这些美好的行为和感情就是热爱祖国从自身做起的一种表现。

在课堂上，通过教学过程的各个环节，使学生了解祖国知识，发现国旗国徽的设计之美，国歌旋律的雄壮之美；通过分享自己收集的生活中的事例，学生在日常生活中发现身边的人行为之美，发现环境之美，敬佩他人和为之骄傲之情油然而生，大大激发了热爱祖国的积极情感。

通过观察身边的景物，发现身边的环境之美。画出自己心里美丽的祖国，提高审美能力，培养正确的审美观。

五、教学反思

本节课，在教学目标设定上准确，可达成。学生在整个教学过程中，达到了100%的参与度。并且在活动中进一步理解了爱祖国要从自身小事做起，每个人的良好行为，就是热爱祖国的表现。通过身边的故事和自己的图画，表达对祖国的热爱之情，提升了审美能力和审美意识。

美育精神课堂探索　审美培养路径变革①
——浅谈小学数学课堂中的美育

关昊然

摘要：美育精神是当代教育大家举起的精神旗帜，习近平总书记也强调遵循美育特点，弘扬中华美育精神。结合课堂教学案例，提出以下三点来培养学生的审美：（一）注重发掘、彰显数学的审美品质；（二）科学融通，呼应数学理性的审美观照；（三）走向重构，实现数学教学的审美创造。在小学数学课堂中回归教育的本真，利用活动设计彰显出教育之美，让美育浸润学生心灵。

走向重构，实现数学教学的审美创造。在小学数学课堂中回归教育的本真，利用活动设计彰显出教育之美，让美育浸润学生心灵。

关键词：美育精神；小学数学；小学课堂；审美培养路径

一、美育精神

美育，又称美感教育。即通过培养学生认识美、体验美、感受美、欣赏美和创造美的能力，从而使学生具有美的理想、美的情操、美的品格和美的素养。

早在百余年前，著名教育家蔡元培先生就石破天惊地发出了"以美育代宗教"的呐喊。美育，成为有识之士共同举起的一面耀眼的精神旗帜。

习近平总书记也精辟指出，"加强美育工作，很有必要。做好美育工作，要坚持立德树人，扎根时代生活，遵循美育特点，弘扬中华美育精神，让祖国青年一代身心都健康成长"。

而现在面对科学技术日新月异、物质生活日趋丰富、多元文化互动融合的时代，当下的校园学习和感知世界的文化生态、语境都发生了变化。美育教育作为重要的文化教育活动之一，教师探索如何进行美育，培养学生审美路径，显得格外重要。

---

① 本文的获奖情况：北京市二等奖。

本论文旨在结合小学课堂中的美育案例，浅谈如何在小学数学课堂实践中培养学生的美育。

二、如何在小学数学课堂中体现美育精神

了解现代教育需要教师培养学生审美，结合人教版二年级数学《长度单位》一课，践行美育精神。

首先第一环节，本节课利用图片和文字展示长度单位的演变：古埃及在建造金字塔时，以法老的肘部至中指指尖的距离作为长度单位，叫作"腕尺"。古希腊人以美男子库里修斯向两侧平伸出双臂时两手中指指尖之间的距离作为长度单位，成为"一浔"。罗马帝国的查理曼大帝把他一只脚长定为1尺。古罗马恺撒大帝时代，把罗马士兵行军时的2000步定为1里。在春秋战国时期，当时的长度标准极为混乱，待到秦始皇统一中国时，就使用了秦国的长度标准。据测定，秦朝的1尺是今天的23.1厘米。学生感悟原来在古代，很多国家的长度单位是不一样的。进而学生心中会产生疑问，每个人说的长度都不一样可怎么办呀？

进而，进入第二环节固定不变的度量单位的重要性，而长度单位终于走上了"国际化"。

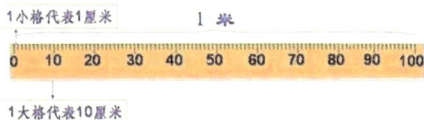

图1

1791年，法国国会批准把通过巴黎的子午线上从地球赤道到北极点的距离的千万分之一定为1米。1875年，17个国家的外交代表在法国巴黎签署了《米制公约》，正式确定米尺为国际公用尺。从此，长度才有了自己的"标准身高"！

本节课的最后一个环节：带着学生欣赏古诗文中的数学长度单位美。展示古诗请学生朗诵《山村咏怀》："一去二三里，烟村四五家，亭台六七座，八九十枝花。"学生通过朗诵观察发现古诗里的一个长度单位"里"，进而引导学生发现古诗文里还有关于长度的诗词还有很多，随着唐代大诗人李白的脚步，一起去看看。教师出示3首古诗：《夜宿山寺》（李白［唐］）"危楼高百尺，手可摘星辰。不敢高声语，恐惊天上人。"；《秋浦歌》（李白［唐］）"白发三千丈，缘愁似个长。不知明镜里，何处得秋霜。"；《望庐山瀑布》（李白［唐］）"日照香炉生紫烟，遥看瀑布挂前川。飞流直下三千尺，疑是银河落九天。"让学生利用现代化

的信息科技技术，圈出诗仙的诗词中的长度单位"尺""丈"，进而学生会产生疑问，这些都是我们在古代表示长度的单位。那它们到底有多长呢？出示答案：1里=150丈，1丈=10尺。

同时为学生介绍，老人们说较短的长度时会用"寸"。裁缝量衣服时也会说"量尺寸"。"寸"也是一个长度单位。1尺=10寸，我们曾学过"一寸光阴一寸金"和"尺有所短，寸有所长"哲理名句。

在我们古诗文中还有很多表示长度的诗句。如《邹忌讽齐王纳谏》中有："邹忌修八尺有余。"《陈情表》中有"内无应门五尺之僮"。《愚公移山》中有："太行、王屋二山，方七百里，高万仞。"有学生发问"仞"是单位吗？有多长？它也是单位，但一般是说高度的，1仞=7尺。与仞差不多的还有"寻"，王之涣的《凉州词》和刘禹锡的《西塞山怀古》中曾提到。古语中有些词的由来也和长度单位密不可分。如"丈夫""咫尺"。古时，一人高为一丈，所以有"丈夫"的称呼。最初的尺指男人伸展的拇指和中指之间的距离，咫是妇女手伸展后从拇指到中指的距离，因而稍短于尺。后来咫尺连用，表示距离短，如"近在咫尺"。

魏尔斯特拉斯曾说："一个没有几分诗人才能的数学家决不会成为一个完全的数学家。"通过本节课起始环节长度单位演变的介绍和结尾长度单位在古诗文中的运用，不仅开拓了学生眼界，使学生认识到世界各地都曾经因为没有统一的长度单位而苦恼，长度单位的统一为人民的生活增添了多么大的便利，而且大大增强了诗词的审美意趣，使学生认识到原来古诗文中有这么多的含有长度单位的诗句。

本节课利用查阅和整理资料，将美育融于课堂，进行世界各地历史文化的介绍和恰当地引用诗词，使数学课堂多一些文化气息，不仅可以活跃课堂气氛，而且还能激发学生的学习热情，审美能力，陶冶情操。

三、小学数学课堂中的审美培养路径变革

"数学的系统性、对称性、简洁性以及在证明过程中的想象和直觉都给创造者提供了高度的美学上的满足"，使学生领悟数学的美学价值是数学教学的重要使命。无论是数学的本质属性，还是人的本能天性，都有着唯美本性。如果将数学的理性绝对化，就会导致数学理性统治学习，人的本质力量就无法舒展，思维就会固化、僵化、钝化。因此，小学数学课堂要让数学的理性得以以审美化的方式呈现，使学生以愉悦的方式理解数学的深刻性。通过这样的路径，改变数学教学过于知识化的倾向，从数学教学走向数学教育。

（一）注重发掘、彰显数学的审美品质

教师在课堂教学中，应注重挖掘数学经典的文化之美，如上面举的数学《长度单位》一课案例，通过挖掘长度单位的由来演变和古代文化，提升学生的数学审美品质。

（二）科学融通，呼应数学理性的审美观照

小学数学课堂要依据儿童的特点与需求，能够科学的适应学生年龄特点，呼应适合学生心理特点的认知方式与学习情绪，提升数学课堂的趣味性、形象性与理解性。如在《乘法的初步认识》一课中，出示学生进入游乐园游玩的趣味化图片，激发学生的学习情绪，使课堂气氛活跃，更贴近生活，便于学生理解。同时在《观察物体》一课中，为使学生理解观察物体应该全面，不能盲人摸象只观察部分，所以设计猜一猜的小游戏，用黑色袋子遮住小刺猬，每次只露出刺猬的一个部分，直到全部拿出来前，让学生猜出这个小动物。利用游戏化教学方式，让学生迅速投入到学习活动中去。

（三）走向重构，实现数学教学的审美创造

数学教学更要注重知识的结构化，以例题串联各相关知识点，利用"问题群"将旧知与新知关联，深刻理解知识的内涵与外延，不断建构数学知识体系，以简驭博，彰显出数学简洁化、结构化、网状化的本质。例如，在教数学二年级《总复习：数与代数》一课时，在垃圾分类回收的故事情境下，回顾加法、减法、乘法的含义、从20以内的加减法到100以内的加减法到乘法，将知识体系系统地呈现，和学生一起建构知识网络。

教师能够把探索数学课堂中的美育精神作为数学教学的目标，通过有意识的，有条理的路径，进行审美培养，让学生能够在美的润育和熏陶下，茁壮快乐地成长。在小学数学课堂中回归教育的本真，利用活动设计彰显出教育之美，让美育浸润学生心灵。

阳光艺韵 普育阳光学子[①]

石增红

摘要：作为北京市金帆艺术团体之一，探索如何将艺术融于学校整体发展，引领学校教育，是一个课题。在教育改革进入深水区的今天，作为教育者要思考如何通过盘活教育、撬动改革、内涵发展提升教育品质，让每一个孩子有实际获得。

一、阳光艺韵 凸显立德育人

学校应落实党的十九大上习总书记提出的关于教育的总体要求，提速发展，乘势而上。

（一）关于学校的课程：在已建构的阳光艺术课程的基础上，夯实学科课程奠基学生发展基础、特色课程激活学生发展原动力，拓展课程助力学生自主发展。由外而内阳光课程将向纵深发展，由外而内"六艺"的光环也将熠熠闪耀。

（二）关于学校的文化：学校文化是全体师生员工在学习、工作和生活的过程中逐渐积累共同创造生成的价值观、信仰、态度、作风和行为准则，具有导向、规范、凝结、教育、传播等作用。它是学校的生命。我校将突出发展三个文化内涵：让理念文化因生动而彰显活力，在智慧奉献的管理中体现儒文化，在艺术的境界下实现人文管理；环境文化因灵动而润物无声，继续精心构建学校环境，构筑起我校以金帆、艺术实验学校为品牌的艺术教育殿堂；行为文化因自动而荡涤心胸，让"养成"和"规范"深深浸润广大师生的精神世界。通过打造阳光艺韵文化，让形韵更加多样化，神韵更加立体化，魂韵更加潜移默化。

二、阳光艺韵 提升核心素养

学校的艺术教育不是简简单单排剧，而是让艺术的品质带动学校发展的品质和发展，呈现艺术韵味，散发艺术魅力。

---

① 本文的获奖情况：东城区一等奖。

（一）阳光艺韵——艺术与教育交融

我想，基于我校特色的"阳光艺韵"课程应包含三个艺术维度：形韵——是指传导自然美，如舞美、灯光以及所有可以通过形式展现的外在美；神韵——是指凝聚真善美，通过艺术教育聚拢人的精神，让师生真正通过文学作品感受戏剧的魅力、戏剧的精神所在；魂韵——是指建设和谐美。艺术教育展示的"真善美"是人的灵魂的外显，是人与人、人与自然、人与社会和谐统一的美，是通过"形韵""神韵"积累起来的一种美的产物，更是做一个真实的人、友善的人、世界的人的终极目标。

（二）阳光艺韵——艺韵与课程绑定

1. 艺术学校成为孵化器

成为艺术学校后，我们将教师文化与艺术文化绑定，老师就会具有双重身份，即学科教师、艺术教师。学校依托中国儿艺的专家师资力量，成立了学校艺术教育工作室，打造了一批孵化团队，如导演工作室、剧本创编工作室、表演工作室、音效工作室、海报宣传工作室等八个工作室，这些工作室既有专家引领，更有我校教师参与，定期开展工作研讨，促进学校教师的教学行为不断转变。

2. 艺术学校成为催生器

艺术学校立足核心素养润育，以艺术教育为抓手，搭建立体美育平台，催生了学科间贯通，学科内贯穿的阳光·艺韵课程体系，它是对艺术从形韵、神韵到魂韵的最好诠释。从形韵——六艺学堂，到神韵——各级综合实践课程，最终到核心"魂韵"——五大核心素养提升。"阳光·艺韵"课程体系是我校将所有目标坐落在学生艺术学习的修为之上，而构建的校本化课程模式，带有浓厚的艺术、多元、公正、个性的阳光文化气质。

如"阅读与表达"综合课程中：我们从课程目标设计入手，形成了革新里小学六艺文艺学堂的培养目标，通过古诗文诵读、英语剧等多种形式，将艺术的神韵外化为形韵，让艺术元素融入全学科教育。这种由外及内，再由内及外的打破学科壁垒的艺韵润养形式，让艺术教育引领了师生的内涵发展。

3. 艺术学校成为助推器

艺术学校的成立完善了我校阳光艺韵课程评价体系，它从专业的艺术视角，多维度的评价、提升、固化学校的艺术教育成果，通过课程教与学的评价、课程诊断评价、教师积分评价提升教师专业发展能力。通过学生综合学科素养评价、模拟社区积分评价、社团认证评价、艺品考级评价、阳光艺韵银行积分评价等特色评价方式提升学生综合艺术素质。

我们让师生真正感受到一草一木皆戏剧，一言一行皆艺术的阳光艺韵磁场。

总之，使命呼唤担当，使命引领未来。学校教育改革的步伐将愈来愈坚实，学校前进的艺术号角也将愈来愈嘹亮。

学科中戏剧融入　让艺术浸润心灵①

沈秋立

摘要：课标强调："语文教师应高度重视课程资源的开发与利用。创造性的开展各类活动，增强学生在各种场合学语文，用语文的意识，多方面提高学生的语文能力。"在课标理念下的指导下，结合低、中年级教材的特点，在课堂教学中，经常开展课本剧表演、绘本创编，引导学生积极地参与学习过程，主动地去获取语文知识，发展语文能力。通过课本剧、绘本故事的表演，学生们不仅加深了对文本的理解，提高了朗读水平，培养了学生创造力，而且从中感受到学习语文的快乐。

课本剧是话剧的最简单形式，是师生以语文教材中的有关课文为内容，在讲台或舞台上表演故事情节、小品或小型话剧的一种艺术形式。它是将文学、表演、音乐、舞蹈、美术等融为一体的一门综合性艺术，能同时作用于人的视觉、听觉、触觉等多种感官。

教育家陶行知先生推崇"教学做合一"。他说："教学做是一件事，又是三件事，做是学的中心，也是教的中心，只有手到心到，才是真正的做。"在陶先生的教学思想中"做"是教学工作的核心。学生演课本剧就是"做"的一种具体表现。

语文课程标准中提道："现代社会要求公民具备良好的人文素养，具备创新精神，合作意识和开放的视野，具备包括阅读理解与表达交流在内的多方面的语文基本能力。"课标强调："语文教师应高度重视课程资源的开发与利用。创造性的开展各类活动，增强学生在各种场合学语文，用语文的意识，多方面提高学生的语文能力。"在课标理念下的指导下，我们也尝试着把语文小课本变成学生活动的大天地，进行课文改编课本剧、表演课本剧活动，从而提高学生的语文能力和素养。

低、中年级教材大多数是故事性很强的童话、寓言、名人名事，很适合编排课本剧。我在课堂教学中，经常开展课本剧表演，引导学生积极地参与学习过程，主动地去获取语文知识，发展语文能力，通过艺术的表达方式，让教学效果显著。

---

① 本文的获奖情况：东城区一等奖。

一、课本剧加深对文本的理解

过去在教授某一篇课文时，教师照本宣科，全面反复，点滴不漏，虽然精心设计了问题，但学生仍然听得昏昏欲睡。现在，让学生把课文改编成剧本，并且要表演，形式一翻新，学生的兴趣自然就有了：改编剧本？选哪一篇？怎样编？你来演什么角色？能不能演好？一系列的问题都需要学生去思考，充分讨论，集思广益。在这个过程中，许多问题迎刃而解，学生也学得兴趣盎然，不知不觉中对课文有了更深刻的理解。

在讲《小摄影师》一课时，学生对于高尔基这个人物不太了解，离学生现实生活比较远。教师课上对人物进行了充分的介绍，学生有了一定的认识，但他到底是怎样关爱下一代的，如何从"小摄影师"身上体现，单靠简单的文字是不能表达出来的。于是，课上，老师让学生将文章编排成课本剧，把自己想象成伟大的高尔基，在如此繁忙的工作中来接受"小男孩"的采访，即使采访没成功，而心中却依然惦记。学生一听要排课本剧，兴趣一下子就高了。他们想象着高尔基在晚上等小男孩时还不忘学习，于是找来报纸，模仿高尔基看报。结合课文内容，学生制作了纸团、相机等道具。在表演时，学生几乎背下了整篇课文，不仅再一次感受到高尔基的伟大，同时也加深了对课文的理解。

二、课本剧提高学生的朗读水平

朗读课文时，语气的掌握是很重要的，为了调动学生的学习积极性，巩固学习效果，我们经常会采用"分角色朗读"这一形式。

在讲《陶罐和铁罐》一课时，对话比较多，特别是铁罐的语言由骄傲到傲慢到生气到不可理喻，而陶罐始终彬彬有礼，不予争辩。两个人物的语气对比，是这篇文章的重要内容。老师在理解课文的基础上让学生分角色朗读，学生读得比较到位。为了更好地揣摩人物心理，我让学生演一演这两个人物的对话，可以加上动作。学生在饰演铁罐时语气一次比一次无理，甚至动作上由"瞪眼"到"叉腰"再到"跺脚"等，动作与语言的完美配合，进一步提升了学生的语感，取得了很好的教学效果。

三、课本剧培养学生的创造力

编演课本剧是一种创造性的活动。改编是一种创造，表演更是一种创造。

"一千个观众就有一千个哈姆莱特"，每个学生在课文的阅读理解中都有自己独特的体会。改编后进入表演，学生的自主创造性得到发挥。

在讲《揠苗助长》时，我也让学生编排课本剧。因为《揠苗助长》是我校的经典剧目，学生表演过后，我让他们观看以往学生改编的这个课本剧，在观看中把别人台上形象与自己创造的形象进行对照，看看自己哪些地方塑造得好，哪些地方还不尽人意，由此不断调整充实，使自己扮演的形象更为丰富，从而提高学生的创造才能。

四、课本剧将课内学习引向课外

在编排课本剧的基础上，学生的创造力得以展现，与此同时，趁热打铁，我们将课本剧向课外进行延展，把课外阅读的书目进行改编，形成课本剧。

我们将绘本故事《蛤蟆的明信片》进行创编。这个故事主要讲的是：新年到了，一只青蛙开始想念远方的蛤蟆老弟。他多想给蛤蟆老弟寄一张美丽的贺卡呀！但是青蛙很穷，只能送出一张最普通的明信片。明信片用最真诚的心投递出去，明信片也经历了一次特殊的饱含着爱的旅程。

结合绘本内容，我们首先利用语文阅读课的时间进行书目阅读；然后在理解意思的基础上，以小组为单位进行剧本的创编，我们将剧本分为三幕进行；之后各小组确定演员进行分工，各小组既有演员组，还需要有道具组、音效组等安排；然后进行小组排练；在小组排练的基础上进行班级汇报，选出最佳演员组；最后利用学校升旗仪式进行汇报展示。

经过这样的绘本创编，学生对于语文课中的课本剧；绘本创编故事剧等更感兴趣，同时通过各个小剧组的设定（演员组、服装道具组、音效组、剧本创编组等），学生针对自己专长确定在剧目展演中自己的定位，从而做到人人参与其中，人人乐在其中，人人收获在其中。不仅如此，还调动了学生课外阅读的积极性，加大了学生课外阅读量，让阅读成为习惯。

五、课本剧带来成功的快乐

语文课一定要研究学生，贴近学生的生活实际、思想实际和心理特点，才能激起他们的兴趣，使他们真正爱上语文，体验到成功感。

作为小学生，他们对事物还都充满了好奇，他们渴望得到大人们的肯定与赞许，他们希望在快乐中学习。而课本剧、绘本故事的创编，无疑让他们在学习语文的同时，既感受到了学习的快乐，也在快乐地学习。在这当中，教师为学生搭设展示的平台，让学生收获快乐。老师要给学生争取机会，参与学校的升旗仪式，参与学校的艺术节展演；在课堂上，将更多的适合编排为课本剧的文章带领学生进行编排、班级展示。一学期下来，学生的创作欲望、表演欲望以及阅读欲望极大增强。

课本剧的编排，就好比是投水之石，一石击起千层浪。它为学生打开了一个新的活动天地。在那里，他们可以大显身手，他们可以自主创造。在教师的指导下排演课本剧，换个形式学课文，让学生们感受到语文教学的精彩，感受到艺术带来的快乐。

浅谈班主任如何对学生渗透美育教育[①]

高　烁

摘要： 美育是学校教育的一个重要方面，美育与德、智、体、劳等相互渗透、相互交融、相互促进、相互提高，共同构成了完整的教育系统。美育通常亦称审美教育或美感教育，它是个体在对自然、社会和艺术的鉴赏过程中，通过情感活动的体验、选择、判断达到对美的肯定、摄取，对丑的否定、摒弃，使感情得到净化，道德得到陶冶，精神得到升华。

　　长期以来，人们总是把美育看成是音乐和美术所特有的功能和任务，把美育简单地等同为艺术教育。殊不知美无处不在，无时不有，实施美育应该是所有教师的职责之一。作为班集体的教育者和组织者，各方面教育影响或教育力量协调者的班主任更应该重视美育，美育在班级管理中具有十分重要的作用。班主任应该自觉主动地对学生进行系统的长期的审美教育，引导学生树立正确的审美观点和审美趣味，获得有关艺术美、仪表美、语言美、行为美、环境美、气质美、道德美等知识，提高学生对美的感知能力、鉴赏能力和创造能力，从而达到陶冶情操，美化人格，促进学生全面发展的目的。

关键词： 美育教育；班级管理；审美艺术

一、班主任在美育教育中的作用

　　班主任的基本任务是按照德、智、体、美全面发展的要求，开展班级工作，全面教育、管理、指导学生，使他们成为有理想、有道德、有文化、有纪律、体魄健康的公民。由此可见，美育是教育中不可缺少的重要组成部分。美育在班主任工作中也发挥着极其重要的作用。班主任工作中的美育因素十分丰富，形式多种多样。在素质教育与创新教育不断推进的今天，人们不仅追求物质的富裕，更追求精神上的愉悦。精神上的愉悦，就是一种情感上的愉悦，能给人一种心灵的陶冶、一种美的享受。班主

[①] 本文的获奖情况：东城区一等奖。

任工作也不例外。简言之，就是班主任在工作中要把握住美育的原则。

美育，即美感教育，由于它的可感性、愉悦性，使学生非常乐意接受，从而产生积极的情绪反应。当学生持久地、多侧面地获得美感，就会一次又一次产生对客观现实的美好的情感体验，随着这种体验的不断深化，可逐渐培养起审美情感、道德情感和理智情感。这样，作为人的高级情感素养就可得到陶冶。班主任工作中的美感教育，就是要通过耐心细致的工作，使学生形成对美的追求，把美好、崇高的境界作为追求、向往的目标。而追求美的目标必须影响着学生的道德意识的形成和行为准则。爱美必然择善而行，良好的道德品质的培养就有了情感基础。这样，才有利于良好班风、学风的形成，给学生以精神的食粮，为学生增添成长的动力。另外在一切富有美感的教育活动中，无不显示出美的驱动力的作用，无不产生着美对少年儿童情感与智慧的滋养和润泽。

教育活动原本是智慧与情感融合在一起的、追求文明的活动。教育这一本质属性决定了它不能缺少美。因为我们的教育对象正是一群朝气蓬勃、天性爱美的少年儿童，我们在教学过程中使用的教材更是从不同角度，不同侧面显示着、蕴含着自然之美、社会之美或艺术之美。我们的教育目标是促进学生素质的全面发展。因此，教育理应充分体现美、利用美。教育实践表明，无数成功的教育活动，无不体现一个"美"字，"美"无处不影响着学生的情感、智慧、身心的发展。学生的心灵需要美的滋润，学生的智慧活动需要美的激活，教学的高效益需要美的推动。总之，学生的发展不能没有美，教育中应倡导美感。教育需要美，但是现实中我们的教育却常常忘却了"美"，远离了"美"。缺乏美感的教学，便成了没有色彩、没有生气、没有情趣的单纯的符号活动。因为"美"影响着人生，影响着学习，"美"创造了世界。因此，班主任要以身作则，在工作中重视美育，并在教育活动中加以实践。

二、班主任如何在班级管理中对学生渗透美育教育

（一）言传身教，以美育美

所谓德高为师，身正为范。班主任在学生心目中的地位以及影响力较之其他任课教师而言，一定是更高和更大，所以班主任对学生必须起到榜样、示范作用。我们在教导学生将作业书写工整时，必须坚持将自己的板书设计美观、字迹工整。在我们教导学生遇到问题不能通过急躁、发脾气来解决时，自己也要时刻克制，做到冷静处理。日常教育教学中的细枝末节更要注意对学生的言传身教、榜样示范作

用。前不久，我校举办了一年一度的体育节盛会，我们租用了一个周边设施比较完备的体育馆，体育馆内要求不能带饮料、食品进入。在出发之前，我就向学生说明了这个情况，告诉他们当天不能带任何零食、饮料。由于我们的集合时间比较早，很多学生都带了一些简易的食物在路上解决，例如：面包、火腿等，进入会场时就会有些许的剩余，有的孩子忍不住把食物拿了出来，想大快朵颐或者与他人分享，我见状立刻制止了这样的行为。而我自身，早上5：00从家里出发，虽然也带了简易的面包等食物，但是在公共交通上不便食用，到了场馆就开始组织学生一直没有吃早饭，当时我正在怀孕初期，也很饿，但是考虑到孩子们会效仿我的做法，我立刻忍住了。在比赛期间，我还时不时地将周边所见到的垃圾扔进垃圾袋里，学生和家长见状也都帮助爱护环境，待活动结束，我们班所属的座位席非常干净，无一片纸屑、垃圾。

在班级生活中，也有类似的事情发生。我所带的班级是小学一年级，刚刚入学时，孩子们不懂得如何爱护班集体的卫生，纸屑随处丢，中午吃完午饭也不懂得收拾餐具、擦桌子。我就常常利用晨诵时间，对学生提出建议和要求，并且每次看到班里有纸屑都主动捡起、扔进垃圾桶，中午午餐结束，也会亲自把讲台桌附近分饭的桌子擦干净……通过长期的坚持，孩子们现在已经渐渐养成了爱干净的卫生习惯，能够自觉地爱护班级环境。

（二）情怀深厚，传递爱国之美

在央视快闪《我和我的祖国》唱响之后，我就组织我们班的学生学习演唱这首歌曲，利用"五四"青年节、烈士纪念日等重要节日契机，在班队会中对学生进行教育，教孩子们画国旗、唱红色歌曲、诵读红色篇目；告诉孩子们：我们是中国人，要树立民族自豪感，做一个爱祖国、爱国旗、爱红领巾的好少年。在这样的潜移默化下，爱国情已经在孩子的心中扎下了根，随着日后的学习我还会再进一步的引领学生，使他们了解到更多的历史，更加热爱我们的祖国。

（三）沟通情感，感情悟美

班主任在班级管理中还有一个非常重要的作用，就是对学生人生观、价值观的引导。我们班有个随班就读的小女孩，刚刚入学时，她经常拉裤子、尿裤子，学习上也有很大的困难。孩子们似懂非懂，能够察觉出她的不同。为了保护她的隐私，让她在班级中快乐、愉快地生活，我没有在班级中刻意强化她的与众不同。但是，我却发现了一些不好的苗头，有个别同学在和她分到一个小组进行合作学习时不愿意带她一起讨论，觉得她听不懂，她总是在吃饭时把桌子、嘴边、手弄得很脏，有的同学会笑……诸如此类。在出现这样的情形时，我总是第一时间出现，去帮助她收拾卫生，引导同学们分配给她一些简单的学习任务，帮她渐渐树立自己的自信心。我也经常告诉同学们，她的年龄比我们小，就像我们的小妹妹一样，咱们应该做个有爱心的孩子，多多帮助她。经过一年多的相处，有的孩子会在放学时提醒她收拾物品，有的孩子会在课间叫上她一起去卫生间，做游戏时也都能够和她一起玩，帮助她了解游戏规则。小女孩脸上的笑容越来越多了，现在已经可以书写基本的生字、完成十以内加减法、会说简单的英语，还交到了几个好朋友，周末一起外出游玩。其他的孩子也在帮助她的过程中收获了爱心、耐心、懂得共情。现在，我们的班级是一个非常和谐、友爱的大家庭！

自入职以来，我一直担任班主任工作。我认为，班主任工作就是一种艺术工作，要用一生的智慧和心血为这种特殊的艺术献身。正是这种艺术创造了美，培养了美，引领了美，把同学们引向美的意境中，给他们美的熏陶。我认为要做好班级工作，把学生培养成全面发展的合格人才，除了必需的知识传授、学习方法的形成、能力提高、品质培养之外，班主任工作更是一种美学的教育和培养，所以我注重美的教育和引领，在创设美的教育意境中让同学感受美、体验美，以此达到教育的目的。

让美育之花在德育课堂绽放①
——浅谈小学道德与法治教学的美育途径

张健美

摘要： 近年来，美育作为素质教育不断创新和发展的关键一环，得到了前所未有的重视。习近平总书记多次强调，要引导和帮助学生扣好人生的第一粒扣子，点燃学生对美的向往。义务教育《道德与法治》新课标中也指出，课程要聚焦中国学生发展核心素养，重视美育渗透，构建具有中国特色的义务教育课程体系。

《道德与法治》课中，要落实立德树人的根本任务，必须将美育渗透于学科教育中。本文主要探讨如何将教材资源、校内资源、社会资源和自然资源有效融入课堂教学，实现"四位一体"的美育策略，切实完成立德树人、以美育人的教育目标。

关键词： 美育；立德树人；四位一体；知行合一

素质教育从20世纪80年代提出后，就一直在实践中不断创新、与时俱进，实施素质教育，不仅要抓好智育，更要重视德育，加强美育，促进学生的全面发展。党的十八大以来，"改进美育教学"与"传承中华美学"成为我国教育改革的重要内容。道德与法治教育作为学生感受美、发现美、践行美的重要实施途径，在审美教育中不可或缺，如何在道德与法治课中渗透审美教育，是值得每一位学科教师深入思考的问题。

一、道德与法治课中渗透美育的作用

朱永新教授在2014年新教育年会主报告《美的力量》中这样描述：审美教育同人的思想面貌的形成、同儿童和青少年道德标准的形成，密不可分地联系在一起。可见，在道德与法治课中适时渗透美育，能够让学生对"美与丑""善与恶"有着更加清晰的认识，对中小学生良好思想道德的形成有着潜移默化的影响，很好地促进了道德与法治课育人目标的达成。可见，在学生学习的过程与实践中，改变"教

---

① 本文的获奖情况：东城区一等奖。

与学"方式是渗透美育教育的必然选择。

二、学科"四位一体"的美育策略研究

苏霍姆林斯基曾告诉孩子们：人之脱离动物界并成为有才能的人，不只是因为他亲手制作了第一件劳动工具，而且也是因为他看到了美，并开始创造美。为此，我注重教材资源、校内资源、社会资源、大自然资源等"四位一体"美育资源的融入，力求多角度、全方位地挖掘学生身边的美，调动学生多感官参与，提高学生审美素养，培养高尚情操，促进美育目标的达成。

（一）深挖教材资源，实施美育教育

道德与法治教材蕴含着大量人文之美、传统之美、自然之美、科学之美等，为培养学生的审美情趣提供了丰富的素材。教学中，我充分利用这些美育元素，创设教学情境，通过熟悉可感的场景设置、优美生动的语言述说抑或观点鲜明的辩论赛等，让学生如临其境，激发审美潜力。如：一年级上册《拉拉手，交朋友》一课，教材中呈现了很多插图和儿歌，能够唤起学生的生活经验，回忆与好朋友之间美好友谊，引导学生表达真情实感，教学中，我还注重鼓励学生主动交往，体会交往的快乐，肯定学生对美的追求和向往。再如：《可亲可敬的家乡人》一课，我引导学生善于观察身边的人，了解他们的工作，对接自己的生活，使学生理解家乡的美好生活离不开各行各业的劳动者，进而感受他们的美与爱，对他们表示敬意，进而在学生心中播下学会欣赏美、善于感受爱的种子。

（二）结合校内资源，深化美育内涵

丰富的校园文化生活作为学生喜闻乐见的校内资源，是教师丰富学科教学、创新美育活动、全方位提高学生学习兴趣的重要抓手，道德与法治教学与校内资源融合，必将使审美教育"事半功倍"。

1. 升旗仪式中渗透美育。我校思政教师每个月都会利用升旗仪式时间，进行一次思政大课宣讲，让思想政治教育紧跟新时代前进步伐，并将思政与美育协同，为学生创造更为浓厚的美育文化氛围。如：9月份的思政大课，结合9月3日中国人民抗日战争胜利纪念日暨世界反法西斯战争胜利纪念日，在这值得被世界铭记的伟大时刻，我带领学生一起回顾历史，感受新中国一路走来的不易，使广大学生在参与、体验与思考中厚植爱乡、爱党、爱国情怀，为中华民族能够洗去耻辱，赢得地位感到深深自豪与无比珍视。

图1 9月份思政大课堂

2. 红色教育中彰显美育。课堂中我结合学校价值引领课程，于所任教班级开展了课前三分钟红色故事宣讲活动，每节课由1～2名同学上台进行红色故事分享，之后全班同学交流感想体会，旨在彰显美育教育的过程中，时刻提醒同学们不要忘记走过的路，牢记历史，珍惜和平，赓续红色血脉，传承红色基因。

图2 课前三分钟红色故事宣讲活动

3. 少先队活动中践行美育。《团团圆圆过中秋》一课，是情感的教育，亲情的教育，传统的教育，教学中我力求体现学生学习的主体性，引导学生在课前对感兴趣的中秋文化进行资料的收集和整理，使学生在知识上扩大视野，在情感上产生共鸣，在心灵上相互沟通，潜移默化地感受到了中华民族传统风俗的博大精深。课上我再结合学校少先队组织的"中秋月圆感念师恩"的"双节"庆祝活动，对学生开展美育教育。如通过观看少先队哥哥、姐姐们制作"冰皮月饼"庆祝中秋的视频，激发学生的参与热情，并顺势提问："如果你也有机会参与到活动中去，你想把劳动成果和谁分享呢？"通过交流，发现学生们都愿意和好朋友或者家人一起分享，愿意把美好的东西带给身边人，追求分享的快乐。这样的设计不仅让学生体会到中秋节除了我们熟悉的吃月饼、赏月外，制作冰皮月饼也是很有创意的中秋庆祝活动。少先队活动的融入，让学生更加理解中秋节团圆的内涵，理解中秋节是中国人情感的节日，团圆的节日，感受亲情与友情，理解中国人骨子里血浓于水的情感。

图3　《团团圆圆过中秋》课堂活动

（三）链接社会资源，厚植美育情操

小学道德与法治课堂，是德育的课堂更是思辨的课堂，教学中要引导学生学会多角度、全方位地观察事物、思考问题，正确判断生活中的"美与丑""善与恶""对与错"，对自我、他人及社会有正确的认知，促进知行合一。

《我们不乱扔》一课，我首先呈现学生课前搜集到的有关河流、街道、景区等公共场所脏乱和干净的两种对比图，让学生从视觉上感受美与丑，之后结合课本中《我的观察记录》活动，引导学生发现生活中不讲公共卫生的丑的行为，并说一说怎样做是美的，旨在行为上让学生善于发现，乐于思考，学会辨析身边的美与丑，从而愿意养成良好卫生习惯。

注重"道德两难问题"的引入，也是培养学生思辨能力的有效途径。《大家排好队》这一课旨在培养学生的规则意识，知道要按照先来后到的原则排队，不随意插队。教学中，我通过提问："生活中你遇到过被插队的情况吗？"在学生分享的真实情境中选取有代表性的"两难问题"深入探讨。如有同学提到：在做核酸检测的时候，遇到前面的阿姨让一位老奶奶插队先做的情境。到底该不该让呢？当规则与道德出现两难状况时，该做何选择呢？学生通过小组讨论的方式，明确了能不能插队还要根据情况灵活处理，知道懂礼让是中华民族优秀传统美德，是美的行为，是善的举动，是对的选择，学生在思辨的过程中，知理明德，强化知行体验，促进知行统一。

（四）融入自然资源，拓展美育空间

现代儿童教育之父陈鹤琴先生提出"大自然、大社会都是活教材"，教师要善于将教学内容从书本转移到大自然，自然资源丰富多彩，孩子融入其中，受其熏陶，在发现自然之美、感受自然之美的同时，激发灵感，增强创造美的意识。

在教授一年级《花儿草儿真美丽》一课时，正值阳春三月，春暖花开，生机勃勃，是进行审美体验的黄金时期。一年级学生品德修养潜能大，乐于探究，追寻真善美，为此，我带领孩子们走出教室，来到校园中，引导他们去亲近自然，欣赏大自然的美，感受自然界中花儿草儿美丽的生命形态，由此建立起学生对自然与生命之美的深刻感知。

《风儿轻轻吹》一课，是强化学生与自然共在的美好情感，于是我改变往常的教学方式，设计了开放性的户外活动，引领学生走出课堂，在和风儿一起玩的过程中亲近大自然，感受大自然之美，进而萌生热爱大自然的情感。同时，我还借助绘本故事《风的朋友》，以点带面地引出雨、雪、雷电、云雾和星辰等一系列自然现象，引导学生感受一年四季的交替美，进一步感受大自然的神奇美。

图4　《风儿轻轻吹》户外课堂

综上所述，在对我国精神文明建设和国民思想道德素质提高尤为重视的当下，如何让美育之花在道德与法治课堂绽放，促进学生"思辨能力"不断的提升？我想：教师是根本、教材是载体、资源是补充、评价是助力器，在今后的课程教学中，我将充分发挥"四位一体"的美育教育策略，真正促进学生的全面发展。

让艺术教育撬动教师专业发展[①]

王长江

摘要： 修艺润德、阳光成长是我校教师队伍发展的目标，以国家课程为载体，让艺术元素融入课堂教学之中，培养学生的艺术素养与艺术修为，从而提升学生的综合素养是我校育人的根本。几年来，围绕学校美育教育，学校通过多种渠道并借助社会资源，在提升教师队伍建设上，依托艺术教育，通过行之有效的校本研修，提升了教师的学科素养与艺术素养，学校的办学理念得到了家长与社会的肯定。

关键词： 艺术；课堂；教师；发展

一、学校简介

我校自2004年开始在学生中开展艺术教育活动，多年来，学校在不断摸索与实践中，借助社会团体的资源，艺术教育在我校生根发芽，成功申报成为了北京市金帆话剧团，成为了我校的特色项目。随着学校艺术教育影响力不断扩大，2015年，我校增名为"中国儿童艺术剧院实验学校"，目前全校83名教师，在艺术教育中全员培育、全员管理、全员引领，其中兼职艺术教师占85%，专职艺术教师占15%。市区骨干教师7人，艺术骨干教师2人，切实实现了艺术教育管理100%全覆盖。

二、学校发展目标定位

（一）学校层面

基于我校"播撒阳光办教育"的办学理念，我们提出了以艺术为平台的一个核心——修艺润德、阳光成长；三个愿景——学生生命成长充满阳光，教师生命价值充满阳光；学校内涵发展充满阳光；三个维度——学风（乐学善思、勤勉励志）、教风（勤奋尚德、务实怀远）、校风（明志笃行、尚美进取）。

---

① 本文的获奖情况：东城区一等奖。

（二）教师、学生层面

艺术教育对于培育学生明"真"、懂"善"、求"美"，全面提升综合素质具有不可替代的作用。我校艺术教育就是要以国家基础课程为载体，以培育学生综合素养与艺术自信为根本，通过课堂教学、综合实践活动、家长学校、同时借助社会资源对学生进行因材施教，在这一过程中，教师的艺术素养与文化底蕴得到加强，学生在思想道德意识、学科知识掌握应用意识以及与他人合作意识等方面得到巩固。

三、艺术教育组织机构保障

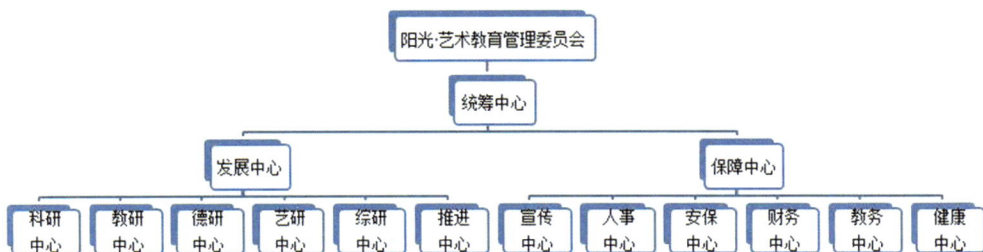

图1

表1　艺术教育管理、保障制度体系

	具体内容
一个纲要	《革新里小学艺术教育管理纲要》
三个手册	《革新里小学艺术教育导师团工作手册》 《革新里小学艺术教育润养课程工作手册》 《革新里小学童艺情韵征帆路》成长印记
五项评价	《革新里小学阳光艺术课程评价体系》 《革新里小学教师艺术发展评价》 《革新里小学艺术团评价制度》 《革新里小学艺术导师团评价条例》 《革新里小学学生综合素养评价体系》
六项制度	《艺术教育工作制度》《艺术教育活动制度》 《艺术教师聘任制度》《艺术课程教学制度》 《艺术教育科研制度》《艺术教育经费使用制度》

四、学校课程保障

（一）构建三级课程

2014年是革小构建"金帆蓝图"，提速学校发展的关键期。我校在原有艺术特色发展的基础上提出了：立足核心素养润育，以艺术教育为抓手，搭建立体美育平台，形成学科间贯通，学科内贯穿的阳光·艺术课程体系，实现师生综合素养不断提升的工作目标。

"阳光·艺术"课程体系是我校将所有目标坐落在学生艺术学习的修为之上而构建的校本化课程模式，带有浓厚的艺术、多元、公正、个性的阳光文化气质。目前已形成人文素养、道德素养、科学素养、健康素养和艺术素养有机融汇的"阳光·艺术"课程体系，实现了艺术课程管理、艺术课程研究、艺术课程实践、艺术课程评价四位一体的课程发展格局。如《艺术与审美》综合课程：我们从目标设计入手，形成了革小六艺修身培养目标，六艺的艺术目标与我校六德教育目标相融合，将艺术中的育人元素融入全学科教育。

（二）构建艺术润养课程

面对国家提出的"把立德树人作为基础教育的根本任务，培养德智体美全面发展的社会主义建设者和接班人"要求，我们力求以艺术教育为载体，以课堂教学研究为根本，以校园剧艺术表现形式与国家课程相关知识为内容，形成纵有序列、横有联系的学生培养模式，最终形成我校独有的课堂美育特色及方法，全过程提升学生综合素养。

目前，学校以金帆话剧团为核心，以追梦舞蹈团、花儿朵朵管乐团、爱乐合唱团、先锋鼓号队、京韵京剧团、润德茶艺团、墨娃书画团、科技翱翔团等八大社团为补充，加大学生艺术教育，培养了学生的艺术素养。

五、艺术融入学科教学　教师与学生发生了哪些变化

（一）教师自我素养文化发生变化

自2015年学校增名后，我们的老师具有了双重身份，即学科教师、艺术教师；为追求自我素养，学校依托中国儿艺的专家力量，成立了学校艺术教育工作室，如导演工作室、剧本创编工作室、表演工作室、音效工作室、海报宣传工作室等八个工作室，这些工作室既有专家引领，更有我校教师参与，定期开展工作研讨，促进了我校教师艺术专业队伍的发展。

（二）教师的学习途径发生了变化

在教师学习途径上，以往我们趋于自我学习、闭门学习，真正缺少对外开放性的学习，自从和儿艺联手以后，我校教师的学习方式发生了根本行的变化，如我校教师剧团由过去的少数骨干组成到现在的全员参与的A、B两团，借助专家指导，两团定期开展交流PK，如我校创编戏剧《接口商店》的A团展示，就是两个剧团通

过PK的形式产生的。再有就是我校独具特色的"圆桌课程"，课程开发至今已有近二年，课程的资源就是我校教师结合自己的优势，如手工制作、剧本创编、名曲欣赏、饮品制作、交谊舞、民族体育项目、旅游攻略、英语学习、电影欣赏等。通过教师自报课程，教师选修形式，我们每个月同时开设5~6门课程供教师学习，这种课程学习方式，不仅发挥了我校教师的自身优势，积淀教师综合素养，更重要的是改变了我们教师的学习途径与方法，强调了教师间的优势互补。

（三）教师间的合作方式发生了变化

以往的教师间工作合作方式主要是在年级组间进行，自我校与儿艺建立联盟共同体后，我校教师间的工作合作也发生了变化，如儿艺专家与年级组教师间的沟通与合作，提高了教师的艺术底蕴，学校教师间也因剧团活动、艺术工作室开展工作进行了走动起来，另外，学校工作坊的教师也会参与到各个年级间的教育、教学活动与交流之中，这种彼此的相互"融合"极大地改变了以往教师间的单打独斗的思维方式与工作方式。

（四）教师课堂的"教"与"学"发生了变化

1. 教学目标转变

2012年以前，围绕课堂教学，我们是以知识为目标，在检测学生质量中也是以书面试卷的形式进行检测来评价学生的学业质量，另外，教师在备课、上课过程中也只是围绕知识目标的达成而开展教学活动。同样，学校在评价教师工作中主要也是看学生的学习成绩等。新校长来校后，我们提出了"播撒阳光办教育"办学目标和"修艺润德 阳光成长"的教师专业发展方向，围绕学校艺术教育和"润德"目标培养。我们提出了"知、情、意、行、艺"五维学生课堂教学培养目标，围绕五维目标，经过一个学年的多次修改、论证，最终我们完善了各个年级递进进行的五维目标培养的具体内容与实施途径，这样的一种目标转变，也是教师教育观的一个转变和一个教学行为的转变。

2. 教师备课内容转变

备课中过去我们往往是结合一个教材的知识点，教师通过采取什么样的一个过程完成对教材的教授等，随着我校教学目标的改变，教师就要思考教什么？为什么教？怎么教？艺术目标怎么体现等诸多问题。因此，在备课中就需要教师认真揣摩教材，寻找有助于达成目标的相关内容来制订学案。例如：六年级数学《圆的认识》一课，在内容上教师改变以往的教学内容，而是增加了数学家对于"圆"的深刻解读，"在一切的图形里，圆是最美的"，由此让学生创编"圆"的数学小故事，这样的一种备课，既增加学生对于圆的认识，同时开发了学生的数学思维想象能力。

3.教师上课形式的转变

围绕学校艺术教育，"十三五"期间，我校申报了市级课题《将校园剧融入学科教学的行动研究》，围绕课题开展，我们鼓励教师围绕国家基础课程，挖掘内涵的艺术培养点，课堂上以艺术的表现形式开展教学，上学期我校开展了学科剧的展示活动，所有一线教师积极参与展示，活动结束后，我们以问卷的形式进行学生调研。

表2 戏剧周调查问卷数据总览表

问题	选项	三年级	占比	四年级	占比	五年级	占比	六年级	占比
	总人数	130		135		114		117	
1.你喜欢学校的戏剧周吗	A 喜欢	117	90.00%	126	93.33%	106	93.00%	106	90.60%
	B 一般	9	7.00%	9	6.67%	8	7.00%	10	8.56%
	C 不喜欢	4	3.00%	0	0.00%	0	0.00%	1	0.84%
2.你是否参与了这次戏剧周的表演	A 是	109	83.85%	81	60.00%	83	72.80%	92	78.63%
	B 否	21	16.15%	54	40.00%	31	27.20%	25	21.37%
3.你对你们班的表演满意吗	A 满意	110	84.62%	81	60.00%	109	95.60%	104	88.89%
	B 一般	20	15.38%	53	39.26%	7	4.40%	13	11.11%
	C 不满意	0	0.00%	1	0.74%	0	0.00%	0	0.00%
4.你认为将课程融入戏剧表演对你的学习有没有帮助	A 有较大帮助	94	72.31%	105	77.78%	92	80.70%	91	77.78%
	B 一般	36	27.69%	29	21.48%	19	16.70%	24	20.51%
	C 没有帮助	0	0.00%	1	0.74%	3	2.60%	2	1.71%
5.你觉得此次戏剧周对你帮助最大的是谁（可多选）	A 学校和老师	121	√	114	√	108	√	109	√
	B 家长	38		9		43		59	
	C 同学	38		30		29		57	
	D 自己	11		13		17		38	

通过学生调研，学生对将戏剧与学科融合这种学习方式给予了充分的肯定。

4.教师撰写课后反思转变

以往老师们在撰写教学反思，主要是围绕教学内容的成功与问题开展自我反思，但结合学生艺术教育围绕教学内容进行反思从来没有过。为了进一步转变教师观念，帮助教师在立德树人目标上达成一致，我们提倡教师撰写反思从艺术教育的角度上去分析自己课堂的"得"与"失"，如老师在自我反思上这样描述：

表3　教学科研反思模板

教师姓名	赵颖	科研课题	《探索将校园剧融入数学学科培育学习能力和学习自觉的行动研究》
课题与教学内容的结合点			教学内容《分数乘法整理与复习》结合点：在本单元的授课中，学生自己寻找与本单元知识相关的思维故事，并在课堂3分钟讲给同学们听，引发同学的思考，并进行解释，在锻炼学生的数学思维的同时提升学生的表达能力和自信。
课堂案例简述与分析			在讲授六年级上册"分数乘法"这一单元中，每节课都让学生以小组为单位讲解与本单元内容相关的数学思维小故事，每节课由一个小组承担一个小故事，在讲授故事之后和其他同学进行互动，并给同学讲解故事中的数学问题。 学生在讲数学思维故事的过程中，对本单元的知识有了更加深入的了解，通过小组内的分工合作培养了合作意识，负责讲故事的学生也锻炼了语言表达能力，负责讲解数学知识的学生经历了用数学语言表达自己思维的过程，下面的学生和故事小组进行互动的过程中培养了倾听能力，并且整个小组在承担的过程中培养了自信，增加了成就感。
我的收获或体会			1.充实数学课堂，使课堂更加有趣 　在培养学生进行思维故事讲解的过程中，我也为学生找了很多相关的数学思维故事，这样课堂教学的资料准备就比较充足，数学课堂变得更加有意思，教师的备课也更加的充足。 2.学生能力在潜移默化中得到提升，增强了学习数学的兴趣 　学生在以小组为单位完成思维故事的过程中充分地锻炼了自己的能力，学生的学习能力和自觉性都得到了相应的提升，并且在听和讲思维故事的过程中增强了学习数学的兴趣。

还有的老师这样写道："本学期，我的科研课题是《阅读中知礼　演绎中明礼 培养"想学"情感的实践研究》，结合教学内容《孔子拜师》，我以情境表演为切入点，在学生活动设计中，我采用了小组合作表演展示的学习模式，提高其舞台表演技巧和艺术素养。比如在孔子拜师行礼时，教师引导学生从孔子和老子的对话中猜想他们当时是怎么行礼的？学生观看视频，想象画面。小组间相互学习做拱手礼，在此基础上进行情境表演。最后以小组为单位进行汇报展示。通过本课教学，使我体会到将校园剧融入语文学科中，学生不仅能深入理解文本，进一步体会人物的品行，而且在表演读的过程中，提高其舞台表现力和表演技巧。在今后的教学中，我将继续研究如何将校园剧与语文学科有机融合，让学生在掌握知识的同时，

润养艺术的素养，培养全面发展的阳光学子。"

（二）学生"学"的转变

1. 导学单代替预习单

以往教师在让学生回家进行预习时主要是围绕学科知识进行提前预习，通过调研我们发现这种预习方式一是学生不喜欢，二是有些学生根本不做。如何转变这种学生不喜欢的预习方式，经过教师们多次研究，我们研制了能激发学生学习兴趣的导学单，导学单的内容不仅设计了学科相关知识，更多的是开放性的实践内容。如语文学科，在朗读训练中，我们设计了"请你为课文配音进行朗读并自己录下来"环节，第二天在课上全班分享。数学学科，"请你结合所学知识自制一份数学小报"，英语学科"结合一个话题在家里或在小区录制视频等"，像道德与法制课程、科学、音乐、美术等课程，通过设计学生动手操作，歌曲演唱、将故事等内容，将知识的预习转变为基础能力的培养，通过开展"我喜欢的导学单"调研，学生的学习兴趣得到了极大的提高。

2. 小组合作学习，帮助学生发现别人优点

小组合作学习是我校的课改点，结合小组学习，我们采取异质分组，从合作学习模式到合作学习交流，老师们都进行精心设计，在学生彼此相互学习交流中，学会知识、学会交流、学会欣赏他人。围绕小组合作学习，通过我们调研显示，对于这样的一种学习方式，学生都非常认可。

《基于小组合作学习 教师与家长主动沟通情况调研分析》

一、调研时间：2018年10月23日

二、调研目的

了解班级开展小组合作学习情况以及学科教师开展小组合作学习情况，梳理所有学科教师能落实学校的要求，为教研中心提供数据。

三、调研分析

（一）是否知道自己小组长的名字？

一年级	知晓率	二年级	知晓率	三年级	知晓率	四年级	知晓率	五年级	知晓率	六年级	知晓率
1班	100%	1班	100%	1班	100%	1班	100%	1班	100%	1班	100%
2班	90%	2班	100%	2班	94%	2班	100%	2班	100%	2班	100%
3班	79%	3班	97%	3班	95%	3班	100%	3班	100%	3班	100%
4班	100%	4班	100%	4班	100%	4班	100%	4班	100%	4班	100%

分析：

一年级2班、3班，二年级3班，三年级2、3班共5各班没有达到学生对于小组长名字知晓率为100%。

（二）你们小组有自己的学习名称吗？

一年级	知晓率	二年级	知晓率	三年级	知晓率	四年级	知晓率	五年级	知晓率	六年级	知晓率
1班	82%	1班	96%	1班	62%	1班	25%	1班	100%	1班	100%
2班	21%	2班	54%	2班	47%	2班	19%	2班	86%	2班	100%
3班	6%	3班	97%	3班	91%	3班	28%	3班	100%	3班	100%
4班	32%	4班	37%	4班	100%	4班	100%	4班	100%	4班	100%

分析：

（1）2.1、2.3、3.3、3.4、4.4、5.1、5.3、5.4以及六年级4个班知晓率很高，说明学生对于学习小组名称很清楚。

（2）其他班要强化。

（三）在小组合作学习之前，老师引导你们的做法是（　　）

A. 老师提出问题就开始讨论　　　B. 先让每个人独立思考后再进行分组学习

一年级	选择B	二年级	选择B	三年级	选择B	四年级	选择B	五年级	选择B	六年级	选择B
1班	48%	1班	56%	1班	62%	1班	51%	1班	55%	1班	96%
2班	41%	2班	34%	2班	73%	2班	80%	2班	87%	2班	42%
3班	59%	3班	100%	3班	91%	3班	66%	3班	92%	3班	96%
4班	55%	4班	60%	4班	94%	4班	20%	4班	95%	4班	92%

分析：

（1）每一位任课教师在为学生出示学习内容上，应先给学生自己独立的思考时间，哪些我会，哪些我不会，这也体现学生的主体意识。

（2）数据不代表哪一个学科或教师，但反映出我们教师指导学生开展小组学习的观念还要进一步转变。

3. 作业形式改变

《优学实践展示单》是我校学生作业的代名词，结合市教委要求，在减轻学生过重的学业负担前提下，我校各个年级结合学科特点设计了以实践类为主的学习单。这样的一种"作业"，学生不但喜欢，也乐于实践，通过学生调研，对于《优学实践展示单》学生非常喜欢，班级也会进行展示，《优学实践展示单》替代了传统的抄抄写写的作业形式，对于激发学生的学习兴趣起到了很好的作用。

4.学生学业评价改变

自学校与儿艺建立联盟以来，学生的艺术素养与艺术的自信有了很大的提升，如何学会进行综合性的评价也是我校近年来不断摸索的课题，经过几年的实践探索，我们有了对学生较为完善的评价体系，即基础学业+道德认知+艺术修为的学生评价指标，这样的一种评价方式，对于培养学生的综合素养起到了促进作用。

五、教师成果

伴随着学校课程改革以及学校的艺术教育的实施，教师的专业能力得到了极大的发展。

表4　教师获奖情况统计表（2014—2020年）

获奖时间	获奖内容				
时间	教学类			科研类（论文）	
	北京市	东城区		北京市	东城区
	公开课教学设计	公开课研究课	东兴杯大赛教学设计大赛		
2014—2015学年度	13人次教学展示	7人次	一等奖（3）次二等奖（8）次三等奖（2）次合计（13）人次	一等奖（3）次二等奖（4）次三等奖（6）次合计（13）人次	一等奖（1）次二等奖（6）次三等奖（8）次合计（15）人次
2015—2016学年度	共8人次获二等奖三等奖	7人次	一等奖：（1）次二等奖（4）次三等奖（3）次合计（8）人次	一等奖（4）次二等奖（9）次三等奖（13）次合计（26）人次	一等奖（7）次二等奖（13）次三等奖（4）次合计（24）人次
2016—2017学年度	3人分获科研录像课一等奖二等奖三等奖	3人次	一等奖：（3）次二等奖（7）次三等奖（6）次合计（16）人次	一等奖（2）次二等奖（6）次三等奖（4）次合计（12）人次	一等奖（2）次二等奖（2）次三等奖（3）次合计（7）人次

续表

获奖时间	获奖内容				
时间	教学类			科研类（论文）	
	北京市	东城区		北京市	东城区
	公开课 教学设计	公开课 研究课	东兴杯大赛 教学设计大赛		
2017—2018 学年度 第一学期	一等奖3人 二等奖3人 三等奖1人	5人次	东兴杯教学大赛 5人进入决赛	国家级课题论文 一等奖（4）人次 二等奖（3）人次 三等奖（5）人次 市级论文 二等奖（2）人次 三等奖（6）人次 合计（20）人次	一等奖（5）人次 二等奖（5）人次 三等奖（6）人次 合计（16）人次
2019—2020 学年度 第一学期	一等奖1人 二等奖2人 三等奖2人	4人次	一等奖1人 二等奖2人 三等奖诺干	一等奖（3）人次 二等奖（4）人次 三等奖（6）人次 合计（13）人次	

第二节 校本课程建设纲要

戏润心灵 撷采艺苑——戏剧校本课程

前言：我校自创建以来，上下同心、奋力拼搏，取得了令人瞩目的办学业绩，以金帆话剧团为龙头的艺术教育已经成为市级区域内较有影响力的品牌。学校在高速发展、高位进阶的大好形势下，需走内涵加品牌的发展之路，实现实质性的转型发展，向品牌，向管理、向科研、向活动要质量是我们新的追求。校本课程以其鲜明的个性在培养卓越人才的过程中起了重要作用，它昭示着学校一流办学目标、先进的课程理念、高效的组织结构和自觉的评价机制，因此，学校决定整合已有的教育资源，全面规划、设计、开发、实施戏剧校本课程——《戏润心灵 撷采艺苑》的建设工作。

校本课程设置的基本思想

一、课程开设的指导思想

（一）学校的发展方向

1.办学宗旨：办阳光教育 创优质精品特色校。

2.办学理念：让师生沐浴艺术多彩 让生命浸染教育阳光。

3.办学特色：修艺润德 阳光成长（金帆话剧艺术团）。

现代课程理论认为，课程是人才培养的基石，它是学校教育活动中的最实质性的因素。创建校本课程既是落实三级课程管理体制，又是进一步落实我校办阳光教育，让师生沐浴艺术多彩，让生命浸染教育阳光的办学理念的有效载体。校本课程的开设以"丰富校园文化建设，凸显校园戏剧的育人功能"为宗旨，以"开启学生心智、开发学生潜能、张扬学生个性、磨炼学生意志、培养人文素养、提高综合素质"为目的，凸显学校特色，打造校园品牌，不断促进学校、教师、学生、家庭的共同发展的重要载体，也是推进课改工作向纵深发展的重要保障。

二、课程开设的目标

我们在制订和开发课程目标时，有效发挥课程资源的育人价值，关注学生人格的健全发展，充分利用学生的生活经验和社会文化资源，鼓励学生进行体验性、探究性和反思性学习。

（一）以艺术语言为载体促进学生整体语言能力的发展。

（二）以综合表现为手段鼓励学生进行创新性、体验性、反思性学习。

（三）以艺术展现为载体增强记忆力、表达能力、沟通协调能力。

（四）以主体调动为手段，以素质教育为主旨实施兴趣培养、专业培训与成功教育。

（五）通过语言及表演的基础练习，初步了解、掌握语言艺术与表演的基本知识，提高舞台表现力。

（六）通过戏剧教育能增强孩子的角色意识，提升语言交流能力、想象力、创造力及自我表现能力，并启发思考，促进才艺发展，培养团队合作精神。

（七）通过戏剧表演的学习，有效促进孩子的个性气质、自我认知、自我体验及自我控制能力的发展，最终实现培养健全人格塑造完美人生的育人目的。

三、课程的基本理念

（一）修艺润德，推进学校特色发展

以金帆话剧团为依托，搭建立体多彩的阳光舞台，将办阳光教育，创高质精品特色的办学目标落在实处，在提升学生艺术修养中让师生沐浴艺术多彩，让生命浸染教育阳光。

（二）全员浸染，提高话剧文化素养

校园话剧具有提高学生参与度、促进学生全面发展的效果。构建"校园话剧艺术教育"多元校本课程，实行人人加入、班班参与，学生在参与中，了解话剧文化，学习话剧表演，提高话剧文化素养。

（三）学科协同，构建联动学习模式

建立校园话剧的系统的教学模式，将校园话剧在学科教学中日常化。开发校园话剧的校本课程，将校园话剧文化活动与各个学科的日常教学进行整合，探索具有学校特色的校园话剧的教学实践模式。

（四）务实怀远，促进教师专业发展

将校园话剧与学科教学相结合，帮助教师进一步转变教育教学观念、丰富教学手段、促进其对教学方法进行反思和创造、提高教学能力，促进教师的专业发展。

校本课程目标、内容、课时安排

一、校本课程的培养目标

（一）知识与能力目标

1. 进行各种话剧表演基本功训练。在教学实践中引导学生掌握简单的话剧创作技法，了解有关话剧表演的一些基本知识。不断丰富学生的口头语言和肢体语言，通过各种实践与教师的指导，不断提高学生的表演水平，提升表演品位。

2. 注重校本课程与各种资源的整合。把教材同戏剧结合起来，把生活同剧本结合起来，把表演同写作结合起来，引导学生准确地理解、分析人物形象，把握情节发展再现并演绎，从而提高学生的阅读理解能力、生动传神的表现能力，丰富学生的学习生活，促进学生特长形成。

3. 重视学生在校本课程中的主动性，使学生学会自主研究。我们不仅要指导学生演，还要使学生试着自导自演；不仅要使学生能按照已有的剧本演，还要使学生试着自己改编课本剧；不仅要使课本剧成为部分有表演才能学生的课本剧，还要使之成为全体学生的课本剧，调动学生参与课本剧演出的热情。

（二）情感价值目标

1. 通过校本课程，提高学生感受美、欣赏美、表现美、创造美的能力；提高学生分辨真、善、美与假、丑、恶的能力，陶冶学生情操，净化学生心灵，培养学生高尚的道德情操和健康的审美情趣，形成正确的价值观和积极的人生态度，达到修艺润德的教育目标。

2. 通过演出课本剧，弘扬中华民族悠久的历史文化传统，拓展学生视野，借鉴并学习世界各国的文化精髓，增强学生的民族自尊心、自信心和自豪感。树立为中华民族的富强与文明而努力拼搏的远大理想。

二、课程内容及各年级目标

（一）话剧表演训练

内容涉及：有声语言基本功训练、基本技能训练、有声语言表现力的训练、话剧台词的处理等。

（二）艺术修为教育

内容涉及：艺术欣赏、特长培训，舞蹈、音乐、绘画、演讲、合唱、形体等。

（三）艺术文化教育

内容涉及：开发学生潜能，促进学生个性发展，使审美能力的培养与智力的培养熔为一炉，发展全体学生鉴赏美创造美的艺术素养能力和创造能力。

（四）道德修养教育

内容涉及：道德润泽、传统文化的传承。

各年级涉及：孝、礼、信、仁、智、义。

一年级：感恩孝行。

二年级：知礼修德。

三年级：诚实笃信。

四年级：包容仁爱。

五年级：智慧敏思。

六年级：正义明责。

（五）学科特色融合

内容涉及：学科相关的知识拓展、研究性学习，人文、科技、环保、法制……

（六）习惯养成教育

内容涉及：学习习惯、生活习惯、交往习惯、安全习惯。

学习习惯——听、说、读、写、思、做等方面。

生活习惯——自理、卫生、健身、劳动、勤俭等方面。

交往习惯——交际、合作、诚信、助人、宽容、感恩等方面。

安全习惯——出行、玩耍、用电、自护等方面。

三、校本课程课时安排

校本课程课时安排如表1所示。

表1　校本课程分为四个部分课程

第一部分	话剧鉴赏		2课时
第二部分	话剧表演		4课时
	基本功训练	1课时	
	语言训练	1课时	
	舞台表演	2课时	
第三部分	话剧实践		2课时
	道具制作	1课时	
	广告宣传	1课时	
第四部分	话剧创作		2课时
课时合计			10课时

校本课程的管理与运行

为保证校本课程的顺利进行，完成课程任务，实现校本课程设置的根本目的，必须构建一套有效的管理和运行机制，这也同时是校本课程开发的一个重要方面。

一、校本课程管理运行中教师队伍的建设

（一）校本课程教师队伍由本校全体在职教师、外聘专家、各类科研人员及社区志愿者等组成。

（二）开设校本课程、保证校本课程顺利实施是全体教师共同的责任和义务。

（三）全校教师都应积极关注课程改革，了解国际、国内有关创新教育的新动向，适时调整校本课程研究的内容、方法。

（四）学校负责教师组织校本课程的研讨与交流，使得全体教师在校本课程实施过程中能力不断提高。

二、校本课程管理的组织形式

校本课程采用直线管理与分层管理相结合的形式。

（一）直线管理：成立学校校本课程领导小组

组　　长：赵丹阳

副组长：姚辉、周育

组　　员：沈秋立、王长江、李春金、胡雪梅、吕瑞芳、翟燕、吕秋影、陈雅洁、姜坤、万妍、程艳温、谢宇晴、沈立红

（二）分层管理

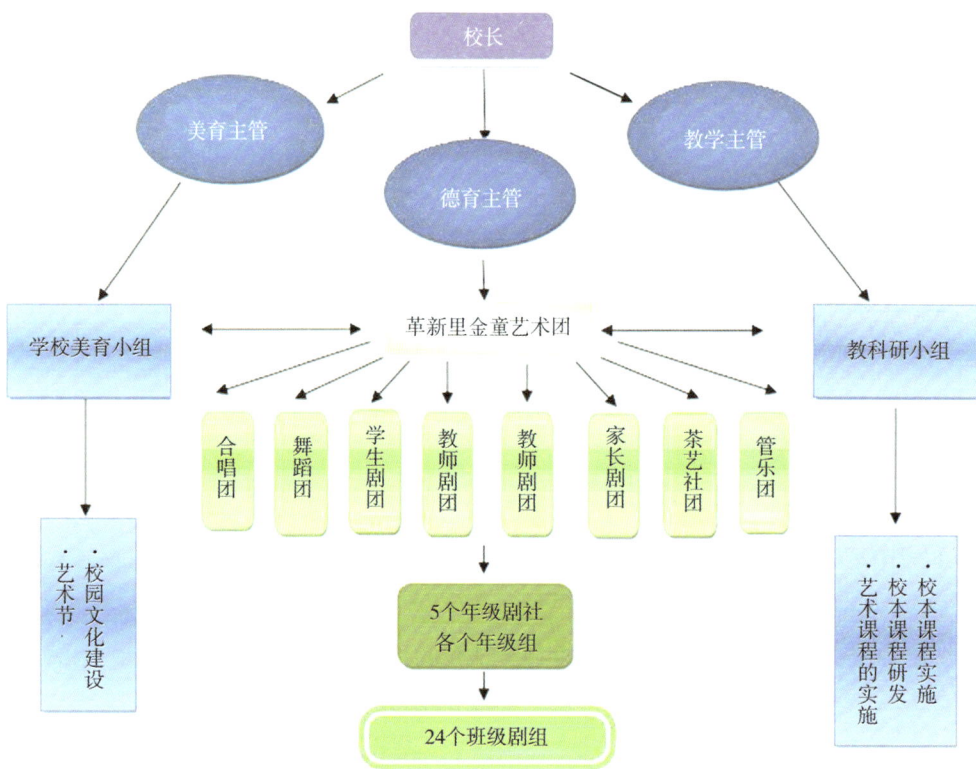

图1

三、各级管理机构职责

（一）校本课程领导小组

1. 负责制订校本课程实施的总方案以及阶段方案，并对各年级、班级进行解释、指导。

2. 负责管理全校各班级的剧团社组的活动计划，并及时调整活动。

3. 负责收集、分析国际、国内有关的新信息，适时调整话剧育人方案。

4. 负责考核教师在课程中的成绩，考核和评价各班级的成果。

5. 负责全体教师在修艺润德方面的交流以及各班级的横向沟通联系。

6. 负责开展一系列带有成果展示性质的汇报会、研讨会等。

7. 有义务倾听来自各层级的建议，并择优采纳。

（二）分层管理者职责

1. 校长职责

校本课程主要决策及整体调控。

2.各级主管职责

负责整体策划、全面研究实施、调控实施情况。

3.校级社团团长职责

制订社团活动计划，定期开展社团活动，做好资料留存工作。

4.年级社长职责

落实实施课程管理，分析及调研学生需求，进行具体实施。

5.班级剧组组长职责

具体负责对学生校本课程设置的授课指导，了解学习进度，关注学习态度及表现。

四、校本课程的运行模式

（一）设立固定的校本课。

（二）开设课余活动。

（三）提供专业性支持。

（四）建立校本课程档案。

校本课程评价建议

一、评价方式

对校本课程实施的评价分两级进行，即学校评价与班级评价。评价的方式有随堂评价、总结性评价和展示评价三种，形成学生发展手册。

二、评价原则

力求体现全员性、公平性、激励性、过程性、发展性。

全员性：校本课程的开发坚持以人为本、全员参与，充分发挥教师主导和学生主体作用。

公平性：注意兼顾各层次学生的特点，尊重学生个性差异，使他们都能得到适宜的发展。

激励性：激励学生发挥自己的个性特色，施展自己的才能，激励学生积极进取，勤于实践，勇于创新，不断促进学力发展。

过程性：课程的开发过程是一个动态的过程，以课程开发促师生发展，同时积累重要的成果和经验。

发展性：用发展的视角、眼光、态度评价学生，充分肯定学生的优点和进步，正确对待他们的缺点和错误，鼓励学生不断进步和发展。

三、评价要求

（一）体现学生在评价中的主体地位

本课程建议让学生成为评价的主体，因为这样有益于学生认识自我，树立自信，有助于反思和提高生活实践能力，从而有利于良好生活习惯的养成。每一课的评价基本由学生自己来完成。

（二）注重评价方法的多样性和灵活性

教师应注意收集多种资料，给学生一个综合的评价，即学生自我评价、互相评价、教师评价和家长评价。同时应注意根据学生的年龄特征和实践表现的不同采取适当的评价方式。

表2　革新里小学戏剧校本教材框架

年级	修艺润德	教学内容	话剧欣赏			基础训练		话剧表演	话剧实践
			走进剧院	走进历史	走进作品	语言训练	舞台形体训练		
一年级	孝—感恩孝行	表演基础课教学及素质训练　教学重点为为组织舞台行动能力的培养和训练	北京地区儿童艺术剧院	话剧的起源	儿童话剧的代表作	1.发声训练 2.声音训练		表演元素训练 台词训练	鉴赏校园经典剧目
二年级	礼—知礼修德	表演基础理论及角色创造基础教学　教学重点是使学生进入角色，寻找自我感觉，建立舞台感	北京著名话剧院	话剧的发展	各大剧院代表作品	1.舞台语言 2.演员在表演中应该了解的几点基本概念（台词、潜台词、独白、特定场景）		感觉训练 观察训练 模仿训练	鉴赏校园经典剧目 适当改编童话故事
三年级	信—诚实笃信	舞台人物形象创造　教学重点是培养学生创造舞台人物形象，寻找人物形象共性与个性	全国著名的话剧院	开放的戏剧世界	中国话剧代表作品	1.话剧语言的舞台处理 2.演员在表演中应该了解的几点基本概念：（舞台调度、戏剧冲突、舞台行动的线索、下意识、调动感情、生活逻辑、典型形象）		表演基础训练 1.消除紧张与松弛肌体 2.无实物练习 3.为了某种目的的简单动作练习 4.简单动作+规定情境+动作三要素	运用所学元素初步掌握塑造人物形象的能力，初步掌握分析人物的方法，并学习分析人物剧本，创作剧目宣传海报

续表

年级	修艺润德	教学内容	话剧欣赏			基础训练		话剧表演	话剧实践
			走进剧院	走进历史	走进作品	语言训练	舞台形体训练		
四年级	仁—包容仁爱	舞台人物形象创造，鲜美舞台形象创造 教学重点是鲜明的舞台语言、人物形象，强调舞台语言、形体节奏的综合能力	亚洲著名的话剧院	亚洲戏剧	亚洲话剧的代表作品	处理角色台词的基本方法		表演基础训练 1.感觉表演 2.命题即兴表演 3.动物及人物模仿练习 4.激情表演练习 5.对话表演练习与无言表演练习	尝试进行剧本改编。剧本改编过程可以锻练学生的认识、判断力，从而对戏剧的本质特征有更深入的把握
五年级	智—智慧敏思	表演基础与实践，多侧面舞台人物形象创造 教学重点：让学生亲自感受了解，尝试各流派及各种风格体裁的创作排演方法和过程	欧洲著名的话剧院	欧洲戏剧	欧洲话剧的代表作品	如何分析剧本与角色		表演基础训练 1.激情表演练习 2.对话表演练习与无言表演练习	在教师指导下尝试完成话剧独幕剧创作。使学生掌握完整戏剧艺术形象的创作方法。让学生在整体人物形象塑造上有整体把握及与各部门的协调合作
六年级	义—正义文明责	剧目排演，多重性格舞台人物形象创造 教学重点：把握舞台节奏，学会与演出各部门的合作，掌握适应观众的能力，建立表演意识	美洲著名的话剧院	美洲戏剧	美洲话剧的代表作品	如何塑造人物		短剧表演训练	在教师的指导下独立完成剧本的初步创作，使学生掌握创造完整舞台人物形象的技能、方法和理念

鼓韵铿锵 鼓动中国——民族鼓校本课程

前言：我校自创建以来，上下同心、奋力拼搏，取得了令人瞩目的办学业绩，以金帆话剧团为龙头、星光乐团、星光舞团的艺术教育已经成为市级区域内较有影响力的品牌。学校在高速发展、高位进阶的大好形势下，需走内涵加品牌的发展之路，实现实质性的转型发展，向品牌、向管理、向科研、向活动要质量是我们新的追求。校本课程以其鲜明的个性在培养卓越人才的过程中起了重要作用，它昭示着学校的办学目标、先进的课程理念、高效的组织结构和自觉的评价机制，因此，学校决定整合已有的教育资源，全面规划、设计、开发、实施民族鼓校本课程——《鼓韵铿锵 鼓动中国》的建设工作。

校本课程设置的基本思想

一、课程指导思想

学校发展方向：

1.办学宗旨：办阳光教育，创优质精品特色校

2.办学理念：让师生沐浴艺术多彩，让生命浸染教育阳光。

3.办学特色：修艺润德，阳光成长。

现代课程理论认为，课程是人才培养的基石，它是学校教育活动中最有实质性的因素。创建校本课程既是落实三级课程管理体制，又是进一步落实我校办阳光教育，让师生沐浴艺术多彩，让生命浸染教育阳光的办学理念的有效载体。校本课程的开设以"丰富校园文化建设，凸显校园戏剧的育人功能"为宗旨，以"开启学生心智、开发学生潜能、张扬学生个性、磨炼学生意志、培养人文素养、提高综合素质"为目的，是凸显学校特色，打造校园品牌，不断促进学校、教师、学生、家庭的共同发展的重要载体，也是推进课改工作向纵深发展的重要保障。

二、课程目标

文化兴国运兴，文化强民族强。习近平总书记文艺工作座谈会上的重要讲话，为新形势下加强和改进学校艺术教育工作指明了前进方向、提供了基本遵循。要建立大中小学相互衔接、课内课外相互联系、校内校外相互促进的艺术教育课程体系，开齐开足艺术课程，引导广大青年自觉弘扬社会主义核心价值观，深入挖掘各

类课程中的艺术教育资源。鼓励学校开发具有民族、地域特色的地方艺术课程，大力传承和弘扬中华优秀传统文化、中华美学精神，形成"一校一品""一校多品"的艺术教育特色。艺术教育对启迪思想、温润心灵、陶冶人生具有不可替代的作用。切实践行优秀传统文化的传承与发展，完善艺术教育课程体系，引导广大青年自觉弘扬社会主义核心价值观具有深远的意义。

"民族鼓"课程具有明显的中国民族音乐风格特点，对学校育人培养发挥着重要的作用。学校以艺术体验中心为阵地，发挥艺术体验中心的功能和作用，为学生的成长提供广阔空间，让艺术启迪人的思想、净化人的心灵、涵养人的品格。

中国鼓课程的开发与实践，让艺术教师不仅可以提升自身对于民族音乐文化的了解，在教学中可以通过"民族鼓"调动学生参与课堂的积极性，调动学生的主动性实现整体学生参与音乐活动的目的，也在课程的研究过程中了解各年段学生的接受、表现能力，从而设计出递进式的课程学习内容。

借助"中国鼓"课程学习，让学生可以生动地了解中国各民族、各地区不同的音乐风格特点，不仅可以陶冶孩子们的情操，启迪心灵，感受民族音乐美、体验民族音乐美，更在演奏中提升表现力，领略、发扬并继承民族优秀传统文化，增进民族自豪感。通过民族鼓的学习并用"中国鼓"开展课堂内外的音乐展示活动，提升社团的演奏水平，从而推动完整课程的形成。

三、课程基本理念

1.课程构建注重体验学习场域，激趣促学提升素养

2011版《音乐课程标准》在"课程资源开发与利用建议"中指出"地方和学校应结合当地人文地理环境和民族文化传统，开发具有地区、民族和学校特色的音乐课程资源。要善于将本地区民族民间音乐（尤其是非物质文化遗产中的音乐项目）运用到音乐课程中来，使学生从小受到民族音乐文化熏陶，树立传承民族音乐文化的意识"。因此，多年来，学校以学校的特色项目校园剧及传统文化课程为落脚点、突破口，构建体验学习场域，打造多元、序列特色课程，培养学生乐学乐展、阳光自信的良好品质，通过积极营造传扬中华传统文化的教育氛围，使学生理解中国传统文化，认同传统文化，加强对中国传统文化的自信，进一步激发民族自尊心和自豪感。从而贯彻我校"修艺润德，阳光成长"育人理念，实施素质教育，促进学生全面发展，推动学校特色建设和品牌打造。

2.教学方法注重体验式学习，搭建平台绽放自信

《义务教育音乐课程标准（2011年版）》的颁布与新课程改革实施以来，中小

学音乐教育力求以"情感·态度·价值观、过程与方法、知识与技能"三维目标作为教学导向，淡化知识、技能传授，加强以美育人功能。新课标将"体验"列为实现"过程与方法"的主要内容，对于"体验"，有这样一段表述："音乐教学过程应是完整而充分地体验音乐作品的过程。"在相关精神的引领下，我校不断创新、不断摸索，以"体验"为主线，开发音乐剧、民族鼓特色课程，在多种体验式活动的创设中，引领学生感悟音乐，在体验、领悟、探寻中，充分感受音乐的魅力，激发音乐学习兴趣，并通过"体验"教学为学生充分搭建展示平台，在展示中绽放自信，在展示中收获成功，从而真正地让课堂变"填鸭式""灌输式"为"参与式""体验式"学习模式。通过教学实践活动，加强学生的探索性、实践性、反思性、创造性、自主性的学习能力，有效地体现了教师主导、学生主体的作用；有效地体现对学生文化素养开拓创新精神和合作精神的培养，使教学寓教于乐，学生知情达理。在提高学生对音乐的学习兴趣、了解民族文化、挖掘潜力展示自我、增强团队意识等方面有成效。

3.传统文化注重常态培养，红色教育润育无声

本课程从中华优秀传统文化的主要内容、主要特点和时代价值入手，直视优秀传统文化教育现今面临的理论困难和现实困难。由于历史等原因，中华优秀传统文化教育长期处于被分散、被忽视、被边缘化的状态，这与当前的社会发展是极不协调的，更是不合理的，所以说加强中华优秀传统文化教育，实现中华优秀传统文化教育常态化是时代使然和发展所趋。将民族鼓引入到课程学习中，不仅加强了学生参与度与体验，使中华优秀传统文化教育常态化，还加强了学生对民族音乐的了解，增进了民族文化自信、民族自豪感。

校本课程目标、内容、课时安排

一、校本课程的培养目标

情感态度和价值观：

激发学生学习"中国打击乐"的兴趣，积极地参与课程学习；自信地演奏"中国打击乐"作品，形成良好的学习习惯和态度；加强合作与交流，形成团队意识；重视民族音乐文化，具有爱国情感及文化艺术包容态度，为传承民族音乐文化奠定基础。

在欣赏、演奏、探索、DIY等多种形式的"中国打击乐"学习过程中，通过模

仿、体验、感悟、探究、合作等活动，提高"学会学习、学会创造、学会合作、体验成功"的能力，发展创新思维。

知识与技能：

通过"中国打击乐"学习掌握一定的"中国打击乐"的基础知识，获得感知、表现、鉴赏、创造音乐的基本能力，提高"中国打击乐"实践的综合水平；知道并热爱祖国优秀的"中国打击乐"作品，了解中西合作的打击乐文化，以多种方式拓展"中国打击乐"视野，沟通与相关艺术及其他学科的联系，提高文化素养。

二、课程内容及年级目标

（一）素养训练

节奏方面：以教材为依托，梳理各年级需掌握的知识点、节奏感，设计序列性、梯度渐进的节奏基础训练，并通过课上素养训练环节，形成固定的授课模式，在体验式、游戏化的训练中夯实节奏等基础知识，培养稳定的节拍感及节奏感。

技能方面：了解、学习、掌握民族鼓基础演奏姿势、持槌方法、动作要领、敲击方式等。

（二）文化赏析

鼓具有悠久的历史，蕴含着千年文化，鼓的种类也是各式各样的，并与人们的生活息息相关，留下了许多经典曲目，如绛州鼓乐《老鼠娶亲》《牛斗虎》《滚核桃》，利用多种打击乐器、丰富的节奏生动形象地表现了人们生活中的场景及动物形象，惟妙惟肖。在文化赏析板块中，给学生拓展欣赏民族鼓相关曲目，感受优秀民族文化。

（三）创编展示：利用教材音乐以及学生耳熟能详、脍炙人口的音乐作品，引导学生在音乐感受、体验、想象、理解的基础上，对乐曲进行伴奏的创编和鼓乐合奏的学习训练。教材中作品的二度创作和演奏表演，对培养学生的即兴创编和有目的地简易创作以及良好的音乐演奏表现力起到了促进作用，能加强学生声部间的配合。

表1

	情感·态度·价值观	过程与方法	知识与技能
低年段	通过民族鼓学习，初步建立音乐学习兴趣，形成对民族鼓的基础认知及喜爱之情，在欣赏与体验中乐学、乐展感受丰富的文化内涵，建立一定的文化自信	通过聆听、模仿、体验等方法学习基础节奏知识及基本演奏技能，并在歌曲伴奏、身体节奏打击等形式中稳定节拍、掌握、巩固基本技法	掌握四分音符、八分音符、二分音符、全音符及其组合；学会基本持槌、双击、单击等技巧能够为《龙咚锵》《赛船》等课内外歌曲伴奏，在音乐中帮助形成稳定节拍，能够以整齐的节奏、稳定的速度节拍进行表演欣赏绛州鼓乐经典曲目《老鼠娶亲》《牛斗虎》，感受作品通过不同技法发出不同音响效果所描绘的动物形象
中年段	在丰富、形象的作品欣赏与演奏中，进一步加强对民族鼓及音乐的学习兴趣，加强对民族鼓的喜爱，了解民族鼓的经典作品，感受丰富的文化内涵，建立一定的文化自信	通过听辨对比等方式巩固基础节奏知识、休止符、附点音符、三连音、切分节奏等。在探究模仿、体验、问题查找中掌握刮奏、闷击等演奏技巧。通过欣赏作品，了解作品的创作手法及所运用的演奏技巧，体会作品所描绘的意境，加强作品分析能力	1. 掌握变换拍子、前倚音、八三拍、八六拍2. 能够运用基础节奏型为《我是草原小骑手》《龙里格龙》等课内外歌曲伴奏，在音乐中帮助形成稳定节拍，能够以整齐的节奏、稳定的速度节拍进行表演3.欣赏《杨门女将》《夜深沉》，感受戏曲与民族鼓的融合，知道锣鼓经的记谱方式，能够初步认读
高年段	在合作探究、演奏中加强声部协调，学会合作、学会配合。在作品的积累中，聆听、演奏戏曲相关民族鼓演奏，拓展民族音乐文化知识，增强民族文化自信，形成热爱民族音乐的情感	通过聆听模仿、创编表现等方式巩固基础节奏知识与节奏感，通过聆听对比，分辨不同节拍。在作品演奏中增强演奏技巧。通过作品欣赏了解民族鼓作品民间创作手法，为节奏编配奠定基础	1. 掌握特色节奏型学习及组合2. 能够运用基础节奏型为《花蛤蟆》《春节序曲》等课内外歌曲伴奏，在音乐下帮助形成稳定节奏感，能够以整齐的节奏、稳定的速度节拍进行表演3.欣赏《秦王点兵》《楚汉决战》，感受相同体裁、内容作品的体现

三、校本课程课时安排

校本课程分为三个部分课程：

①学节奏·玩音乐（三分钟素养练习+1课时）。

②乐展示·巧创编（每学期4+1课时）。

③赏经典·奏神韵（每学期1+2课时）。

表2　革新里小学中国鼓校本教材框架

年级	修艺润德	教学内容	学节奏·玩音乐	乐展示·巧创编	赏经典·奏神韵
一年级	乐欣赏	通过聆听、模仿、体验等方法学习基础节奏知识及基本演奏技能，并在歌曲伴奏、身体节奏打击等形式中稳定节拍，掌握、巩固基本技法	四分音符、八分音符、二分音符、全音符及其组合	上册： 《牢记核心价值观》《行为习惯儿歌》（课外） 《龙咚锵》《赛船》 下册： 《彝家娃娃真幸福》《大鼓和小鼓》 《中国功夫》（课外）	上册：《老鼠娶亲》 下册：《牛斗虎》
二年级	乐学习	通过聆听模仿、听辨对比等方式巩固基础节奏知识、掌握十六分音符及其组合。在探究模仿、体验、同题查找中掌握击鼓、击边、击鼓面等演奏技巧。在作品欣赏中体会不同技巧所带来的形象表现	四分音符、八分音符、二分音符、全音符、十六分音符及其组合	上册： 《唢呐配喇叭》《小鼓响咚咚》 《龙咚锵》 《牢记核心价值观》（课外） 下册： 《共产儿童团歌》《我的家在日喀则》 《红星歌》（课外）	上册：《老虎磨牙》 下册：《滚核桃》
三年级	乐演奏	通过聆听模仿、听辨对比等方式巩固基础节奏知识、休止符、附点音符、切分音、三连音等节奏。在探究模仿、体验、同题查找中掌握刮奏、同击等演奏技巧。通过欣赏作品，了解作品的创作手法及所运用的演奏技巧，体会作品所描绘的意蕴，加强作品分析能力	四分音符、八分音符、二分音符、十六分音符、八分休止符、附点音符及其组合	上册： 《我爱雪莲花》《我是草原小牧民》 《牢记核心价值观》（课外） 下册： 《只怕不抵抗》《赛马》	上册：《战鼓》 下册：《鼓威》

续表

年级	修艺润德	教学内容	学节奏·玩音乐	乐展示·巧创编	赏经典·奏神韵
四年级	乐合作	通过聆听模仿、创编表现等方式巩固基础节奏知识与节奏型，通过聆听对比，分辨不同音型。在作品演奏中增强演奏技巧。通过作品演奏欣赏了解民族鼓乐民间创作手法，为节奏编配奠定基础	四分音符、八分音符、二分音符、全音符、十六分音符、四分休止符、八分休止符、附点音符、三连音、切分节奏及其组合	上册：《我是草原小骑手》《龙里格龙》《牢记核心价值观》（课外）下册：《木瓜恰恰恰》《种太阳》《我是人民小骑兵》《精忠报国》	上册：《杨门女将》 下册：《夜深沉》
五年级	乐创编	通过聆听模仿、创编表现等方式巩固基础节奏知识与节奏感，通过聆听对比，分辨不同节奏型。在作品演奏中增强演奏技巧。通过作品欣赏了解民族鼓乐民间创作手法，为节奏编配奠定基础	特色节奏型学习及组合	上册：《花蛤蟆》《春节序曲》《牢记核心价值观》（课外）下册：《我们要做雷锋式的好少年》《北京喜讯到边寨》	上册：《秦王点兵》 下册：《楚汉决战》
六年级	乐传承	在合作探究、演奏中加强声部协调，学会合作、学会配合。在作品的积累中，聆听、演奏相关民族鼓乐作品，拓展民族音乐文化知识，增强民族文化自信，形成热爱民族音乐的情感，传承民族音乐文化	特色节奏型学习及组合	上册：《红旗飘飘》《龙的传人》 下册：《万马奔腾》	上册：《龙腾虎跃》 下册：《太阳》

校本课程的管理与运行

为保证校本课程的顺利进行，高质量完成课程任务，实现校本课程设置的根本目的，必须构建有效的管理和运行机制。

一、课程管理形式

校本课程采用直线管理与分层管理相结合

二、各级管理职责

1. 校本课程领导小组

①负责制定校本课程实施的总方案以及阶段方案，并对各年级班级进行解释、指导。

②负责管理全校各班级的剧团社组的活动计划，并及时调整活动。

③负责收集、分析国际、国内有关的新信息，适时调整话剧育人方案。

④负责考核教师在课程中的成绩，考核和评价各班级的成果。

⑤负责全体教师在修艺润德方面的交流以及各班级的横向沟通联系。

⑥负责开展一系列带有成果展示性质的汇报会、研讨会等。

⑦有义务倾听来自各层级的建议，并择优采纳。

2. 分层管理者职责

（1）校长职责：校本课程主要决策及整体调控。

（2）各级主管职责：负责整体策划、全面研究实施、调控实施情况。

（3）社团团长职责：制定社团活动计划，定期开展社团活动，做好资料留存工作。

（4）任课教师职责：具体负责对学生校本课程设置的授课指导，了解学习进度，关注学习态度及表现。

三、授课教师要求

1. 校本课程教师队伍由本校教师、外聘专家、科研人员及社区志愿者等组成。

2. 开设校本课程、保证校本课程顺利实施是全体教师共同的责任和义务。

3. 全校教师都应积极关注课程改革，了解国际、国内有关教育创新和要求的新动向，适时调整校本课程研究的内容、方法。

4. 学校负责组织教师开展校本课程的研讨与交流，确保全体教师在校本课程实施过程中不断得到能力上的提高。

四、课程运行模式

1. 设立固定的校本课。

2. 开设课余活动。

3. 提供专业性支持。

4. 建立校本课程档案。

校本课程评价建议

一、评价方式

校本课程实施两级评价，即学校评价与班级评价。评价的方式分为随堂评价、总结性评价和展示评价三种，最终形成学生发展手册。

二、评价原则

1. 全员性：校本课程的开发坚持以人为本、全员参与，充分发挥教师主导和学生主体作用。

2. 公平性：注意兼顾各层次学生的特点，尊重学生个性差异，得到适宜的发展。

3. 激励性：激励学生发挥自己的个性特色，施展自己的才能，积极进取，勤于实践，勇于创新，不断促进学力发展。

4. 过程性：课程的开发过程是一个动态的过程，以课程开发促师生发展，同时积累重要的成果和经验。

5. 发展性：用发展的视角、眼光、态度评价学生，充分肯定学生的优点和进步，正确对待他们的缺点和错误，鼓励学生不断进步和发展。

三、评价要求

1. 体现学生在评价中的主体地位

本课程建议让学生成为评价的主体，因为这样有益于学生认识自我，树立自信，有助于反思和提高生活实践能力，从而有利于良好生活习惯的养成。每一课的评价基本由学生自己来完成。

2. 注重评价方法的多样性和灵活性

教师应注意收集多种资料，给学生一个综合的评价，即学生自我评价、互相评价、教师评价和家长评价。同时应注意根据学生的年龄特征和实践表现的不同采取适当的评价方式。

艺术相伴　舞动童年——舞蹈校本课程

前言： 深化教育改革要以"培育和践行社会主义核心价值观"为核心，以"生命"和"课程"为基本点，课程建设是学校提升综合办学能力的一项重要工作。学校要树立"无处不课程、无事不课程、无时不课程"的大课程观。依据《关于全面加强和改进新时代学校美育工作意见》中将美育作为立德树人的主要载体、学校美育课程以艺术课程为主体等意见，学校从实际情况与办学特色出发，贯彻"三个着眼于"，即着眼于促进学生全面而有个性发展、着眼于促进教师教学实践能力的提高、着眼于促进学校课程整体育人功能的提升，制定《革新里小学"艺术相伴 舞动童年"舞蹈校本课程建设规划》。

舞蹈校本课程设置的基本思想

一、课程开设的指导思想

舞蹈学科是一门综合艺术课程。我校自新课程改革以来一直秉承"修艺润德 阳光成长"的理念，指导学校课程的整体设计和结构规划。其核心思想是"育德潜朗通微 修艺洽览深识"，这也是学校育人目标的精神导向。学校开设舞蹈校本课程希望通过舞蹈艺术课程，培养有综合艺术修养，有审美情操，具有一定艺术能力的阳光学子。通过课程建设为学生提供全面及个性化发展的课程资源。

二、舞蹈课程开设的目标

在我校整体课程建设以及金帆话剧团的特色引领下，在"让师生沐浴艺术多彩 让生命浸染教育阳光"办学思想下，通过舞蹈课程的开发，为学生提供丰富而多彩的校本课程，使学校课程结构更合理，学校特色更鲜明；使教师的教学理念进一步更新、教学手段进一步优化，跟上时代发展的步伐；使每一位独具个性的学生在美育培养中得到充分发展。让学生在课堂中感受教育的快乐；创造可持续发展的教育，让每一个孩子具备艺术感知与体验、表现与创造、反思与评价的艺术能力，做一个自信、自豪、自强的现代中国人。

三、舞蹈课程建设基本原则

（一）坚持"以人为本"的原则

我校舞蹈校本课程本着以人为本的理念，这当中不仅包括学生，也包括教师。

舞蹈课程的开展关注每一位师生的发展，在课程的实施中以学生为圆心，同时也在课程建设过程中加强教师专业能力的提升。

（二）坚持"以校为本"的原则

学校的校情、师情、生情，是我们思考舞蹈校本课程建设的出发点。教师是课程建设的主体，学生是课程建设的重要受益者。学校浓郁的艺术特色成为舞蹈课程建设的宝贵资源库，有利于学生开阔视野，促进多学科融合。

（三）坚持"专业、规范、特色"的原则

首先，在舞蹈校本课程建设的过程中，学校教学中心成立以舞蹈学科坊为主的艺术学科教研组织机构，重视舞蹈专职教师的研究与发展，从而促进课程建设队伍的专业发展。其次，在课程建设过程中，建立了《舞蹈课程艺术测评方案》，规范和保证课程实施的科学性。同时，在舞蹈校本课程建设过程中坚持特色原则，将学校阳光教育的传统、艺术教育的特色充分发挥，培养出富有个性的学生。

舞蹈校本课程目标、内容、课时安排

一、舞蹈课程的培养目标

（1）知识与技能目标

学生能够养成良好的身体体态，通过舞蹈的学习，规范掌握简单的动作要领，有控制地运用肢体动作在音乐节拍中进行表现，并努力达到动作协调且灵活平衡。通过观察与想象，有感情地运用身体语言进行舞蹈动作的表现。

学生能够自信地用舞蹈的方式准确表现不同情境下的各类角色，能够创编简单的舞蹈造型，进行简单的即兴舞蹈表演，从而在小组合作中完成有效的舞蹈活动。

学生能够感知并简单分析舞蹈作品，掌握舞蹈作品的分析方法和基本要素，并能够分辨舞蹈剧目中的各类形象，简单地复述舞蹈的主题和中心思想，同时对舞蹈中的重点动作进行体验。

（2）情感价值目标

①通过感受与体验舞蹈中的基本理念、动态、动律，树立初步的审美体验，建立良好的形体状态，培养健康的体魄。

②通过舞蹈的表演进行情感的表达，尝试将生活经验进行艺术动作的表现与创造，从而发掘生活中的乐趣，体验舞蹈的乐趣。

二、舞蹈课程体系

我校舞蹈校本课程体系如图1所示，以学生的三大艺术能力的培养为出发点，通过舞蹈的形式，以单元的方式对学生进行全方位的润育与培养。我校舞蹈校本课程注重培养学生的综合艺术素养。在基本素质训练单元中，通过对学生基本站姿、基本坐姿、舞蹈空间、方位知识以及基本元素练习，培养学生对舞蹈艺术的初步感知，为学生打开艺术之门；表演性组合训练单元，通过具有情境、多民族、多题材的小型舞蹈组合引导学生通过小组合作、配合等多种形式，培养学生创造与表现能力；舞蹈赏析单元，则通过引导学生对中外经典舞蹈作品的欣赏，培养学生对艺术作品的赏析能力，学会欣赏方法，感知多元文化，了解审美能力。与此同时，学生依托艺术课堂这一特色形式和有效载体，通过各类平台进行展示，以舞蹈校本课程促进学生、学校的特色化发展，从而提升学生的综合艺术能力以及主体意识，促进自主发展。

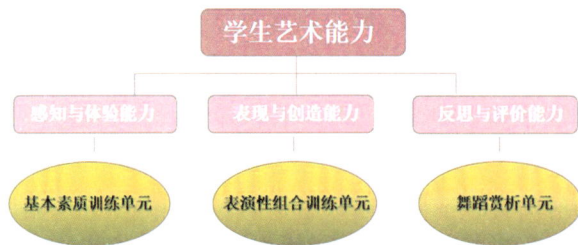

图1

三、舞蹈课程内容及各年级目标

（一）课程安排

舞蹈校本课程由学校教学中心整体安排进入学生日常课表。一、二年级每周一课时。

舞蹈课程分为三个部分：

（1）基本素质训练单元　4课时

基本体态练习　1课时

空间方向练习　1课时

协调配合练习　1课时

队形变化练习　1课时

（2）表演组合训练单元　8课时

动作模仿练习　2课时

造型表现练习　2课时

角色扮演练习　2课时

综合表演练习　2课时

（3）舞蹈作品赏析单元　4课时

（二）实施策略

1.以学生为中心，达到全员全面普及

舞蹈课程针对我校一、二年级全体学生，达到百分百的普及。课程从国家艺术课程标准规定的教学目标、教学内容入手，梳理学生必须掌握的知识点与技能训练点，在明确课程标准目标的基础上，结合学生特点、学校资源以及学生认知要求等方面的因素，适当整合、重组部分教学内容，开发拓展性课程。

2.以融合为策略，注重艺术综合培养

注重课程内容的多学科融合。在舞蹈课程中注重戏剧、音乐、美术等多学科的融合，培养学生综合艺术能力。如，结合音乐课学生学习的歌曲设计《其多列》《金孔雀轻轻跳》等民族歌曲的舞蹈组合；再如结合戏剧校本课程，在舞蹈课程中建设有趣的情景，如设计《勇敢的冒险家》《少年中国说》等舞蹈组合。同时将培育和践行社会主义核心价值观、加强中华民族优秀文化传统教育渗透到课程学习中，实现全科育人、全员育人、全程育人、全方位育人。

同时，在舞蹈课程建设中，注重提升学生探索和求知能力，以及劳动观念、集体观念、责任与创新意识，引导学生通过舞蹈的学习进一步探究自然、体验生活、了解社会，着重培养学生动手实践、科学探究、团队协作的能力及仁爱共济的思想。

3.具体内容

一年级：

（1）舞蹈基础知识

a.舞蹈的基本站姿和基本坐姿。

b.舞蹈中的8个基本方位和三度空间。

c.舞蹈中的芭蕾基本手位。

（2）舞蹈要素与技能

a.原地动作：在原地低、中、高三个位置上呈现造型。

　　　　　　在原地完成舞蹈8个方位的造型表现。

b.位移动作：自然走步、原地踏步。

（3）舞蹈基本能力

a.协调与节奏能力：能够独立完成1个指定舞蹈组合的表演。

b. 模仿与创造能力：能够准确地模仿1个八拍的舞蹈动作，并选择一个空间或一个方向进行小动物造型的创编。

c. 表现与合作能力：能够2人一组完成与同伴的合作，大胆自信地进行舞蹈表演和造型呈现。

二年级：

（1）舞蹈基础知识

a. 舞蹈的基本站姿和基本坐姿。

b. 舞蹈中的8个基本方位和三度空间。

c. 舞蹈中的基本手位。

d. 根据队形示意图进行队形变化。

（2）舞蹈要素与技能

a. 原地动作：在原地低、中、高三个位置上呈现造型。

　　　　　　在原地完成舞蹈8个方位的造型表现。

b. 位移动作：小碎步、跑跳步、后踢步。

c. 队形练习：认识竖排、横排、斜排、圆形、三角形、正方形，用走跑的基本动作元素进行简单的队形变化。

（3）舞蹈基本能力

a. 协调与节奏能力：能够独立完成1个指定舞蹈组合的表演。

b. 模仿与创造能力：能够准确地模仿1个八拍的舞蹈动作，并以小组的形式运用空间和方位完成字母造型的创编。

c. 表现与合作能力：能够4人一组完成与同伴的合作，大胆自信地进行舞蹈表演和造型呈现。

舞蹈校本课程的管理与运行

为保证校本课程的顺利进行，完成课程任务，实现校本课程设置的目标，必须构建一套有效的管理和运行机制，这也是校本课程开发的一个重要方面。

一、课程管理

1. 课程开发依据

随着课程开发建设的不断推进，课程规划也相应随着课程内容的开发、课程的实施、评价进行合理的调整。与学校《校本课程实施纲要》《艺术教育管理纲要》

两本纲要并行推进。

2. 课程实施保障

（1）课程开发

舞蹈校本课程的开发是建立在学校调查评估的基础上，从学校师资情况、学生的发展需求、家长的期望、社会和社区的要求以及学校发展规划等因素做出的科学判断。

实施过程"三把关"，即"专业教师把关""教研组把关""学校课程发展中心把关"。

（2）保障效果

在舞蹈校本课程实施过程中，根据实施效果，对整体课程设置进行动态的调整。可以通过与老师、同学的分享，促进学生与学生、教师之间的交流和沟通，也可使学生学会自主性评价，同时促进学生自我教育能力的形成。

二、实施保障

1. 思想保障

学校有坚定明确的"办阳光教育创优质精品特色校"的办学宗旨和"修艺润德阳光成长"的学校教育及文化发展目标。关注美育，关注艺术教育是我校长期以来重点发展的教育核心方向，舞蹈校本课程的开发目标也是由此出发，体现了学校师生高度统一的价值目标。

2. 组织保障

学校组成以校长为核心的校本课程规划组织机构、课程研究团队，意在整体参与，重点突破，多层发展，提升质量。

3. 制度保障

研修制度：经常组织教师教研学习和培训，促进舞蹈教师课程知识和技能的不断提高。

监督制度：制订一系列校本课程管理制度和改进措施，建立校本课程内部监督机制。

评价制度：定期进行课程的教和学的评价，推进其深入持久进行。

4. 师资保障

我校配备两名专职舞蹈学科教师，专任专职进行舞蹈校本课程的实施。学校努力为教师创设发展的平台，打造优质的专业化师资队伍，使其能成为一个合乎时代需求，具有一定研究能力、创新能力的研究型教师。

5.经费保障

加大经费投入，对舞蹈校本课程教师在外出学习、教学研究、校本教材编写等方面提供支持。不断优化教育资源，努力为实施新课程创造最优条件。加大奖励力度，把课程改革实施情况作为重要内容纳入工作考核范围，对课程建设中做出成绩的教师给予重大的奖励。

校本课程评价建议

一、评价方式

1.随堂测试。

2.学生通过现场表演，完成相应的评价内容。

3.教师通过现场观看，同步进行现场评价。

二、评价原则

1.关注学生核心艺术素养：依托《东城区中小学学生艺术素质测评标准》中舞蹈学科测评指标体系，以及我校学生艺术考级评价标准，制订舞蹈校本课程评价体系。这实质是对学生综合素养的核心要求，评价不仅要关注学生的技术能力，更要发现和拓展学生多方面的潜能，因而课程评价最终应关注学生核心素养。

2.强调成长性过程评价：为发挥评价促进学生成长、教师发展和改进教学实践效果的作用，舞蹈课程评价每学期定时开展，有过程性地关注学生知识技能、情感体验、道德意志锻炼、良好习惯润养等方面的培养。

三、评价要求

1.舞蹈课程的评价，由学校教研科研中心组织牵头，通过随堂听课、主题调研、学生访谈等方式对教学效果、教学形式、教学进度等方面进行观察评价。同时，通过课堂教学观摩开展教师自我发展性诊断评价与学生发展整体性评价，对师生表现及相互关系进行评价，同时对课堂组织过程进行评价。

2.舞蹈校本课程对学生的评价，针对一、二年级，评价内容各有侧重，分别从舞蹈基础知识、舞蹈要素与技能、舞蹈基本能力等方面进行。同时整体评价由我校"课程发展中心"及"课程实施导师团"进行跟进，研究侧重于对培养学生艺术素养，以及预期培养效果等方面进行审核评价。主要评价要素：是否契合学生的培养目标，是否易于激发学生的学习兴趣，是否指向学生的多元能力发展，是否为师生提供不同程度的选择性，评价方式是否合理等。

四、评价标准

优秀：

（1）学生能够准确地完成单项考核内容。

（2）学生能够准确掌握组合动作，节奏标准且能有感情地进行表演。

（3）学生能够运用空间、方向，完成舞蹈的表现。

（4）学生能够通过小组合作、队形的变化，完成相应的造型创编，并自信地用舞蹈的方式准确呈现。

良好：

（1）学生能够在他人的提示下，基本准确地完成单项考核内容。

（2）学生能够节奏准确地完成组合，但不能有感情地进行表演。

（3）学生能够在教师的提示下完成组合中方向和空间的运用。

（4）学生能够在小组合作中积极参与，有一定的创编成果。

合格：

（1）学生能够在他人的提示下完成考核内容。

（2）能够积极参与小组合作。

（3）不能够完成造型编创。

不合格：

学生不能完成考核内容。

表1 革新里小学舞蹈校本教材框架

年级	教学内容	舞蹈基本素质训练		舞蹈表演	舞蹈实践
		舞蹈知识	动作要素	角色扮演	作品赏析
一年级	舞蹈基础课教学及素质训练 教学重点为基本体态、基本动作要素的学习与培养训练	认识方位、空间 认识横排、竖列	基本舞姿（脚位、手位）	动作模仿 节奏感知 造型表现	鉴赏经典舞蹈作品
二年级	舞蹈基本技能及角色扮演基础课教学 教学重点是使学生进入角色，寻找自我感觉，提升动作表现力	运用方位、空间，呈现造型 运用队形，简单变化	基本动作（移位、流动、旋转）	动作协调 造型创编 小组合作	鉴赏经典舞蹈作品并进行简单的分析与体验

第三节　跨学科融合教案

《魅力民族·多彩旋律之蒙古族风格旋律创编》教学设计

梁古月

教学基本信息			
课题	《魅力民族·多彩旋律之蒙古族风格旋律创编》		
学科	音乐	年级	五年级
设计者	梁古月	单位	革新里小学
指导思想与理论依据			
本课以《音乐课程标准》为指导，注重以音乐审美为核心，兴趣爱好为动力，强调音乐实践，鼓励并创设全体学生参与音乐活动和音乐创造的环境与条件。教师在教学设计中利用现代化技术手段进行教学，让学生更好地体验音乐创作实践所带来的愉悦感和自信心，建立民族自豪感			
教学背景分析			
教学内容：在《魅力民族·多彩旋律》系列课程中，学生通过创编不同民族旋律的音乐活动，加深对民族音乐的认识 学生情况：五年级学生经过五年音乐课的学习，已经积累了很多首民族歌曲，对不同民族的音乐风格有了初步了解和感知。通过《魅力民族·多彩旋律》系列课程，学生通过音乐创作等体验活动，对傣族、藏族等少数民族音乐风格有了更为深入地了解与认识，也熟悉了Pad中的作曲软件的操作，能够运用软件进行旋律创编与记录，并通过软件播放的音响效果，建立学习音乐的兴趣与自信			
教学目标（内容框架）			
知识技能目标：深入了解蒙古族音乐的风格特点，尝试进行贴近蒙古族音乐风格的旋律创编 情感态度价值观目标：通过蒙古族风格音乐的简单创编，使学生加深对蒙古族歌曲风格的把握，激发学生学习民族音乐的兴趣，乐于参与、乐于体验、乐于创编 过程与方法目标：通过演唱蒙古风格音乐素材、旋律组合以及个人创编、小组合作，在总结蒙古族音乐特点的基础上完成旋律创编 教学重点：深入挖掘蒙古族音乐特点，尝试创编贴近蒙古族风格的旋律 教学难点：尝试创编贴近蒙古族风格的旋律			
教学过程（表格描述）			

续表

教学阶段	教师活动	学生活动	设置意图	技术应用	时间安排
歌曲导入创设情境	教师用古筝弹奏蒙古族歌曲	学生跟琴轻唱，感受音乐风格，激发学习兴趣	通过轻声跟唱蒙古族歌曲，创设蒙古族音乐情境，帮助学生感受蒙古风格，激发学习兴趣	PPT	3′
旋律组合感受特点	视唱旋律：教师出示蒙古族风格的旋律素材，学生视唱	学生进行蒙古风格旋律视唱练习	通过旋律视唱、随机演唱、旋律组合、齐唱旋律、回顾蒙古族旋律特点等活动，帮助学生熟悉蒙古族风格旋律，积累素材，为接下来的旋律创编带来启发和灵感	PPT	10′
	随机视唱：教师随机挑选旋律，学生巩固演唱	学生巩固蒙古风格旋律再次进行演唱			
	旋律组合：引导学生任选两小节进行旋律组合的初步创编活动	学生从旋律中任选两小节进行组合创作，并尝试演唱			
	展示成果：教师邀请学生演唱创作作品，并进行简单介绍	学生介绍自己的创作成果，全班学生一起进行演唱，感受作品旋律是否流畅、连贯并具有节奏感			
	风格回顾：师生共同总结、回顾蒙古族音乐风格特点	学生从节拍、节奏、旋律、调式四方面进行蒙古族旋律风格的总结与回顾		PPT	1′
尝试创编展现风格	欣赏图片　激发兴趣：教师出示蒙古族风土人情图片，再次激发学习兴趣	学生观看蒙古族图片，再次感受蒙古族人文特点及自然景观	欣赏蒙古族图片，激发学生创作灵感。利用丰富的信息化资源，让学生成为学习的主角，利用Pad进行旋律创编，在现代化信息手段中学生能够聆听自己创编的作品，在体验中运用、把握蒙古族风格特点，开发音乐创造力	PPT	1′
	借助Pad创编旋律：教师巡视，对学生的创编进行有针对性的指导，帮助A类生作品更有旋律感，启发B、C类生音乐思维，创作出完整作品	学生在旋律素材的基础上进行个人创作，完成4小节旋律		Pad	15′
	小组分享上传作品：教师巡视，聆听学生小组内交流	学生组内相互聆听、交流分享，选择最流畅最动听的作品进行上传		Pad	5′

续表

教学阶段	教师活动	学生活动	设置意图	技术应用	时间安排
作品展示建立自信	展示pk，共同演唱：教师引导学生积极展示，并简单分享创作经验、提示学生根据旋律流畅感、风格展现进行投票	小组共同向全班进行展示，并做简单介绍 学生借助Pad投票选择全班最好的一条旋律，并跟古筝进行演唱	通过小组旋律播放展示，学生利用Pad投票选择更具蒙古风格的旋律，从而更加明确了解蒙古风格的创作方法	Pad	5′
课堂总结鼓励创作	教师总结课堂情况，并鼓励学生课下对自编的旋律进行歌词的加入以及对其他风格音乐旋律进行总结和创编	学生带着创编的喜悦与浓厚的兴趣结束本课	鼓励学生将创编的兴趣与热情延续下去，创作更精彩的作品		1′

学习效果评价设计

评价方式：

1.生生互评：学生在创编后小组之间进行评价、分享。班级展示中利用Pad投票选择更具蒙古风格的旋律

2.师生评价：教师通过激励性语言鼓励学生大胆进行创作

本教学设计与以往或其他教学设计相比的特点

1.逐步加强创编能力，激发学生潜能，提升学科素养。在以往的音乐课中将音乐创作贯穿在音乐课程的学习中，学生通过节奏创编、歌词创编、动作创编等活动已经有了创编意识和创编能力，在此基础之上进一步引导学生关注音乐风格及特点，进行旋律的组合与创编，让不同层次的学生在原本能力的基础上有所提升，感受音乐创编带来的乐趣，激发学生潜能。同时，在作品展示中加强了自信心，并提高了对民族音乐的兴趣

2.挖掘Pad在音乐教学中的不可替代性，激发学生创作兴趣。Pad软件的挖掘，丰富了课堂教学手段和教学资源，为音乐教育的发展拓宽了思路，其具有视听结合、声像一体、形象性强、信息量大、资源宽广等优点，利用其优点为教学服务。在课堂中，学生通过软件组合旋律进行初步旋律感知与创编，引导学生积极思考，为创编旋律做铺垫。通过Pad作曲达人软件进行旋律创作，视听结合，能更好地帮助学生深刻认识、把握蒙古族乐曲风格特点。网络上传作品，学生在欣赏与评价中巩固对蒙古族旋律风格的认识，获得新的灵感

《课本剧》教学设计

谢宇晴

教学基本信息				
课题	课本剧			
是否属于地方课程或校本课程	否			
学科	美术	学段	中年级	年级	四年级
相关领域	综合·探索			
教材	书名：美术四年级（上册）　出版社：人民美术出版社　出版日期：2014年7月			

指导思想与理论依据
本课属于"综合·探索"学习领域，根据《义务教育美术课程标准》：美术课具有实践性、愉悦性的性质，具有面向全体学生、激发学生学习兴趣，注重创新精神的基本理念。教学中采用建构主义的支架式教学方法为学生搭建发现、探索、体验、创新的平台，引导学生主动建构课本剧的相关知识，本节课以学生为中心，在整个教学过程中教师起到了组织者、指导者、帮助者、促进者的作用

教学背景分析

内容分析：

本课属于"综合·探索"学习领域，目的是让学生通过参与选取课文、改编剧本、制作道具、分配角色、现场汇报等一系列艺术实践活动，了解课本剧的相关知识，学习用多种材料制作简单道具的方法，并能够以小组合作的形式进行表演。从而培养学生的想象力和创造力，提高学生综合运用自己各方面所学与技能的能力。提高学生在美术文学音乐戏剧等多方面的修养，同时提升学生在表演、观看的过程中对生活的感悟与认知能力。锻炼他们各方面的才能

学生情况分析：

《课本剧》课前调查

你知道课本剧吗？

我知道课本剧。（　　）　　　我不知道课本剧。（　　）

你知道课本剧是怎样创编的吗？

说一说你通过学校戏剧文化，了解的课本剧相关内容。经典剧目是哪篇课文改编的？

对于课本剧的内容，你最感兴趣的是什么？

续表

对于课本剧的内容学生有着浓厚的兴趣，但是更多时候学生的关注点放在了表演上，忽略了美术课程更应该认真学习怎样制作道具 　　纵观整套教材，学生从二年级开始就学习了很多关于制作头饰的方法和内容。比如：纸偶、头饰、虎头装饰等内容，也包括后面五年级学的京剧脸谱，构成了艺术教育的完整体系。四年级学生已经掌握了简单的制作头饰的方法。能够利用绘画、简单的立体纸造型的方法制作头饰。学生在前面的美术课学习了绘画和剪贴等多种方法，能够独立完成头饰的制作，在色彩方面能够进行合理的色彩搭配等。本节课学生通过复习能够把相关知识进行整合，再创作，从而激发学生的想象力、创造力，提高学生的各方面综合能力

教学方式与教学手段的说明：

　　本节课采用了建构主义支架式教学方式。教师的示范是本节课的脚手架，能够帮助学生了解所学知识相互转换整合的过程。通过教学示范，学生在教师帮助下可以消除这种差异。相信每个学生都有着想象的潜能，而这种潜能在教师的引导下可以被充分激发出来

前期教学状况：

　　本节课是"课本剧"第二课时，在第一课时教师已经引导学生学习了本节课制作道具的方法，并以小组为单位选定课文、改编剧本、制作了部分道具

问题：

　　学生制作道具的方法比较单一、简单，很少运用本节课所学新知

对策研究：

　　为了开发学生潜能，本节课利用支架式教学方法，让学生能够通过观察教师示范，欣赏多种材料制作途径，了解更多的制作道具的方法，从而激发学生的想象力和创造力

技术准备：

教师：具有一定信息技能专业基础，会使用多媒体辅助教学，能够针对"最近发展区"进行示范，引导学生创新

设备：多媒体计算机、投影机、实物展台

资料：录像、课件、学生作品、多种纸材

教学目标（内容框架）

知识与技能：

复习课本剧的概念，巩固、学习设计制作道具的方法，并能制作简单道具在课上进行表演

过程与方法：

充分发挥本课充满趣味、形式开放的特点，在艺术实践过程中，激发学生的想象力和创造力，锻炼美术、戏剧等多方面的才能

情感态度与价值观：

充分发挥"综合·探索"学习领域及课本剧学习内容的优势，结合学习内容所涉及的多方面因素，努力提高学生美术及戏剧方面的修养

引导学生认真思考分析自己及他人的优势与长处，组内尽可能各尽其才，努力获得最佳效果，培养学生集体主义思想，在小组合作的过程中努力培养学生的合作意识

教学重点：

巩固、学习设计制作道具的方法，并能制作简单道具课上进行表演

教学难点：

在艺术实践过程中，激发学生的想象力和创造力，锻炼美术、戏剧等多方面的才能

续表

教学过程（表格描述）					
教学阶段	教师活动	学生活动	设置意图	技术应用	时间安排
创设情境	播放视频《生命之水》片段 思考这是什么表演形式？ 导入——课本剧 板书课题	仔细观看，思考并回答问题	创设情境激发学生学习兴趣	视频	2分钟
温故知新	我们已经学习了课本剧，想一想什么是课本剧？ 《生命之水》课本剧即由四年级课文《幸福在哪里》改编而成。	思考并回答：课本剧就是把课文中叙事性文章改编为戏剧形式，以戏剧语言来表达文章主题	温故知新以旧代新		2分钟
新课讲解	一、在前面的课程中我们已经选定并改编了剧本、分配了角色，并且学习了一些简单的制作道具的方法，请你和小组同学交流一下，回顾我们都学过哪些制作道具的方法？ 请学生汇报，教师进行板书 绘画头饰，剪贴立体头饰	与小组交流，说一说学习过哪些方法？ 剪贴、绘画、手撕的方法 绘画头饰 剪贴立体头饰 组合的方式	通过活动激发学生参与的意识，提供示范和多种制作方式，激发学生创作思维	课件	4分钟
	二、观看课件巩固复习制作方法 看书第42页				5分钟
	三、教师示范： 老师也特别喜欢课本剧这个内容，而且也运用了这些方法制作了道具，你们看，我选择了角色小鸟，并且制作了头饰，我觉得只有头饰还不够突出这个角色形象，所以我打算再制作一对翅膀。 选择材料 绘制外形轮廓 沿线条剪下来 边制作边讲解制作的方法，怎样可以做得更精致 请学生做模特装扮起来，让全体学生感受道具的魅力	教师示范的时候学生仔细观看		实物投影	3分钟

续表

教学阶段	教师活动	学生活动	设置意图	技术应用	时间安排
新课讲解	这个道具老师特别满意,你们看看哪个部分设计最有特色? 老师这还有几个别的角色,请同学们仔细观察,看看这些道具用了哪些材料和制作方法? 补充制作方法:组合	学生再次仔细观看,发现道具中运用了制作立体鼻子的方法,为小鸟做了嘴	通过活动激发学生参与的意识,提供示范和多种制作方式,激发学生创作思维	实物投影	
实践操作	布置作业:运用道具制作方法,完成作品,进行现场表演 教师巡视辅导	学生制作	提高动手能力、小组交流的能力	音乐	13分钟
分享交流	一、评价自己的作品: 运用教师的评价方式评价作品 选择的角色是? 制作方法是? 设计巧妙的地方是? 选择设计出色的小组进行汇报演出 二、说一说哪组最出色?	学生根据自己的作品,按照课件提示表达: 1.角色:_____ 2.材料:_____ 3.方法:_____ 4.设计巧妙:_____ 进行评价: 观看汇报演出,感受到道具在课本剧表演中的重要性	引导学生对学生作品进行积极的欣赏和评价,提高表达、欣赏能力	音乐	10分钟
归纳总结	因为有了道具,表演更加出色了,道具在课本剧中起着重要的作用	倾听			1分钟

学习效果评价设计

评价方式
自评:

| 1.角色:_____ |
| 2.材料:_____ |
| 3.方法:_____ |
| 4.巧妙之外:_____ |

互评:你认为哪个组表演得更出色?为什么?

师评:

本教学设计与以往或其他教学设计相比的特点
为了解学生，课前对学生进行问卷调查，根据调查结果进行本次教学设计
一、关注学生原认知
课上学习重点放在巩固、学习、设计制作道具的方法，并能制作简单道具，课上进行表演。
二、关注学生兴趣点
1. 视频导入，激发学生学习"课本剧"兴趣
2. 内容选取，学生自己选择内容，增加学习欲望
3. 多种方法，激发学生的想象力和创造力
4. 合作表演，提升了学生的合作意识，锻炼了美术、戏剧等多方面的才能
三、关注学生参与度
1. 合作学习，全员参与
2. 汇报表演，整体参与
充分发挥"综合·探索"学习领域及课本剧学习内容的优势：综合性、开放性、实践性、愉悦性的特点

与戏剧融合的数学教案：《搭配》

黎明娟

(数的运算) 模块 (搭配) 课 (第1学时)	
知识目标	掌握简单事物的排列数的基本思路和基本方法
技能目标	训：在对不同方法进行对比、分析、发现特点的过程中，使学生了解发现最简单事物排列数的基本思路和方法
	练：结合"开密码锁"的情境，在"猜一猜、摆一摆、说一说"的过程中，帮助学生初步体会排列的思想方法
	用：在解决本节情境中的"开锁、配色、照相"等实际问题时，培养学生初步的观察、分析、推理能力，以及恰当地进行数学表达的能力
综合素养目标	在探究不同排列方法的过程中，通过对各种方法进行对比、分析，使学生认识到不仅解决数学问题时应该有序、全面，在我们的日常生活中也应该养成有序、全面思考问题的意识，初步感受数学与生活间的联系
学时重点	掌握简单事物排列数的基本思路和方法
学时难点	能够全面、有序地进行思考，做到不重不漏

课堂教学场景	学生学习活动	评价与素养体现
一、学科素养训练，通过计算天天练提高学生的计算能力	1. 学生独立完成，集体订正 2. 举手反馈写完、全部正确的每人加20分	预计80%的学生全对
二、情境导入、初步感知 结合生活实际创设情境，激发学生学习兴趣，感知数学与实际生活之间密切联系的同时，也初步渗透了排列要求，为新知学习做好铺垫	活动一： 情境：上周，我们年级的5名同学参演的《减肥记》在"儿艺"上演了，虽然演出很顺利，但是当天，黎老师遇到了一个大麻烦：小演员的衣服和道具被我锁在了一个箱子里，可是我忘记了密码，只记得密码是由1、2、3组成的一个两位数，而且十位和个位上的数字不同。时间紧任务重，我只有5分钟的时间，看来为了打开箱子，我要把所有可能出现的情况都试一遍了。 师：好在，最后化险为夷，智慧的你们要是遇见这个麻烦，你会怎么寻找所有可能出现的情况呢？随便找数吗？ 【推理性问题】（先明确要求，再把满足条件的一个一个写出来）	评价：看来同学们对于审题非常注重，这个意识特别好

续表

三、动手操作、对比发现	活动二：	让学生经历猜测、操作、观察的过程，感知知识的形成过程，帮助学生积累数学活动经验
让学生通过猜一猜、摆一摆、说一说的形式，在对比、交流中感知不同排列方法间的异同及其各方法的特点，在掌握排列数的基本思路和方法的同时，也渗透有序、全面思考问题的意识	活动方式：独立思考，动手操作，小组交流 猜一猜：我们能找到几个两位数？ 独立操作： （1）师：下面我们通过操作来验证一下自己的猜想。 （2）操作要求： 动手摆一摆手中的数字卡片，摆出一种就记录一种，把找到的每个两位数分别记录在十位和个位的格里 摆之前先想一想：有什么好办法能找得又快又全 小组合作交流 师：相信大家都有自己的好方法来找全这些数，那下面就以小组为单位，交流一下你们各自的好方法，看看哪组最具智慧，想到的方法最多 集体交流、反馈： 请小组同学来介绍应用"交换位置、固定十位"法写出的数，1人讲1人摆1人板书，最后一个人整体把控完成情况。如有不全，再请另一小组补充 师：谁看懂他们组的想法了？能再介绍一下他们是如何组数的吗？（训练用数学语言表达） 交换位置：先选1和2，十位放1、个位放2就是12；然后交换十位和个位上数的位置，也就是十位放2、个位放1就是21。接着选1和3⋯⋯最后选2和3⋯⋯（教师跟随学生的汇报连线） 固定十位：十位上是1，个位上只剩2和3，所以是12和13⋯⋯（板书圈出十位上的2个1、2个2、2个3） 师：不论是哪种方法，都找到了6个两位数，观察一下这两种方法，看看它们各有什么特点？【创造性问题】（板书：交换位置、固定十位） 师：除了固定个位上的数，我们还可以从个位入手，固定个位去写数 小结：集体的力量真强大，老师当时只想到了一种，感谢你们，让我又学到了不同的思路，知道了不论是哪种方法，他们都是在有序地思考，所以才做到了不重不漏。 情境：那么，密码究竟是哪个两位数呢？其实，是这些数中最大的那个两位数，你们知道是哪个数了吗？ 问：你是如何从这6个数中快速找到最大的两位数的？【创造性问题】 小结：看来"固定十位"的方法不仅能做到不重不漏，还能按照从小到大的顺序把数排列好，使之更加有序	在学习的过程中，渗透有序、全面思考问题的意识

续表

| 四、巩固练习
在解决生活中问题的过程中，进一步巩固不同的排列方法，使学生能灵活、综合地应用知识解决问题，并感受数学与实际生活之间的联系
五、课堂总结
联系生活实际，感受学习的现实意义 | 师：我们回过头来看看刚才谁猜对了？那么在一会儿的解决问题过程中，我们就应该通过自己的思考推理一下，不胡乱猜了。
师：其实刚才大家研究的知识，就是我们数学中的"搭配问题"。在我们的生活中，也经常会遇到"搭配问题"。
活动三：
情境：对于《减肥记》的展演，老师还有一个遗憾，就是因为在幕后没能和小演员合影。这么重要的场合，我既想光彩夺目，又想显得瘦一点，所以最终决定用红、蓝、黑3种颜色，你们能来帮我搭配一下衣裤的颜色吗？看我可以有几种选择？注意：老师不喜欢上衣、裤子是同一颜色的
展讲单：用红、蓝、黑3种颜色帮老师搭配衣、裤颜色，看看老师可以有几种选择
学生猜测结果
学生独立涂色验证
请不同方法的学生在黑板上汇报自己的想法，问：他用的是哪种方法？【记忆性问题】（固定上衣、交换颜色）
情境：除了老师有遗憾，当时选小演员的时候，很多同学都特别遗憾没能入选，现在有机会了，请3名同学扮演3只小猪，站成一排合影，有多少种站法？
出示问题：3只小猪站成一排合影，有多少种站法？
小组合作完成，要求：
一人记录，3人演3只小猪来合影，看看谁在有序照相的同时，也能通过自己的肢体动作表现出小猪的特点 | 预计80%的学生能准确完成

进一步培养学生的有序、全面思考的意识，并感受数学与生活的联系 |
| 板书设计 | 搭配

| 交换位置 | 固定十位 | 固定个位 | 有序 |
\|---\|---\|---\|---\|
\| 12 \| 12 \| 21 \| \|
\| 21 \| 13 \| 31 \| \|
\| 13 \| 21 \| 12 \| \|
\| 31 \| 23 \| 32 \| \|
\| 23 \| 31 \| 13 \| \|
\| 32 \| 32 \| 23 \| \| | |

《洗手绢》教学设计

万　妍

一、指导思想与理论依据

（一）指导思想

兴趣是音乐学习的根本动力和终身喜爱音乐的必要前提。在教学中，要根据学生身心发展规律，以丰富多彩的教学内容和生动活泼的教学形式，激发学生对音乐的兴趣，不断提高音乐素养，丰富学生的精神生活。歌曲《洗手绢》生动地表现了孩子们从小热爱劳动，"自己的事情自己做"的可爱形象。让学生在音乐实践活动中享受到美的愉悦，受到情感的熏陶。

（二）理论依据

在教学中运用演唱、演奏和表演等教学方法引导学生感受音乐的丰富表现力，并学习运用正确的演唱姿势及呼吸方法较完整地表现作品。引导学生学会与他人合作，亲身参与音乐实践活动把全体学生的普遍参与和发展不同个性有机结合起来，创造生动活泼、灵活多样的教学形式，为学生发展音乐才能提供空间。

二、教学背景

（一）教学内容分析

《洗手绢》是一首具有民间童谣风格的歌曲。曲调短小、流畅，具有节奏性强，运用衬词等劳动歌曲的特点。全曲使用素材节奏，旋律易唱易记，轻松活泼，生动地表现了孩子们从小热爱劳动，"自己的事情自己做"的可爱形象。歌曲采用羽调式、$\frac{2}{4}$拍，由三个乐句和一个尾声构成。音乐欢快跳跃，极富动感，"哎啰"的伴唱，形象生动地表现了小朋友用心用力洗手绢帮助妈妈劳动的场面，特别是歌曲的尾声"哎啰"节奏紧凑，使歌曲进入高潮。

（二）学生情况分析

1. 教学年级为二年级，学生通过一年级的音乐学习已经具备了一定的歌唱和识谱能力，并且在日常的教学中也经常进行视唱练习。

2.学生在前面的教学中已经学习，和本首歌曲相似的另外一首歌曲，虽具备一些表演能力，但还不能完全自创自编。

（三）教学方式与手段说明

1.教学方式：讲授、谈话、实践活动。

2.教学手段：采用了听唱法、视唱法、练习法及表演法等多种教学手段。

（四）技术准备

本课的PPT课件、打击乐器（包括自制打击乐器）。

（五）前期教学状况、问题与对策

二年级的学生通过在学校一年的学习已经掌握了一些基本的音乐知识，能用比较自然的声音演唱歌曲，但在演唱技巧上还需要教师的指导。为此，在本课的教学中教师特别提出了呼吸要求，要求学生两小节一换气并保持乐句的完整和连贯。本课歌曲的表演性比较强，但由于学生年龄小还不具备自己创编表演的能力，因此在教学中老师需要给学生提供表演素材，让学生在课堂上积累更多的表演经验。在本课的教学中我结合了第四单元的《蝴蝶花》，把《蝴蝶花》和《洗手绢》编成了一个音乐小故事让学生进行小型音乐剧表演。

三、教学目标

（一）"情感态度与价值观"目标

通过歌曲《洗手绢》的学习丰富了学生的情感体验，建立了对家庭的关爱之情，养成了对生活的乐观态度，明白了劳动最光荣的道理。

（二）"过程与方法"目标

通过亲身参与歌曲《洗手绢》的演唱、演奏、编创等艺术实践活动，积累感性经验，为音乐的表现和创造能力的进一步发展奠定基础。

（三）"知识与技能"目标

能自信、自然、有表情地演唱歌曲《洗手绢》，在音乐听觉感知基础上识读乐谱，在音乐实践活动中运用乐谱。

四、教学重点与难点

（一）教学重点

1.正确地演唱歌曲，注意音准。

2.能简单地表演音乐故事。

（二）教学难点

1.认识反复记号，并能在歌唱中学会使用。歌词"哎啰"的演唱要跳跃活泼。

2.学唱的过程中还要学习换气方法，学习控制气息。

五、教学过程

（一）发声练习

1.音阶练习

$$\frac{2}{4} \ 1— \ |2— \ |3— \ |4— \ |5— \ |6— \ |7— \ |i— \ \|$$

注意学生的呼吸，低年级学生保持气息比较难，因此，让学生两小节一换气。

2.旋律练习

$$\frac{2}{4} \ 5\ 3\ 3 \ |4\ 2\ 2 \ |1\ 2\ 3\ 4 \ |5\ 5\ 5 \ |$$
$$5\ 3\ 3 \ |4\ 2\ 2 \ |1\ 3\ 5\ 5 \ |1 — \ \|$$

演唱时注意声音的连贯，学习连音唱法，并且注意把每个字唱清楚。

【设计意图】通过发声练习让学生掌握气息控制和连音演唱，学生的气息比较浅，可以保持两小节换一次气。让学生从低年级就开始学习气息控制可以帮助他们在后面的学习中更好更完整地演唱歌曲。

（二）故事导入新课

师：通过音乐小故事导入新课。"上节课我们大家结伴到公园去玩，看到了漂亮的蝴蝶，其实，那是漂亮的蝴蝶花。我们玩儿得特别高兴，但是我们的衣服都好脏啊，妈妈要给我们洗衣服了，妈妈洗衣服的时候我们能帮忙做些什么呢？下面我们来听一首歌曲听听歌曲中的小朋友帮妈妈做了什么？他在帮妈妈做事的时候是什么心情？"

【设计意图】本校为戏剧金帆校，教学中结合戏剧艺术对学生进行初步的表演训练。《蝴蝶花》是小学一年级下册第四单元的一首歌曲，两首歌曲结合在一起创编了音乐故事，用故事的形式对教材内容进行整合，并用故事导入新课。

（三）欣赏歌曲

1.第一遍欣赏歌曲

生：欣赏歌曲《洗手绢》。

欣赏后出示课题《洗手绢》，学生回答问题。

2. 第二遍欣赏歌曲

师：欣赏前提问"歌曲中有这样一个音乐符号，这个符号是我们以前使用过的反复记号，欣赏的时候我们看看标有反复记号的歌词是怎么演唱的？"通过欣赏再次熟悉歌词。

生：欣赏歌曲，回答问题。

师：带着学生读一读标有反复记号的歌词，歌词"哎啰"表现的是洗手绢时用力搓洗的动作，并通过读歌词纠正学生的咬字和发音，"哎啰"读得用力而跳跃。

生：学生加上洗衣的动作读一读"哎啰"这句歌词，体会洗衣用力的感觉。

3. 第三遍欣赏歌曲（教师范唱）

师："我们再来欣赏一遍这首歌曲，同学通过这一遍的欣赏再次熟悉熟悉歌词。"

生：欣赏歌曲。

【设计意图】低年级的学生学习歌曲主要是以听唱为主，因此在这个教学环节中教师设计了三遍欣赏，通过欣赏可以让学生熟悉歌曲的旋律、歌词，学会使用音乐符号。

4. 学唱歌曲

（1）按节奏读歌词

按节奏带着学生读第一段的歌词。

师："老师带着同学们一起来读读歌词，读的时候四个小节一句，但我们要两个小节换一次气。"

分句读，读的时候要注意两个小节换一次气，并且在带读的时候要读出连贯的感觉。在读的过程中让学生加入一些表演的动作，既可以帮助学生记忆歌词，也可以把歌曲连贯起来。如："红太阳"表情就要有红太阳的感觉，手势也要做出大大的红太阳；"白云彩"要有白云的手势。

在此教学环节中再次复习反复记号的使用，并且让学生注意到歌曲的尾声"哎啰"的节奏非常的紧凑。

（2）按节奏读第二段歌词

第二段歌词由学生自己读，发挥学生的主动性，让学生能有自主学习的机会。教师在学生读的时候要纠正学生的咬字、发音及情感处理。

（3）完整读歌词

按节奏完整读歌词，加入表演动作，有表情有语气地读歌词。

【设计意图】由于学生年龄小在演唱中不能同时考虑歌词、演唱技巧等多方面的因素。因此，在本环节教学中教师把演唱中的气息控制放到了读歌词中进行。通过这个环节还可以帮助学生记忆歌词，加强表演的训练。

（4）学唱歌曲

第一遍跟唱，教师进行范唱，学生轻声跟唱。

第二遍学生分句演唱，本环节的难点是歌曲中的多音连唱，学生容易唱丢后面的尾音，让学生通过视唱处理难点，准确地演唱歌曲。

第二段歌词由学生自主学习，学生可以通过自主学习更好地掌握歌曲。

（5）加入表演动作完整演唱歌曲

让个别的学生进行表演，并对学生的表演加以评价。学生在自评互评中可以相互的学习，加强歌曲的表现性。

全班进行歌曲的表演唱，完整表现歌曲。

【设计意图】演唱是歌曲教学中的重要环节，本环节中教师设计让学生通过听唱和视唱的方法正确地掌握歌曲的旋律，并学会多音连唱。通过这一环节掌握前面教学中学习的气息控制，让学生把歌曲唱完整。在自评互评中更好地演唱歌曲。

六、课堂音乐实践活动，加入打击乐器

（一）分类练习

1.让学生观察歌曲中加入了哪些打击乐器，并通过演唱歌曲掌握这些乐器的演奏。

2.乐器共有两种：撞钟和沙锤（包括自制水响沙锤）。

（二）合奏并为歌曲伴奏

学生演唱歌曲并加入打击乐器的伴奏和表演。

【设计意图】打击乐器的使用是学生需要掌握的基本技能之一，在平时的学习中学生会经常的使用，在《洗手绢》中就会出现水的声音，因此，学生在课下用矿泉水瓶、小沙粒和水自制了水响沙锤以配合歌曲的音响效果。

（三）表演

1.表演练习

师：根据《蝴蝶花》和《洗手绢》整合起来的音乐故事，让学生进行演唱和表演练习。

生：通过自由组合进行音乐故事的练习。本环节是学生自主学习时间，通过自主学习消化前面学习的内容，并进行表演。

2. 音乐故事表演

让学生进行表演并对学生的表演加以评价，在表演的过程中让学生加入打击乐器伴奏，使音乐故事的表演更为完整。

【设计意图】学生在这一教学环节中能够得到展示的机会，通过表演的练习可以丰富自己的表演经验，为以后的学习打基础。

3. 希望同学们能在以后的生活中学做一些家务活儿，为爸爸妈妈分担家中的事儿。

七、学习评价方式

指导学生在学习的过程中不断地通过自评、他评的方式调整自己的学唱状态。歌唱教学主要是通过声音进行教学，学生要学会听音乐、听老师及同学的演唱，在听的过程中掌握各种演唱技巧及节奏。注意倾听并对听到的声音效果进行正确、适当的评价就成为歌唱教学中的主要评价手段。教师在教学过程中指导学生对自己及他人的演唱进行实时评价就可以帮助学生正确地掌握演唱技巧，并对音乐作品进行处理，以达到较好地表现音乐作品的效果。

八、教学设计的特点

在本课教学中我根据歌曲的特点让学生通过欣赏、听唱、视唱、表演等多种教学手段让学生较全面地掌握了歌曲。本课采用故事导入法从上一课的公园游玩——《蝴蝶花》导入本课的《洗手绢》，把不同单元的内容进行了整合。学生在学唱的过程中，教师通过让学生掌握换气点的方法很好地解决了乐句的问题。在通常的教学中教师总是带着学生一遍一遍地熟悉歌词，我在本课的教学中给了学生"自习"的时间，让学生在基本掌握歌曲的节奏，认识歌词后有一小段温习的时间。这段时间学生可以对歌曲的内容进行消化，如有问题也可通过这个过程解决。我在教学中发现，孩子的"自习"效果要好于老师一遍一遍地带读带唱。

九、教学反思

（一）教学中的优点

1. 在教学中加入了简单的音乐故事的表演，把教材中的歌曲进行组合让学生在学唱歌曲的过程中也能学习表演，为今后的学习打下基础，并能提高学生的学习兴趣。教学中教师把学生学唱过的《蝴蝶花》和本课学唱的《洗手绢》结合起来创编了音乐故事，让学生在学唱的过程中温故知新，并能通过歌曲的学习让学生知道劳动光荣，劳动能带给人愉悦和美好。

2. 在教学中关注低年级学生的演唱方法教学，低年级的演唱主要是注意音乐旋律的流畅、连贯和气息的运用。低年级的学生由于生理的生长问题不能很好地掌握发声的方法，教师通过指导学生读歌词、唱歌曲不仅让学生学会了用自然声演唱，还让学生掌握了换气的方法，气息有效的控制，有助于更好地完成歌曲。

（二）教学中的问题

教学中虽然有学生创编表演的设计，但学生发挥的余地不大，大多时候还是教师带动得比较多。低年级的学生想象力还是比较丰富的，应该让学生多表现、多表演，发挥学生的主观能动性，让课堂成为学生表演的舞台。

一节特殊的语文课：《夜莺的歌声》

朱丽霞

　　《夜莺的歌声》是一篇讲读课文。课文讲述了苏联卫国战争时期，一个被游击队员称作小夜莺的孩子，巧妙同敌人周旋，用口哨学鸟鸣，为游击队传递信息，协助游击队歼灭德国法西斯强盗的故事。课文充分表现了"小夜莺"的机智勇敢和爱国主义精神。故事虽然离学生们很遥远，但故事情节并不难理解，学生一读就明白本文以夜莺的歌声为线索，为我们展现了一个勇敢机智的小英雄形象。因此，在教学中我大胆尝试新的教学思路，收获颇多，学生们也给我带来了一个又一个的惊喜。

　　在教学中，我打破了以往老师问学生答、在品词读句中揣摩人物的性格这种古老的语文教学模式，让学生通过表演的形式将课文内容演出来，在表演中体会人物的性格。

　　教学中先与学生一同认真读文，了解课文主要写了一件什么事，然后分析文中都有哪些人物，接着给学生提出要求：以小组（六个人一组）为单位先试着排演课文的内容，最后在班中进行展示，我们互相点评。

　　让我出乎意料的是学生们在排演中不仅去思考人物说话时的语气、表情以及动作，学生们还充分利用手中的资源做出一些简单的道具，学生们全身心的投入感动了我，也感染着身边的每一个人。尤其在表演中为了剧情的需要，有的学生真的摔倒在地，不顾身上的疼痛，如此专业的表演让我为之一振，马上用手机记录下一个个精彩的瞬间分享在我们班的家长群中，学生们的表演同时也赢得了家长们的"点赞"！

　　在点评每一个小组的表演时，学生不仅从演技方面进行点评，还从舞台上的站位，以及细小到每一个动作、表情怎样演更好、更完美等方面进行相应的点评。在大家的点评中我也适时捕捉到表演得比较精彩的同学，让他们来介绍一下自己为什么这么演，在介绍中学生们把自己对角色的感悟，对人物性格的把握与大家分享。表演德国军官的同学说："我觉得这个德国军官很嚣张，很狡猾，也很凶，所以我在表演时要演得十分凶狠，才能将他的特点展现出来。"表演小夜莺的杨同学说："我觉得小夜莺非常勇敢，毫不畏惧，所以在表演中我不能惧怕那个德国军官，我要显得满不在乎的样子，而且在回答军官的提问时还要展现出小夜莺的机智聪明。"还有的同学说："小夜莺很聪明，在回答军官的提问时，简直是所答非所问，军官问游击队员的事，他回答蘑菇，与德国军官斗智斗勇，用他的机智聪明赢得了军官对他的信任。"学生在点评中就把文中主要人物的性格进行了分析，无须老师过多的讲解，沉闷的课堂一下子活跃起来，每一名同学都全身心地投入进来，在结束时还有一种意犹未尽的感觉。

当所有小组的表演结束时，我追问学生，学习完这篇课文你有什么收获吗？学生甲说："我了解到了战争时期孩子们的生活。"学生乙说："与那些生活在战争时期的孩子们相比，我们太幸福了！"就在学生乙的话音刚落，又有一个学生情不自禁地说："我们应该珍惜现在的幸福生活，珍惜和平。"以往在结课时这样总结式的语言都是老师给的，而今天学生们发自内心的感受是他们从表演中体会到的，不是老师硬生生给予的，在这节语文课上学生们真的走进了文本，走进了人物的内心世界，真的成为了课堂的主人！

同时在这节语文课上，我也捕捉到了很多让我欣喜的镜头，以往的语文课上总有几个胆小的学生不敢举手回答问题，可是在今天的这节语文课上，那些胆小的学生也参与到表演中，有的还承担了很重要的角色，而且在表演中很是放得开，将人物展现得活灵活现，与往日的她们判若两人，有的同学的声音也比平时大了许多，这些同学的变化，大家看在眼里记在心中，也给予了他们高度的评价与赞许！

一节语文课下来让我感触颇深，收获多多！转变思想，在改革的浪潮中乘风破浪，让新颖的课堂教学激发学生学习的兴趣，让新颖的课堂教学带给学生无限的空间，让新颖的课堂教学树立学生坚定的信心，让新颖的课堂教学成为学生灵动的舞台。

在剧组建设中健康快乐地成长

——我的班级剧组管理模式初探

唐广艳

教育观点：在班主任工作中，借助班级剧组这个活动载体有效激发班里每一个学生的热情、潜能，帮助每位学生实现自己的价值，为班集体贡献自己的力量，在学生自我个性得到彰显的同时，班集体也会呈现出生机勃勃的面貌。

教育载体：首先成立班级剧组，根据任务的不同设置几个工作组，在保持工作组基本不变的基础上允许学生根据自己的任务需要变换组别，既给一专多能的学生以施展的空间，又能促进班级剧组的发展，保持新鲜的活力，经过尝试，效果较好。

教育实践：两年前班级剧组成立了，经过组织学生们投稿、讨论，最终确定了班级剧组的名称和LOGO："快乐精灵剧组"，LOGO的标志是一个可爱、活泼的绿色小精灵。并在班级剧组中根据任务的需要设立了导演组、道具组、宣传组、演员组，由学生自愿报名、同学推荐、老师引领而形成。这样就能最大程度地发挥每一位学生的特点优势，为剧组的发展尽到主人翁的责任和义务。那么如何保持班级剧组中每一位成员的积极性，激发不断创新的热情？经过两年的不断摸索、改进班级剧组管理制度，逐渐形成了一种"自然变换组别，体验不同职务，积极奉献力量，健康快乐成长"的模式。

这种模式的产生来源于学生的表现。因为班级剧组成立后，我们定下目标，每个月都要创编一个课本剧或课本剧片段来演。在这个过程中，我发现虽然剧组中导演组、道具组、宣传组、演员组这几个组别固定，但是学生们每天生活在一起，对各组所尽职能非常了解，还不断互相激发着灵感，经常有时候一个剧目片段的产生是由宣传组或道具组的同学创编出来的；更经常会出现一人多能的现象：既能写又能画，既能演又能做；还有的同学在不同的剧中承担的任务也不尽相同：在这个剧中他是演员，在那个剧中他又成了宣传员……基于这种情况，我提出以"自然变换组别，体验不同职务，积极奉献力量，快乐成长"的管理方式，最大限度地激发每一位学生的不同方面的创作热情，并受到学生的一致支持，使班级剧组的发展呈现出生机勃勃的态势。

例如，班级剧组在排演《垃圾桶的畅想》这一剧目时，本是导演组的小A在创编剧本时，献计献策。在真正排演时又自荐想演垃圾桶这一角色，通过在全班竞说，最后获得同学们的一致认可。当宣传组的同学在表演记录的编剧一栏署上他的名字，又在演员扮演中也署上他的名字后，小A非常骄傲和自豪，令同学们刮目相看。同学们也纷纷以他为榜样，在各个剧目的创编、演出等繁琐事务中积极寻找着自己发光的位置。当然，班级剧组的领头雁——班主任，要妥善处理好随时出现的各种问题：引领、调节、鼓励、示范等，起到班主任的主导作用，保证学生的身心愉悦和健康。

又如在班级剧组中，有一个女孩心灵手巧，很多道具都出自她的手，并且一直默默无闻。直到六年级时，有同学向我提议：老师，能不能在升旗仪式的剧目展演中，让她上一次台。我听后很为他们的同学情而感动，欣然同意。其实我也注意到：每个剧目的一次次排练，几乎全班学生到最后都能背得下词来，即使平时最沉默寡言的学生，在看排练时也在悄悄跟着说台词。上台，只是勇气的问题。所以，允许学生自然变换组别，鼓励体验不同职务或角色，使学生丰富体验，更能激发学生的参与热情，完善性格与人格的培养，发挥班级剧组的育人功能。

班级剧组的创立很简单，但是如何管理，使之蓬勃发展，使全体剧组成员都热爱它，并为之献计献策，全身心投入，是一个值得思考的永恒的话题，因为班级剧组是"麻雀虽小，五脏俱全"：组成的人员年龄小，又非专业，但它的多重功能与效果却不可小看。班级剧组的管理也要因人而异，与时俱进，常管常新，才能使班级剧组焕发奇光异彩，发挥它的多重育人功能。

线上跨学科融合创新课程设计与教学案例研究

——史家集团革新里小学艺术综合课

周　育、李静文、万　妍、孔炳彰、于婷婷，谢宇晴、梁古月、沈立红、王　聪

线上教学对每一个学科而言都是不可避免的。怎样高质量、高效能完成线上教学推进，让学生成长不延期，是教师们教研探索的主要议题。

革新里小学始终坚持"奠基学生艺术底色"的培养方式，不管是线下还是线上，都以此作为各项课程、活动设计的目标之一和初衷，以求学生培养的一体化和持续化。基于线上教学的各种现实条件，同时不给学生带来过重的负担，我校艺术团队的教师们在课程部周育副校长的引领下，由学科坊主李静文牵头，开展研讨并达成共识，即以"艺术综合课程"的形式推进，各学科有侧重有辅助，既达到"学科关联""优势互补"的项目式课程推进目的，也达成了学生艺术素养不滑坡并逐步有提升的终极目标。

音乐、舞蹈、美术、戏剧4学科的教师从认真学习《义务教育艺术课程标准（2022年版）》（以下简称2022版新艺术课标）做起，以构建艺术综合课程为载体，努力在课程设置、内容架构、学时安排上进行改革尝试，在提高学生艺术综合素养的基础上，形成独特有效的教学机制，积极贯彻国家"双减"要求，适应新时代教育全面发展的需要。

一、学校艺术综合课程理念

（一）根据2022艺术课程标准，更重视艺术课的综合性，将音乐、美术、舞蹈、戏剧有机整合，构建一体化的内容体系。其中要求以音乐、美术为主线，融入舞蹈、戏剧、影视等内容。并且在音乐、美术、舞蹈学科中都提到，要求利用戏剧游戏或情境表演的方法，对相关的艺术进行综合表达与呈现。

（二）根据东城区线上教学对艺术类课程的要求：美术类课程可增加图像识读、审美判断、文化理解的学习容量，适当降低美术表现创意实践的内容，设计贴近学生实际的情境化教学内容，设计适合居家完成的作业。音乐、戏剧类课程围绕"听唱写创"开展教学，强调学生的主体地位，通过相互示范与评价等不同方式，

激励学生参与课堂教学活动。

（三）学校线上教学全面启动"艺术综合课程群"，在达成新课标落地的基础上，采用"学科关联""优势互补"的形式。这样的实践过程让学生的艺术感受更综合也更有挑战，教师既能得到审美体验、审美创造的愉悦感受，又能将线上教学的特色课程有效落地。

二、艺术综合课程实施方案

（一）【第一阶段】综合课程模式初探

综合课程模式初探阶段，我们结合线下教学经验和线上教学实际，根据教材内容确定年级教学内容，有主有辅，并以一科带多科、多科共助力的模式推进艺术综合课程的实践。

1. 艺术综合课主题名称

一年级《快乐的啰嗦》

二年级《打花巴掌》

三年级《春》

四年级《乌鸦和狐狸》

五年级《美丽的色彩》

在艺术教师的共同研究之下，音乐、舞蹈、美术、戏剧4学科融合联动、各科兼顾、互相促进，有效保证教学质量的稳步提高。

2. 艺术综合课案例介绍

课程：人民音乐出版社，小学音乐二年级下册，演唱歌曲《打花巴掌》

《打花巴掌》是一首由老北京儿歌改编过来的新儿歌，歌曲的节奏感非常强，并且伴有说唱部分。传统的教学中，教师是通过带着学生按节奏读歌词，一点一点地熟悉歌曲的内容以及节奏，再跟着音乐模唱最终学会歌曲。线上教学教师结合歌曲的特点以及新的艺术课标对于艺术课的指导，设计了戏剧基本功导入，歌曲的学唱，舞蹈手势舞的进入及国画的欣赏，用线上两课时的时间对这首《打花巴掌》进行了深入的教学指导。

首先，二年级学生在以前的戏剧基本功学习中学习过《弟子规》的儿歌，教师就以《弟子规》中的一个段落作为本课的导入，让学生有一种回到学校学习的感觉。再结合这个节奏让学生了解老北京儿歌《腊月歌》，通过读儿歌的形式让学生加强节奏感，并练习发声咬字的方法以替代音乐课的发声练习。

　　然后，进入歌曲《打花巴掌》的学习。歌曲学习的第一步依然是按节奏读歌词，而此时的学习已经不需要教师一句一句的带着练习，教师只需要在较难的节奏型进行指导即可，其他部分可以由学生自己完成。由于是线上教学，教师通过对个别学生的单独辅导以了解学生的整体问题，进而对全体学生进行有针对性的指导。带入旋律演唱部分也是用同样的方法，根据教师平时课堂教学中对学生的了解，对个别学生进行一对一的指导。由于本首歌曲是由老北京儿歌改编成的新儿歌，学生有很大的可发挥空间，我在第一课时之后给学生留了一个自愿完成的课后作业，把歌曲的五至八月进行填词，并在下一节课中进行展示。

　　第二课时一开始，教师先让学生填唱五至八月的歌词，使歌曲的内容得到了丰富，同时教师也了解了哪些学生更喜欢音乐的实践活动。本课时为拓展内容，主要拓展了舞蹈与美术学科。手势舞是学生较为喜爱的一种舞蹈形式。教师通过播放视频，为学生边喊口号边进行动作模仿等教学活动，让学生积极参与课堂的活动，并改变了学生学习的姿态，在教学中有坐有站，有静有动，身体得到充分的释放。之后，我又给学生欣赏了中国国画中的"花"，由于美术不是我擅长的专业，我特意截取了国家中小学智慧教育平台中美术课《美丽的植物》中关于"花"的画法一段，让学生了解如何画好花，并在课后的选择性练习中留了可选作的画"花"作业。为了在一节艺术课中让学生发挥不同的个人专长，我在课后的选择性练习中给了学生多种选择，可以通过演唱、舞蹈、画画等多种形式展示自己的才能，丰富艺术表现。

　　（二）【第二阶段】主题备课有效实施

　　经过第一阶段的实施和不断反思，在第二阶段授课中，我们更加聚焦学生核心素养与关键能力的培养，因此也调整了第一阶段的备课授课模式，以主题教学的模式进行综合课程的设计。

　　1.艺术综合课主题定位

　　一年级：欣赏与感受

　　二年级：综合与探索

　　三年级：想象与表达

　　四年级：理解与表现

　　五年级：审美与感知

　　六年级：赏析与体验

　　教研之初，老师们从各年级学生的核心素养与关键能力出发，确定年级授课主题及培养目标，每年级一位主授教师，各学科提供相应学科内容，老师们共同进行内容的选择与设计。

备课过程中，多学科并进，集思广益，达成共谋共识共策划。在大家共同确定的培养目标基础上，老师们把各年级适合用综合素养课程形式推进的教材内容一一罗列，逐年级从目标确定到形式设计等方面开展研讨与落位，并有效进行学科融合、整合的活动设计。在此基础上，老师们的跨学科教研也在悄然间进行着，对于多学科共研共生的视野也在逐步确立着。最终，每年级的主授教师负责课程的整体设计，并对所学内容进行有机融合与梳理。

授课过程中，教师从主学科到副学科，从一门艺术到多门艺术，引领学生得到审美体验愉悦感受的同时，又将特色鲜明的知识有效吸收，从而达到融会贯通，举一反三的作用。学生对于这样的课程形式兴趣非常浓厚，上课过程中，参与性和实效性也愈发的凸显。

音乐、美术、舞蹈、戏剧四个艺术学科具有互相关联的艺术特质，是不可分割的艺术形式。我校艺术综合课程弥补了以往单一、独立的不足，在一科带多科的基础上，采取一个主题、1+x学科的方式进行授课。每个主题以2课时或4课时为一个周期。整体形式可根据内容进行调整，也可根据实际调整内容，目的就是增强对学生综合艺术素养的培养，同时加强各艺术学科间的契合度、融合性及互补性。

2. 教学案例介绍

【案例1】疫情期间，线上教学成为教师们教学的常态，我们也从本学科的教学，转变成艺术综合课程的教学。说到线上教学的一些方法和策略，我们认为，能够将音乐美术，舞蹈戏剧融合在一起，巧妙地将教学重点融入其中，并通过多样的课题实践活动来完成，使其达到自己设定的教学目标是非常不容易的。一节课的时间将所有学科全部融入其中，只能让学生达到浅尝辄止的效果，所以我的课程中可能也要有侧重，甚至分成多课时，每节课当中有其侧重的部分，教师本身也都各有所长，既保证艺术综合，同时也体现学科本位。就拿动漫形象标志牌和大话西游两节线上教学课程说，教师在课前录制了完整的丰富的范画过程，再配上音乐、舞蹈、戏剧的相关内容，学生会更加有积极性，从而产生乐学到好学再到善学的转变过程。

【案例2】《跳圆舞曲的小猫》是一首专为孩子们写的管弦乐曲。由美国作曲家安德森作曲，曲调诙谐幽默，以管弦乐器丰富的音色和表现力，描绘了一只可爱的小猫在音乐声中跳起了优美的圆舞曲。该曲为A+B+A'三部曲式，课前由小猫的叫声导入全曲，介绍了曲作者，小提琴，B乐段旋律欢快，乐律感强，我用拍手等动作，根据乐句录制了简单的舞蹈动作，让同学们的网络课程也能动起来，第三乐段是第一乐段的再现，在学习旋律的环节中，我创编了歌词加入旋律，模仿小猫动作。同学们随着演唱，既记住了乐曲的旋律，也清楚了歌曲的段落。最后同学们表演小狗追过来后，小猫惊慌失措的样子，结束本曲。本堂课利用媒体综合技术、图片、律动、表演相结合的手段，直观教学，激发和培养了学生们的学习兴趣。

三、艺术综合课线上教学的策略与方法

【教学策略1】线上"教与学"的有效方法与策略研究

《胡桃夹子》是一节以舞蹈欣赏为主的艺术综合课程。因为线上教学多媒体操作的局限性，因此在设计本课时，我采用让学生欣赏为主的方式，分别在教学内容、作业设计两方面，结合戏剧、音乐、美术三门学科进行教学。从故事导入，通过动画片的形式带领学生了解舞剧内容、人物形象，激发学生的学习兴趣；到通过聆听音乐，感受音乐的情绪、节奏，了解音乐的曲式结构；再到通过欣赏经典舞段、体验芭蕾舞手位，感受芭蕾舞蹈的魅力和高雅；最后学生可以通过音乐游戏、美术作品、舞蹈律动的方式，呈现自己对芭蕾舞剧的理解和感受。整节课围绕舞剧《胡桃夹子》开展教学，教师教的内容清晰、简单、易理解，也好表现。学生学的积极性高，有兴趣，并能有选择地进行展示。有效的教学方法大大地提高了学生学习的主动性和积极性及课堂质量。

【教学策略2】线上作业设计的有效方法与反馈方式

《乌鸦和狐狸》一课利用企业微信班级群收集学生作品，发布作业时降低作业难度，确保在家长的帮助下，学生能够完成并上传。（例如：提供相应的作品图片、视频、台词等）班级群发布作业的优势为可以显示上传作业人数和未提交作业人数，可以在规定时间内给予家长提示。结合学生完成的作品，认真观看并进行点评，并将优秀作品进行班级内部宣传。同时也在艺术课堂上展示部分优秀学生作品，大大激励了学生完成作业的热情。

四、艺术综合课成果展示

艺术综合课程在研讨实施的过程中，艺术团队的教师们付出了大量心血，多频次、多维度从课程操作的可行性和操作方法进行论证，并在团队中进行试讲，进而交流感受和心得，已取得阶段性的成果。

（一）学情分析

在艺术综合课中，我们发现大部分学生具备一定的艺术素养，学生水平基础参差不齐，各有所长，但都能够根据教师要求，完成简单的艺术展示活动。

（二）展示内容

1.第一部分：知识问答

以随堂测试的形式进行。每个年级的绑定老师根据自己的学科，设计专业知识问答题，对学生进行随堂提问。

2.第二部分：成果展示

以线上期间艺术综合课的学习内容为主，结合每节课的实践性作业，上传自己的艺术作品。

3.展示方式

（1）以年级为单位，每位艺术教师绑定一个年级组织学生进行展示。

（2）知识问答题，以授课教师的学科为主进行随堂测试。

（3）作品展示，以课下完成任务清单，课上播放视频的方式，进行优秀成果的欣赏与分享。

今后，我们还要在艺术综合课程的实践中不断总结经验、深度思考，逐步改进教学思维与方式，不断从教学模式角度出发，把艺术综合课的教学质量提高到一个新水平，让学生的艺术素质和艺术知识的掌握提升到一个新的层次，从而使学生在艺术综合课中，真正的获得审美的愉悦体验。

第三章　美育润育　人人精彩

第一节　特色社团建设典型案例

金帆话剧团：金帆情话剧缘　播撒阳光办教育

饱含着"扬起金色风帆，驶向成材彼岸"之意的北京市金帆艺术团自1986年诞生以来，就在提高艺术修养，陶冶情操，培养乐观向上的人生观和创新精神方面发挥着不可替代的作用。仰望"金帆"航标，执着追寻艺术梦想，更是革新里小学发展和追求的目标。历经十余年在追梦之路，凭借扎实有效的艺术教育，我们终于在2011年圆梦，光荣地成为北京市"金帆话剧团"。自摘下"金帆"桂冠的那一刻，革小人就在思考如何从最初的兴趣小组成长为品牌项目，最终蜕变提升为学校的办学特色，让"金帆"的理念和灵魂影响、渗透在学校的办学中，让"金帆话剧团"真正成为学校特色办学的有效载体，在研讨与碰撞、探索与思考中我们整体规划、立体思考，梳理出学校的特色发展纲要，明确了我校的艺术教育正是推进学校阳光办学理念、深化德育教育的有效载体，把艺术之美渗透到每一颗正在成长的心灵中，让师生因艺术的缎带而和美。如今，因"戏剧"而挈领的艺术教育之魂已涉及、涵盖学校的方方面面，下面将从"戏剧与办学、戏剧与管理、戏剧与文化、戏剧与教师、戏剧与学生、戏剧与课程、戏剧与家长、戏剧与社会""戏剧与金帆"九个方面进行汇报。

一、戏剧引领学校办学

在学校办学引领中我一直在思考：如何充分发挥金帆话剧团这一艺术教育的载体，让金帆精神活化于师生的精神世界中，让金帆的精神浸润于学校的生活中，让金帆的精神彰显在学校教育的活力中。为此我们成立了学校发展规划领导小组，几经专题会议研讨，理清了思想，明晰了方向，绘制了发展蓝图。形成了全方位、多角度、全覆盖、多维度的管理模式，提出"播撒阳光办教育"的发展思路，明确了"修艺润德 阳光成长"的办学特色。将全员浸润在艺术的滋养中，让戏剧启迪人的思想、净化人的心灵、涵养人的品格。共同推动学校的特色发展。"阳光教育"的提出也正是戏剧教育的本色内涵，在真善美的赏析与追求中让阳光的多彩、普惠、温暖、公平润泽师生心田，让阳光与戏剧带给人生命的动力，让学校生活充满机遇、充满活力、充满不竭动力，因阳光与戏剧的相得益彰，让学校洒满阳光，让师生感受美好；这里蕴含希望，只要敢于尝试，就会体验成长。在这个精神领地，师生在一起生活和学习，倍感幸福，令人神往。"艺术"与"阳光"成为我校目前发展的两大主题词。阳光是生命的底色，象征着关爱与责任。太阳每一天都是新的，代表教育日新的理想。艺术是自然的本色，象征着生命与希望，代表师生的共同成长。基于学校以往的发展，我们整体规划出台了学校特色发展纲要，艺术教育管理纲要、校园话剧校本课程实施纲要及艺术教育发展规划，明确了现下乃至未来发展的方向——那就是要引领学生尽情在艺术多彩中沐浴，尽情享受教育阳光，让每一位革小学生在阳光和艺术的畅想中追逐自己的梦想。

二、戏剧融入学校管理

秉承"办阳光教育　创优质精品特色校"的办学宗旨，在推行阳光教育的过程中，借助戏剧教育，使管理更具人性化、更富有阳光的温度。我们努力做到精神文化有方向、校园文化有品质，制度文化有生机。我校提出了精神文化的四观即教育价值观——尊重、理解、赏识、激励；育人价值观——帮助学生走进阳光是教师的最大职责；管理价值观——帮助教师走进阳光是干部的最大职责；情感价值观——在艺术阳光中体验自豪、在艺术阳光中获得尊严、在艺术阳光中享受幸福。制定出台了阳光教育发展策略，实施"一体两翼""12345工程"，把阳光管理、阳光课堂、阳光文化、阳光社团、阳光评价作为阳光教育的发展途径。这其中，一体是指发展途径"五位"一体，两翼则是指阳光教师和阳光少年。"12345"工程中的"1"是指打造感染学生的校园文化，这是阳光教育的前提；"2"是指给予理解和尊重两种关爱，这是阳光教育的动力；"3"是指培养智商、情商、意商三种品质，这是阳光教育的内容；"4"是指做到学会尊重、学会赏识、学会做事、学会发展，这是阳光教育的目标；"5"是指实施德、智、体、美、劳五种教育，这是阳光教育的载体。而这些管理目标落实的前提必须有人的自动性与自主性，点燃人的内驱力，引发人的自觉性，无疑戏剧教育是很好的载体。学校管理机制的运转不是靠制度，而是可以让人实操的文化，因而将制度的制定与落实融入有色彩的戏剧中，将学校特色发展规划分解后融于学校每个学期的艺术教育工作的计划中，如此不仅生成了人的主动精神，更是敲开了人们真善美的心灵之窗。

三、戏剧浸润校园文化

艺术的校园中应徜徉着师生绚丽的梦想，而梦想的校园中更应随处可感受艺术的熏染。正所谓"一所学校有一所学校的收藏，一所学校有一所学校的歌唱"。在学校显性文化的建设中我们提出了"欧风中韵"的思路，目的是开拓学生的国际视野及艺术视角，同时强调传统文化对于师生的浸润。校园文化以"春夏秋冬"四季为图腾，通过春赏景—夏抒情—秋藏智—冬明理的氛围构建，使学生沐浴在自然的阳光中，在自然中习得传统文化，润泽心灵，规范言行，厚泽品德，茁壮成长，做身心健康的阳光学子。艺术的作用，不在于灌输，而在于熏陶与浸润。无论学生在校园的任何一角，都可以随时感受到艺术阳光的生命张力，正所谓心融身自融，景与情相通。构建学校和谐发展的文化场，让学生生命成长充满阳光，让教师生命价值充满阳光，让学校内涵发展充满阳光，最终提高师生的生命质量，构筑学生的阳光人生，是我校阳光教育的基本内涵，正是因这样理念系统的建构，带动起教师做阳光教师育阳光学子热情，正是这样的热情引领着我们的学生在金帆艺术的文化场中扬起特长发展的风帆。

四、戏剧完善课程建设

古语云"山光悦人性，湖色静心志"，在美的环境中能够催生美的事物。教育的真谛在于落地生根，如果说将艺术教育作为学校发展的良好载体就必须要有课程给予保证。我校教师通过多年实践，在学校校本课程发展纲要的框架下，全员参与撰写了全国首套以校园话剧为核心内容的校本教材——《童艺情韵》，目前已由人民出版社正式出版、上市，这套教材的研发与课程的设置，正是要实现以艺术语言为载体促进学生整体语言能力的发展；以综合表现为手段鼓励学生进行创新性、体验性、反思性学习；以艺术展现为载体增强记忆力、表达能力、沟通协调能力；以主体调动为手段，以素质教育为主旨实施兴趣培养、专业培训与成功教育。通过语言及表演的基础练习，初步了解、掌握语言艺术与表演的基本知识，提高舞台表现力；通过戏剧教育能增强孩子的角色意识，提升语言交流能力、想象力、创造力及自我表现能力，并启发思考，促进才艺发展，培养团队合作精神；通过戏剧表演的学习，有效促进孩子的个性气质、自我认知、自我体验及自我控制能力的发展，最终实现培养健全人格塑造完美人生的育人目的。我想，在带领团队追求修艺润德阳光成长的道路中，会以这样的教育为每个学生找到一块乐土，为每个班级种下一棵绿树，为每一粒种子捕捉水、空气和阳光，让每一个生命在这里生根发芽。这样的融入是发自心灵的，这样的融入是充满阳光的。

同时，我们也将戏剧教育引入日常的课堂教学中，在国家级课程中找结合点、在专项训练中找研发点、在真实任务下找联动点、在教学实践中找落脚点，教师每一个精心设计都是为了让孩子找到一个学习的兴趣点、拓展参与的角度，搭建一个展现的平台。

我们还非常注重科研引领，通过科研进一步发挥艺术教育的功能。目前已立项的课题有：区级课题《以剧育美，推进特色学校建设》，市级课题《将校园剧融入学科教学的行动研究》。

五、戏剧促进教师发展

近年来，在"让师生沐浴艺术多彩 让生命浸染教育阳光"的办学理念引领下，学校为教师创设机会、搭建平台，引领全体老师参与到艺术教育中，培养具有"阳光三态"（好心态、佳状态、高姿态）和"阳光四气"（勇气、大气、锐气、灵气）的教师团队。为此学校成立了教师剧团，并分成A、B两个分团，通过开展系列艺术培训活动，如引领大家走进剧院，提升艺术修养；近距离接触名家，领略艺术风采；开展剧本创编比赛，发现身边的教育故事，提高教育的实效性。台词的背诵、舞台的站位、形体的表达、内心情感的剖析等方面都有所感悟与提升。对学生的指导与培养更为得心应手、更加规范。在对孩子精心指导、编排、修改、完善剧目的过程中，也促进了教师综合能力及艺术素养的提升，教师团队更加阳光积极、舒雅大气，这其实是一个共育、双赢的过程。自教师剧团成立以来，成功演绎了许多剧目，如童话剧《灰姑娘》片段、《白雪公主》片段、幽默相声剧《红高粱模特队》《几个弄潮儿》，情景剧《神医》，与学生剧团一起成功演绎了历史剧《屈原》片段，原创诙谐剧《借口商店》、原创孝亲剧《孝亲代代传》。

同时，为推进阳光教师团队的建设，学校还努力打造"耕心文化"与"家"文化，即以暖人心、聚人心、育人心、导人心为特征；以"情感+制度+人格"管理模式为特点，积极创设宽松、民主、和谐、有序、守纪的合作氛围，注重发挥团队优势，在工作中"淡化小我，追求大我"。每周五是我校固定的校本教研实践，在定时、定点、定内容的充分保证下，"教师戏剧氧吧""戏剧研讨沙龙""青年发展中心""阳光教育论坛"都是为教师成长和发展创设的平台，运用"木桶原则"，调动"长木板"可持续发展，激发"短木板"潜能，让每个人在团队中都能开出属于自己的太阳花,一束阳光就是一串笑声,教者心悦,学者心专,在氛围民主、其乐融融中革小人共同体验着生命的成长,共同享受着成长的快乐。

此外我们也非常注重教师的学习与提高,采取异国、异地学习的措施,帮助教师打开视野,扩大教师学习的宽度与广度。像班主任外出学习实践活动,数学教师外出参加全国优质数学课观摩活动,语文教师参加全国创新杯大赛观摩活动,音乐、体育、英语等学科教师异地学习活动等,投入经费和精力打造更多更好的优质阳光教师,帮助教师发展。据不完全统计仅2013年我校教师走进剧院280人次,分别观看国话、人艺、儿艺剧目十余部,外派学习30人次,外请艺术辅导百余次,教师参与各种市区艺术教育类征文活动并有20余篇获奖,教师原创剧本 207部。支持兄弟学校辅导剧目11个,这些数字见证了教师在艺术教育的沃土中阳光成长着。

六、戏剧提升学生素养

"赤橙黄绿青蓝紫,赏艺修德润品行,阳光瞳瞳映笑脸,革新园中花满蹊"是我校学生目前发展的真实写照。在建设阳光校园的过程中我们充分挖掘话剧教育发展点与生长点,进一步拓宽起育人功能,让学生在艺术中融入,因阳光而快乐。

我们的举措是:

一是建设个性多彩的阳光社团——教每个孩子有用的知识,六年润泽一生。

在阳光社团活动中培养乐学善思、勤勉励志的阳光学子,是我校艺术教育的终极目标。学校已形成以金帆话剧团为核心;以七色梦舞蹈团、花儿朵朵管乐团、爱乐少年合唱团、阳光体育团为外延;茶艺团、书画团为补充的校本社团的多元发展模式,始终着眼于孩子的全面发展和整体发展,站在时代的最前沿,唤起主体意识、激发教育智慧,为孩子创造真正的教育生活,实现心灵与心灵的碰撞,情感与情感的交融。十年话剧表演的积淀,让我们感到话剧艺术带给学生的收获和教育不应仅停留在舞台表演这个层面,而是应该将话剧表演与培养学生品德修养有机结合。在原有"班级有剧组—年级有剧社—学校有剧团"的梯队建制基础上,根据学生年龄特点,在道德润泽、传承礼仪文化的理念引领下,我们将戏剧培养同校本教材相结合,分年级制定了德育培养目标,即孝、理、信、仁、智、义,同时将习惯养成教育目标,即学习习惯、生活习惯、交往习惯、安全习惯,将戏剧艺术的修为教育、文化教育、道德教育功能发挥最大化。

二是搭建立体多彩的阳光舞台——让每个孩子都精彩绽放,人人都很重要。

孩子们将日常生活中的点滴瞬间以戏剧的方式搬上荧屏,登上舞台,达到教育与自我教育的效果。一年一度的校园艺术节是我校一项特色活动。多年来，我校每年均开展具有一定艺术水准的校园艺术节活动，逐步从学校操场走向评剧院、天桥剧场、中国儿艺等最高艺术殿堂，将经典剧目搬上舞台，将师生原创剧本、改编故事进行艺术加工、生动演绎，使每个孩子都能精彩绽放；升旗时刻的风采展示作为一项常规活动，也是孩子寻找自信、体味成功的舞台；富有创意的激励性活动最能激发孩子潜能并调动其参与的积极性，学生原创剧本大赛、优秀班级剧组、优秀年级剧社PK、革小金狮奖章评选等活动都深受孩子们喜爱。活动的开展，不仅为孩子树立了正确的人生观，达到了潜移默化的教育效果，更重要的是通过排练中的交流、台词的对白促进了来自五湖四海的学生之间的融合；通过生动的表演、揣摩内心的感受打消了孩子间的差异；通过相互的包容、心与心的碰撞模糊了孩子间文化背景的界限。在此基础之上，学校还注重与国际文化之间的接轨，引领剧团赴维也纳金色大厅、澳大利亚悉尼剧院等地交流演出，使孩子们了解东西方文化的差异，感受到艺术是无国界、无地域之分的。仅2013年，学生正式登台演出120人次，达到了100%的参与度。参加社会演出500余人次，上交学生原创剧本150余部，上交家庭DV剧展评剧目200余个。正因如此，近年来金帆话剧团在各级各项比赛演出中，成绩斐然。

三是开展特色鲜明的艺术考级——帮助孩子记录精彩幸福童年。

《童艺情韵争帆路》是我们根据学校发展特色，自主研发的评价手册，不单单是记录学生的学业成绩，更多的是记录孩子的成长足迹和在艺术方面的收获。将照片、原创剧本及活动体验日记囊括其中，每年学生通过自身的努力和积淀，会得到一艘彩色的帆船，小学毕业时换取的金色帆船更是童年生活收获的宝贵财富，因为它见证了一个具有六德四行阳光学子的成长。长大后，翻开这本册子，他一定会发现，这就是我，这就是我的童年，这就是我在革新里小学的学习与生活，"我是这样在艺术的滋养中长大的"！

七、戏剧唤醒家长热情

真正的教育不是学校所独有的，它离不开社会各界的大力支持，特别是来自家长的认可和参与。建立良好的家校关系是学校孜孜以求的目标，然而长期以来绝大多数家长固有的对学校的敬畏感，常常把自己放在被管理、被要求、被监督的弱势地位，从而无法与学校形成一种良好的互动关系。我常常将家校关系比喻成夫妻关系，学校为严父，家庭为慈母需要和谐稳定共同经营。近年来，我校秉承开门办学，为家长提供参与学校办学的平台和机会。对于家长的培训，我校也是不断创新，形成自己独具特色的经验。我们的班级有家长剧组，年级形成家长剧社，学校成立家长剧团。自学校成立家长剧团以来，我们充分发挥家长力量，调动家长的积极性，让家长和孩子共同参与创编剧本、拍摄家庭DV剧等活动和评比中……不难发现，其实这更多的是亲子活动，我们试图通过这样的活动，给家长和孩子找到共同话题，搭建沟通桥梁，给家长提供了解孩子的机会……逐渐的，家长看到、体会到学校的用心良苦和一切为了孩子的教育初衷，慢慢的，家长就会倾心于学校、倾心于教育，家长的热情也会唤醒教育的热情。小学一年级学生本地段学生回归率2013年由原先的30%提升到50%，2014年提升到80%。从这个侧面不难看出学校的特色办学得到了家长社会的认可。

八、戏剧延展社会资源

社会舞台是锻造孩子的最佳场所，不仅提升综合能力，磨炼意志品质，更是透过家、校、社会三位一体的教育平台，使学校与家庭、学校与社会之间关系更加融洽，为学生成长营造和谐、愉悦、温馨的成长氛围。很多知识都是课堂所不能得到，而要在实践与亲身体验中用心感悟的，所以只有充分挖掘社会、家庭的教育资源，学生才会从根本上受益，健康成长。近年来，学校努力开拓社会资源，集结社会力量，和中国儿艺、中国国家话剧院先后深度建立联盟，也成立了革新里小学艺术教育"专家资源库"。大批德艺双馨的艺术家走进学校、走近孩子，互动交流、切磋表演技巧，不仅提升了艺术素养，同时，老艺术家们对民族艺术的热爱、对作品的严谨态度也深深感染着孩子，从而形成对艺术不断追求的精神。特别是今年在教委支持下，我校与中国儿艺将共同开展学校戏剧教育，这一历史性的携手，能够让革新里小学的阳光学子的艺术道路越走越宽，在艺术教育中完善人格、健康成长。2014年7月，在我校一年一度的艺术节上，与会者共同见证了由我校发起的"革新校园戏剧同盟"的隆重成立，这是当时全国范围内第一家研究儿童戏剧教育的组织，全国范围内十余所艺术教育特色的学校和机构参与，"同盟"将推动中小学校园文化建设，探索戏剧艺术在培养中小学生道德情操、提高审美修养方面的特殊功能和潜移默化的育人效果，提升当代少年的人文素质和艺术修养，培养德、智、体、美全面发展的优秀少年。

九、戏剧唱响金帆情

艺术的情缘，尚美的情愫，金帆话剧团在革小是品牌是助力是标志，它成就了学校特色办学的灵魂。在我校，组织管理是金帆的身，支持保障是金帆的桨，团队建设是金帆的舵，更迭涌动的成果是金帆不断远行的灯塔。我想在"金帆"引航的未来，我们将脚踏实地，继续彰显学校艺术教育的办学特色，在戏剧教育中，让师生浸润于艺术的海洋，徜徉于唯美的艺术境界，沐浴着阳光，教师幸福地教学，学生快乐地成长！

花儿朵朵管乐园：星光熠熠照前行　社团育人促发展

我校"花儿朵朵"星光管乐团自2017年成功申报星光以来，依托学校"修艺润德，阳光成长"的办学特色，秉承"让师生沐浴艺术多彩，让生命浸染教育阳光"的理念，以市、区美育工作要求及我校管乐团章程为依托，精心组织落实管乐团各项工作，以艺术教育为突破口，努力探索素质教育新途径，脚踏实地，不断发展。

一、全员育美，铺设星光管乐成长基石

我校在构建走向教育4.0时代的课程文化中，基于"播撒阳光办教育"的办学理念，立足核心素养润育，以美育工作为抓手，搭建立体美育平台，形成学科间贯通，学科内贯穿的"阳光·艺术课程体系"，实现师生综合艺术素养不断提升的工作目标。

《关于全面加强和改进新时代学校美育工作的意见》指出："要以美育人、以美化人、以美培元，把美育贯穿学校教育各学段，培养德智体美劳全面发展的社会主义建设者和接班人。"

依托办学目标，学校进一步梳理、锁定了学生艺术品质的培养目标，完成了从宏观目标具化为"六德四行四商"并举的具体目标，到分解为课堂目标形式呈现的知、情、意、行、艺五维目标的层层落实，为课程建设提供了落地生根的目标依据。

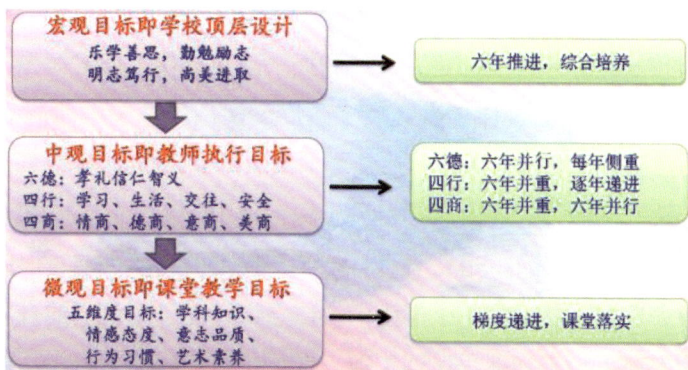

图1　学生艺术品质的培养目标

为了有效推进美育工作的开展，我校成立了美育工作委员会，委员会由校长直接管理，由副校长完成工作的推进与落实。

　　师资队伍也在近几年的全面建设中不断发展。全校83名教师，在艺术教育中全员培育、全员管理、全员引领，其中兼职艺术教师占85%，专职艺术教师占15%。市区骨干教师7人，艺术骨干教师2人，切实实现了艺术教育管理100%全覆盖。

　　学校全员参与国家级课题《构建美育新格局　探索思政教育新途径》、市级课题《在信息技术环境下创新育人模式》、区级课题《构建学校教育质量评价体系的实践研究》，在浓厚的科研氛围下，220人次撰写的论文获得市区级以上奖励。

　　构建体系、全员育美，让金帆精神构筑学生的艺术阳光人生：创造适合每个孩子的艺术教育，让每一个孩子感受教育的快乐；创造可持续发展的艺术教育、让每一个孩子健康而自信地走向未来；创造与国际接轨的艺术教育，为每一个孩子做好向世界表达中国的准备，做一个自信、自豪、自强的现代中国人。

图3

二、课程建设，保障星光管乐持久发展

　　课程是学校发挥育人功能的重要载体和抓手。在我校"修艺润德，阳光成长"的办学特色引领下，面向全体学生开展多角度、多门类、多融合、有温度、有广度、有色彩的"阳光·艺术"课程，达到艺术覆盖百分百。

　　该课程以美育为载体，将真善美的种子深深植入学生心中。"阳光·艺术"课程依托修为教育、艺术教育、道德教育，将学校提出的六德、四行、四商目标显现于学生的有形表达中，从而唤起了学生的主体意识，促进了他们的自主发展。以阳光评价课程为引擎，为阳光课程保驾护航，在评价与课程的并行中，促进教师观念的转变，学生志趣的焕发，评价推动课程成为师生生命互动的载体。

　　"阳光·艺术"课程体系以太阳的形态隐喻课程框架。围绕核心素养目标，我们将各级课程梳理为五个维度，即人文素养、道德素养、科学素养、健康素养和艺术素养；五维度下设计了六大类综合课程，分别为"阅读与表达""思维与应用""科技与创意""运动与健康""艺术与审美""主题润德课程"；每一类的综合课程分为基础、拓展、特色三层；基础课程为国家级课程，拓展课程地方、校本课程，包括"童艺情韵校本课程""名片课程""学思博物馆课程""六艺修身课程"等，特色课程包括"模拟系类课程""社团课程""国外游学课程"等20种。通过整体设计、重构、全方位融合，将教育、教学活动全面融聚，彰显"美育工作领航发展，学科实践培养特色"的课程特色。

我校现有7位专职音乐及舞蹈教师，采用纵向授课的模式，教授音乐及舞蹈课程，7位教师分别任教六个年级各一个班的音乐课。这样的授课模式对于教师而言，能够很清晰地掌握全年级教材的知识与技能脉络，同时也能全面了解学生年龄特点和需求。对于学生而言，他们的音乐课可以真正突破班级、年级限制，在真实的社会场景中大孩子、小孩子一起感知音乐艺术之美。

为了提高学生的知识技能水平，我们还设计了课程中的素养训练环节。在这个环节中，我们把节奏与打击乐的训练有机结合。训练学生稳定的节拍感、良好的节奏感以及在节奏表现中初步体验声部间的配合。趣味宫格节奏视读、《拍拍小手欢乐多》的拍手游戏、听辨模仿游戏等，在趣味的游戏及体验式小组学习中学习知识、提升技能。

我校还创造性地开设了综合性艺术课，即将音乐学科与舞蹈学科相融合，将一个自然班分成两部分，由两位艺术教师分别进行培养，共同打造综合艺术课堂。在这个课程中，充分发挥管乐团同学以及其他社团或有特长学生的专长，为他们搭建展示平台，以"小老师"的身份，进行讲解、示范以及小组内指导、生生互培，孩子们在自主学习、成长的氛围中，加强了指导力、学习力，促进了小组合作学习的默契，同时也在多样的节奏与打击乐体验中感受音乐魅力，提高艺术审美、感知、表现、创造等能力。

三、追求卓越，擦亮星光管乐建设品牌

"赤橙黄绿青蓝紫，赏艺修德润品行，阳光瞳瞳映笑脸，革新园中花满蹊"是学校金帆普育，深化美育教育成果的写照。在金帆话剧团领航下学校形成了星光团、特色团大大小小30余个艺术团，一团带多团、团团有生机，这是金帆育美的硕果，一团成团团成，这是金帆育美的结晶。管乐团同样也在精心地打造着自己的队伍。

我校"星光管乐团"自1994年成立以来，从一只兴趣小组不断发展壮大成为现在小具规模的艺术社团，秉承"修艺润德"育人理念，从招收团员到平日训练，再到阶段性考核都有一系列制度与章程，以规范化管理推动发展，以专业化指导擦亮品牌。

（一）组织建设

1. 制度保障　有章可循

不以规矩，不成方圆，没有规则的约束，就无法保证一个组织的有序运行。因此，在每学期初，学校从美研中心整体部署，到各社团都会制定社团章程。管乐团也针对学期具体工作，制定、完善每学期的规章制度。如：乐团管理要求、乐团专业教师要求、岗位分工与职责、管乐乐器借用管理条例等，对外聘教师教学工作要求、乐团日常管理工作、队员行为规范以及乐团纪律等提出了细致且严格的要求，确保乐团管理工作有法可依，有章可循，行之有效。同时，又将各种职责进一步细化，分工明确，责任到人，使乐团管理工作更加具有针对性和实效性。

古人讲："凡事预则立，不预则废。"计划是实现目标的蓝图，因此，每个学期初都会开展管乐团教师会议，与外聘教师一起从学期目标、课程制度、课程内容及发展等方面做出细致规划、明确方向，并从上课技巧、训练方法上达成共识，院校携手打造优秀团队、统一育人目标，共话社团机制。

2. 队伍建设　持续发展

（1）学生队伍建设

梯队建设：管乐团在我校是个热门社团，很多学生在展演中目睹了管乐团的风采，便对管乐的学习产生了极高的热情，在每学年招生、纳新中管乐团的队伍不断扩大规模。为尽量满足学生的学习愿望，挖掘不同层次学生的潜质，根据学生年龄、能力的不同设立了多元发展方向及梯队。目前共设有1～2年级打击乐苗苗团，主要以打击乐学习为主，从节奏入手开启学习历程。管乐苗苗团同学将在各声部专业老师筛选下、在确保乐团各声部建制均衡下进入到管乐各个声部初期单技课学习中。3～6年级进入打击乐展示团继续深化学习打击乐，拓展民族打击乐的学习。管乐展示团将进入合排阶段。最终，孩子们通过不断强化技能后加入到合排团队的学习。

目前全团共计111人，其中，1～2年级苗苗打击乐团19人，苗苗管乐团10人，3～6年级打击乐展示团22人、管乐展示团60人。

为保障社团稳步运行、完善评比制度，进一步树立团员主人翁意识，培养团员集体荣誉感和责任心，营造团结向上的社团风尚，管乐团制订了小干部培养计划，建立社团小干部选拔制度，每学年定期开展小干部评选活动，面向全体学生、各个梯队与声部选聘团长、副团长、声部长等职务，树榜样促进步。

完备的招收机制、健全的梯队运作、管理规章制度，成就规范化艺术教育，促团员凝聚力的提升。

（2）教师队伍建设

外聘教师：管乐团的发展不仅需要规范化章程制度引领，更需要高品质专业教师团队作支撑。我校针对乐团不同器乐、不同声部的单技课及合排课分别聘请了专家教师指导提升。师资力量雄厚，老师们均来自中国人民解放军军乐团、中央音乐学院等各大音乐院校、团体。

校内教师：1名团长教师，4名助教教师。团长教师主要负责社团组织、统筹管理以及学生专业技能指导。助教教师其中2名为音乐专职教师协助负责学生专业指导，保障日常上课秩序。2名助教教师为班主任教师，保障学生日常上课秩序的同时抓学生习惯培养、关注学生心理情况与积极心态。

培训学习：团队的教师同样也重视自身能力及艺术鉴赏力的不断提高，通过学习达到持续发展。梁古月老师在2016年参加由北京市艺术基金支持、中国音乐学院主办的民族打击乐人才培养培训。2018年参与由中国艺术基金支持、山西艺术职业学院主办的山西鼓乐人才培养为期两个月的培训。2019年赴新加坡进行艺术交流走访活动。2020年参加了"北京市阳光教师合唱团及校外教师合唱指挥大师班"的培训。

（二）乐团训练

专业的指导、科学的规划、序列的内容为社团教学质量、学生专业水平提升提供保障。训练内容的规划上，各有侧重、各有安排，通过正确的器乐演奏方法，促进学生口、舌、耳、眼、手、脑协调发展，小团重在提兴趣夯基础，大团重在提表现多积累，管乐团队重在培养学生良好气息把控音准佳、打击乐团队重在培养良好腕力控制节奏稳。孩子们在专业的指导、科学的规划下，明确了自己努力的方向、训练的标准，训练实效得到加强。

（1）排练保障

乐团鼓队苗苗、乐团鼓队展示、乐团单技、乐团合排保障每周1次课程学习的开展，且课程不少于2小时。每学期共开展12～16次。除每周固定课程以外，寒假、暑假也开展乐团集训5～8次。

坚持早功：每周一、三、五早晨7：00-7：50为管乐团早功训练时间，每周二、四早晨7：00-7：50为打击乐团早功训练时间，通过出早功对学生打卡进行反馈，及时监测、总结学生每日练习情况，加强各声部间及整体合排能力，磨炼学生意志。

每日打卡：课程的开展是学习的保障，持之以恒的训练是提升的能源。因此，除每周固定课程学习以外，教师组织学生通过开展微信群"坚持练习·每日打卡"活动，在每日的相互交流、学习中，督促学生自主练习，并绑定期中、期末评价机制，促学生自主练习、自主发展。

疫情期间，同学们依然保持练习热情，充分利用线上平台训练、分享、交流、展示，开展"以艺情战疫情""传播音乐力量·传承红色精神"等训练展示等活动，用坚持不懈的练习丰富疫情生活，筑起战役防线。

（2）训练内容

打击乐训练：打击乐苗苗团成员依托学校自创、自编的校本教材分别从"基础节奏训练篇""传统曲目演奏篇""即兴创作篇"加强学生基本演奏技巧、拓展学生曲目积累、提升学生演奏表现力及节奏创编能力。

管乐团训练：单技课中重视基本功训练，帮助学生掌握正确的呼吸、嘴型、换气、吐音、节奏，学习基础知识，提高基本技能，同时加强乐曲积累，视奏能力，确保在单技课中各声部准确性与整齐度。合排课中认知调性，并逐步开始进入分析，掌握调性的阶段，培养学生良好的韵律感，加强音乐表现力以及各声部间的配合、融合度。除此以外，在训练曲目的选择上，也有计划地让学生接触各体裁、题材、形式作品：中国民族作品、外国经典作品、热门流行音乐；行进管乐、室内乐、三重奏、五重奏，等等。

（三）评价措施

管乐团通过积分累计、与学校美艺少年评选结合，激励学生无论在日常评价还是期中、期末等各项考核展示中做到乐学乐展。

1.日常评价养习惯

日常围绕课堂学习参与度、器乐码放、学具准备、学习记录等情况给予学生积分评价，帮助学生养成良好学习习惯。围绕每日打卡情况、训练出勤情况、回课反馈情况给予学生积分评价，帮助学生形成比学、比练的好风气，加强意志的磨砺、助力不屈品格的养成。

2.期中考核促强化

考核评价是每学期乐团计划、总结当中的一项重要内容。为保证孩子的学习质量以及发展，每学期中会进行技能考核，针对基本功、练习曲训练内容进行考察，加强学生技能掌握。

3. 期末专场助积累

管乐团每学期末将以音乐会专场的形式进行学期考核，以展促评。孩子们通过展示吹奏一个学期以来学习的曲目作品及练习成果。在展示中提升练习热情，总结学期情况。同时，也将期末展示作为家校沟通、联动的契机，邀请家长入校欣赏孩子们的专场表演，见证孩子们一点一滴的成长，让孩子得到家长更多关心、支持与鼓励，也使家校合作更加默契、密切。

同时，乐团的考核也与学校各项活动挂钩，鼓励学生积极参与、积极展示，将学校每学期艺术测评成绩纳入考核测评中，关注乐团学生日常音乐课学习情况，激励学生发挥专长，在班级音乐课程学习中起到引领作用。

（四）艺术实践

艺术实践是对课堂教学的有益补充。它不仅是提高学生专业水平、培养实践能力的途径之一，同时也是艺术教育的重要组成部分。学校在管乐艺术教育中形成一系列展示机制。

1. 搭设平台，提升艺术表现欲

学校班级名片课程、年级名片课程以及学校乐艺课程等活动中，都会为孩子们搭设展示平台，"10·13建队日 "、升旗仪式、迎宾表演、教师节庆祝等活动都有孩子们表演的身影。

2. 走进剧院，提升艺术鉴赏力

学校利用"中国儿童艺术剧院"联手的优质资源，每年都会为学生提供走进剧院学习、提升艺术感受力、鉴赏力的机会，观看令人感动的红色儿童剧《红缨》、生动有趣的《成语魔方》，等等。

疫情期间，孩子们虽然无法走出家门，但教师也组织学生利用微信公众平台，开展序列性线上音乐会赏析课程，战争时期的人民音乐家、谷建芬作品集、异域风情赏析、布谷生生叫·期盼春来到等相关主题，帮助孩子们积累音乐作品，增加音乐感受力、拓展学习、了解音乐作曲家故事。

3. 登上舞台，提升艺术表现力

孩子们不仅抓住每一次市、区展演的机会，取得优异成绩，也曾走出校园，走进北大、清华、中国儿艺等一流大学剧场展示风采，走上电视台才艺展示的舞台精彩绽放。

4. 走出国门，提升艺术表达力

学校也为孩子们提供国际交流的机会，曾赴德国、新加坡参与国际艺术交流、培训活动，不断积累实践经验，在活动中拓展艺术视野。

严峻的疫情也没能阻挡孩子们训练、展示的积极性，管乐团的孩子们通过线上音乐会演奏《国歌》《少先队歌》《我的祖国》抒发坚定的战役信念，表达对战役英雄敬佩之情。演奏《98k》《加勒比海盗》为同学们送上一丝欢乐；以母亲节为契机为家人演奏《世上只有妈妈好》，表达对父母养育之恩的感激……

5. 丰硕成绩，构筑艺术自信力

2017年11月，演奏《少年先锋队队歌》获"红领巾心向党，争做新时代好队员"少先队鼓号队最佳演奏奖。

2018年3月，演奏《龙舌兰》《日蚀》获北京市东城区第二十届学生艺术节集体项目行进管乐。

2019年4月，演奏《茉莉花》《列队进行曲》获北京市东城区第二十二届学生艺术节铜奖。

2019年4月，演奏《小号组曲》《列队进行曲》获北京市东城区第二十二届学生艺术节金奖。

2019年5月，花儿朵朵管乐团荣获北京市东城区先进班集体称号。

2020年6月，花儿朵朵管乐团（鼓乐队）获先进班集体称号。

心中有方向，脚下则有力量。我校"花儿朵朵"星光管乐团将怀揣梦想，汇聚音乐力量，乘风破浪，奏响星光乐章！

追梦舞蹈团：课程助力社团发展　阳光舞动学子梦想

"追梦舞蹈团"是我校的学生舞蹈社团，也是在我校金帆艺术特色下艺术润养课程中的特色社团。自成立以来，舞团就一直在摸索和努力，力求在金帆话剧团的引领下，建立成为一支有特色、有规模、有实力，对孩子的舞蹈艺术培养真正有帮助的队伍。下面将从组织体系、保障体系、课程体系、团队建设以及成果成效五方面进行汇报。

一、机制引航，扬舞团建设之帆

（一）建制

2015年，国务院办公厅发布《关于全面加强和改进学校美育工作的意见》，国家对中小学生美育工作进一步加强。在大美育的环境下，我校高度重视学生的美育教育。在学校"修艺润德，阳光成长"的办学特色下，学校调整组织建设机构，搭建诸如课程统筹、发展、保障中心，下设科研中心、教研中心、德研中心、艺研中心以及综研中心等部门，从课程发展高度统领学校美育工作。

在这样的工作机制之下，我校针对艺术社团的组织建设，由艺术教师组成的文学工作坊、戏剧工作坊、器乐工作坊、形体工作坊应运而生，各分队助教教师直接落实学校的艺术教育工作，从而纵向形成一系列管理模式，共谋舞团建设方案，这也为"追梦舞蹈团"的建设提供了丰沃的发展土壤。

（二）制度

在我校整体课程框架之下，先后出台了《东城区革新里小学艺术教育发展三年规划》《革新里小学综合艺术课程实施细则》《革新里小学艺术社团管理办法》《社团外聘教师管理制度》《革新里小学舞蹈团考级办法》《革新里小学童艺情韵学生成长印》等文件、制度，保证艺术教育工作从微观入手，达到艺术教育层层深入。与此同时，外聘老师与本校工作坊教师共同参与学生的训练与发展的计划制定，根据学生阶段差异进行有针对性的管理。完备的制度体系，为舞蹈团的建设和发展提供支撑，有节点的计划与总结工作，不断与时俱进，讲分工，讲合作。确保舞团发展紧跟国家大美育发展脚步，紧跟学校办学特色以及学生金帆艺术团精神。

二、硬件护航，扬舞团成长之帆

艺术的校园中应徜徉着师生绚丽的梦想，而梦想的校园中更应随处感受艺术的熏染。正所谓"一所学校有一所学校的收藏，一所学校有一所学校的歌唱"。在学校显性文化的建设中我们提出了"欧风中韵"的思路，目的是开拓学生的国际视野及艺术视角，同时强调传统文化对于师生的浸润。校园文化以"春夏秋冬"四季为图腾，通过春赏景—夏抒情—秋藏智—冬明理的氛围构建，寓意学生沐浴在自然的阳光中，在自然中习得传统文化，润泽心灵，规范言行，厚泽品德，茁壮成长，做身心健康的阳光学子。学校力争营造愉悦的教育氛围。为构建和谐发展的文化场，对户外活动区、艺术体验区、景观文化区、教学实践区、学生童聚乐吧互动区、教师氧吧休闲区等区域进行了整体设计。艺术的作用，不在于灌输，而在于熏陶与浸润。

在艺术环境的熏陶下，对窗明几净的形体房、艺术大厅、多功能厅都进行了精心的布置，保证了舞蹈形体课的有序进行，以及舞蹈团训练顺利开展。除了场地规划以外，专业的服装设计团队，现代的服装收纳空间为学生课程展示提供了必备的发展条件。舞蹈社团还在形体房外设立了专题展板，向全校学生分享舞蹈知识，展示舞团风采。艺术的作用，不在于灌输，而在于熏陶与浸润。无论学生在校园的任何一角，都可以随时感受到艺术阳光的生命张力，正所谓心融身自融，景在情相通。构建学校和谐发展的文化场，让学生生命成长充满阳光，让教师生命价值充满阳光，让学校内涵发展充满阳光，最终提高师生的生命质量，构筑学生的阳光人生，是我校阳光教育的基本内涵，正是因这样理念系统的建构，带动起教师做阳光教师育阳光学子的热情，正是这样的热情引领着我们的学生在金帆艺术的承载中扬起特长发展的风帆。

三、课程导航，扬舞团能动之帆

（一）学科课程制订完善

课程是教育思想、教育目标和教育内容的主要载体，是实现学校办学、落实培养目标、培育核心素养的主要手段。"阳光·艺术"课程是我校将所有目标坐落在学生的艺术学习的修为之上，而构建的校本化课程模式，带有浓厚的艺术、多元、公正、个性的阳光文化气质。我们的课程建设关注学生综合素养培养和润育，也将修艺润德的特色培育贯穿始终，既为所有学生打好共同基础，也为每个学生铺就个性发展的底色，既关注知识和技能的积淀，更注重心灵的滋养、情感的丰沛和价值观的正向引导。目前已形成人文素养、道德素养、科学素养、健康素养和艺术素养有机融汇的"阳光·艺术"课程体系，实现了课程管理、课程研究、课程实践、课程评价四位一体的课程发展格局。

在大美育的环境下，我校将舞蹈学科作为校本课程列入学校大课表，面向每一名在校学生，注重学生形体艺术素养的培养。同时结合学生年龄特点，在中高年级开设了舞蹈课程，进一步综合培养学生的身体表现力。每周学校学生都能够通过有计划的课时安排得到舞蹈训练，学生的舞蹈身体形态与艺术素养也不断在日常中得到塑造和培养。

舞蹈课与韵律课均由在职舞蹈教师进行授课，舞蹈教师通过对学生的调研与了解，结合学生年龄特点，创编有针对性的舞蹈校本教材，从基本素养、表演性组合、舞蹈欣赏三大模块展开。同时，针对不同年级、模块、课时确定教学目标，纵向把控学校通学科艺术素养培养点，横向围绕落实"知、情、意、行、艺"五维目标。旨在能够全方位提升每一个孩子的综合艺术素养。之后，根据各年级目标的不同设定相应的教学内容，让学生在兴趣的引导下，走进舞蹈，走进艺术课堂。

（二）实践课程活动丰富

除学生校本课程之外，我校延展办学特色，发展课程化教学，构建了阳光课程体系，通过人文素养、道德素养、科学素养、健康素养和艺术素养五个领域，助力学生全面而有个性的发展。

截至2020年，我校开设了四十余门艺术润养课程，在学校整体安排下，对全部课程的训练时间都有详尽、合理的规划。舞蹈团的课程也如此，每个舞蹈队每周固定保证两小时的训练，并根据比赛、演出任务进行调整，确保了学生的训练时间。

借助学校金帆团资源，中国儿艺为我校提供了高水平的师资团队，除在校舞蹈教师外，舞蹈团每个团队都有一名外聘的专业舞蹈教师执教，学校为保证教学质量，还为每个团队配备了一名助教老师跟团训练，一方面帮助指导老师组织管理，另一方面能够通过助教学习到更多舞蹈训练方法，也进一步提升教师的艺术素养。在舞团进行比赛、表演等活动时，学校也会请到相应的专家、编导为学生进行授课与指导。通过有目标、有序列、有计划的社团课程的浸润，现在，以舞蹈团为单位排练的剧目多次在校内外的各项艺术实践活动中参与表演，使学生们不断积累着艺术实践经验。

四、团队领航，扬舞团提速之帆

"追梦舞蹈团"自2009年成立以来，从一只兴趣小组不断发展壮大成为现在小具规模的艺术社团。从招收团员到平日训练，再到阶段性考核都有一系列制度以及规范。

（一）青青小苗初长成

《革新里小学舞蹈团管理制度》中要求，每学年采用按年级、水平分梯队招收新团员，并进行统一的入团考核。一方面学生可以自愿进行报名，另一方面由教师在平时的舞蹈课中进行挑选，每学年初进行入团测评，根据一定比例，对学生基本功、舞蹈能力、表现能力几方面进行择优录取，正式进入舞蹈团的学生学校将统一进行档案备份，并向家长发送喜报。

（二）精心培育嫩枝丫

"追梦舞蹈团"在五个领域下不断建设发展。从一支舞蹈队发展到现在的两团五队的梯队化建设，并逐渐壮大成为学校继金帆话剧团后的又一大规模化发展社团。男生舞团下设基础团和精英团，女生舞团下设基础团、阶梯团和精英团。下一层级团队不断向上一层级输送人才，完成梯队源源不竭的发展。同时，每学期由学校舞蹈教师根据学校整体安排牵头把关，制定学期各团队训练大方向。再由每个团队的助教老师进行教学计划的梳理，确保了学生训练的科学性、序列性。

根据不同的培养目标与学期计划，学校严把每个舞蹈队的教学内容，两个基础舞团从兴趣与基本功入手，全面解决学生基本功问题，也逐渐建立低年级学生的团队意识。女生阶梯团队在基本功训练的基础上加入剧目的排练，在实践中提升学生的表现力。男女精英团则吸取最优秀的学生以承接校内外各项比赛、活动为主，在交流学习中不断提升学生的综合能力。

（三）花满枝头竞开放

对于学生参与的实践活动，学校也会有相应的积分、考核措施。一方面，结合《东城区中小学艺术素养测评标准》对学生开展规范、明确的评价工作。另一方面，我校为每一位学生的艺术发展制定轨道，注重学生艺术素养的培养，从而设计了《童艺情韵争帆路》考级手册。《童艺情韵争帆路》是我们根据学校发展特色，自主研发的评价手册，不单单是记录学生的学业成绩，更多的是记录孩子的成长足迹和在艺术方面的收获。针对包括舞蹈学科在内的各项艺术学科设计不同年级的考核标准，旨在培养学生综合艺术素养。将照片、原创剧本及活动体验日记囊括其中，每年学生通过自身的努力和积淀，会得到一艘彩色的帆船，小学毕业时换取的金色帆船更是童年生活收获的宝贵财富。

舞蹈童谣

基础

我的身体很神奇，

可以弯曲和伸展，

跳起舞蹈能摇摆，

勾脚绷脚分得清。

阶梯

舞蹈艺术真有趣，

能用身体做游戏，

创编动作摆造型，

艺术思维真神奇。

提高

学习舞蹈先做人，

良好素质最重要，

舞蹈课上要求高，

艺术涵养促提高。

与此同时，对于舞蹈团的学生在专业水平上每学期也会有相应的考核内容和标准。每学期末，除精英团以外，各团队将邀请家长入校参与学生汇报课的展示活动，根据学生的表现总结本学期的学习成果，并择优决定发展方向。精英团队的团员，在学期末将会举行有针对性的考核评价工作。由学校美育团队教师以及校领导组成考评小组，从体型、规定性动作（柔韧性、规范性、表现力）、综合能力（即兴能力、模仿能力）以及技术技巧方面对学生进行考察，确保舞蹈团队员专业能力与水平。

（四）繁茂小树结硕果

围绕我校艺术教育特色，我校每年都会举办主题各不相同的校级大型艺术节活动，到现在，我们已经走进了北大、清华、农大、中国儿艺等多所知名大学和专业剧场，"追梦舞蹈团"也曾代表学校多次在舞台上亮相。除了学校方面的演出活动，舞蹈团的学生还活跃在各种社会实践活动中，如东城区"六一"儿童节主题活动，由舞团梯队团的团员承担；北京电视台《小童大艺》栏目的艺术教育成果展，由舞蹈团精英团的团员参与；年级剧组的各项特色活动中的艺术交流也有舞蹈团学生的身影。此外，舞蹈团的学生还曾代表学校艺术团参与赴德文化交流与学习活动。

（五）成果续航，扬舞团发展之帆

三年来，在提升教师、学生艺术素养的基础上，学校的办学声望得到了提高，学校的知名度也到了社会的赞许，先后获得北京市科研先进单位、北京市基础教育综合评价先进单位、北京市基础教育课程教材改革试验先进单位、北京市美育先进单位、东城区戏剧特色学校等荣誉称号。另外，"十三五"期间，学校的科研课题"戏剧撬动我校课程变化与发展的实验研究"顺利结题。

"追梦舞蹈团"自成立以来，在各项比赛与活动中不断历练，团队业务水平上有了显著的提升与进步。以我校金帆话剧团为龙头，舞蹈团在剧目排练的选择上延续话剧特色，注重情景的创设和童趣故事的收集，全部原创剧目从孩子出发，探寻孩子内心深处的兴趣点，逐渐形成革小舞团充满童趣与童真的特色。近三年来排演剧目《苗韵童歌》《趣折纸》《我的机器人朋友》均为原创剧目，参与区级艺术节舞蹈比赛并斩获佳绩，其中《苗韵童歌》这支舞蹈在第 20 届的区学生艺术节校园集体舞比赛中获得一等奖，《趣折纸》《我的机器人朋友》两支舞蹈在第 22 届区学生艺术节舞蹈比赛中均获得银奖殊荣。与此同时，舞蹈团参与其他艺术领域的各项比赛及活动，如2017年东城区第二十届学生艺术节民族韵律操比赛获得东城区一等奖和北京市最佳表演奖的好成绩。2018年和2019年的东城区排舞比赛，男生基础团和女生梯队团的小队员都获得了集体项目一等奖。在今年刚刚结束的东城区民族韵律操比赛以及校园集体舞比赛中也有着出色的表现。同时，2017年和2018年"追梦舞蹈团"连续两年获得了东城区"先进班集体"称号，这也是区教委对我校"追梦舞蹈团"最大的肯定与嘉奖。只有不断历练才能不断超越自我，之后，我们还将更加积极地搭建学校艺术课程展示平台，彰显学校阳光学子的自信与活力。

革小"追梦舞蹈团"就是这样，一步一步，踏踏实实地走，认认真真地做，一点一滴地提升自己的实力与水平。舞蹈团的建设绝非一朝一夕能够完成，每一位革小追梦舞蹈团的师生在课程的引领下，将不断在探索中前行，跟随金帆旗帜，追逐舞蹈梦想！

爱乐合唱团：星光照耀　筑梦启航

我校在构建走向教育4.0时代的课程文化中，立足核心素养润育，以艺术教育为抓手，并基于"播撒阳光办教育"的办学理念，搭建立体美育平台，形成学科间贯通，学科内贯穿的"阳光·艺术课程体系"，实现师生综合艺术素养不断提升的工作目标。

《关于全面加强和改进新时代学校美育工作的意见》指出，美育是审美教育、情操教育、心灵教育，也是丰富想象力和培养创新意识的教育，能提升审美素养、陶冶情操、温润心灵、激发创新创造活力。

一、全员美育　铺设艺术之路

在办学目标的基础上，学校进一步梳理、锁定学生艺术品质的培养目标，从宏观的培养目标具化为"六德、四行、四商"并举的具体目标，并分解为课堂目标形式呈现的"知、情、意、行、艺"五维目标，层层落实，为课程建设提供了落地生根的目标依据。

为了有效推进美育工作，我校设立了艺术教育组织管理机构作为保障。

学校每学年在艺术指导、舞美服装、实践展示、服务支持、环境建设五方面都有专项资金投入。

在加大经费投入的同时，学校也加强了对师资队伍的建设。全校83名教师，在艺术教育中全员培育、全员管理、全员引领，其中兼职艺术教师占85%，专职艺术教师占15%。市区骨干教师7人，艺术骨干教师2人，切实实现了艺术教育管理百分之百全覆盖。学校全员参与国家级立项课题"构建美育新格局 探索思政教育新途径"，市级立项课题"在信息技术环境下创新育人模式"，区级课题"构建学校教育质量评价体系的实践研究"，在浓厚的科研氛围下，220人次撰写的论文获得市区级以上奖励。

为了保障学校全员美育的目标，学校开设了艺术普及课程、艺术素养课程及艺术展示课程。艺术普及课程使学生全员畅游在音乐、舞蹈、戏剧和传统文化的海洋中；艺术素养课程使全员参与社团课程，并有机会登上更广阔的舞台；艺术展示课程使全校师生手牵手，高低年级肩并肩，体验课程感受艺术活动中的交往与合作。真正实现"艺术自信与表达人人棒，艺术鉴赏与展示人人行，艺术互动与交流人人展"的三个百分百的学校育美目标。

二、课程引领　探索特色发展

课程是教育思想、教育目标和教育内容的主要载体，是实现学校办学、落实培养目标、培育核心素养的主要手段。"阳光·艺术"课程是我校为将所有目标落实在学生的艺术学习的修为之上，而构建的校本化课程模式，带有浓厚的艺术、多元、公正、个性的阳光文化气质。

如图2所示，"阳光·艺术"课程体系以太阳的形态隐喻课程框架。围绕核心素养目标，我们将各级课程梳理为五个维度，即：人文素养、道德素养、科学素养、健康素养和艺术素养；五个维度下设计了六大类综合课程，分别为阅读与表达、思维与应用、科技与创意、运动与健康、艺术与审美、主题润德课程；每一类的综合课程分为基础、拓展、特色三层；基础课程为国家级课程，拓展课程地方、校本课程，包括童艺情韵校本课程、名片课程、学思博物馆课程、六艺修身课程等，特色课程包括模拟系类课程、社团课程、国外游学课程等20种。通过整体设计、重构、全方位融合，将教育、教学活动全面融聚，彰显"艺术教育领航发展，学科实践培养特色"的课程特色。

我校现有7位专职音乐及舞蹈教师，我们采用纵向授课的模式，教授音乐及舞蹈课程的学习，7位教师分别任教六个年级各一个班的音乐课。以我为例，我任教的是1～6年级的班级、年级限制，在真实的社会场景中大孩子、小孩子一起感知音乐艺术之美。这基于我们每个学期都要开展的全年段音乐会。这也是我校阵营体验课程的一种存在形式。

为了提高学生的知识技能水平，我们在每节课中设计了素养训练环节。在这个环节中，我们把节奏训练与音准及合唱训练结合起来。低年级进行基本节奏型的练习（二分音符、四分音符、八分音符、四分休止符、八分休止符），并结合单音的节奏模唱练习；中年级进行较复杂的节奏型练习（切分节奏、附点节奏、前八后十六节奏等），并结合音阶模唱练习；高年级进行整体节奏型的复习巩固，同时还会用不同的节奏型练习简单的二声部旋律。学生通过有层次的学习训练，了解掌握不同的节奏型，并学习单声部及多声部的旋律。

我校还创造性地开设了综合性艺术课，即将音乐学科与舞蹈学科相融合，以音乐教材和舞蹈校本教材为依托，将一个自然班分成两部分，由两位艺术教师分别进行培养，共同打造综合艺术课堂。在提升学生的演唱能力及艺术表现力的同时，通过借助舞蹈、打击乐等艺术表现形式，提高学生的艺术感知力和审美能力。

正是因为我们艺术教师对于课程的模式、内容、展示的精心设计，全校24个班级的孩子以及班主任对于音乐课程表现出极大的热情。目前，我们每一个班级都有自己的班歌，并通过每周的升旗仪式、校园广播进行展示。

三、社团建设　铸造星光梦想

"赤橙黄绿青蓝紫，赏艺修德润品行，阳光瞳瞳映笑脸，革新园中花满蹊"是学校金帆普育，深化美育教育成果的写照。在金帆话剧团领航下学校形成了星光团、特色团大大小小30余个艺术团，一团带多团、团团有生机，这是金帆育美的硕果，一团成团团成，这是金帆育美的结晶。合唱团同样也在精心地打造自己的队伍。

（一）社团建设有序列

"爱乐合唱团"作为一支面向全年级学生开放的社团。合唱社团在长期的建设中不断摸索发展之路，力求在金帆话剧团的引领下，成为一支有特色、有规模、有实力，对孩子的艺术表现有真正帮助的团队。合唱团成立多年来，本着引领学校美育发展的理念，培养具有较高合唱水平及艺术表现力的团员。随着不断发展，"爱乐合唱团"已经形成具有梯队性的苗苗团与菁英团，目前共有团员88人。具有完善的招生管理机制，并定期进行考核。帮助合唱团及时发现人才，实时了解每个团员的发展状况，形成良性发展态势。

（二）社团培养有规划

"爱乐合唱团"对于自身的成长也制订了不同时期的规划。做到团团有目标，不断与时俱进。合唱团不仅有一支专职的音乐教师队伍保障日常的训练有序有效地进行，同时也有着高水平的专家团队参与指导合唱团的排练工作。苗苗合唱团通过训练学生的听辨能力、模唱能力（音阶、音程）、视唱能力及发声演唱方法，以提高学生的歌曲表现水平掌握小型合唱作品的演唱。菁英合唱团重在进一步提高学生的多声部作品演唱水平，从听辨模唱单音及音程，变为听辨音程、和弦（三和弦、七和弦），模唱和弦（三和弦、七和弦）。同时，合唱团还积极参与校内外的艺术实践、展演活动，在实践中不断提高自己的演唱水平及综合表演能力。

除了关注对学生的培养，团队的教师同样也重视自身能力及艺术鉴赏力的不断提高，通过学习达到持续发展。万妍老师在2016年底赴杭州音乐学院参加全国艺术教育研讨会，了解国内及世界范围内最先进的艺术教育思想。2020年10月万妍、李子婧、梁古月、于婷婷老师，参加了北京市阳光教师合唱团及校外教师合唱指挥大师班的培训。

（三）社团考核有标准

为了合唱团长久良好的发展，我们会定期开展考核测评。首先，会对团员进行基本功考核，内容为视唱、听辨及模唱能力。同时还会为学生搭建展示艺术表演力的舞台，在这个舞台上可以展现个人的独唱才能，也可以展示2～4人的合唱。测评后苗苗团的优异者进入菁英团，菁英团优秀的孩子可以通过竞争担任合唱团团长或声部长的职位，让这种有效的评价机制激励孩子自主向上阳光的发展。

在这种考核激励之下，学生会主动利用课余的时间积极进行个人独唱及合唱的训练与排练。在合唱团刚刚开始进行线下训练的时候，团里要进行一次疫情期间训练的成果考核。学生就利用中午休息的时间与自班的合唱团员进行模唱旋律与演唱歌曲的练习，学校到处都能听到团员们美妙的歌声，老师们都感叹合唱团的魅力如此之大，让孩子们有如此高的积极性。

（四）社团展示有平台

合唱团积极参与校内外各级各类活动。校内一年一度的六艺修身之乐艺课程是爱乐合唱团的同学们展示艺术才能的舞台，也是每一个班级在合唱团小同学的引领下，展示自己班级合唱水平的舞台。同时，我们爱乐合唱团还积极承担校内升旗仪式的主持活动，展现合唱团的合力以及文化。多年来我们同金帆话剧团合作，录制了《三个小牧童》《十二个月》《爱的陪伴》《董存瑞》等多个剧目的声乐作品。2019年底，我们还参与了学校艺术教育成果专场演出。校外我们积极参与了《百姓大舞台》的录制工作。正是这些历练使合唱团取得了长足的进步，在第十九届和第二十一届两届北京市东城区学生艺术节合唱比赛中连续两年获得一等奖的好成绩。

经过多年的努力，合唱团在学生内部已经有了相当的声望。但我们知道这只是发展的第一步，"宝剑锋从磨砺出，梅花香自苦寒来"，任何成功都是要通过不断的努力奋斗才能得来。我和我的合唱团期待能够得到各位专家的指点，让我们有机会站在更高的舞台，有更开阔的视野，向着更远的目标进发。

第二节　实践研究

戏剧浸润"艺"阳光　课程滋养"蔓"成长
——史家革新里小学金帆戏剧教育成果展示

周　育

一、金帆戏剧　逐梦启航

北京市东城区革新里小学创建于20世纪30年代，在落实市区"双减双升"的改革实践中，被纳入史家教育集团一体化建设管理中。在阳光"漫"教育，五彩"蔓"课程育人体系引领下，学校主动打通校内外、课内外边界，进行课程一体化设计，以项目引领为研究路径，打破学科界限，积极培养心有温度、行有智慧、勤于学习、乐于创新、学而不厌、挫而不败的史家革小学子！

学校秉承"打开空间　赋能成长"的理念，以"爱阅读、爱表达、爱锻炼，滋养艺术底色"为培养特色，着力强化育人成果。学校戏剧、舞蹈、乐团三大社团分获金帆、星光的荣誉称号，奥运教育、冰雪两个体育项目被授予国家级示范校、传统校称号，已逐步形成有一定影响力和学生参与率的项目课程组织，力争办好老百姓身边满意的优质教育！

自2011年圆梦——光荣地成为北京市"金帆话剧团"，至今十余年，史家革新里小学让金帆精神在校园中处处可见，在生活中处处点亮：从课堂到评价，从评价再到践行，我们实践着让金帆精神助力师生不竭的发展；从金帆文化课程化，到金帆精神生活化，我们实现了让金帆目标助力学校特色发展。史家革新里小学已全面完成"从学校剧团到金帆普育，从校内到校外、从课后到课堂"全员全覆盖的三级跳，我们已经实现从话剧提炼出金帆文化，金帆文化助力学校实现全程、全面、全员、全体、全氛围五全的培育格局，金帆成为学校教育的抓手，金帆成为学校育德的灵动载体。

二、全员浸润 聚力发展

在学校党建引领下，书记校长凝心聚力，以金帆文化领航，我们努力做到精神文化有方向、校园文化有品质、制度文化有生机。先后出台了《东城区革新里小学艺术教育发展三年规划》《革新里小学综合艺术课程实施细则》《革新里小学金帆团考级办法》《革新里小学艺术社团管理办法》《社团外聘教师管理制度》《革新里小学童艺情韵学生成长印》等文件、制度，保证学校美育建设从宏观引领到中观规划再到微观实施逐层落实，实现艺术教育层层深入。

金帆文化锻造了一直精湛的团队。他们是一支崇尚美好、富有家国情怀的教师团队。在学校课程体系之下，全员浸润共发展，以艺术教育撬动课程改革，挖掘教材资源，让艺术成为课程架构的结合点，以文化交往课程群为载体，将学科剧搬上课堂教学的舞台。在剧目展演中，既落实对知识学习的检测，同时在全学科中落实育人目标的培养。正是在这样的金帆文化的浸润中，我们做到了课程无处不美育，让艺术润泽每一个课堂，让每一节课都播撒艺术的种子，让艺术犹如空气一般，弥漫于学校之中。

三、专业引领　艺术润养

术业有专攻，闻道有先后。史家革新里小学戏剧教育的长足发展与成长，离不开众多和学校默契合作、精心支持的专家教师。多年来，学校与中国儿艺、清华农大等专业院团、知名大学合作，得到多名儿童戏剧教育专家的亲临指导，并成立了戏剧教育工作室，师生受益匪浅。在各位德艺双馨的艺术家指导下，学校深入整合校内外、课内外戏剧教育资源，开展戏剧教育，推进学校美育改革，提升教育品质，以美育人，以文化人。

四、经典纷呈　精彩绽放

"赤橙黄绿青蓝紫，赏艺修德润品行，阳光瞳瞳映笑脸，革新园中花满蹊"是我校学生发展的真实写照。我们充分挖掘戏剧教育发展点与生长点，进一步拓宽其育人功能，让学生因艺术而融入，因阳光而快乐。我们积极拓宽教育宽度，激发和培养学生的学习兴趣，促进了学生在知识、能力、情感态度和价值观等方面的进步，学习能力和核心素养得到不断提高。孩子们将日常生活中的点滴瞬间以戏剧的方式搬上荧屏，登上舞台，达到教育与自我教育的效果：一年一度的校园艺术节是我校一项特色活动，多年来均开展具有一定艺术水准的校园艺术节活动，逐步从学校操场走向评剧院、天桥剧场、中国儿艺等最高艺术殿堂，将经典剧目搬上舞台，将师生原创剧本、改编故事进行艺术加工，生动演绎，使每个孩子都能精彩绽放；升旗时刻的风采展示作为一项常规活动，也是孩子寻找自信、体味成功的舞台；金帆普育下实现了：艺术自信与表达人人棒的百分百，艺术鉴赏与展示人人行百分百，艺术互动与交流人人展百分百。

五、戏润心灵 赋能成长

从小学舞台到大学舞台，从国家舞台到国际舞台，史家革小学子带着艺术美走进了全国十几所大学名校，登上国家与世界顶级舞台。他们也带着艺术梦走向更广阔的天地，以全新的角色在新的舞台上继续精彩绽放。

六、踔厉奋发 振翅高飞

金帆——已成为革小阳光发展的内涵，已深深植入革小师生心中。无论学生在校园的任何一角，都可以随时感受到艺术阳光的生命张力，正所谓心融身自融，景在情相通。构建学校和谐发展的文化场，让学生生命成长充满阳光，让教师生命价值充满阳光，让学校内涵发展充满阳光，最终提高师生的生命质量。

展望未来发展，我们将秉持金帆文化挑战自我、超越自我、绽放自我的精神，培养民族文化传播者；培育民族文化的传承者。处在教育信息化、国际化背景下，我们将怀揣中国梦，培育具有审美能力，超越人我之见，追求和谐、完美、幸福的未来栋梁！

在美术课堂中渗透优秀传统文化教育[①]

王　洋

摘要： 中华优秀传统文化蕴含着丰厚的民族精神和道德理念，是民族自立的资本、国家发展和创新的基础。美术作为一种文化，对传统文化的传承起着不可替代的作用，是人类自身为了生存、生活需要，自主改变、改造现实状态的一种独特的思维方法。美术课程凸显视觉性、实践性、追求人文性，学生在美术学习中积累视觉、触觉和其他感官的经验，发展感知能力、表达和交流能力，发展想象力，在美术学习中学会欣赏和尊重不同时代文化的美术作品。

《美术课程标准》（2011版）中指出：美术是人类文化的一个重要组成部分，与社会生活的方方面面有着千丝万缕的联系。通过美术课程，学生了解人类文化的丰富性，在广泛的文化情境中认识美术的特征、美术表现的多样性以及美术对社会生活的独特贡献，并逐步形成热爱祖国优秀文化传统和尊重世界文化多样性的价值观。

美术教育可以触动孩子的全面感官，通过艺术教育，使孩子们学会欣赏与理解，丰富学生的审美情感，弘扬优秀传统文化，提高文化修养。

一、从美术教材中挖掘优秀传统文化内涵

我校美术课程分成四个学习领域，即"造型表现""设计应用""欣赏评述""综合探索"，每个领域都有与美术文化的结合点，如低年级《偶戏》《画门神》、中年级《面塑》《画家徐悲鸿》、高年级《画皮影》《风筝》等，可以引入实物或道具，让学生看一看、摸一摸，尤其对于制作工艺性很强的传统民间工艺，我搜集整套制作流程视频进行播放，让学生快速了解工艺制作，对工艺技巧一目了然，学生也通过课前自主查找相关知识，课上以小讲师的身份为大家讲解，不仅初步了解了我国历史悠久优秀的传统文化，增强了学生对传统工艺、民间美术学习兴趣，感受了传统艺术的魅力，且激发了学生热爱民间艺术的情感和保护发扬传统文

---

① 获奖情况：本文获北京市二等奖。

化的意识。《水墨游戏》一课，学生通过有趣的笔墨游戏活动，感受中国画艺术的博大精深，了解中国画用笔用墨知识，学生课前搜集自己喜欢、熟悉的中国画画家或作品为大家介绍，学生通过了解中国传统绘画的表现方法、优秀名家小故事、推荐自己喜欢的水墨作品，引导学生自主学习的方式进行赏析，培养学生多元感知，激发学生对传统文化学习的兴趣。

欣赏画家作品，让学生感受中国画的笔墨奇妙变化，当播放出一张作品时，学生都情不自禁地发出惊叹之声，他们被这些精美的作品深深地吸引了，同时也产生了强烈的创作冲动，课堂气氛自然进入了高潮。这时老师再因势利导，让学生说说自己想创作什么主题，学生的创作灵感就像爆发的火山一样，奔涌而出，每个人都高举着手，迫不及待地想说出自己的想法。虽然学生可能无法完全理解这些作品，但他们能感受到这些作品带给他们视觉上、心灵上的冲击。长期的熏染、一次次的冲击，积淀起来就能在学生心中产生深远的影响，艺术感染力的形成、审美品位的提高就是因为有了这种熏染和冲击才得以实现。

二、在实践中传承优秀传统文化

美术课程以对视觉形象的感知、理解和创造为特征，美术作品之所以能打动人，就在于它能用直观的形象来给人以美的享受。人们读作品的过程就是审美感受的过程。通过实践让学生直观地学习美术技能和方法，浅显易懂，教师还可以通过示范教学的方式来提高学生的学习兴趣和积极性。在教师的指导下，对感兴趣的某一文化内容进行进一步的学习和探索，把课内的学习延伸至课外。

小学低年级学生，由于年龄和心理特点，具体形象思维占优势，概括水平处于概括事物直观的具体形象的外部特征阶段，对一些美术作品不理解，对此可以从欣赏画家作品中提高审美能力，但如何用绘画的语言转换并表达自己的想法，有一定困难。教师进行示范，既可以呈现绘画方法，也可以提出一些问题让学生从中发现、再次进行比较，思考自己的表现方法，为学生作画起到技巧上的示范、启示作用，让学生们一目了然。由此可见，在鼓励学生思考、创作的时候，恰如其分的示范对学生完成美术作品有重要的促进作用。学生再次通过实践、联系生活大胆想象，结合简单的学科知识，解决问题，表达自己的意图、思想和情感，不断增加信心。

三、从文化角度感悟独特魅力

有效利用社会资源，提高学生的审美能力，开拓学生的视野，丰富学生对美的感受力。带领学生参观博物馆、美术馆，通过参观、欣赏作品，从文化的角度观察作品，以小观大，了解作品的创作背景、创作时代特征、画家故事等，引领学生认同中华优秀文化，尊重人类文化的多样性，透过作品感知社会的文化，帮助学生更好理解作品的意涵，不断激发学生学习美术的兴趣，将作品放在一种人文背景中加以理解，努力从作品中发掘人文内涵，让学生感受美的事物、发现美的事物，欣赏美的事物，从中潜移默化地影响或改变孩子的身心与思想，使孩子充满灵性、充满想象，不断增强学习的自觉性和主动性。

对于美术教育而言，相比技法的提高，更为重要的是要唤起学生创造的热忱，通过学习、欣赏，感悟自然之美，感触传统文化在日常生活中的美，打开美术思维的广度，了解人类社会的丰富性，并在一种广泛的文化情境中，产生对传统文化的喜爱与关注及敬畏之心，激发学生不断的艺术创作热情与灵感。

浅论小学舞蹈教学中的智力开发与情感培养

李静文

摘要： 小学舞蹈教学已成为小学教育中的一项重要内容，其具有智力开发与情感培养的作用，对学生的成人成才发挥着无可替代的作用。本文以此为切入点，运用文献参考法、调查研究法等方法，详细分析了小学舞蹈教学所具有的作用，并针对目前小学舞蹈教学的现状，基于发挥其教学最优性的原则，提出了相应的教学策略，认为应该积极转变教学理念；不断创新教学方法；更加关注学生发展。

关键词： 小学舞蹈；舞蹈教学；智力开发；情感培养

随着素质教育在小学阶段的深入拓展，舞蹈教学越来越受到了家长及学校的重视。在不断优化小学舞蹈教学的过程中，要注意从小学舞蹈教学中的积极作用出发，通过扩展其积极作用的发挥，不断提高小学舞蹈教学的质量与效果。小学舞蹈教学，主要具有智力开发与情感培养两大作用，要更好发挥出这些作用，就需要实施有效的舞蹈教学策略。

一、小学舞蹈教学的内容

（一）基本功教学

舞蹈并不只是简单的几个动作，它需要身体的合理协调与配合，需要学生的身体具有较强的韧性，并且能够进行较大程度上的活动。因此，基本功的训练是必不可少的一项内容。很多学校在最初开始进行舞蹈教育的时候，都会对学生进行基本功的教学。

（二）音乐节奏感的教学

舞蹈是与音乐紧密相连的，多数的舞蹈动作都是伴随着音乐的节奏而进行的，如果不能分辨音乐的节奏，那么也会导致舞蹈出现失误。音乐节奏感的教学将音乐教育与舞蹈教育结合在了一起，是舞蹈教学中的重要内容。

（三）舞蹈内容的教学

舞蹈内容的教学包括舞蹈时所需要的姿态、神情、动作等。舞蹈是一种美的艺术，是要给予人们美的感受。那么，在进行舞蹈的时候，便需要注意到各个环节，要注意神态、动态和体态。舞蹈内容的教学是一项综合的教学，需要训练学生整体的注意力和身体各方面的协调能力。

二、舞蹈教学在学生智力开发中的作用

（一）舞蹈教学开发学生的想象力

舞蹈作为一种艺术形式，可以来源于任何事物，因此舞蹈又具有艺术上的感染力，而这种艺术思想对小学生的想象力的开发有着重要的帮助作用。在进行舞蹈教学的时候，可以使得小学生的想象力得到很好的培养。小学阶段的舞蹈多数有着一定的剧情，比如有的舞蹈是模仿动物的生活，那么小学生在进行舞蹈的时候就要进行充分的想象，需要把自己想象成动物；有的舞蹈的故事背景设定在森林或海边等环境下，而小学生只是在教室进行学习，那么就要对自己的周围环境也进行想象化的处理。因此，在这种教学与学习中，小学生的想象力便不断得到了开发与培养。

（二）舞蹈教学开发学生的记忆力

记忆力是学生智力中的一项基本内容，良好的记忆力有助于小学生的学习，也有助于思考。记忆力在人的一生中都发挥着重要的作用，对于学生的智力的发展具有重要影响。在进行舞蹈教学的时候，可以使小学生的思想变得非常活跃。因为小学阶段的学生普遍对舞蹈都怀有兴趣，凡是他们感兴趣的、印象鲜明的事物，就会很容易记住。在这种氛围之下，小学生的大脑长期处于兴奋之中，记忆力也便不断拓展，记忆的程度也不断增强。

（三）舞蹈教学开发学生的创造力

小学生对任何事物都有着充分的兴趣，乐于去认识，也乐于去学习。尤其是对于一些自己喜欢的事物，他们会怀有更大的兴趣。当看到教师进行舞蹈时，学生就会不自觉地去进行模仿；当看到舞蹈表演的时候，他们自己也愿意去尝试。并且，学生会在这种学习模仿的过程中，慢慢地向创造的活动发展。比如，在进行维吾尔族舞蹈教学的时候，旋转是维吾尔族舞蹈中的一个基本动作，学生在练习旋转的时候，会希望在这种动作中加入自己的元素，如有的人喜欢张开双臂，有的人喜欢踮着脚尖。在进行舞蹈的学习的时候，学生对自己的动作和神态都会有着较大的创造性，他们会运用自己的想法去进行表演，这样就使得学生的创造力得到开发。

三、舞蹈教学对学生积极情感的培养

（一）培养学生美的情感

舞蹈教育属于美育的一种形式，有助于让学生认识美、发现美，并最终对美怀有很强的向往。在进行舞蹈教学的过程中，教师通过向学生展示优雅的舞蹈动作，并辅之以轻快的音乐，通过美好的剧情将学生带进一个美的世界中，使学生渐渐丰富其自身的美的情感。而在长期教学、学习的过程中，学生也会将这种美的情感投射于现实世界之中，慢慢发现世界上的美好。

（二）培养学生善的情感

小学阶段所教授的舞蹈多是一些具有良好价值观的优秀舞蹈作品，学生在学习这种舞蹈的过程中，可以增强自身的辨别能力，明辨是非与善恶。同时，小学阶段所学习的舞蹈带有一定的引导性，具有很多的教育意义，在正确的引导下，对善有着更高的追求，慢慢培养起自身的善的情感。

（三）激励学生奋进的情感

在教学安排上，小学舞蹈教学是按照着一定的难度而进行的，在最初的时候只是学习一些基本的舞蹈动作，渐渐地所教授的内容则会变得复杂。对于学生而言，这是一个曲折性的过程，如果学生有所松懈，就不能很好地学习教师的舞蹈教学内容。因此，这也激发起了学生的奋进情感，使得学生可以认识到自身不足，并积极进行改正。

四、在舞蹈教学中开发学生智力与培养积极情感的策略

（一）积极转变教学理念

为了更好地发挥出小学舞蹈教学开发学生智力与培养学生积极情感的作用，教师应该积极转变教学理念，更多地运用美育的指导理念来安排自己的舞蹈教学活动。在实际的舞蹈教学中，不只是囿于教授舞蹈的动作，让学生进行机械的模仿，而是将积极情感融入舞蹈教学中，并将其传递给学生。同时依据学生的大脑发展水平，合理设计教学活动，发展学生的智力。

（二）不断创新教学方法

学生智力开发的内容包括想象力、记忆力、创造力等，教师应该不断依据学生智力发展的实际需求，创新教学的方法，改变原有的单一的教学模式。如给予学生充分的自主空间，让学生依据自己的兴趣，自主进行舞蹈的编排，而教师对此进行

评价，将学习的主体让位于学生。通过类似的这种形式，发展学生的创造力。

（三）更加关注学生发展

在利用舞蹈教学开发学生智力，培养学生积极情感的过程中，需要更加注意人本主义原则，更加关注学生的发展。小学舞蹈教学的根本目的是为了促进学生的全面发展，因此教师要对学生的发展予以更多的关注。在进行舞蹈教学之前，合理了解学生的诉求；在进行舞蹈教学的过程中，时刻关注学生的表现；在舞蹈教学之后，对学生的学习状况进行评价，依据评价结果改进自己的教学。

作为一名一线教师，要对舞蹈教学的积极作用的发挥及学生的成长有着更丰富的认识。小学舞蹈教学不同于成人舞蹈教学及专业舞蹈教学，其在施行的过程中有两个需要注意的原则。其一为在教学中要注意遵循学生的发展特点，适应小学生的身心发展要求；其二在于注重兴趣的引导，通过小学阶段的舞蹈教学激发起学生对于舞蹈艺术的兴趣。为了更好地符合其原则，就需要从小学舞蹈教学中所具有的智力开发与情感培养的积极作用出发，对现有的小学舞蹈教学的内容和形式进行优化，积极转变教学理念；不断创新教学方法，更加关注学生发展。

浅谈小学音乐教师怎样进行课堂管理

于婷婷

在大环境美育教育的引领下，音乐老师有着非常重要的职责担当，除了上好每一节课更应该多方面发展、引领。

一、管理好音乐课堂的前提是处理好师生关系

（一）和谐社会是目前社会关系的一个重要的发展方向，在学校开展教育工作中，创建具有和谐的师生关系，已经成为校园和谐发展的重要问题。

音乐教师必须有正确的思想和见解。教师的言行和作为都会影响学生的心智发展，会在学生的人生中发挥作用。作为益友，教师应该高要求自己，通过正确的言行来影响学生的思想；作为良师，教师应该通过正确的引导来规范学生的所思、所想和所为，让学生从一开始就步入人生正道。

（二）给予学生有效的关心和尊重。处于小学阶段的孩子，其思维十分活跃，所以这些学生很容易通过联想产生一些奇奇怪怪的想法。正因如此，这个阶段的学生对事物的认识也有独一无二的特征，该阶段的孩子具有较强的创造性思维和发散性思维。作为一名教师更应该充分掌握学生思维上的特点，并对其进行科学有效的引导，充分培养学生的长处并使其向健康的方向成长。而为了有效了解学生的成长状况和不同学生的优缺点，教师就应该关注与学生的沟通和交流，了解学生的心情、最近的学习情况、家庭情况等信息。如果有必要，老师也可以给学生提出一些具体的建议。

（三）与学生建立亲密的关系，为了能够保证班主任与学生之间的关系稳固和谐，班主任应该充分了解每一个学生的优缺点，达成这个目的的第一步就是与学生建立良好的朋友关系。作为音乐教师日常工作中不仅要做好向学生传递知识的教师工作，也要在课下的时间内与学生成为朋友。朋友之间肯定对对方的兴趣爱好、生活情况、性格特点都十分了解。教师只有以学生的角度看待其处境和遭遇的问题，才能从根本上发现问题的根源，并采取相应的措施以及时改正学生存在的问题，与学生成为真正的朋友，以促进师生之间形成和谐的关系。

二、课下课上双管齐下，如何处理课堂管理

（一）要重视音乐课代表及优秀小组长的选择和培养。一个班集体是由全体学生组成的，集体的面貌在很大程度上也是由他们决定的。因此，要充分发挥他们的作用，选用小干部，使其对班集体有着以点带面和以面带面的作用。所以课代表的选拔和培养很重要。这里对如何选择课代表谈谈自己的看法：音乐课代表首先应该有号召力，这种号召力暂且不管是好的方面还是不好的方面，总之，只要有号召力，就应该去关注，去改变一个人的价值观取向和性格要比一大群简单容易得多；其次，班干部一旦组建，就不能仅仅作为一种形式存在，必须精心培养：其一，要大力表扬课代表及小组长优点，宣传他们的先进事迹，帮助小干部树立威信；其二，在鼓励小干部大胆工作，指点他们工作方法的同时，要更严格要求干部个人在音乐基础知识、能力上取得更大进步，在纪律上以身作则，力求从各方面给全班起到模范带头作用，亦即以点带面；其三，培养小组长团结协作的精神，要能够通过干部这个小集体建立正确、健全的舆论，带动整个班集体开展批评与自我批评，形成集体的组织性、纪律性和进取心，亦即以面带面。

（二）素质教育的宗旨是兼容个性差异，全面发展，这是学校教育教学工作的奋斗目标。教学内容的延伸也需要教师平时对音乐素材的大量积累，让学生了解更多的中华民族文化艺术的精髓，以此来激发学生的民族自豪感和学习的兴趣，在潜移默化中巩固知识。流行音乐是现代生活中必不可少的内容，我们还要在课堂上大胆引进流行音乐，拉近学生和音乐课之间的距离。除了课堂上教学内容的延伸，课外的网络学习、民间采风等也能让学生真正地去感受理解音乐文化多元的特点，提高学生的音乐审美能力，拓展他们的音乐视野。艺术来源于生活，音乐与人类生活同在，让生活的内容注入学生学习中，让学生在学习中感受生活的美好。

（三）创设各种情境，激发学生的学习兴趣，做到一上课就紧紧地抓住学生的注意力，激起学生的兴趣，使他们很快进入最佳学习状态，这是上好课的第一步。教师应成为教学活动的组织者、引导者与合作者。教师的角色便是调动学生主动思考和主动参与的积极性。因此，教师应根据学生的认知规律创设条件，引导学生主动学习、探究，成为学生学习过程的组织者、引导者和协助者。儿童的心理特点是好奇、好动、好胜、好玩，虽然他们的知识面和联想力还不够丰富，但对音乐情绪的直接感受能力并不差，特别是自我表现欲望非常强。当聆听一段欢快的音乐时，高年级学生面呈喜悦，低年级学生则是手舞足蹈地动起来。动是低年级学生的突出

特点，是他们表达自己对音乐感受和理解的最直接、最喜爱的方式。把更多的想象空间留给学生，让其发挥主观积极性和参与学习的主动性，这样学生才会获得审美的愉悦性。

（四）全面协调家长、班主任老师的关系，做到齐抓共管，共同努力。科任教师只凭自己的力量是不可能取得教育成功的，他必须力争使本班班主任老师和家长对学生有一致的要求和态度，并时常同他们交换意见，这样才能取得事半功倍的效果。

浅谈儿童音乐剧在课堂教学中发挥的作用

周　育

摘要： 儿童音乐剧该不该走进音乐课堂呢？它在课堂中能发挥什么样的促进作用呢？在儿童音乐剧的创作和表演教学中，不仅充分体现了新课标所要求的"强调艺术学习的个性化"和"主张开展具有游戏倾向的艺术活动"，也有效地解决了"学生喜欢音乐，但不喜欢上音乐课"这一普遍存在的现象。由此可见，儿童音乐剧不仅该走进音乐课堂，还应该在音乐课堂上最大限度地发挥积极的促进作用。

关键词： 儿童音乐剧；音乐课堂；爱音乐

儿童音乐剧该不该走进音乐课堂呢？它在课堂中会起到什么促进作用呢？

苏联教育家苏霍姆林斯基曾经说过："在人的心理深处，有一种根深蒂固的需要，这就是希望自己是发现者、研究者、探索者，而在孩子的精神世界中，这种需要特别强烈。"儿童音乐剧正好将这些"需要"有机结合在一起并得到充分满足。学生通过创编、表演音乐剧，不仅发现、积累了大量的音乐素材，还将这些素材整合运用，通过排练音乐剧增进了学生间的合作精神，通过儿童音乐剧的演出，更是把音乐学习的主动权还给了学生，让他们变被动学习为主动学习，变接受学习为探索学习。在儿童音乐剧的创作和表演教学中，充分体现了新课标所要求的"强调艺术学习的个性化"和"主张开展具有游戏倾向的艺术活动"，也有效地解决了"学生喜欢音乐，但不喜欢上音乐课"这一普遍存在的现象。

由此可见，儿童音乐剧不仅该走进音乐课堂，还应该在音乐课堂上最大限度的发挥功效。

一、什么是"儿童音乐剧"

音乐剧是集音乐、舞蹈、美术、文学、戏剧等艺术于一身，是综合性很强的戏剧艺术。儿童音乐剧是以音乐为主线的综合艺术实践课，通过这个教学实践，可探索小学音乐教学方式、方法的实效性；正确掌握小学音乐学科的教学规律，有效地由传统单纯的技术传授，转向小学生的综合艺术素质和创新能力培养；由孤立的学科、封闭的系统转向艺术学科的融合和沟通。《音乐课程标准》中明确指出："音乐教学的综合包括音乐教学不同领域之间的综合；音乐与舞蹈、戏剧、影视、美术等姊妹艺术的综合；音乐与艺术之外的其他学科的综合。"音乐学科有其独特性，但与其他艺术的关系又十分密切，在音乐教学中应充分利用艺术之间相融相通的关系，发挥、运用各种艺术形式不同的表现手段，融合成综合性的以音乐为主的教学方式，来满足学校现代教育的需要。儿童音乐剧涉及音乐（声乐、器乐、音效）、舞蹈（中、外、民族、现代）、美术（图画、布景、道具、服装、化妆、制作）、戏剧（表演、道白、情节、矛盾、冲突）、文学（剧本、语言、朗诵）、曲艺等学科领域，它有别于根据歌词编动作而进行歌舞表演的形式，它有情节、情绪的对比与变化，又有不同角色之间的情感交流，有助于学生更深刻地理解音乐。

二、儿童音乐剧的优势所在

儿童音乐剧的编创与学生的生活、学习、情感密不可分，并且在排练、演出中可以发展并锻炼学生健全人格、高尚情操、开拓创新、合作精神，寓教于乐，使学生知情达理。

（一）儿童音乐剧表演符合学生的性格特点，能吸引学生主动参与音乐实践，培养他们的音乐兴趣，激发他们的学习热情。

儿童具有模仿能力强、情感外显、活泼好动、爱表现等特点，儿童音乐剧表演比传统音乐课给予了学生更多的参与活动的空间。参加儿童音乐剧表演正符合他们的心理需要，给他们充分展示自身优点的机会。如教学《小白兔和小乌龟》时，我让学生以此为内容创作一个儿童音乐剧，学生兴致非常高，在组长的带领下，很快安排好了角色。看着他们一本正经地演着调皮高傲的小白兔、敦厚老实的乌龟大哥……一会儿是趾高气扬地问话，一会儿又做出跑得气喘吁吁的样子，还会适时地把刚学的歌曲在表演中歌唱，那个认真与可爱的模样让人忍俊不禁。可见，儿童音乐剧不仅给了孩子们一个真善美的童话世界，更还给他们一个天真烂漫、快乐无邪的音乐课堂。

（二）儿童音乐剧表演真正实现了"面向全体"及"个性化教学"。儿童音乐剧教学突出了学生的主体地位，鼓励每个学生积极参与，无论是优生还是后进生，都能在音乐剧表演中找到适合自己的位置，并在表演中发挥自己的特长，真正做到"个性张扬"。比如在学唱《小乌鸦爱妈妈》一歌时，我鼓励学生通过模仿、演唱、讲故事等方法，体会小乌鸦对妈妈的爱。这时无论是优生还是后进生，都能讲出在日常生活中妈妈对自己的爱已经以及对妈妈的关心，学生的热情通过交流被调动起来，此时老师适时引导，孩子们就都全情地投入到音乐剧的编创中来，把刚刚和大家分享的亲情小故事放到歌曲表演中来，我惊喜的发现连平时最不爱出声的学生这次都大胆、动情地唱了起来，演了起来！

（三）儿童音乐剧表演能充分挖掘师生的创造潜质，培养学生的创新精神及实践能力。音乐本身就是一门极富创造性的艺术，音乐剧的出现更是为学生提供了发展创造精神和创造能力的机会，创造是音乐发展的根本动力，是音乐教育功能和价值的重要体现。通过音乐剧的创作、表演能激活学生的表现欲望和创造冲动，在主动参与中展现他们的个性和创造才能，树立勇于表达个人情智的信心，使学生的想象力和创造性思维得以充分发展。

（四）儿童音乐剧表演能使学生充分感受到参加集体活动的快乐，体会个人与集体的关系，学会恰当地表现自己，增强与他人合作的能力，逐渐形成合作意识和团队精神，并能从中体会到成功的喜悦。

三、让儿童音乐剧走进音乐课堂

其实早在20世纪20年代，就已有多部优秀的儿童歌舞剧产生了，它们是由我国现代儿童歌舞剧作家黎锦辉先生所创作的，这些剧目语言生动、通俗易懂，深受少年儿童的喜欢，多少年来影响、教育了几代人。时至今日，儿童音乐剧与小学音乐课堂有机结合，使小学音乐课堂的传统教学模式得以改变，我想这是我们师生的福气。因为这样的课堂学生更喜欢了，老师上得也更带劲了，每一次的演出都是师生共同体验、发现、创造、表现和享受的过程！

当然不是所有的课都是以音乐剧的形式出现的，但我也会将一些故事情节穿插于其中，帮助学生制造氛围，从而更好地理解歌曲、表现歌曲。例如六年级学唱《友谊地久天长》一课时，我和学生共同创编出毕业——十年后再相聚的情景，当他们演唱着小虎队的《放心去飞》体会毕业时依依不舍的心情时，很多同学都留下了伤心、感动、不舍的泪水，特别是那些平时貌似什么都无所谓的男孩子，当听到歌曲中出现"友谊地久天长"的旋律时，他们甚至有的人拥抱在了一起。《同一首歌》是六年级第一学期学到的，此时我们把它放在"十年后"再重逢时大家一起演唱的曲目中，此时边唱着这首歌，大家眼前又再次浮现出小学生活的点点滴滴，孩子们的感情再一次得到升华。这节课学生在一起分外亲热，那种氛围不是谁讲个动人的故事所能达到的，我想这就是音乐、音乐剧的魅力吧！

新的学习方式带来了音乐课堂新的变化，孩子们兴趣大增，让音乐课堂充满了生机、活力，同时学生的听觉、视觉、形体、语言、合作能力、创作能力都得到了锻炼与发挥。儿童音乐剧为学生有效学习、教师的有效教学提供了一个前所未有的广阔天地！

四、让儿童音乐剧延伸到课堂之外

正是因为有了课堂上的参与，更多同学喜欢上了表演艺术，学生的综合素质在音乐剧排练、演出过程中得到了进一步的锻炼和提高。例如我们师生共同编排的儿童音乐歌舞剧《谁的颜色最美丽》剧情生动有趣、跌宕起伏、引人入胜，剧中孩子们载歌载舞，分别扮演了"赤橙黄绿青蓝紫"七种颜色的小蜡笔，通过争先恐后地向小画家明明显摆自己最美丽、又分别被明明否定、最终认识到一个人的渺小、并合作完成画出了美丽彩虹的故事，让学生知道只有齐心协力才能完美地做完一件事情的道理。此剧荣获北京市第十届中小学生艺术节比赛小学组二等奖。我想这成绩的取得正是对"音乐剧应该走入音乐课堂"最好的验证！

每一部音乐剧都是一个用声音编织起来的艺术品，让我们和孩子一起仔细聆听，用心品味，共同享受在其中吧！

戏剧教育进入美术学科教学培养学生创造性

谢宇晴

摘要：将校园剧融入美术学科教学。课堂上编写故事，培养学生的表达能力；制作道具提高学生创造性思维和想象力；制作道具提高学生合作学习能力；分角色表演，体验学习乐趣等一系列活动，激发学生的学习兴趣，丰富了学生的想象力，启发学生的创造性思维，充分体现了美术课程的愉悦性，从而不断提高学生综合能力。学生的主体意识就在这种立体的课堂中逐步形成，逐步强化，从而提高了美术课堂教学的效率。

关键词：课堂实效性；激发兴趣；创造性思维；合作学习；分角色表演

随着社会的发展，教育越来越为人们所关注。就课堂教学而言，如何让课堂具有实效性成为当前最热门的话题。人们不再仅仅关注孩子的学业成绩，而是更加注重他们在课堂上收获到了什么。即：投入了多少和学会了哪些知识与技能。所谓"实效"，主要是指通过教师在一段时间的教学后，学生所获得的具体进步或发展。而课堂教学的时间是有限的，要实现用最少的时间使学生获得最大的进步与发展，即为课堂的实效性。

要想提高课堂实效性，首先要让每个孩子都喜欢课堂，喜欢课上的文化知识，只有喜欢才能乐于参与。这也是提高实效性最重要的一点。众所周知，兴趣是学习最好的老师。兴趣，是学生愿学的内动力。科学证明一个人如果有兴趣做某件事，他身心一旦受到激发，大脑及身体的诸多器官就积极活跃起来，做事的效率就高。美术课程标准也指出：美术课程强调愉悦性，学生在美术学习中自由抒发情感，表达个性和创意，增强自信心，养成健康人格。为此，怎样能让学生产生兴趣，是每个老师都想方设法要做到的。结合学校校园剧的办学特色，为了创设高效有趣的课堂，让学生们在课堂上有发挥的机会，有施展的空间，我尝试将校园剧融入美术学科教学。课堂上让孩子通过编写故事、制作道具、分角色表演等一系列活动，激发了学生的学习兴趣，丰富了学生的想象力，启发学生的创造性思维，充分体现了美术课程的愉悦性，从而不断提高学生综合能力。

一、编写故事，培养学生的表达能力

故事对于小学生来说是他们最感兴趣的内容，其实所有的童话故事都是虚构的，但是孩子们却都很痴迷。因为它是幻想与现实巧妙而合理的结合。而把孩子们感兴趣的故事情节，应用在校园话剧中让他们去表演，更是他们所喜爱的活动形式。很多人都以为美术课就是画画的课，其实不然，美术绘画更能够展现绘画者的内心。到了中高年级要让孩子们明白，画家其实是用画笔展现自己的内心世界。这一点对于孩子来说，有点难以理解。为了解决教学中的难点，我尝试将故事与美术相结合，问题迎刃而解。例如：在教学低年级的《美的天空》的时候，我为学生创设了编排小故事并绘画故事内容的情节。故事情节精彩的还可以在课上表演。孩子们兴趣高涨，身临其境，投入热情高，课堂效果突出。学生在讲自己的作品时这样说道：我画的是星星、月亮、彩虹为太阳过生日的画，它们给我很温暖的感觉，所以我把这样的场景画出来。还有的说：我画的是一幅全家福，画面中的太阳爷爷和月亮奶奶，带着他们的孩子们一起围坐在天空中，开开心心的照相。学生说得真好！有了编排和表演的空间，孩子们一幅小小的作品，也能描绘出如此丰富的场景。这节课她们不仅画出了教学的内容，而且丰富了想象力、锻炼了语言的表达能力。甚至就连学生与学生之间也有了相互的学习和相互的启发。

二、制作道具提高学生创造性思维和想象力

"文明的历史，基本上乃是人类创造能力的记载。"阿斯本曾用这样一句简单的话，表明了人类创造能力的重要性。美术课上培养学生的创造性思维和想象力是每节课的任务，更是每节课的教学难点。"有创造力才有未来"。没有创新就没有社会的发展，就没有人类文明的进步。如果学生具备了创新精神，就可以在今后的学习、生活中创造性地发现问题和解决问题。其实孩子们的想象潜力无限，但是怎样才能激发出他们的潜能呢？夸美纽斯曾说："兴趣是创造一个欢乐和光明的教学环境的主要途径之一。"学生在学习中产生一种迫切探求新知识的欲望，他们的创造能力才能得以发挥。丰富的想象是创造的翅膀，尤其创造想象对培养学生创造性思维，进行创造性劳动和掌握知识是非常重要的。而为校园剧制作道具能带给你想象不到的惊喜。孩子们总是能够打破常规的想象。比如：在教四年级"课本剧"时，课上孩子们为自己的角色制作道具，他们先分析角色特征，然后制作出了简单的道具：小兔子的角色从正面看只是在发卡上制作了个两个长耳朵的形状。当我觉

得太过简单准备让他再想想时，发现孩子将制作好的纸花贴在屁股的位置上，别提多传神了。而"乌鸦喝水"小组更是出奇制胜，他们为瓶子安排了角色，而在表演的时候，利用便利贴纸，贴在拥有一半蓝色的瓶子底部，当下半部贴满各色贴纸后，上面加上个纸条，从远处就看到水面升高了，真厉害！只要是孩子们喜欢的内容，他们就能进行充分的想象。

三、制作道具提高学生合作学习能力

道具在舞台表演中有很重要的作用，如果说表演是戏剧的灵魂，那么道具就可以说是舞台上除演员以外不可缺少的静态演员。为表演制作道具，是美术课的优势。学生利用自己学过的一些美术基本技能和方法，可以让演员更符合角色身份，让舞台更具有表演效果。它们的参与可以使表演者充满热情、激情！孩子们在美术课上制作道具不仅可以让他们学以致用，还能够产生荣誉感和自豪感，这样的课程，孩子们能够积极参与，效果明显。学生自己可以学会更好地合作、学会合理分工。在提高兴趣同时不仅掌握巩固了美术知识，还能为学校校园剧服务。

合作学习是每个教师在课堂上经常使用的教学手段。以往的合作学习，孩子们总是觉得自己的小组不够好，愿意和学习成绩好的孩子，动手能力强的孩子分在一组。而那些能力差些的孩子谁也不愿意带，即便是不得已带，他们也是一个"小摆设"，既不愿意让他们动手，更不会听听他们的想法。但是在课堂教学中融入了校园剧的内容后，很多孩子发现，那些能力差的孩子也有用武之地。比如一些反面角色他们都会毫无怨言地承担。没有他们的加入，人手不够不说，更是角色分配少了没多大意思。这时候这些孩子也会变得很"抢手"。一个小的改变，让他们也对课堂有了期待。例如：在教学"虎头装饰"一课时，孩子们有了为表演需要做头饰的任务，此时的合作学习作用明确，他们紧锣密鼓地忙着。组长先和组员们交流做出合理分工；再给每个孩子都安排了相应的任务。为了提高组员速度，不排斥能力差的组员。而是根据他们的实际情况进行了更详细、有效的分工：画得好的动手起稿，把画好的稿给了那些能力相对差些的孩子。而那些平时不愿意动手的孩子，因为得到了组员的信任，他们不仅完成自己的工作，更是积极地帮助其他组员们做力所能及的事。看着他们用剪刀认真剪和动手粘贴的瞬间，我感到了孩子们对美术课的喜爱和对校园剧浓重的兴趣。一节课不仅完成了制作精美头饰的任务，还能够有时间进行表演。大大地提高了课堂的时效性。这样的美术课，每个孩子在课上都很重要，学生主体作用得到了充分发挥。

四、分角色表演，体验学习乐趣

从孩子的成长阶段特色来看，将戏剧教学融入课堂教学中去是非常适合此年龄段学生的教学活动之一。

角色扮演是戏剧的重要元素之一。模仿、表演是孩子们的天性，小学生更是有着很强的表演欲望。分角色表演通常在语文课上体现得比较多，在美术课上让学生分角色表演好像听起来有点偏离了美术课堂。其实不然，最新的教育理论要求打破课程的界限，孩子们在课上要能够把多种内容相结合，将美术、音乐、舞蹈、语文甚至是科学自然等课程相互整合。课下孩子们先是积极将学过的语文课程内容撰写成剧本，课上利用收集的相关材料制作道具，更是因为积极性高，速度快，所以能够利用美术课进行分角色表演，让孩子们更直观地看到所制作的道具是否合理、美观，真正做到了学以致用。

而美术课堂上的角色扮演，更是极大地满足孩子们爱动、爱玩的天性。使他们对学习产生浓厚而持久的兴趣，把注意力长时间地稳定在学习内容上，并在积极参与中得到提高，获得发展。在美术教学中，精心设计一些角色扮演的小活动，学生们往往兴趣盎然，争先恐后地要求参加，在活动中体验着学习的快乐。

例如：四年级的"课本剧"课，课上孩子们为了呈现最终的表演，前期投入了大量的时间，编写、改编剧本，把废旧材料制作成道具，为角色配乐等。因为要表演的内容必须是曾经学过的课文，孩子们把旧的语文书带来，并挑选出那些能够表演的童话、寓言故事。经过同学间的反复交流，又把主人公是小动物的单独挑选出来，因为好制作道具。就连课上打算制作什么样的道具也在课下与小伙伴们商量好。有了这样的充分准备，课上他们发挥了最大的潜能，不仅用很少的时间制作完成了相关道具，更是剩下很多时间进行表演。

终于盼到分角色表演的时刻。每个孩子都极其认真，这不像是在上一节美术课，更像是参加大型演出。一个小组去表演了，第二个小组马上备场，生怕动作慢了不能在课上进行表演。他们一遍又一遍地检查自己的装扮，反复地背着自己那几句不算太多的台词。负责道具和音响效果的孩子更是高度紧张，生怕因为自己的疏忽让小组表演有失误。每个人都很忙碌，他们互相鼓励，互相"打扮"。他们敢于大胆装扮自己，用贴纸贴胡子，用报纸作帽子。平时淘气的孩子这时显得格外的认真，允许组员对自己的外形随便破坏，即便是只表演一棵树、一扇门都是如此认真，生怕自己为小组扣分，更不会嫌弃这样的角色。看着他们还算是生涩的表演，听着他们稚嫩的话语，你却不觉得幼稚，因为他们是如此认真精心的准备，更是声情并茂，课上他们尽情的玩乐，他们毫不掩饰的开心大笑，每个组表演了自己的课本剧后，他们才长长的出了一口气，又开始精心的打分，选出表演最优秀的小组。他们仔细评比分出高下，他们为了汇报表演分工明确，整节课在笑声、掌声中结束。看着他们脸上洋溢着开心的笑容，感受他们在美术课上获得的喜悦，我觉得能够参与校园剧融入美术学科教学的孩子们，他们真幸福！

总之，将校园剧融入学科教学中不仅能让每个学生有着高涨的学习兴趣，更是让他们在课堂中感受到了浓重的戏剧气氛。融入戏剧教学手段的美术课，能使学生主动参与美术学习活动中，激发了学生学习美术的兴趣，并使学生获得审美的体验和成功的欢愉，提高学生的鉴赏能力和表现能力。学生的主体意识就在这种活动的立体型课堂形式间逐步形成，逐步强化，从而提高了美术课堂教学的效率。

浅谈民族鼓校本课程开发与实践中的教学实施策略

周　育　梁古月

摘要：文化兴国运兴，文化强民族强。习近平总书记文艺工作座谈会重要讲话，鼓励学校开发具有民族、地域特色的地方艺术课程，大力传承和弘扬中华优秀传统文化。"民族鼓"课程具有明显的中国民族音乐风格特点，课堂中通过对民族鼓的学习，开发多种形式与元素的教育教学手段，加强了课堂学生参与度，形成以艺术体验中心为阵地的教学模式，为学生的成长提供广阔空间。

关键词：民族鼓；校本课程；课堂教学实施策略

一、课程开发背景与意义

我校坚持"播撒阳光办教育"的办学思路，遵循"办阳光教育，创优质精品特色校"的办学宗旨，秉承"让师生沐浴艺术多彩，让生命浸染教育阳光"的办学理念，已形成"修艺润德，阳光成长"的办学特色。

多年来，学校坚持将艺术教育作为推进阳光办学的有效载体，作为北京市金帆话剧团、中国儿童艺术剧院艺术教育实验学校，围绕大艺术教育理念，架构学校特色大课程，立足全纳导学大课堂，打造师生共同发展的大教育，用德育支撑课程，用文化点亮课程，用艺术唱响课程！积极为学生的成长拓宽教育边界，打造没有围墙的学校，把艺术之美渗透到每一颗幼小的心灵之中，使学生在美的熏陶下，身心得到愉悦、审美得到陶冶、艺术才华得到充分展示、综合素养得到全面提升。

现在，学校正立足"教育+"的发展目标，构建"教育与艺术3+3"的阳光生态成长课程格局，即教育+道德+素养+习惯=立德；教育+内涵+特色+个性=树人；艺术+道德美感+素养美感+习惯美感=润德；艺术+内涵善美+特色秀美+个性灵美=修人，教育+艺术=润泽学生完美人生底色。

在这样的艺术教育氛围中，笔者曾多次参加由北京艺术基金支持、中国音乐学院主办的"青年打击乐人才培养"项目及国家艺术基金支持、山西职业艺术学院主办的"民族鼓乐人才培养"项目。拓展学习专业技能，辅助提升教育教学水平。从中，也感受到了民族鼓带来的音响震撼力、节奏魅力与其背后深远的文化内涵。

民族鼓课程的开发与实践，让艺术教师不仅可以提升自身对于民族音乐文化的了解，在教学中通过"民族鼓"调动学生参与课堂的积极性，调动学生的主动性达到整体学生参与音乐活动的目的，也在课程的研究过程中了解各年段学生的接受、表现能力，从而设计出递进式的课程学习内容，向着成熟型的教师更进一步。借助"民族鼓"课程学习，让学生可以生动地了解中国各民族、各地区不同的音乐风格特点，不仅可以陶冶孩子们的情操，启迪心灵，感受民族音乐美、体验民族音乐美，更在演奏中提升表现力，领略、发扬并继承民族优秀传统文化，增进民族自豪感。通过民族鼓的学习并用"民族鼓"开展课堂内外的音乐展示活动，提升社团的演奏水平，从而形成完整的课程。

"民族鼓"课程具有明显的中国民族音乐风格特点，对学校育人培养发挥着重要的作用。本课程从中华优秀传统文化的主要内容、主要特点和时代价值入手，旨在加强中华优秀传统文化教育，加强学生参与度与体验性，实现中华优秀传统文化教育常态化。将民族鼓引入到课程学习中，不仅增强学生对民族音乐的了解，增进民族文化自信、自豪感，同时为学生的成长提供广阔空间，让艺术启迪人的思想、净化人的心灵、涵养人的品格。

"民族鼓"课程的开发与实践，对学科育人也发挥着重要的作用。课程简单易学易上手，通过开展课堂内外的音乐展示活动，形成完整课程体系，在展示中提升学生音乐表现力，在社团学习中满足学生进一步学习的欲望。借助"民族鼓"课程学习，让学生生动地了解传统器乐、传统音乐文化，并通过挖掘、赏析各地民族打击乐特色过程中领略不同地域文化，对比不同风格与魅力，感受民族音乐美、体验民族音乐美；在教学活动中也逐步使文化教育、历史教育、爱国主义教育的有机结合，发扬继承民族优秀传统文化，增进民族自豪感。

二、课程内容

（一）国家级课程找增长点

依托国家级课程，并凸显音乐课程人文性、审美性、实践性特点，将民族鼓与国家级课程相融合，将民族鼓中的节奏知识、节奏相关能力按照《北京市中小学生能力要求及标准》渗透到各个年级、年段中，并注重游戏化、体验式地教学模式，形成三分钟素养训练常规，循序渐进夯实素养，如表1：

表1

	《北京市能力要求》	学节奏·玩音乐《三分钟素养练习+1课时》
一年级	一年级期末：2拍子；2小节。由以下两种节奏材料进行组合 [♩ ♫]	四分音符、八分音符、二分音符、全音符及其组合
二年级	二年级期末：2拍子；2小节。由以下三种节奏材料进行组合 [♩ ♫]	四分音符、八分音符、二分音符、全音符及其组合
三年级	三年级期末：2、3拍子；4小节。由以下五种节奏材料进行组合 [♩ ♫ ♩ ▯]	四分音符、八分音符、二分音符、全音符、十六分音符、八分休止符、附点音符及其组合
四年级	四年级期末：2、3、4拍子；4小节。由以下十种节奏材料进行组合 [♩ ♫ ♩ ▯ ♩ ▯] [▯ ♩ ♩ ▯]	四分音符、八分音符、二分音符、全音符、十六分音符、四分休止符、八分体止符、附点音符、三连音、切分节奏及其组合
五年级	五年级期末：2、3、4拍子；8小节。由以下十种节奏材料进行组合 [♩ ♫ ♩ ▯ ♩ ▯] [♫ ♩ ♩ ♩ ♩]	特色节奏型学习及组合
六年级		特色节奏型学习及组合

（二）传统文化中找延展点

民族鼓作为我校的特色，从课时安排到购置器乐上学校都给予了大力的支持。为了能够在学生中普及这项民族音乐文化，在课程设置中每周安排各年级各班各一节鼓乐课，每个学期8~10节。其中包括民族鼓欣赏、民族鼓技法、民族鼓演奏等多项内容，如表2：

表2

	乐展示·巧创编（每学期4+1课时）
一年级	上册：《牢记核心价值观》《行为习惯儿歌》（课外）《龙咚锵》《赛船》 下册：《彝家娃娃真幸福》《大鼓和小鼓动》
二年级	上册：《两只老虎》《唢呐配喇叭》《过新年》《牢记核心价值观》（课外） 下册：《共产儿童团歌》《我的家在日喀则》

续表

	乐展示·巧创编（每学期4+1课时）
三年级	上册：《我爱雪莲花》《我是草原小牧民》 下册：《只怕不抵抗》《赛马》
四年级	上册：《只怕不抵抗》《我是草原小骑手》《龙里格龙》《中国功夫》（课外） 下册：《木瓜恰恰恰》《种太阳》《我是人民小骑兵》《精忠报国》（课外）
五年级	上册：《花蛤蟆》《春节序曲》《中国龙》（课外） 下册：《我们要做雷锋式的好少年》《北京喜讯到边寨》
六年级	上册：《红旗飘飘》《龙的传人》 下册：《万马奔腾》

（三）课外优质资源找融合点

将新课程下的音乐教育是让学生在音乐美、情感美和音乐的艺术分为中得到精神上美的感受，同时也又蕴含了对学生德育、智育的更进一步发展。因此，音乐教育的教学方法是课程改革的重要内容，要想获得满意的教学效果，改进音乐教学方法是必由之路。我们还将传统经典曲目纳入民族鼓赏析课程中，拓展课外优质资源。如表3：

表3

	赏经典·奏神韵（每学期1+2课时）
一年级	上册：《老鼠娶亲》 下册：《牛斗虎》
二年级	上册：《老虎磨牙》 下册：《滚核桃》
三年级	上册：《战鼓》 下册：《鼓威》
四年级	上册：《杨门女将》 下册：《夜深沉》
五年级	上册：《秦王点兵》 下册：《楚汉决战》
六年级	上册：《龙腾虎跃》 下册：《太阳》

三、课程实施

（一）国家级课程中落实拓展内容——民族鼓校本课程【基础篇】

2011版《小学音乐课程标准》中指出音乐课程的价值在于：为学生提供审美体验，陶冶情操，启迪智慧；开发创造性发展潜能，提升创造力；传承民族优秀文化，增进对世界音乐文化丰富性和多样性的认识和理解；促进人际交往、情感沟通及和谐社会的构建。因此，在"民族鼓"校本课程的开发、建设与实施当中注重审美体验与学生创造性潜能、音乐创造力的提升，让学生从中感悟、传承民族优秀文化，增进对音乐文化丰富性、多样性的认识和理解。并以课程基本理念为依托，在国家级课程中落实生发内容。

在设计民族鼓的教学内容中，我们还加入了学校的学科素养训练。音乐学科制定的学科素养内容为"学节奏"，从低年级到高年级根据不同年级学生需要掌握的节奏型，编入到民族鼓的技巧及能力训练中，二者的结合达到边练边促的效果，学以致用提高学生的音乐能力。

1. 节奏训练与民族鼓结合，游戏化·重体验——"以音乐审美为核心，以兴趣爱好为动力"

节拍是学习音乐的重中之重，只有掌握节拍、节奏才是学好音乐的前提条件。"民族鼓"是重节奏、表现音乐韵律的乐器，在节奏表现中形成音乐"旋律"，且简单易学易上手，课堂中通过对民族鼓的学习，开发多种形式与元素的教育教学手段，加强了课堂学生参与度，使学生通过课堂体验更快地掌握节奏，丰富表现形式，并在课堂中乐于展示，乐于表现。

通过日常中的教学，笔者发现很多学生非常喜欢音乐，但是因为碍于性格原因，可能性格非常内向，或者出于对自己的声音不自信等原因，孩子不愿意参与演唱与表演，但是孩子们在打击乐的训练中兴趣还是非常浓厚的，参与度很高，就连平时不爱举手的同学，也能勇敢的举起小手了。

我们学校一直在推进打击乐器进课堂的实践，笔者每节课课前都有五分钟的民族打击乐练习活动，借助民族鼓进行游戏化、趣味性的节奏训练。

例1：敲击鼓点，感知节拍（见图1、2、3、4）

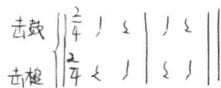

图1

图2

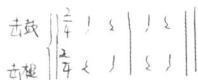

图3

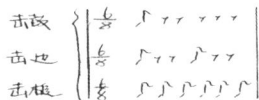

图4

在音乐课中我们经常听到有学生问老师什么是4/4拍呀？学生回答：四分音符为一拍，每小节四拍。那强弱规律是什么呀？回答：强弱、次强、弱。其实学生对节拍的理解只停留在概念上。那在我们的音乐课中可以让学生多去聆听音乐打拍子，培养学生听音乐打拍子的习惯来提升学生的节拍感，但是很多时候光通过拍击体验之后，再出示一首新的作品时，就又听不出来了。我们可以通过"民族鼓"的鼓点敲击、音色区分，来更明确的体会节拍。在2/4拍的感知中，同学们可以通过敲击鼓面发出"咚"的声音表现强拍，通过敲击鼓槌发出"嘀"的声音来表现弱。也可以通过"击鼓面""击鼓槌"两声部共同演绎来表现强，通过"击鼓槌"各声部敲击表现弱；在4/4拍的体验与感知中，同学们依然用"咚"的敲击鼓面声音来表现强，"嘀"的敲击槌声来表现弱，敲击鼓帮"哒"表现次强，此时，同样也可以将学生分声部进行组合、拆分练习，通过演奏的人数不同、强弱不同来表现4/4拍的强弱变化。同学们在音色、音的强弱变化中辨别、体会强弱拍规律，深刻感知歌曲拍子。

例2：宫格训练，感知节奏（见图5）

图5

节奏宫格训练是我们每节课上课都要进行的练习，在趣味化的节奏游戏中逐步感知节奏、夯实节奏识读能力。此训练可贯穿于一年级至六年级，难度且根据学生情况做调整。在学生零基础学习时，可以以点来代表每一拍要读的节奏，1个点为四分音符，2个点为两个八分音符节奏型，格中没有点为休止符。随着学生对音符的认识、感知能力的加强，我们在宫格中出示音符、节奏，学生根据不同顺序进行拍读。正序、倒序、还可以分两个声部到四个声部从两对角或四对角开始练习等不同形式。这种练习仍然是对四拍子的节奏及拍率进行训练，但对学生的反应能力，特别是各种走向使思维方式多向进行，也是很好的训练方法，学生对于各种走向的可能性探索也是对创造性思维的锻炼。

例3：我敲你说，节奏应用（见图6）

我们还可以以将民族鼓的鼓点与日常的语言相结合，通过语言表现鼓点节奏。从而加强学生节奏听辨、模仿、表现能力。

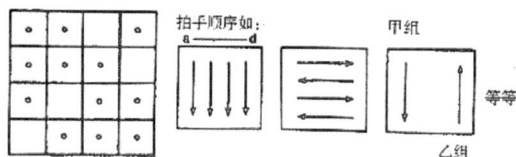

图6

例如：用语言中最短小的词，具有一定音乐意味的字、词拼成最小节奏的单元。低年级学生可以根据交通工具、水果、小动物等熟悉的词类，根据听到的节奏说名词。教师选定内容类别为水果，并使用民族鼓敲击两个四分音符，学生便说出相关节奏词语，例如：西瓜、香蕉、苹果。当教师敲击两个八分音符与一个四分音符的组合节奏型，学生便说出相关词语：火龙果、哈密瓜等；当教师敲击四个十六节奏型，学生便会说：新疆葡萄、平谷大桃、大兴西瓜……

2.歌曲表现与民族鼓结合，展特色·重创造——"强调音乐实践，鼓励音乐创造"

《义务教育音乐课程标准（2011年版）》的颁布与新课程改革实施以来，中小学音乐教育力求以"情感·态度·价值观、过程与方法、知识与技能"的三维目标作为教学导向，淡化知识、技能传授，加强以美育人功能。新课标将"体验"列为实现"过程与方法"的主要内容，对于"体验"有这样一段表述："音乐教学过程应是完整而充分地体验音乐作品的过程。"在相关精神的引领下，我校不断创新、不断摸索，以"体验"为主线，开发音乐剧、民族鼓特色课程，在多种体验式活动的创设中，引领学生感悟音乐，在体验、领悟、探寻中，充分感受音乐的魅力，激发音乐学习兴趣，并通过"体验"教学为学生充分搭建展示平台，在展示中绽放自信，在展示中收获成功，从而真正地让课堂变"填鸭式""灌输式"为"参与式""体验式"。通过教学实践活动，加强学生的探索性、实践性、反思性、创造性、自主性的学习能力，有效地体现了教师主导、学生主体的作用；有效地体现对学生文化素养开拓创新精神和合作精神的培养，使教学寓教于乐，学生知情达理。在有效提高学生对音乐的学习兴趣、了解民族文化、挖掘潜力展示自我、增强团队意识等方面有成效。

在大单元的课程改革下，我校音乐教师将教材划分为民族作品单元、外国作品单元、现代音乐作品单元等六个单元，民族音乐作品单元作为其中的一项包含着很多民族，它们有着丰富的民族文化，音乐作品也独具风格特色。

（1）低年级：感知民族韵味，生动表现作品

例如，一年级《彝家娃娃真幸福》这首作品是根据彝族民歌音调创作的儿童歌曲，歌曲中采用了"阿里里"这一具有一组韵味的衬词，使歌曲极富民族特色。

作品通过对一家娃娃在喜庆佳节时欢快歌舞这一生活场景的描写，热情洋溢地展现了彝族儿童的幸福生活。因此，在这首作品演绎中，引导孩子们在"阿里里"处用鼓槌敲击鼓边，既表现了特色之处，也通过击边模仿了彝族人们边敲击竹筒边对歌、载歌载舞的场景。

（2）中年级：加强特色积累，丰富作品表现

学生通过两年的学习，对部分民族已经有了初步的学习和了解，到了中年级会丰富作品积累，拓展学习更多民族作品。此时，引导学生能够通过小组合作对比不同民族风格特点，并准确把握，寻找合适的技巧、节奏，丰富音乐作品的表现。

例如，《我是草原小骑手》一课，歌曲根据歌词内容选用羽调式，采用明快的节奏，生动地表现蒙古族儿童勇敢、乐观豪爽的性格。学生通过敲击民族鼓鼓边、鼓槌等形式表现哒哒的马蹄、万马奔腾的场景，通过敲击鼓面来表现演唱者自豪之情。

（3）高年级：拓宽音乐思维，创编表现作品

学生到了高年级无论从技巧还是节奏，乃至民族作品都有了扎实的积累。因此，进入到高年级学习阶段将引导学生拓宽音乐思维，创编作品。

例如，根据山东民歌改编的《花蛤蟆》学生通过刮鼓钉表现叫声；蒙古族风格歌曲《草原赞歌》《万马奔腾》学生通过敲击鼓槌、鼓边表现马蹄声；同学们也可以通过拍击鼓面模仿手鼓音色来表现《打起手鼓唱起歌》中的手鼓通过丰富的节奏变换来为民族作品《阿细跳月》《瑶族舞曲》伴奏。

（二）传统文化落实延展内容——民族鼓校本课程【经典篇】

本课程从中华优秀传统文化的主要内容、主要特点和时代价值入手，直视优秀传统文化教育现今面临的理论困难和现实困难。由于历史等原因，中华优秀传统文

化教育长期处于散在、被忽视、被边缘化的状态，这与当前的社会发展是极不协调的，更是不合理的，所以说加强中华优秀传统文化教育，实现中华优秀传统文化教育常态化是时代使然和发展所趋。将民族鼓引入到课程学习中，不仅加强学生参与度与体验，更实现中华优秀传统文化教育常态化，加强学生对民族音乐的了解，增进民族文化自信，民族自豪感。在民族鼓校本课程【经典篇】中，便搜集了大量的相关民族鼓作品，拓展音乐视野，加强对传统文化理解。

例如：低年级学生学习土家族《乃哟乃》这首作品拓展聆听土家族打溜子《锦鸡出山》。了解土家族其他音乐文化。中年级学生在学习《龙里格龙》等京剧作品后，拓展欣赏京剧锣鼓《夜深沉》等，欣赏戏曲鼓乐作品《杨门女将》。

《鸭子拌嘴》：本首作品为人音版教材二年级上册欣赏作品，乐曲取材于《西安鼓乐》。作者创造性地运用民族打击乐器滑击、叩击、点击、刮击等手法，充分发挥每件乐器的独特性能，通过音色、音量的对比变化以及自然节奏的模拟，奏出旋律，敲出情节，打出音乐形象，描绘了鸭子嬉戏的小景，活灵活现地勾画了鸭子的性格和神态。本节课中，引导学生通过敲击鼓槌、鼓边等方式模仿作品节奏，演绎小鸭子嬉戏的场景。

在学习战争题材的作品后，进一步了解民族鼓是如何展现将士们英勇气概的——《秦王点兵》：本首作品是绛州鼓乐经典之作，是20世纪80年代的新作。在原《秦王破阵乐》的基础上，摄取了《汾南车鼓》《花敲鼓》《老虎磕牙》等曲牌成分，成此杰作。《秦王点兵》全曲包括引子、鼓边段、鼓心段、锣鼓段、华彩段、尾声段六部分，紧慢张弛结构得当，乐曲相当完整，它将民间套曲的特点与现代曲式结构相融合，使民间锣鼓乐跃上了一个新台阶。乐曲以出兵为主题，从元帅升帐开始，直到官兵进入，列队布阵，点兵习武，准备出征结束。乐器分高低两个声部，演奏中根据主题要求，分别采用不同的演奏手段，有独奏、对奏、合奏、干敲、花打、混击、慢速、中速、快速；四拍、三拍、二拍。

在学习《龙的传人》等爱国题材作品后，拓展欣赏《中国龙》：这是一首现代民族鼓作品，此曲既有配乐版本，也有纯演奏版本，为了减小学生学习难度，加强音乐表现力，我们选择学习的是配乐版本。自古有风调雨顺可国泰安康，水鼓舞作为云南省德昂族与苗族的一种特有舞蹈，将水、鼓、舞三种元素完美地结合，代表着人民对国之爱、天之恩的感谢和对平安生活的向往。

（三）课外优质资源落实融合内容——民族鼓校本课程【创意篇】

我国的民族鼓相关作品还有很多很多，不同地区、不同形式、题材都有着各类作品。利用教材音乐以及学生耳熟能详、脍炙人口的音乐作品，引导学生在音乐感受、体验、想象、理解的基础上，对乐曲进行伴奏的创编和鼓乐合奏的学习训练。教材中作品的二度创作和演奏表演，对培养学生的即兴创编和有目的地简易创作以及良好的音乐演奏表现力起到了促进作用，能加强学生声部间的配合。

学生通过情境化的作品《老鼠娶亲》《牛斗虎》欣赏后，进行作品片段学习及创作，学生根据所学节奏型、作品，取其精华，选取更贴切的表现方式、手法、节奏进行改编与创作，分别表现出不同小动物的形象或情境。最大限度地突出学生主体的地位，关注学生快乐地去"学"，让他们充分地参与课堂音乐活动。在活动设计上让每个人都能参与，例如集体的演奏和分小组的创编，使学生参与到音乐实践活动的体验之中，不仅激发了学习兴趣，活跃了课堂氛围，同时也让学生感受到了中华鼓乐的魅力。同时也通过民族鼓的演绎进一步加强我校金帆话剧特色，建立学生角色表现意识、创作想象力。

在全面开展民族鼓学习的基础上，我校还设立了"星光管乐团"的"民族鼓"分团。主要吸收喜爱民族鼓并且在表演技巧上有一定能力的学生参加，通过社团的专业培养加强演奏及表演的能力与表现力，为民族鼓在全校的传播发展培养骨干力量，引领全校的民族鼓发展。"民族鼓"分团的团员来自各个年级各个班，他们在日常的教学中可以起到"小老师"的作用，在学习练习的课堂活动中帮助其他同学掌握演奏技巧，提高表现的能力。为了更好更全面地提升学生对民族鼓的热情，我校结合各种特色活动，创造民族鼓的展示机会。

在学期学年末我们会进行年级间的展示，如2020年12月一至六年级分别展示和录制了各年级的民族鼓演奏内容，一年级自编《行为习惯童谣》；二年级《龙咚锵》；三年级《我爱雪莲花》；四年级《我是草原小骑手》；五年级《花蛤蟆》；六年级《龙的传人》。为了能够达到全员参与的目的，学校在资金上进行了大力的支持，各种练习及演奏用鼓共有近 200 面。班班都放置了几面小型的鼓乐，学生在课余时间可以亲手摸一摸敲一敲鼓，促进了与乐器的亲近感，让鼓乐时时陪伴在孩子们的身边。

《义务教育音乐课程标准（2011年版）》的颁布与新课程改革实施以来，中小学音乐教育力求以"情感·态度·价值观、过程与方法、知识与技能"的三维目标作为教学导向，淡化知识、技能传授，加强以美育人功能。2016年《中国学生发展核心素养》发布后，音乐课程目标开始从"双基""三维"转向发展学生的"学科核心素养"。新课标将"体验"列为实现"过程与方法"的主要内容，对于

"体验"，有这样一段表述："音乐教学过程应是完整而充分地体验音乐作品的过程。"在相关精神的引领下，我校不断创新、不断摸索，以"体验"为主线，开发音乐剧、民族鼓特色课程，在多种体验式活动的创设中，引领学生感悟音乐，在体验、领悟、探寻中，充分感受音乐的魅力，激发音乐学习兴趣，并通过"体验"教学为学生充分搭建展示平台，在展示中绽放自信，在展示中收获成功，从而真正地让课堂变"填鸭式""灌输式"为"参与式""体验式"学习模式。通过教学实践活动，加强学生的探索性、实践性、反思性、创造性、自主性的学习能力，有效地体现了教师主导、学生主体的作用；有效地体现对学生文化素养开拓创新精神和合作精神的培养，使教学寓教于乐，学生知情达理。在有效提高学生对音乐的学习兴趣、了解民族文化、挖掘潜力展示自我、增强团队意识等方面有成效。

第四章　小小舞台　光荣绽放

第一节 经典回眸剧精彩

经典童话剧：《十二个月》

"大手拉小手荣登世界舞台，自信与灵动绽放艺术魅力"革新里小学金帆话剧团携英文版《十二个月》亮相国际儿童青少年戏剧协会艺术大会。

"国际儿童青少年戏剧协会艺术大会"汇聚了来自亚洲、欧洲、非洲、美洲、大洋洲等16个国家和地区的戏剧团体。革新里小学作为唯一受邀的学生剧团，携英文版童话剧《十二个月》与国内外专业剧院顶级戏剧精英，共同登上世界戏剧的舞台。这既是中国小学生综合素质及艺术修养的集中展示，也成功展现了北京市"高参小"项目的优秀合作成果，更是革新里小学艺术教育迈上艺术巅峰的成功、代表之作！创造多个"第一"，更创造了世界纪录。中华人民共和国文化和旅游部艺术司、中国儿童艺术剧院、北京市新闻出版广电总局、首都精神文明办、北京市教委体美艺处、北京学生活动管理中心、北京市文委报刊发行处、东城区文联、东城区教委等部门的领导，艺术界、儿童文学界专家，以及各新闻媒体的朋友们共同见证了这一重要的历史时刻！

各位领导、嘉宾、专家与赵丹阳校长一起研讨

各位领导、嘉宾、专家与赵丹阳校长一起研讨

英文版童话剧《十二个月》在国际舞台上精彩绽放，离不开中国儿艺领导和艺术家老师的高度重视和专业支持，骄傲跋扈的小女王、善良质朴的大姐、乐于助人明辨是非的十二个月、厚道诚实的教授以及贪婪刻薄的后妈二姐，在小演员纯熟精湛的演绎中，栩栩如生地呈现在舞台上，得到与会专家和领导的一致赞赏！他们最小的7岁，最大的也仅仅11岁，但站在国际舞台上，标准的美式发音、熟练而富有情感的英语口语，以及与观众自信的互动交流，都生动诠释出革小师生在金帆精神引领下，不畏艰难、乐观面对挑战的大气与素养，此剧也谱写了中国乃至世界儿童戏剧的又一新篇章！

《十二个月》演出剧照

《十二个朋》演出剧照

近年来，东城区革新里小学以经典名著为根基，通过师生全员阅读、互动分享，引导孩子读中国作品传承传统文化，读外国作品感受异国文化。创编自俄罗斯同名经典名著的剧目《十二个月》，正是在学校倡导"大阅读"背景下呈现的剧目。从名著走向戏剧，从戏剧走向课程，《十二个月》已化作教师和学生的成长沃土。从前两季中文版《十二个月》的展演，大童与小童手牵手进入排剧的学习体验中，上百名金帆团的小演员成长为小导演，到第三季全英文版《十二个月》，全员浸泡式标准的美式英语学习，提升了学生的口语表达能力、审美赏析能力、艺术表现能力，师生由内而外散发出的自信正逐步形成和展现。

《十二个月》台前幕后照片

演出结束后，领导嘉宾纷纷向孩子们成功、精彩的演出表示祝贺！赞许小演员们颇具专业演员的水准和风范！各位关心孩子们成长的嘉宾也一一为孩子们送上祝福。

北京市教委体美艺处处长王军对孩子们说：你们演得太好了！取得这样的成绩

得益于关心你们的每一位老师以及中国儿艺、北京市东城区教育行政部门的领导，希望你们在这个舞台上继续绽放、继续成长。希望中国儿艺继续搭建这样的平台，让孩子们在喜欢的舞台上精彩绽放。

国际儿童青少年戏剧协会主席伊维特·哈迪女士赞叹道：你们用精湛生动的演技，将一个特别美好的童话呈现在大家眼前，所有观众都沉浸其中。我即使回到南非也会永远记住你们和这份美好的礼物，它将永远留存在我的心中和脑海里。

中国文化和旅游部艺术司副司长周汉萍表示：中国儿艺和北京市东城区革新里小学从艺术到教育全方位的无缝融合，让孩子们能在艺术的浸润中成长，祝愿孩子们在今后成长的道路上，继续喜爱艺术、享受艺术。

《十二个月》获奖现场照

北京市东城区教委副主任尤娜看着一张张灿烂的笑脸说：感谢中国儿艺、北京市教委"高参小"项目为孩子搭建的宽广平台，让革新里小学的孩子们如鲜花般地在舞台上绽放，享受艺术阳光的照耀，愿孩子们都拥有高尚的审美和对艺术不懈的热爱，做一个具有真善美人格的好孩子。

中国儿童艺术剧院院长尹晓东看到孩子们成功的演出非常激动，表达了三个感谢：首先，感谢中国儿艺两位优秀的青年导演，珠联璧合圆满完成剧目的排练，将如此精彩、精美、精致的演出奉献给观众；其次，感谢革新里小学赵丹阳校长引领的师生团队，为艺术教育投入了大量的精力和智慧，没有学校大力的支持和配合，舞台上的呈现也会大打折扣！最后，要感谢的是孩子们，没有你们辛苦的付出和不懈坚持，今天的表演也不会如此精彩、令人震撼。

最后，赵丹阳校长代表革新里小学全体师生对各位嘉宾、领导的莅临和对孩子们的关爱和鼓励表示衷心的感谢！她表示登上国际舞台，孩子们是感恩的，作为教育人更是感动、感怀满满！感谢中国儿艺领导、艺术家对学校艺术教育工作无私的支持，也希望教育与艺术可以一如既往地并蒂同行，因为这是教育人的艺术情和艺术人的教育梦完美的结合和展现。

大手拉小手荣登世界舞台，自信与灵动绽放艺术魅力！革新里小学与中国儿艺在艺术教育领域的合作，成功地将艺术火种植根于每一颗正在成长的心灵之中，师生因艺术的缎带而和美，学生的个性因艺术而灵动。如今，走向世界的革新里小学金帆话剧团更有着一种情怀：做中国的文化，让金帆这一代表着中国美育的标志走向世界；放大金帆品质，培养民族文化的传播者；放大金帆精神，培育民族文化的传承人！

《十二个月》演出结束合影留念

集训纪实（一）

　　我校金帆话剧团于2018年8月22日，在第八届中国儿童戏剧节——国际儿童青少年戏剧协会（ASSITEJ）艺术大会上展示全英文剧目《十二个月》，作为此次国际儿童戏剧节上唯一一个学生剧团，要为我们的金帆话剧团加油！

　　在此之前，我校金帆话剧团出演的经典剧目《十二个月》已经成功演出两季，此次全英文展示作为学校国际素养课程，不管是语言的纯熟，还是对俄罗斯国家文化的熟识，都是小演员学习的内容。从2018年5月初他们就开始投入学习：熟悉剧本、学习英语、训练形体、分幕走位以及了解文化……在老师的指导与帮助下，同学们从最初面对英文台词的胆怯，到现在能够流利地进行台词对白，有些孩子甚至已经自如地运用英语与老师进行日常交流，看到孩子们飞速的成长，真的是"棒棒哒"！

排练照片

排练照片

　　通过前期扎实的基础训练，孩子们从2018年7月初开始，进入了舞蹈以及口语的集训中。老师带领孩子们，从分幕的粗排到细致指导，再到各幕的合排训练，同学们深深地体会到了"台上一分钟，台下十年功"的道理。课程合理、细致的安排，帮助同学们一步步进入最佳状态，流畅的语言表达、自信投入的排练都得到了儿艺专家、导演的认可。

排练照片

排练照片

　　暑期开始后，我们的课程仍在延续，国际文化课程、戏剧欣赏课程也逐步展开，相信同学们从口语表达到表演水平一定发生了一个质的飞跃！

　　就让我们一起努力，一起期待吧！

集训纪实（二）

　　"这个暑期，我们让戏剧玩儿出国际范儿！"这是革小人2018年暑假的共识与期待。我校金帆话剧团携纯英文版《十二个月》将亮相国际儿童青少年戏剧协会艺术大会的舞台，这是中国小学生综合素质及艺术修养的集中展示，也成功展现"高参小"项目的合作成果。

　　为了不负众望，完美展现中国小学生的精神风貌，学校在赵丹阳校长的整体统筹下，多次召开全体会议、行政会，明确此次艺术大会的意义及重要性；课程中心就后续工作的开展，研究商榷相关部署及人员安排；导演组及青年教师团队，每天到位跟排，通力协作。

筹备会议照片

　　自2018年5月起，中国儿艺优秀青年演员杨成老师、尹亮老师和马兰花艺校的专业老师们，先后来到我校帮助小演员们分析剧本内容、学习英语台词、训练形体协调、熟悉舞台调度、录制歌曲唱段以及了解背景文化，等等。此外，还特邀北京第二外国语学院的研究生来帮助孩子们纠正口语发音。

　　通过这一段时间的排练，小演员们不论是在台词，还是在舞蹈表现上都有了很大的提升，尹亮导演看到孩子们的进步后，这样评价：表演内容教完了两遍后，隔两天再检查，孩子们居然一点儿都没有出错。他表示，这对于专业演员来说都绝非易事，可见孩子们领悟力强很聪明，而且非常认真。与此同时，尹亮导演也转述了英语老师的评价：孩子们能把这么难的英语说得这么棒，真厉害！

排练照片

排练照片

　　【科普】中国儿童艺术剧院与国际儿童青少年戏剧协会中国中心共同承办的2018年度"国际儿童青少年戏剧协会艺术大会"，是该协会自1965年成立以来首次在中国举办艺术大会。而每年召开一次的"国际儿童青少年戏剧协会艺术大会"更是享有儿童戏剧界的"奥林匹克盛会"之美称，是世界儿童戏剧人的重要节日。

集训纪实（三）"闪光的他们和她们"

为了展示革小金帆话剧团的专业水准，呈现"高参小"合作的优异成果，艺术团的小演员在暑期也没有停止训练，从最初的不自信到现在的有模有样，小演员们无论是从口语发音，还是舞台表演，都有了明显的进步，这些进步的背后离不开导演、老师们的专业精心指导，更有孩子们不懈的努力付出：相当于初高中水平的英文台词从理解、认读，再到熟练掌握，这其中的难度显而易见。看！这是孩子们每天不离手的剧本，每一笔标画都映衬出他们的认真努力，值得我们为之自豪！

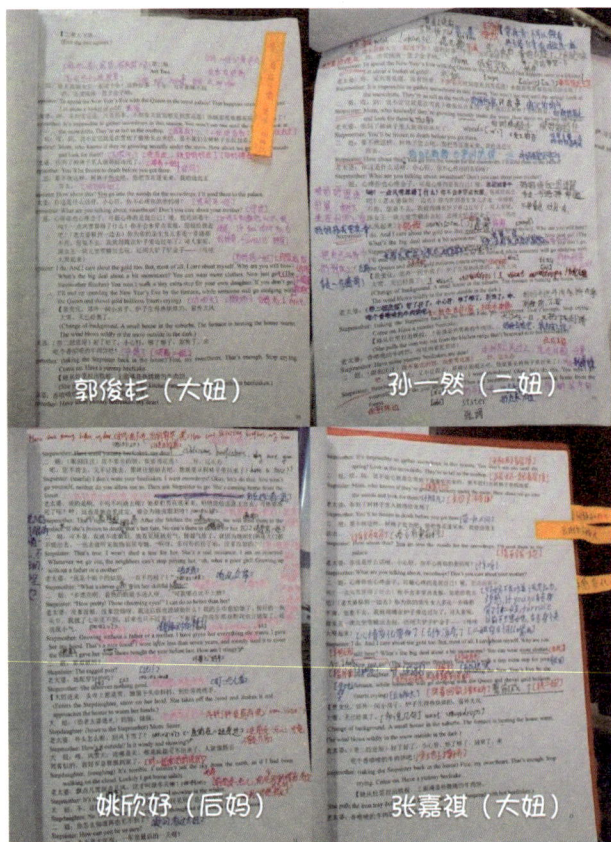

学生手写剧本

排练过程中，除了专业训练，也常有暖心的小故事悄悄发生："小女王"的家长为孩子们买来矿泉水；"差人"爸爸为了让孩子更加投入表演，帮忙买来了道具"鼓"；"八月"带来"花露水"对抗可恶的蚊子，提供给大家使用……这样暖心奉献的他（她）们，值得我们为之骄傲！

在小演员中，有这样一个阳光男孩：他每天都要从固安乘坐两个多小时的车到学校参加排练，导演、老师都很心疼，允许他可以晚点到，可是孩子和妈妈却选择了坚持，坚持参加每一次学校戏剧排练，也坚持去少年宫舞团领舞的集训……

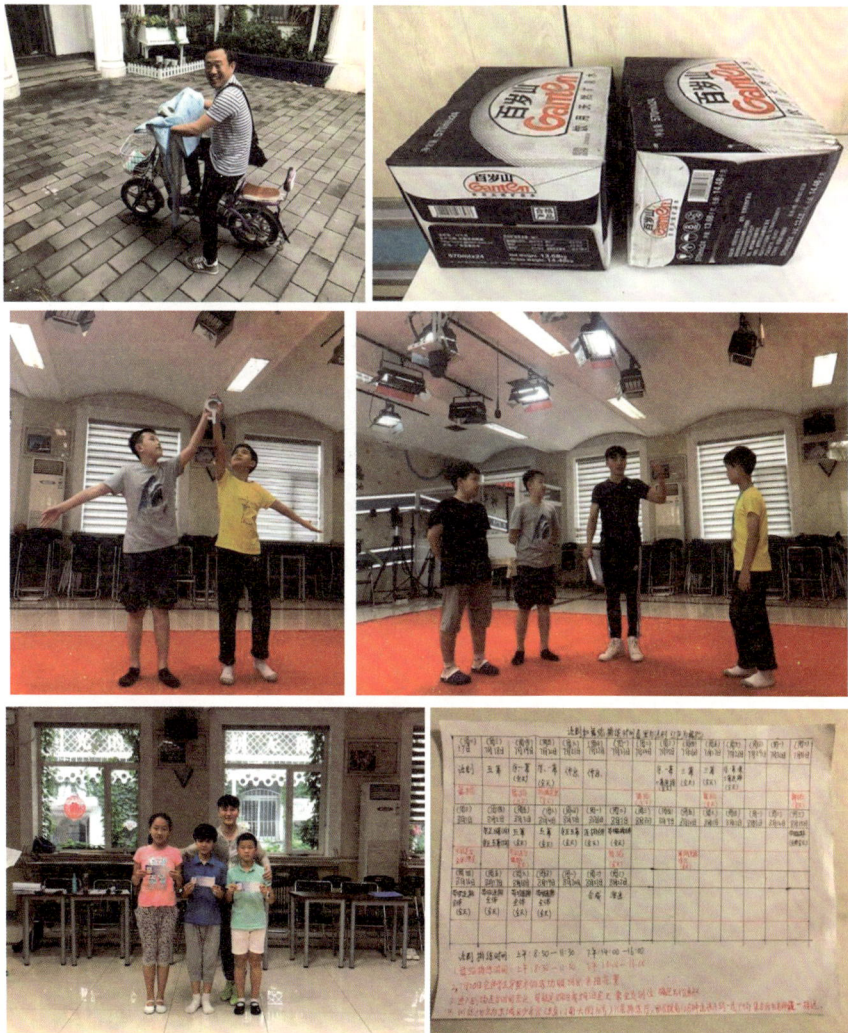

排练照片

因为他即将转学，面临最后的表演机会，孩子和妈妈都倍加珍惜，因为他们相信：这个假期会是一个既充实，又特别有意义的假期！看着这样默默坚持的他（她）们，我们为之"感动"！

闪光的他们（她们），感动着我们每一个成年人，我们为这样的革小少年骄傲、自豪！

集训纪实（四）爸爸妈妈来探班啦

近两周的排练，欢笑、汗水、感动、认真、专注、努力、坚持……每一种坚持都展现着阳光少年的宝贵品质，也展现着金帆少年对艺术不懈的追求！

在完成序幕到三幕的联排后，在阳光灿烂的周末，我们迎来了家长朋友的首次探班，爸爸妈妈心怀激动地走进排练场，和导演、老师共同见证孩子们的成长！

孩子家长认真观看排练

探班展演中，A、B组小演员依次登场亮相：首先出场的B组小演员，虽然他们大多是第一次站上这么重要的舞台，但没有丝毫胆怯，不断挑战着自我，突破着自我，迎来令人欣喜的蜕变。紧接着A组小演员登场，他们过硬的基本功和生动的表演将我们带入剧情，虽然他们中很多已参演过第二季《十二个月》的演出，但都没有掉以轻心，因为他们深知国际舞台意味着什么，他们代表的是谁？他们要在原有基础上继续提升，这也是一项不小的挑战，但是他们做到了！

探班展演照片

探班展演照片

探班展演照片

看着孩子们精彩的表演，导演、老师、爸爸妈妈都非常激动，掌声不断、赞扬不断、鼓励不断、更高的要求也不断！导演尹亮老师更是从专业角度给予了充分的肯定，孩子们全情、全身心的投入让人感动，同时鼓励孩子们要记住这次表演的感觉。

探班展演照片

探班展演照片

小演员们对两周的排练生活也有话要说："《十二个月》让我们收获知识，收获友谊，收获快乐，收获成长，谢谢家长们的支持，我们一定不辱使命，精彩绽放！"

探班展演大合照

集训纪实（五）蹲下来和孩子们对话

继小演员们精彩亮相后，今天要隆重推出的是我们国际素养课程艺术·文化部分的专业指导团队——来自中国儿童艺术剧院的艺术家老师和北京第二外国语学院的口语教师！

首先出场的是本次国际素养课程艺术·文化部分的总导演——杨成老师，他是中国儿艺的青年导演、演员，多次获得国家级艺术奖项。杨老师从五月份就走进学校，开启了同学们国际素养课程及全英文版《十二个月》的启蒙之旅，他指导、讲授传神到位，每次面授课就是一节生动的表演课，同学们每每面对杨老师的审阅也是紧张备至，认真投入。

杨成老师指导排练

接下来介绍的是本次课程艺术·文化部分的执行导演、毕业于中央戏剧学院，中国儿艺优秀的青年导演、演员——尹亮老师，他自身业务非常全面，从声台形表多方面给予同学们以指导。

在假期近二十天的学习中，他每天全程陪伴大家，特别敬业，不仅提早来到学校与老师们一起召开晨会，还牺牲中午休息时间研磨剧本，为B角的同学补课，同学们被尹老师的投入和执着感动，也始终保持着积极认真的学习状态。

尹亮老师指导排练

　　为了给予同学们最快速、最高效的指导，他不仅给大家讲剧目内容，还会讲剧目外有关戏剧表演、西方文化、宫廷礼仪等方面的知识，他常常做一些"无用功"，但那恰恰是同学们最开心的时刻——就是带着大家做解放天性、揣摩人物的游戏。有时为了调动一个同学的舞台感受力，他会为她专门量身定制，让她自己体验，大家都羡慕不已。他俯下身子倾听同学们的困惑，站在他们的视角思考出现问题的原因，帮助他们用喜欢熟悉的方式突破难点，大家都非常愿意围在他身边，几小时的排练经常会听到尹老师无数次的"没关系，再来一次""你一定可以的""你只是没有尝试过，其实你没问题"的鼓励声！

　　排练中，尹老师的慢性咽炎发作，但为了保证排练进度，他利用中午时间做雾化，排练时却丝毫看不到懈怠和病痛！

尹亮老师指导排练

北京第二外国语学院的老师指导排练

北京第二外国语学院的老师指导排练

咦？这些年轻的面孔又是谁呢？他们是北京第二外国语学院的老师们，是孩子们强大的口语助力团队。他们不仅在前期对同学们的口语进行强化集训，同时在假期排练的间隙，走到大家中间，对个别同学的发音再进行精准指导，同学们有这样强大的课程支持团队，提升的速度显而易见！

集训纪实（六）"神秘探班人"

看，越来越纯熟的表演！听，越来越专业的台词！现在舞台上的他们，自信、阳光，令人欣喜并为之自豪。今天，除了导演老师们在见证孩子们的成长之外，排练现场还迎来了一批"神秘探班人"。

探班现场照

来自中国儿童艺术剧院以及革新里小学的领导们莅临排练现场，为小演员们送来了亲切的问候、由衷地称赞以及真挚的祝福。

台下的观众随着小演员投入的表演，时而开怀大笑，时而紧张揪心，时而热泪盈眶，中国儿艺闪增宏院长盛赞："远远超出了他对孩子们的预期表现，专业演员能够把中文剧目演得如此投入都不容易，更何况是一群小学生，非常精彩！"

探班展演照片

探班展演照片

探班展演照片

尹亮老师讲话

闪增宏院长讲话

革新里小学赵丹阳校长也给予了充分肯定："孩子们在用自己的行动证明：我们撑得起国际舞台，我们还能够迈上更高的舞台！"

赵丹阳校长讲话

演出结束后，小演员们还收到了一份特别的礼物——此次国际儿童青少年戏剧协会艺术大会的宣传画册及《十二个月》的观剧票。这既是对前期排练辛苦付出的奖励，也是孩子假期一份珍贵的收获。

展演结束后颁奖、研讨照片

集训纪实（七）"认真负责的教师团队"

　　我校金帆话剧团携英文版童话剧《十二个月》走上国际舞台，在倒计时冲刺阶段，一次次排练感人的瞬间、一幕幕集训动人的往昔又浮现在眼前：有小演员们投入的专注；有导演团队严谨的付出；有教师团队认真负责的模样；更离不开行政团队高度缜密的协调统筹……

　　此次国际素养课程学习既是学生的成长历程，也是一次教师队伍建设的历程。排练伊始，学校行政经过几次沟通、讨论，确定了暑期排练跟排计划表，由行政带班，每天与导演沟通、对接排练进度及安排，同时也会就当天的排练内容做好教师、学生的工作安排，每天工作结束，还会对教师的组织管理以及学生的常规养成、表演水平等方面进行总结，保证每天排练有序推进。

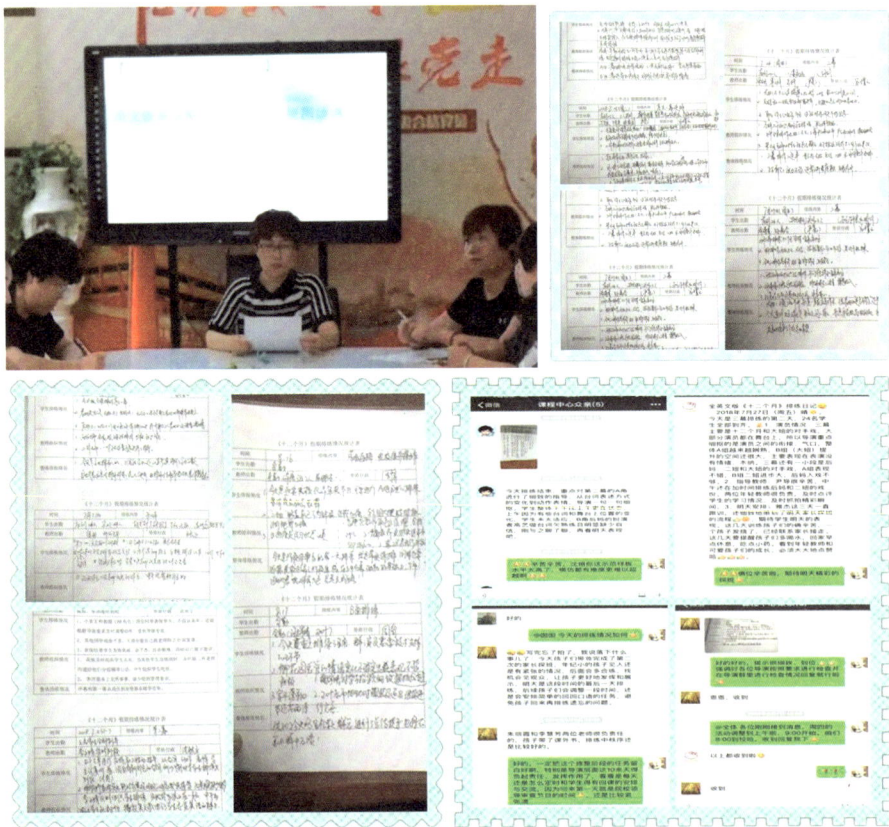

行政领导们研讨记录

　　导演团队的老师们，不仅对排练进度及安排做到心中有数，还通过微信、qq群等媒介和学生进行沟通，拢心、拢情、知水平。看！谢宇晴老师，在导演有演出不能执教的时候，为孩子们导戏、说戏，调整细节，同时还组织我们的家长志愿者针针线线地修补不太合适的服装、道具。

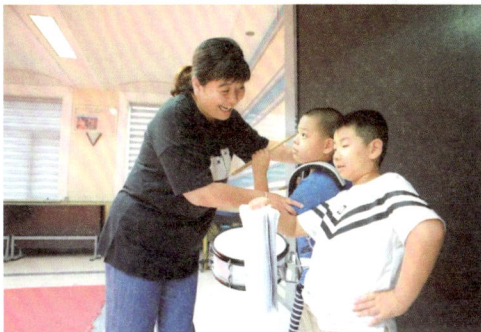

谢宇晴老师指导排练

　　形体指导刘靖雅、李静文老师充分利用排练间隙，对群舞、独舞进行丰富、完善，大大提升了排练进度。

刘靖雅指导排练　　　　　　　　　　　　李静文指导排练

　　而朱丽霞、唐广燕、杨欣烨三位老师作为有经验的班主任，不仅对孩子们的表演给出建议，还会对孩子们在观众礼仪、午休、用餐、值日等方面提出要求并进行培养，让我们的孩子们即使在假期也保持好规矩、高素养。

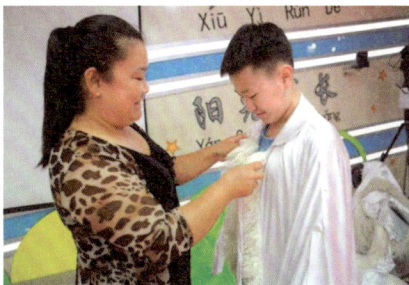

朱丽霞指导排练　　　　　　　　　　　　唐广燕指导排练

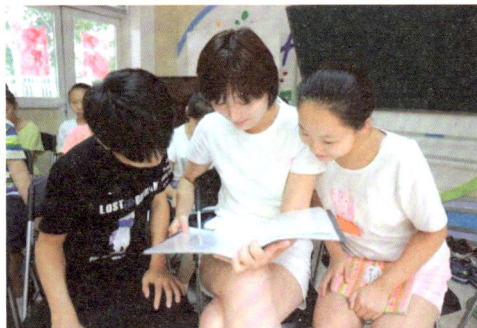

杨欣烨指导排练

万妍老师作为声乐指导，逐词逐句地对孩子的演唱进行指导，并将视频发到微信群中进行规范化训练。

万妍老师指导排练

青年教师团队则是以接力的形式全程陪同，无缝衔接。从集合记录考勤、全程陪同排练、记录表演中出现的问题，提示下一步建议措施，随时为孩子们留下珍贵的影像，群中及时与接班老师反馈交接工作，等等。一步一步、认真负责，尽全力为本次《十二个月》英文版演出贡献自己的力量。

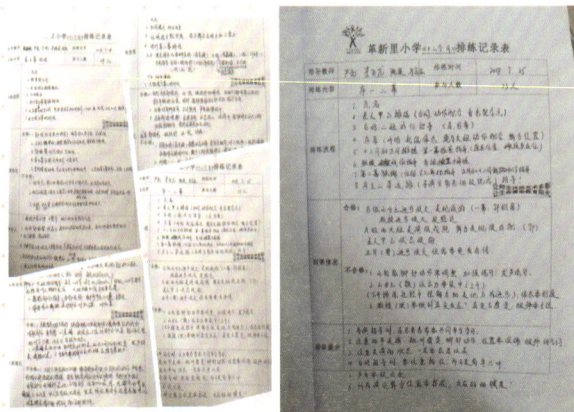

科研老师团队排练记录

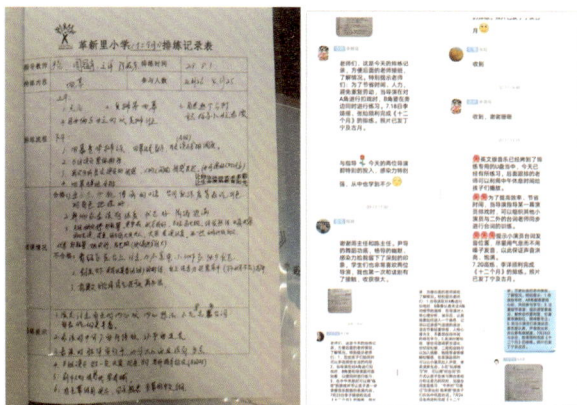

科研团队排练记录

一次课程学习的始终，一次展演的始末，无论是学生，还是老师，我们大家在一起就是一个坚实可靠的团队，我们为了同一个目标而努力；我们彼此给予信心，迎接挑战；我们互相激发潜力，共同筑梦。相信我们在一起，就是革小精神最好的诠释！

集训纪实（八）

2018年8月19日，是国际儿童青少年戏剧协会艺术大会开幕的第二天，革小金帆话剧团作为唯一受邀的学生剧团，17名优秀的小演员代表和美国夏洛特儿童剧院、来自欧盟的TEEN项目研究人员共同参与了"语言与艺术——青少年戏剧教育对话"的交流活动。

17名优秀的小演员代表参会合影

作为东道主的我们，非常荣幸地承担了艺术沙龙开场的互动、热身环节。

艺术沙龙照片

我校青年英语教师范思佳，与《十二个月》中"首相"的扮演者张浩葳同学，作为此环节的主持人，通过生动有趣的小游戏、风趣幽默的交流以及纯熟流利的口语表达，带领在座的来自美国、欧盟以及中国的青少年学生一起进行看图猜词、动物模仿等调动肢体、大脑、思维的活动，掀起了一段小高潮，赢得了在场国内外嘉宾及领导们的热烈掌声与肯定。

艺术沙龙照片

此外，孩子们还为国际友人送上了自己精心设计并绘画的《十二个月》宣传海报，以及代表学校文化特色的精美书签，将中国小学生自信大方、文明有礼的精神风貌展现在多国朋友们面前。

艺术沙龙照片

通过参与此次《十二个月》的排练，孩子们收获颇丰，这不光有戏剧表演上的收获，也有英语表达上的提升，更是一次开拓视野，历练成长的过程！

学生为国际友人赠送礼物

听听他们的感受吧：

"小女王"：

Drama accompanied my growth. I'm not confident and I'm very shy before. Because of drama，I become a sunny girl. I'm brave and confident now. Thank you for teachers' helping. I love drama. I hope I can action the future. This is my dream.

"四月"：

When I was in Grade one，I am an actor already. I have acted many famous characters.For example，in the *The Snow White*，*The fox and the Tiger* and *Piggies Get Fit*. Now I'm so happy to be April in this show *The Twelve Months*. I love drama. I hope you can come to watch our performance in August 22nd.

"大妞"：

Now I have learned drama for 4 years. I love acting. I've acted 'Little stupid Bird' and *Queen* in two different dramas. This time，*The Twelve Months* is verydifficult. Because we should speak English all the time. It's a big challengefor me. Thank you for our teachers，I can improve my English by practicing every day. So welcome to enjoy our show in August 22nd.

李勃逸（差人甲）：

As a student of Grade one，I'm very happy to participate in this show. I will study hard to improve my acting skills. And I hope you can come to watch our show!

交流活动大合影

这些精彩的演出、丰富的活动，都让前来参加大会的各国儿童戏剧工作者们感受到了中国举办艺术大会的特色和魅力。相信孩子们参与此次盛会的经历，定会成为他们人生中不可磨灭的宝贵经验与珍贵记忆！

集训纪实（九）"我有话想说……"

　　紧锣密鼓的集训还在持续，亮相国际舞台的准备工作已进入最后一天白热化阶段。回顾这二十多天，小演员们认真磨戏、演戏的那份专注，为了戏剧为了艺术为了自己兴趣的那份坚持，都让人为之动容，最值得赞叹的是孩子们在礼仪、毅力、自律、反思、坚持等方面不断凸显的好习惯，既展现了革小阳光少年的宝贵品质，也是金帆少年将好习惯与对艺术不懈追求的完美结合！

排练照片

　　看！排练场地的共同维护、排练服装的整齐收纳、用餐后餐盘的积极清理、排练中认真的倾听、观摩时的专注欣赏等，每一个细节都体现着好习惯、好风气、好品质……

小演员们的好习惯照片

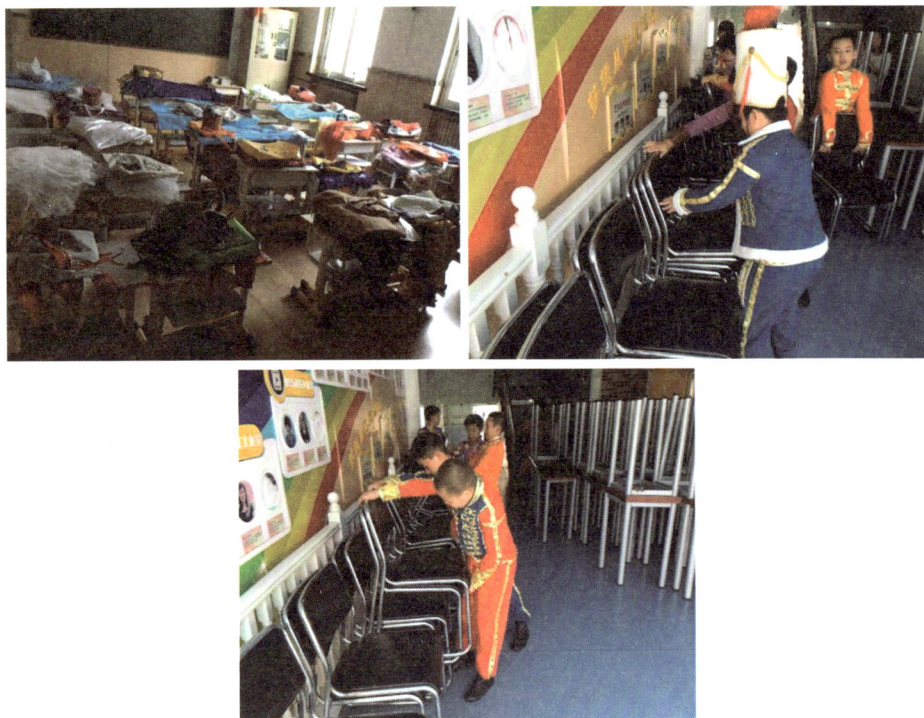

小演员们的好习惯照片

　　在学校书艺系列课程的培养下，孩子们已经养成了随身带本好书、随时阅读好书的良好习惯，小演员们充分利用空余时间，开展读书分享与交流，形成了排练场上另一道亮丽的风景线。

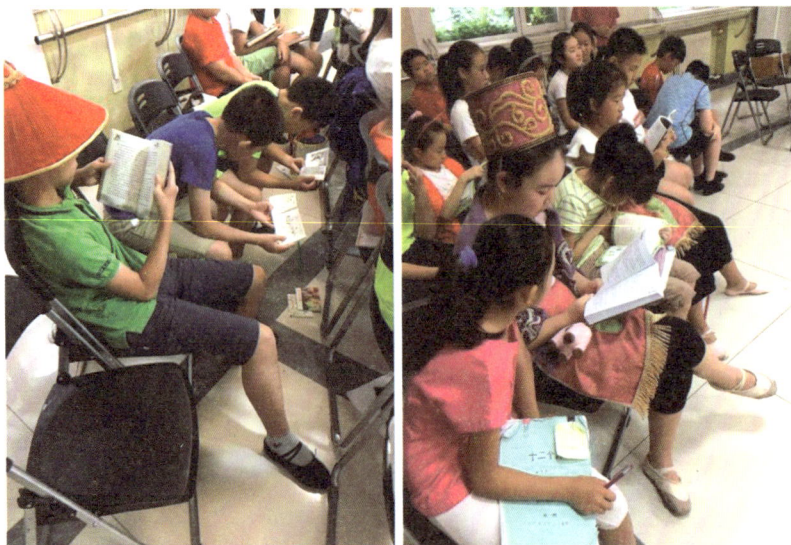

小演员们充分利用空余时间，开展读书分享与交流

听！在课程成果汇报绽放在国际舞台时，小演员们有话要说……

"后妈"：

我接触戏剧四年了，这还是第一次演反面角色——后妈。一提到后妈，就想起了她的双面性格，对待二妞和颜悦色，对待大妞狠毒无情。每天一回到家，我就翻看童话故事里继母对待两个女儿的不同神态和语气，慢慢地我掌握了方法，在这里要特别谢谢尹老师，您给了我很多指导和启发。

《十二个月》演出剧照

"火舞"：

这次参演《十二个月》，老师为了更好地发挥我的舞蹈特长，把我调整为"火"这个角色，让我有了一次独舞的机会。通过这次排练，我感受到，虽然没有语言，但是跳舞也是有情感的，要把握住性格特点，要用心去跳，这样跳出的舞蹈才会更出色，更精彩！

《十二个月》演出剧照

"大鹿"：

我是第一次参加《十二个月》的排练，而且第一次就是英文版的！自己感觉真有挑战，当听到我没有台词时，刚要窃喜，导演却说："没有词的角色更难！"我心里打了大大的惊叹号！全靠肢体表现情感，我能行吗？

经过导演耐心的鼓励启发，我真的成长了。通过这个角色我体会到排剧的不易，我在提高了表演能力、用气的同时，还提升了团队协作意识，非常荣幸有了这样一个机会，希望我们大家一起在8月22日光荣绽放！

《十二个月》演出剧照

"教授"：

说实话，一开始接到这个任务的时候我非常不想参加，排练就要牺牲掉自己的休息时间，还要背那么多台词，太辛苦了！没想到第一天排练，老师就夸我说："你是演戏最稳的！"能跃居到老"戏骨"之上，我还是很开心的。之后老师的表扬一发不可收，我也在鼓励声中坚持了下来，马上要演出了，我希望自己无论从体重上，还是演技上都要"稳稳"地展现在大家面前，加油！

《十二个月》演出剧照

"二妞"：

在刚接到《十二个月》排练任务的时候，我并不想参加，妈妈本来要带我去美国的，需要占用假期时间。但妈妈跟我说："你这次代表的不仅仅是学校，而是代表国家，出去玩还有机会，这样的殊荣可不是人人都能有的。"以前总觉得"为国争光"都是运动员的事儿，想不到今天也落到了我一个小学生的头上，感觉很神奇，也希望真的能够通过自己的努力"为国争光"，不辜负大家这半年来的投入与付出！

《十二个月》演出剧照

"女侍从长/大鹿"：

这个暑假，注定是忙碌的。因为我参演了《十二个月》的排演，本来假期中还有手风琴的集训，但是我还是毅然选择了放弃比赛，我不后悔自己的选择。因为我的努力，自己不仅饰演"大鹿"这个角色，还"开口说话"扮演了"女侍从长"这个角色，感谢自己最初的选择！我相信在我们共同的努力下，这场演出一定非常精彩！

《十二个月》演出剧照

"四月"：

这次是我第三次排演《十二个月》了，也许是最后一次了，每每想着这最后一次能够在这样一个大舞台上展示，心里既兴奋，也有些淡淡的伤感。作为老演员，开始带B角了。看着B角的弟弟妹妹排练，总会想起自己第一次排演的时候，手脚都不知道放哪儿好，总感觉台词说着那么做作。这次又是英文剧，还是很有难度的，希望这次展示，我们这一批老演员能够完美收官，也希望弟弟妹妹们能够大放异彩！我们一起加油！

《十二个月》演出剧照

"五月"：

妈妈，这次《十二个月》的探班日您说工作忙，没有来。我嘴上不说，但还是特别希望您能来看看，看看我的表演，看看我们的排练成果。不过您放心，即使您没来，我也会认真排练，心里期待着您能在表演那天来看看我，看看我的进步，看看我们的光荣绽放！

《十二个月》演出剧照

孩子们在排练中的每一次进步和成长，都离不开背后一直默默付出并给予坚定支持的家长朋友，离不开导演的精心策划和点拨！

《十二个月》演出剧照

学校导演团队：

尹亮导演：（中国儿艺导演）

通过这一段时间的排练，小演员们不论是在台词，还是在舞蹈表现上，都有了很大的提升，表演内容教完了两遍后，隔两天再检查，孩子们居然一点儿都没有出错。我认为，这对于专业演员来说都绝非易事，可见孩子们领悟力强很聪明，而且非常认真。孩子们能把这么难的英语说得这么棒，真的很厉害！

我相信，通过大家的努力付出与不懈坚持，小演员们一定会在艺术大会的舞台上精彩绽放，就让我们拭目以待吧！

尹亮老师指导排练

谢宇晴（教师、导演）：

第三版《十二个月》儿童剧英文版，经过一个暑期的排练，即将登上世界级戏剧舞台。在导演老师们的细心指导下，同学们无论是在表演能力、英语口语上，还是身体协调感方面都有了很大的提高！这一切离不开孩子们的辛苦付出，离不开家长们的默默支持，更离不开学校金帆课程平时对孩子们的培养和教学。也正是在这样的哺育下，我们实现了"艺术自信与表达人人棒，艺术鉴赏与展示人人行，艺术互动与交流人人展"。相信孩子们通过这次历练将会有不一样的收获！我为你们骄傲！

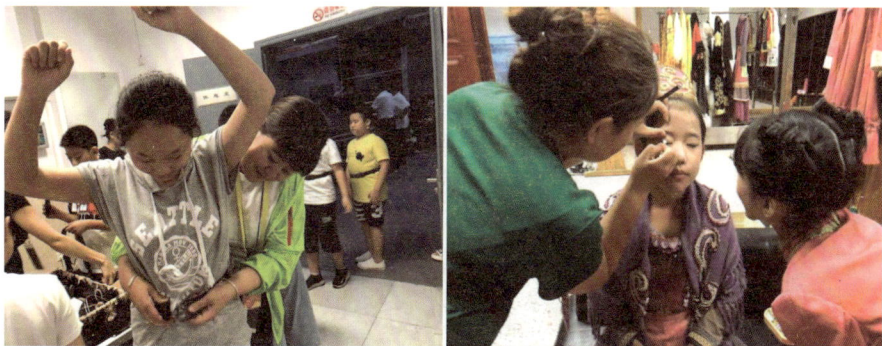

谢宇晴指导排练

朱丽霞（教师、导演）：

革新里小学的金帆话剧团是艺术的发源地，金帆精神在这里落地生根发芽。学生们在这里不仅受到了艺术的熏陶，更是将金帆精神深深地植根在每一个孩子的心中。在平时的教学中，老师们都有意识地将戏剧渗透到各自的学科教学之中。而此次的英文版《十二个月》的排演，我们也正是结合了多学科与戏剧进行了无缝对接及完美的融合。孩子们在反复细致的排练中，有了质的变化，并深深地体会到了"台上一分钟，台下十年功"的道理。《十二个月》英文版是团队协作的结晶！期待你们把这美好的故事分享给观众！

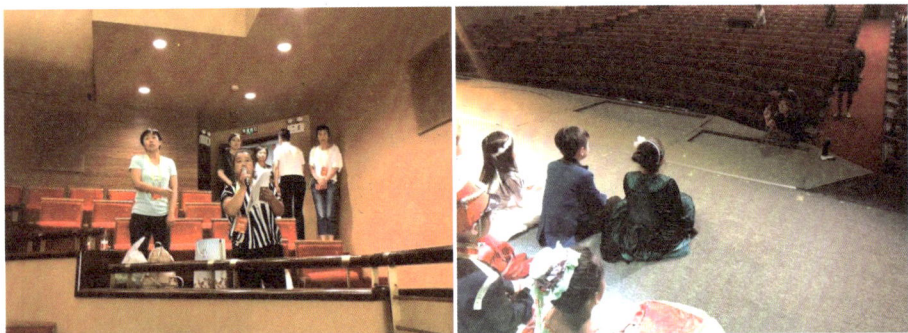

朱丽霞老师指导排练

唐广燕（教师、导演）：

在暑假排练过程中，儿艺年轻的专业辅导老师尹亮老师，用自己全面的专业素养，深入浅出的指导，惟妙惟肖的示范，细致严谨的敬业精神，还有对孩子们无微不至的关心，用自己的人格魅力深深地感染着所有人。这使看似枯燥的暑期排练充满了艺术氛围。相信在这个暑假里，孩子们一定收获了让自己一生受用的艺术熏陶，意志品格！孩子们即将登上第八届国际儿童青少年戏剧艺术大会的舞台，绽放阳光自信的自己，为自己，为学校，为中国，带来灿烂的光辉！

唐广燕老师指导排练

马京亚（教师、导演）：

本次作为唯一受邀的学生剧团，我校将在国际儿童青少年戏剧协会艺术大会上演英文版童话剧《十二个月》。从前期英文台词的训练、分幕排戏、合排、假期集训，小演员们历时近半年的排练，即将迎来了精彩绽放的时刻。看着舞台上的孩子们，脑海里同时也浮现着这几个月排练的点点滴滴。正所谓"台上一分钟，台下十年功"，小演员们用自己的努力付出与坚持不懈换来了舞台上的耀眼夺目。相信这次展演，会成为孩子们成长道路上的宝贵经验，这一次历练，也会让孩子们收获到不一样的精彩！

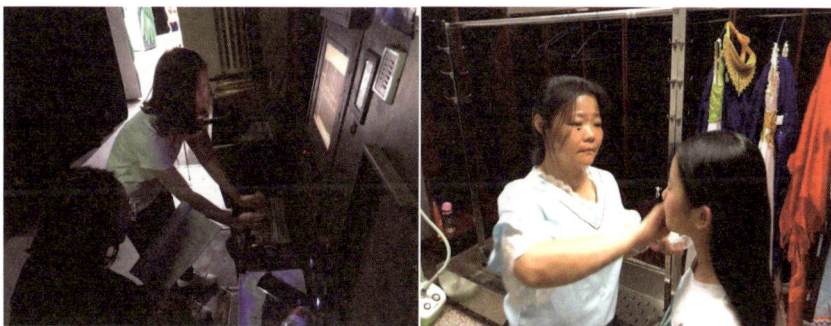

马京亚老师指导排练

李静文（舞蹈指导教师）：

作为《十二个月》舞蹈部分的指导教师，我和很多小演员一样是第一次接触这部戏剧。随着排练进度的逐步推进，我在对舞蹈进行丰富完善的过程中，也见证着孩子们的肢体表现力有了质的改变！尤其是对于一些舞蹈基础相对薄弱甚至是没有接触过舞蹈的孩子来说，大篇幅的舞蹈片段是一次有难度的挑战！但孩子们通过勤奋的练习和自身的不断努力，最终得到了导演老师们的一致认可！相信本次活动会给孩子们带来不一样的收获！期待大家的精彩表演！

李静文老师指导排练

杨欣烨（教师、导演）：

有幸参加英文版《十二个月》的排练，感受颇多。从排练伊始，导演不厌其烦地指导、孩子们认真地排练，到即将登台演出，呈现出的效果超出我们的想象，不禁感叹"只要你给学生一个机会，学生会还你一个惊喜！"是啊，孩子的潜力是无限的，是需要有心人去发掘的。作为此次活动的参与者，也为我上了重要的一课，要做一个善于发掘孩子潜能的教育者，让孩子们在美好的体验中去学习、去感悟！愿孩子们珍惜机会，全身心地投入演出中，犹如烟花般完美绽放！

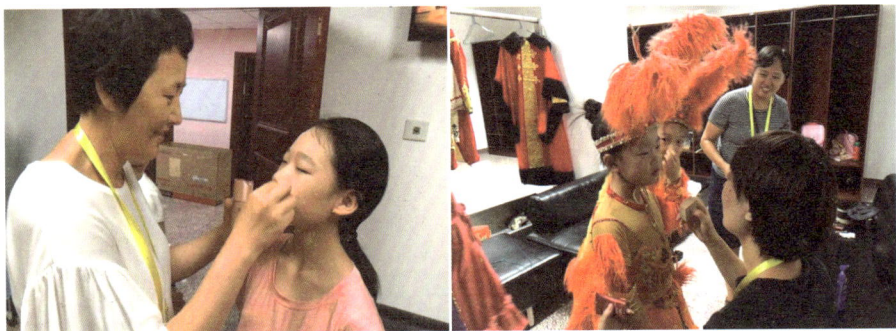

杨欣烨老师指导排练

刘靖雅（舞蹈指导老师）：

英文版儿童童话剧《十二个月》终于登上了国际舞台。这次排练中，我负责剧中舞蹈部分的排演，为了让孩子们有更好的呈现，舞蹈部分基本上是还原原版，从舞蹈难度到要求上都较之前的版本有所提高。为更好地完成，在放暑假前，我们就开始着手舞蹈的排练。孩子们一个动作一个动作的学习、练习，从生疏到熟练，最终顺利完成。孩子们的努力感动着我，孩子们的认真激励着我，相信在正式演出的时候，他们一定能够不负众望，光彩绽放！最后预祝英文版儿童童话剧《十二个月》演出圆满成功！

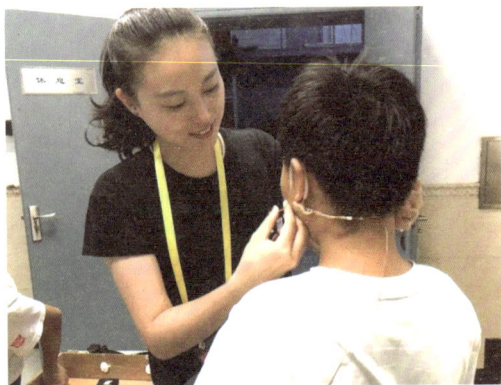

刘靖雅老师指导排练

万妍（音乐指导教师）：

通过本次《十二个月》英文剧目的彩排，我感觉自己还需要在学习的路上努力向前，有句老话说得好"活到老，学到老"。由于是英文演唱，对于歌词我首先就感到非常陌生，而在此基础上还要教学生演唱，对我来说难度就更大了。为了能让学生掌握英语歌词，我花了大量的时间先让自己学会演唱，并同步把我的演唱发给学生，先去让学生听，再跟着我一句一句学唱。通过一段时间的英语学习大大提高了我的英语听力水平，使我在后期的音乐播放中能顺利地听出演员的台词，保证了演出的顺利进行。

万妍老师学习英文演唱

原创红色剧目：《董存瑞》

原创红色经典《董存瑞》精彩亮相2019年青少年戏剧教育成果展演舞台。

瑞雪丰年，玉琢银装。2019年12月1日，在洁白初雪的映衬下，我校原创红色经典校园剧《董存瑞》剧组历经4个月排练磨戏、精雕细琢，终于在中国儿童剧院的舞台上精彩亮相。

《董存瑞》演出剧照

作为"庆祝中华人民共和国成立70周年校园戏剧系列活动暨2019青少年戏剧教育成果"展演剧目，《董存瑞》以当代中国少年积极向上、阳光乐观的风貌向新中国成立70周年献礼。同时，振奋人心的革命精神也成为我校红色课程育人的舞台，让爱国主义情怀厚植于师生心间。

各位领导、嘉宾、专家一起研讨

中国儿童艺术剧院前院长尹晓东、前副院长闪增宏，北京市东城区美育研究会会长金旭，北京市教委"高参小"办公室主任甘北林，北京市教委体卫艺处前处长杨志强、北京市东城区教工委书记刘藻、前教委主任周玉玲、市教委基教一处副处长陈德实、东城区教委副主任尤娜、市学生活动管理中心艺术活动部部长吴文、前教育研修学院、青少年学院院长郭鸿、东城区教委校外教育科科长高青、东城区教委团少工委书记李勇、东城区小语教研室付红、革新里社区书记李金珠以及展演专家评议组的专家老师、一直关心学校艺术教育发展的中国儿艺的艺术专家老师、共建资源单位代表、来自全市多所学校的老师、学生、家长们共同观看了演出。

【一部红色经典剧：立德树人，戏剧伴成长】

原创红色经典《董存瑞》的创排过程，是学校为孩子们搭建的"打好中国底色、承载金帆艺术精神"的教育平台，也是为学校教师提供了展示育人能力和综合素养的舞台。

《董存瑞》演出剧照

剧中，以生动的故事情节演绎革命英雄董存瑞从小怀揣报国志、临危受命舍身炸碉堡、铮铮铁骨为国勇捐躯那短暂而伟大的一生。无论是作为演员的谢雨晴老师、任天昊老师，还是参与指导的陈庆龄老师、黎明娟老师，抑或是负责幕后保障工作的于婷婷老师、张健美老师。台前幕后，老师们参与其中、投入其中、感悟其中，并从剧中挖掘教育元素，将从剧中获得的教育启发，带回到日常的教育教学工作中；将在剧中所受的震撼、所学的历史巧妙地融入课堂红色润育中。

《董存瑞》演出剧照

当舞台上的演员高诵方志敏《可爱的中国》时，台上台下齐声合诵，整个剧场都振奋起来，每位观众饱含热泪，那是一种自发的爱国情愫。

【一门红色文化课程：润物无声，育爱国少年】

原创红色经典《董存瑞》在我校是一门生动的红色文化课程，不管是阅读与表达课程，还是思政课程、书艺课程，都积极找到契合点，在传承红色文化过程中，将红色精神润育在学科教学中，将红色基因传递到每一个学生的心田。

赵丹阳校长讲话

剧目总策划、革新里小学书记、校长赵丹阳介绍：我们伟大的祖国风风雨雨走过70年，是一代又一代的革命家、烈士抛头颅洒热血，牺牲了生命，才换来我们今天的幸福和繁荣。因此，革新里小学带着学生们通过演绎红色经典、守望历史、回看历史、铭记历史。

《董存瑞》演出剧照

我们所期待的，是当孩子们演完《董存瑞》，和身边的伙伴再说起时，不只是说我是如何演的，更要会讲述这段历史故事，这个过程就是学校教育的过程，立德树人的生动载体。《董存瑞》让孩子在美育中润泽品格、提升素养，让红色的爱国种子在他们心中萌发，更会让红色基因代代相传！

《董存瑞》演出剧照

【一腔赤诚爱国情：院校携手，烙红色基因】

剧目圆满落下帷幕，中国儿艺前院长尹晓东及导演为学校和小演员颁发了参演证书，并对演出的圆满成功表示祝贺。

剧目导演、中国儿艺优秀导演、演员何继光激动地说道：从一名舞台表演者到剧目指导者、经验传授者，在一遍遍的剧目排演与指导、一遍遍完善与改进中，目睹了孩子们挥洒的汗水、见证了孩子们飞速的成长，也看到了戏剧带给每一位学生的感染。今天舞台上的绽放源自每一位革小学子对戏剧的热爱，对英雄先烈、英雄事迹发自肺腑的敬佩与感动，也饱含了孩子们满腔的爱国情、报国志。戏剧与革小红色课程的融合，为孩子们戏剧的演绎赋予了新的生命与力量！

演出结束后，中国儿童艺术剧院前院长尹晓东说：感谢市教委举办的"高参小"项目让剧院与校园携手，让戏剧承载了教育的使命，观赏着革新里小学的孩子们精彩的表演，也让我看到了戏剧的未来、孩子们的未来、祖国的未来。相信戏剧带给孩子们的不仅仅是经验的积累、性格的养成，更是品格的润育，精神的洗礼！

剧目导演、中国儿艺优秀导演、演员何继光讲话　　中国儿童艺术剧院前院长尹晓东讲话

北京市东城区教委前副主任尤娜对我校给予了高度评价：革新里小学在"高参小"项目的引领下，请专家走进学校，院校联手深入开展美育工作。并扬起"金帆"风帆，积极探索，以美育德、以美启智、以美健体、以美促劳，五育并举。创新育人成果，推动素质教育工作，形成独特的办学模式，收获喜人的成绩，成为区域内的特色学校，老百姓身边的好学校！

北京市东城区教委前副主任尤娜讲话　　　　赵丹阳校长、尹晓东院长合影

　　一个有希望的民族不能没有英雄，一个有前途的国家不能没有先锋。革新里小学全体师生仅以此剧献给为新中国成立牺牲的英雄，献给新中国成立七十周年！奋进新时代，筑梦新征程！革小师生将铭记革命誓言，传承红色基因，为实现美丽中国梦贡献力量！

《董存瑞》演出剧照

《董存瑞》演出剧照

校园剧——原创红色经典剧目《董存瑞》开展剧组见面会

　　我校金帆话剧团又一部力作校园剧——原创红色经典《董存瑞》登上中国儿童艺术剧院的舞台，用当代中国少年积极向上、阳光乐观的风貌向祖国70周年华诞献礼！

　　我校作为中国儿童艺术剧院的实验学校，有着优质丰富的艺术教育资源，此次由中国儿童艺术剧院为我校金帆话剧团量身打造的原创红色经典《董存瑞》在暑期就已经开始紧锣密鼓的排练。

排练照片

　　两个多月以来，剧院优秀导演何吉光老师倾情指导，师生演员全情投入，过程中的一幕幕，感动着每一位参与的专业演员、指导教师、家长和学生。

　　排练时《董存瑞》剧组迎来第一批探班观众——中国儿艺"大咖级"编导团队，他们的肯定、赞赏，让每一位师生演员倍感鼓舞，更备受感动！

　　孩子们纯真的表演、老师们精彩的演出真是令人惊艳。短短70分钟的剧目，让我感受到了导演及每一位老师、学生前期辛苦的付出，更是展现了革新里小学金帆话剧团的专业水准。

　　戏剧教育是最重要的一种情感体验，看到革新里小学的老师、孩子们在演戏过程中全身心地投入。带给我更贴切、更真实的表演感受，我觉得这是最真诚的一种情感交流，同时是生命的意义所在。

　　这部戏最重要的就是它的教育意义，教师学生们的同台，跨年龄段的反串表演都拿捏得非常到位。我们不仅要演好这部戏，更要带领大家守望历史、回看历史、铭记历史！

排练照片

排练照片

戏剧是生动的育人载体，在美育中润泽品格、提升素养。2019年9月初，我校的思政课也开展了英雄人物的学习，方志敏《可爱的中国》、王二小牺牲救村民、董存瑞舍身炸碉堡、黄继光堵枪眼等故事都深深扎根在孩子心中，他们了解历史、学习历史、感受历史，也将英雄作为学习榜样，用实际行动努力让自己成为国家的栋梁之材，让红色的爱国种子在心中萌发！让爱国情怀溶于血液之中！让红色精神代代相传！

学校思政课课堂照片

学校思政课课堂照片

原创红色经典《董存瑞》前期报道（一）小演员们对您说

　　我校校园剧——原创红色经典剧目《董存瑞》的小演员们经过几个月紧张的彩排，慢慢感受着戏剧表演带给自己的蜕变与成长。一心想上战场的董存瑞、调皮机灵的二妹、衷心爱国的张小保，小演员们分饰着不同时期的不同角色，他们细致入微的表演把观众们一下子带回了那个战火纷飞、英雄辈出的年代……

　　韩悦琪（7岁小妹）：自从加入话剧团，我扮演过大大小小很多个角色，这次的剧目对我来说十分具有挑战性，因为这个故事离我们现在生活的和平年代很久远，我真的曾经一度想放弃，但想到董存瑞的坚毅英勇，我又坚持了下来，看着台下观众为我的表演而动容，我认为一切付出都值得。

　　孙一然（13岁小妹）：参加演出《董存瑞》这部剧，我学到了很多课本上学不到的知识。在排演的过程中我感受到了为新中国的成立而挥洒热血的民族英雄们的革命情怀，他们的精神深深地鼓舞着我，在工作和学习中，我一定会继续努力，做一名德智体美劳全面发展的阳光学子。

　　李勃逸（童年时期张小保）：这次老师告诉我将要演的是一个真实的革命英雄时，我的内心又激动，又有点担心。毕竟那个年代离我们很远，一开始还不能很好地把握角色特点，但是在导演、老师们的帮助下我的演技又有了新的进步。

韩悦琪　　　　　　　　　孙一然　　　　　　　　　李勃逸

　　姚欣好（少年时期张小宝）：从进入革小开始，我就受到了学校艺术氛围的熏陶，到现在为止，我饰演过大大小小十余部剧，但这次我饰演的角色却有些与众不同，为了演好这个人物，我认真研读抗战时期的书籍，了解剧目发生的背景，用心去体会人物的精神，让人物精神与我融为一体。在表演的过程中，我深刻地感受到出生在和平年代的我们，应该不忘初心好好学习，做新时代的接班人。

崔钰骐（童年时期董存瑞）：这次在排练的过程中我克服了不自信导致的眼神不专注的困难，演技提升了很多，有了这样一段难忘的经历，我想以后不管遇到生活中的任何困难，也会一往无前，永不退缩。

郑国桐（少年时期董存瑞）：虽然学习任务很重，但是我不能放弃自己热爱的戏剧表演。在新中国成立之前，革命先烈们付出了汗水，甚至血肉之躯，才成就了如今繁荣昌盛的新中国！我要通过我的表演让大家更加了解董存瑞一心救国的坚定信念，激发大家的爱国之情。

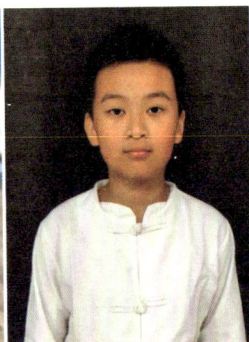

姚欣妤　　　　　　崔钰骐　　　　　　郑国桐

戏剧是生动的育人载体，在美育中润泽品格、提升素养，红色故事深深扎根在孩子心中，他们了解历史、学习历史、感受历史，也将以英雄作为学习榜样，用实际行动努力成为国家的栋梁之材，让红色的爱国种子在心中萌发！让爱国情怀溶于血液之中！让红色基因代代相传。

原创红色经典《董存瑞》前期报道（二）小演员们说

我校校园剧——原创红色经典剧目《董存瑞》的小演员们，无论主角与配角，每一位参与剧目排演的同学，都付出了汗水与努力，收获着成长与蜕变。

排练照片

看！剧组中活力动感的"秧歌队"成员，她们以扎实的舞蹈功底、舒展优美的肢体动作带领人们回到那革命胜利、举国欢庆的年代……让我们一起聆听他们的心声。

吴佳霖：虽然这一次演出我并没有台词，但我知道舞蹈在这部剧中的重要性。每一个动作、每一个眼神，都是情感的流露、精神的诠释。

黄鑫苑：作为六年级的学生，虽然课业很繁重，但从不落下每一次排练，认真完成每一个动作。最后，我希望此次演出圆满成功，也为自己小学生涯留下美好的回忆。

刘姝一：为了跳好这段舞蹈，经常在家和妈妈讨论角色的性格特点，知道这个角色是为了庆祝新兵出发后，每次跳舞时都会带着这样的喜悦。

郭雅馨：从小就喜欢舞蹈，我非常珍惜这次表演的机会，我要通过舞蹈表达对祖国的热爱！我要用实际行动向祖国献礼！

排练照片

听！铿锵有力、慷慨激昂地唱着《三大纪律八项注意》的正是剧中最小的组合。他们调皮机灵、人小鬼大，一心想加入战斗中，为国效力。他们是这样说的：

排练照片

贺雨欣：在排练过程中为了让动作更加协调、标准，经常练得胳膊发酸。但是了解了《董存瑞》的故事，这点困难根本不算什么，我要好好努力，珍惜现在的美好生活！

杨子硕：排练的过程中我学会了很多表演知识，如台词的快慢、感情的表现等。导演、老师的严格要求，让我每一次排练都有进步。

张妙欣：为了解决在舞台中站位、动作的问题，我反复观看自己排练视频，找到自己的问题，为了舞台上的绽放，一定做到一丝不苟。

江逸泞：通过排练这部剧，不但了解了《董存瑞》的英雄故事，像刘胡兰、狼牙山五壮士、江姐的革命故事等都能略说一二。

王秋露：排剧不但让我充满爱国之情，更让我感受到了金帆话剧团是一个积极充满荣誉感的团体，我一定要好好排练，不给金帆话剧团丢脸！

除了上面的学生小学生组还有肖羽辰、薛思雨、辛康宁、马雪菲、王子宇、舒沛予、薛明君等话剧团优秀的小演员。

排练照片

冲锋陷阵、英勇抗敌的革命战士，在"战士组"小演员的精彩表演中呈现，坚毅的眼神、不懈的练习,抒发着他们对先辈的敬佩。

张芸瑞：在排练中，我学习先辈的革命精神，排除一切困难，抓住这次展示的机会！

欧阳雨馨：这段时间虽然辛苦，但提升了各方面的能力并学会了合理安排时间。我相信，在不久的将来，我会为自己这时候的坚持不懈感到无比自豪。

魏博涵：在角色演绎的过程中，我深深地体会到了战争时期人们的艰难。如果没有英雄的牺牲，就没有如今我们祖国的繁荣昌盛。

排练照片

同时，憨厚的李政、有活力的张楚知、第一次上台的纪雨，每一个小演员的刻苦排练，都为了站在舞台上的那一刻，能将最好的自己展示给观众，将最英勇的气势呈现出来！

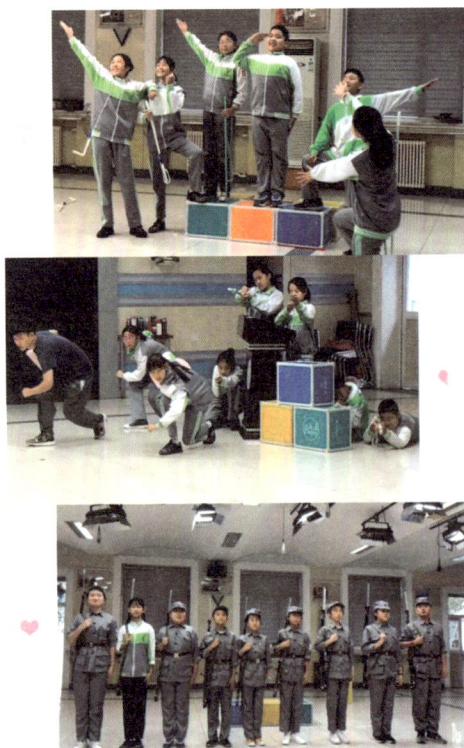

排练照片

原创红色经典《董存瑞》前期报道（三）主演教师说

在中国儿童剧院为我校量身打造的校园剧——原创红色经典剧目《董存瑞》的剧目演绎中，董存瑞分别以八岁、十四岁、十六岁、十九岁的模样出现，为了更贴近真实故事，更好地掌握角色特点，第三、四幕由我校任天昊老师饰演董存瑞，陈排长由我校话剧团团长谢宇晴老师亲自出演。

谢宇晴团长，不仅担任美术教学工作，同时也承担着我校金帆话剧团团长一职。在本次戏剧展演《董存瑞》中，作为校方的总导演，且在该剧中反串饰演陈排长一角，谢老师克服了重重困难，周到、细致地安排着各种繁忙的工作。

谢宇晴老师排练照片

《小鹰学飞》《小猪减肥记》《爱的陪伴》……很多经典原创剧目都是在谢团长导演下精彩亮相的，近几年与中国儿童艺术剧院合作，导演了学生多次复排的经典剧目《十二个月》，并参加了国际儿童青少年戏剧协会艺术大会和2019年首都儿童演出季，均获得好评。

谢宇晴团长说，戏剧教育带给学生的"体验式学习"方式，促进学生主动学习知识，在角色的揣摩与演绎中，学生与老师一起认真研读抗战时期的书籍，观看相关红色剧目，了解剧目发生的背景……每个学生也感受到了幸福生活的来之不易。戏剧排练的过程成就着他们的艺术梦想，也润育着他们的品格。

谢宇晴老师排练照片

　　任天昊老师是我校一名新入职的年轻美术教师，也是本次剧中16岁、19岁的董存瑞扮演者。任老师说：作为一个老师来讲，我看着我的学生们、一个个经验丰富的小演员们在排练中认真专业的表现，我很感动，同时作为剧中的演员我又有些胆怯和担忧，是学生们一次次真情投入的演绎深深触动着我，自信的表演鼓舞着我，让我们师生与剧中的人物不断增进情感的交流。

任天昊老师排练照片

　　戏剧不仅有助于学生的个性发展和自信心养成，在排练的过程中，老师也提升了自身的素养，更是把它作为提升教师育人能力和综合素养的舞台。

原创红色经典《董存瑞》前期报道（四）助教教师说

一次精彩的话剧表演，除了舞台上演员们的努力当然也少不了幕后老师们的辛勤付出。

陈庆玲老师，我校小学语文教师兼红色青年营"青年艺术学院"戏剧工作室团长。在本次《董存瑞》戏剧展演中担任副导演工作。她曾导演过很多剧目，例如《温水浇花》《小猪减肥记》《最美的颜色》《十二个月》等。在陈老师看来戏剧表演可以让孩子成为更为全面的人，《董存瑞》的创作、排练的过程锻炼了孩子们的语言运用能力、表达能力、组织协调能力等，非常适合锻炼、提升学生的综合素质。《董存瑞》作为一部原创红色剧目，其中包含的革命英雄的事迹、舍生取义的大无畏精神深深影响着每一个同学。

陈庆玲老师指导排练

黎明娟老师，在我校担任三年级数学教学工作。指导过《小猪减肥记》、北京市东城区"六一"活动的《我爱祖国的蓝天》以及校级毕业汇演的《谁的颜色最美丽》等剧目。本次担任《董存瑞》副导演的职务。黎老师说："这是一次非常宝贵的学习机会。不仅使我在戏剧的指导中更进一步地学习到了如何帮助学生将人物演绎得更真实，而且我在指导学生前先学习了大量历史资料，帮助学生深刻体会、演绎红色精神。虽然我是数学老师，但并不意味着对学生的思想教育与我无关。数学教材中很多的图片、文字乃至历史资料，我们都可以利用起来，对学生进行爱国主义教育，使学生感受到祖国的伟大和身为一名中国人的自豪。"

黎明娟老师指导排练照片

孙美玲，我校数学教师。曾指导和参与学校金帆话剧团演出。在原创红色剧目《董存瑞》中负责学生管理和部分后勤保障工作。孙老师说：几个月的排练时间里，我看到了孩子的投入、成长与进步，让我这个非艺术专业的普通教师深受感动、备受鼓舞，话剧团使教师和学生都得到了艺术的熏陶，提高了艺术素养。孩子们通过扮演董存瑞这个故事中的角色，体验人物的情感，对革命时期的英雄故事有了更全面、更深刻、更立体的感受，这种学习方式比说教式的教育来得更真切，也更让学生印象深刻，记忆犹新。

孙美玲老师指导排练照片

于婷婷，我校音乐教师。曾在国家大剧院、北京音乐厅多次演出，并受邀参加由中国人民解放军原总政治部主办、解放军乐团承办的解放军成立85周年军乐队交响音乐会《忠诚之歌》，并在其中担任《红军胜利到陕北》板胡独奏，受到各位领导和专家的好评。于老师说：从过去舞台上的演奏者到现在作为一名音乐老师，协助学校的话剧排练、幕后放音乐等，是一个新的挑战。从暑假开始，老师、小演员们就已经进入了紧张的排练状态。为了让表演更加真实，小演员们一遍一遍地重复表演着同一个场景，一句一句斟酌着每一句台词，每一名小演员扎实的基本功和认真的态度、全力的投入深深打动着我。

于婷婷老师指导排练照片

创编《董存瑞》的过程，也被学校作为培养"阳光少年"的重要教育契机。学校每一位老师围绕董存瑞这位英雄人物和革命年代的历史，在学生中广泛发起了红色文化课程的学习、红色经典作品的阅读。人人读历史、谈爱国，用爱国主义情怀滋养少年儿童的成长！用戏剧教育点燃祖国未来的希望！

第二节　海报赏析

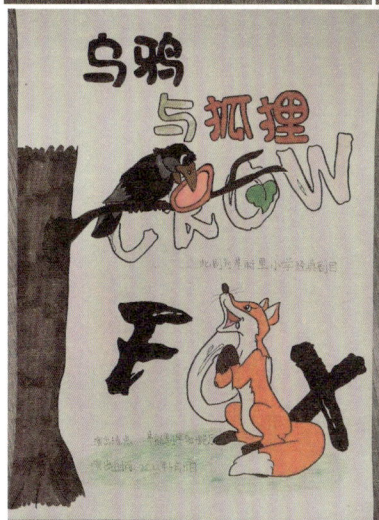